建设中华民族现代文明

JIANSHE ZHONGHUAMINZU XIANDAI WENMING

颜晓峰 主编

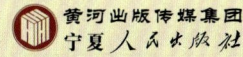

黄河出版传媒集团
宁夏人民出版社

图书在版编目（CIP）数据

建设中华民族现代文明 / 颜晓峰主编. -- 银川：宁夏人民出版社，2024.6
ISBN 978-7-227-08005-3

Ⅰ. ①建… Ⅱ. ①颜… Ⅲ. ①中华文化－研究 Ⅳ. ①K203

中国国家版本馆 CIP 数据核字（2024）第 107582 号

建设中华民族现代文明　　　　　　　　　　　颜晓峰　主编

项目监制　薛文斌
项目统筹　何志明
责任编辑　姚小云　闫金萍
责任校对　陈　浪
封面设计　姚欣迪
责任印制　侯　俊

黄河出版传媒集团
宁夏人民出版社 出版发行

出 版 人　薛文斌
地　　址　宁夏银川市北京东路 139 号出版大厦（750001）
网　　址　http://www.yrpubm.com
网上书店　http://www.hh-book.com
电子信箱　nxrmcbs@126.com
邮购电话　0951-5052104　5052106
经　　销　全国新华书店
印刷装订　宁夏凤鸣彩印广告有限公司
印刷委托书号　　（宁）0029539

开本　720 mm×980 mm　1/16
印张　24
字数　310 千字
版次　2024 年 6 月第 1 版
印次　2024 年 6 月第 1 次印刷
书号　ISBN 978-7-227-08005-3
定价　58.00 元

版权所有　侵权必究

目 录

导　论　中华民族伟大复兴的文明形态 …………………………… 001
　　第一节　与新时代新征程党的使命任务相适应的文明新形态…… 001
　　第二节　中华民族现代文明在中国式现代化进程中传承
　　　　　　发展创新 ……………………………………………… 008
　　第三节　人类文明新形态在中华民族现代文明中得到
　　　　　　集中展现 ……………………………………………… 015

第一章　中华文明历史悠久、绵延不断 ……………………………… 022
　　第一节　中华文明兴起的悠久历史 ………………………………… 022
　　第二节　中华文明连续性的成因 …………………………………… 027
　　第三节　中华文明连续性的启示 …………………………………… 033

第二章　中华民族现代文明是文明传承更新的结果 ……………… 040
　　第一节　中华民族现代文明是对中华古老文明的赓续传承 ……… 040
　　第二节　中华民族现代文明是扎根中华大地的中国创造 ………… 047
　　第三节　中华民族现代文明是中华文明的现代更新 ……………… 052

第三章　中华民族现代文明在文明交流互鉴中丰富发展……059
第一节　在文明共生中坚守中华文化主体性……060
第二节　在文明共建中创生中华文明新标识……065
第三节　在文明共话中开创人文交流新局面……070
第四节　在文明共契中勾勒人类文明新图景……074

第四章　中国共产党是建设中华民族现代文明的领导者和推动者……080
第一节　中国共产党是建设中华民族现代文明的领导者和推动者……081
第二节　中国共产党领导和推动中华民族现代文明建设的实践历程……084
第三节　中国共产党领导和推动中华民族现代文明建设的现实进路……092

第五章　推进中国式现代化创造中华民族现代文明……099
第一节　现实考量：中华民族现代文明内隐外显于中国式现代化……099
第二节　未来前瞻：建设中华民族现代文明巩固中国式现代化主体性……101
第三节　在中国式现代化的实践展开中创造中华民族现代文明……103

第六章　中国特色社会主义文化是中华民族现代文明的文化主体……111
第一节　中国特色社会主义文化与中华民族现代文明在内涵与价值目标上的深度契合……112

第二节　中国特色社会主义文化作为中华民族现代文明的
　　　　　　文化主体是历史和现实的选择……………………117
　　第三节　中国特色社会主义文化确保了中华民族现代文明
　　　　　　不忘初心和本源…………………………………………123
　　第四节　中国特色社会主义文化确保了中华民族现代文明是
　　　　　　人类文明新形态…………………………………………131

第七章　"两个结合"是建设中华民族现代文明的根本途径…………138
　　第一节　中国共产党探索"两个结合"的实践历程与基本经验…138
　　第二节　"两个结合"与建设中华民族现代文明的内在联动……146
　　第三节　以"两个结合"推进中华民族现代文明建设………………152

第八章　"第二个结合"是对中华文明发展规律的深刻把握…………158
　　第一节　中华文明发展的一般规律及其特殊表现…………………159
　　第二节　"第二个结合"是建设中华民族现代文明得出的
　　　　　　规律性认识………………………………………………163
　　第三节　旧邦新命：以"第二个结合"不断推动中华文明复兴…169

第九章　"第二个结合"造就了一个有机统一的新的文化生命体……176
　　第一节　结合的前提是相互契合……………………………………176
　　第二节　结合的结果是相互成就……………………………………184
　　第三节　有机统一的新的文化生命体的内涵特征…………………191

第十章　中华优秀传统文化重要元素融入中华民族现代文明…………195
　　第一节　天下为公、天下大同的社会理想…………………………195

第二节　民为邦本、为政以德的治理思想……197

　　第三节　九州共贯、多元一体的大一统传统……199

　　第四节　修齐治平、兴亡有责的家国情怀……201

　　第五节　厚德载物、明德弘道的精神追求……203

　　第六节　富民厚生、义利兼顾的经济伦理……205

　　第七节　天人合一、万物并育的生态理念……207

　　第八节　实事求是、知行合一的哲学思想……209

　　第九节　执两用中、守中致和的思维方法……212

　　第十节　讲信修睦、亲仁善邻的交往之道……213

第十一章　中华文明的突出特性厚植中华民族现代文明的历史根基……216

　　第一节　赓续中华文脉，笃行中国道路……216

　　第二节　发扬进取精神，勇于开拓创新……221

　　第三节　铸牢共同信念，捍卫国家统一……225

　　第四节　坚持兼收并蓄，加强交流交融……229

　　第五节　坚持和平发展，促进合作共赢……233

第十二章　中华民族现代文明展现人类文明新形态……238

　　第一节　中华民族现代文明是马克思主义中国化时代化的文明成果……238

　　第二节　中华民族现代文明是社会主义文明的中国形态……243

　　第三节　中华民族现代文明是人类文明的新形态……250

第十三章　统筹建设中国特色社会主义文化和中华民族现代文明……256

　　第一节　在坚定文化自信中实现精神上的独立自主……256

第二节　在秉持开放包容中激扬中华文明新活力……………263

第三节　在坚持守正创新中赓续历史文脉、谱写当代华章………269

第十四章　在统筹推进"五位一体"总体布局中建设中华民族现代文明……………275

第一节　在经济建设中提升物质文明……………………276

第二节　在政治建设中发展政治文明……………………280

第三节　在文化建设中丰富精神文明……………………284

第四节　在社会建设中推动社会文明……………………288

第五节　在生态文明建设中促进生态文明…………………293

第十五章　在协调推进"四个全面"战略布局中建设中华民族现代文明……………299

第一节　在全面建设社会主义现代化国家中建设中华民族现代文明……………………………………299

第二节　在全面深化改革中建设中华民族现代文明………303

第三节　在全面依法治国中建设中华民族现代文明………307

第四节　在全面从严治党中建设中华民族现代文明………311

第十六章　在建设中华民族现代文明中推动人的全面发展…………316

第一节　中华民族现代文明是实现人的全面发展的文明新形态…316

第二节　建设中华民族现代文明和促进人的全面发展是同一历史进程……………………………325

第三节　大力推进中华民族现代文明建设，不断促进人的全面发展……………………………335

第十七章　建设中华民族现代文明是对人类社会现代化的重大贡献⋯349
  第一节　赋予人类社会现代化以深厚底蕴⋯⋯⋯⋯⋯⋯⋯350
  第二节　批判地超越了西方现代化模式⋯⋯⋯⋯⋯⋯⋯⋯353
  第三节　为发展中国家提供了现代化新选择⋯⋯⋯⋯⋯⋯358
  第四节　代表人类社会现代化的发展趋向⋯⋯⋯⋯⋯⋯⋯362

结　语　新征程上推进建设中华民族现代文明⋯⋯⋯⋯⋯⋯⋯367
后　记⋯⋯⋯⋯⋯⋯⋯⋯⋯⋯⋯⋯⋯⋯⋯⋯⋯⋯⋯⋯⋯⋯⋯376

导　论
中华民族伟大复兴的文明形态

每个民族都有属于自己的文明，每个时代都有与时俱进的文明。历史悠久、博大精深的中华文明走进中国特色社会主义新时代，实现中华民族伟大复兴中国梦的宏伟目标需要相应的中华文明新形态。习近平总书记在文化传承发展座谈会上深刻指出"第二个结合"发展出中华文明的现代形态，明确提出建设中华民族现代文明，并作出了系统深入的阐述。中华民族现代文明，正是中华民族伟大复兴的文明形态，是全面建成社会主义现代化强国的文明建设目标。

第一节　与新时代新征程党的使命任务 相适应的文明新形态

党的二十大明确提出，新时代新征程党的使命任务，要求以中国式现代化全面推进中华民族伟大复兴。创造人类文明新形态，是中国式现代化的本质要求。中华民族现代文明，是历史和当代、中国和世界、中华文明和人类文明的统一体，是中华文明在中国式现代化进程中的文明新形态，是人类文明新形态的实质性内容。

一、文明与复兴

从人与自然的关系看,文明是与自然相对应的,是人类利用自然的馈赠,经过各种生产活动和社会实践,创造出来的劳动实践的对象化世界。从人类发展的历史过程看,文明是与蒙昧、野蛮相对应的,是人类社会形成的过程中,逐步建立的各种交易和交往规则、各种社会运行的制度和组织,包括缔约立法、创建国家等。文明是历史的,是在社会形态的演进和变革中,不断发展、变化、进步的,其间也可能经历某种文明的衰落。文明是地区的和民族的,又是世界的和人类的,各个地区和民族富有特色的文明,汇聚成具有共同性普遍性的人类文明。文明兴衰与民族兴衰密切相关。文明兴则民族兴,文明衰则民族衰。同样,民族兴则文明必兴,民族衰则文明难兴。无论是四大文明古国,还是其他后起的文明,都经历了不同的文明发展历程。

中华文明有着五千多年的历史,在中华民族漫长的发展历程中,出现过统一与分裂、盛世与动乱、崛起与衰落、繁荣与停滞,呈现出一个个朝代治乱兴衰的历史周期率。中国历史上的治乱兴衰,有其历史规律,是社会基本矛盾运动以及社会主要矛盾发展的结果,是多重因素综合作用的产物。其中,中华文明与民族兴衰也存在着内在相关性。总的来说,中华民族的统一促进了各民族各地区的文明交融,中华民族的兴盛造就了中华文明的高峰;一旦中华民族遭受前所未有的劫难,不仅国家蒙辱、人民蒙难,而且也使文明蒙尘。从中华文明的发展规律来看,中华文明有其自身的突出特性,这种特性是中华民族在劳动生产、凝聚团结、反抗入侵、抗击灾难中生长起来的,又形成了文明自身的顽强生命力和坚韧传承性,始终没有被外来文明同化,没有被内部破坏性因素销蚀。中华文明没有因改朝换代而湮没,没有因经济政治中心的转移而变异,而是在历史的演进中始终保持着自身的延续性,为中华民族的自立和复兴提供着文明支撑。

1840年鸦片战争以后，中国逐步成为半殖民地半封建社会，从那时起，实现中华民族伟大复兴，就成为中国人民和中华民族最伟大的梦想。中华民族伟大复兴，就其历史意义而言，是要使中华民族重新屹立于世界民族之林，走在世界前列，站在时代高峰；就其历史方位而言，不是要回到汉唐盛世，重现中国古代文明、农业文明、封建文明的辉煌，而是要追赶世界潮流，汇入时代主流，这就是工业化、现代化的目标，是工业文明、现代文明的复兴。近代以来，无论是统治集团中的有识之士，还是社会上的先进分子，都意识到了现代化是大势所趋、复兴所系。1840年是中国近代史的开端，也是中国近代化、现代化的起点。在寻求民族复兴道路的探索中，在五四运动之前马克思主义还未传入中国时，当时除了向西方学习的道路别无选择。马克思列宁主义传入中国后，一部分先进分子接受了马克思主义，决心在中国建立社会主义制度，走社会主义道路，建设社会主义现代文明。

二、从中华文明到中华民族现代文明

中华文明如同一条长河，在五千多年的演进过程中奔流不止、绵延不绝。中华文明又在经历的每一种生产方式、社会形态及文明形态中，不断丰富充实新的内涵，展现新的生命力。中华民族现代文明，是中华文明在新的历史时期的继续发展，不是抛开中华文明的另一种文明。同时，中华民族现代文明，不是中华文明的简单延续，而是在中国式现代化进程中创造的具有新的品质和内涵的文明，是中华文明的新阶段新高度新形态。中华民族现代文明，是在对历史的传承创新中、在与世界的交流互鉴中，形成的社会主义现代化文明。

（一）社会主义现代化文明在中华文明的传承创新中形成

一种文明的生命力，很大程度上取决于该文明能否实现传承与创新的统一。一个民族的文明中断，或是由于外来文明的征服和替代，或是由于缺乏自我完善、自我更新的能力而逐步消亡，或是由于承载该文明的国家的灭亡或自我否定。中华文明在数千年的历史发展过程中长盛不衰，不仅没有被外来文明征服或同化，而且在传承和创新中得到了维护和强化，保持了连续性。正如习近平总书记在文化传承发展座谈会上的重要讲话指出的，"中华文明具有突出的连续性。中华文明是世界上唯一绵延不断且以国家形态发展至今的伟大文明。这充分证明了中华文明具有自我发展、回应挑战、开创新局的文化主体性与旺盛生命力。"①

文明作为生命体，新陈代谢、不断更新是其保持活力的源泉。一种文明失去创新能力，或是由于该文明的生命体缺乏创新基因，或是由于该文明的生产方式、所处社会形态遏制了文明的创新能力。文明只有在传承中创新、在创新中传承，在传承中保持文明的根脉、在创新中滋养文明的根脉，才能薪火相传，奔流不息，愈益壮阔。习近平总书记指出："中华文明具有突出的创新性。中华文明是革故鼎新、辉光日新的文明，静水深流与波澜壮阔交织。连续不是停滞、更不是僵化，而是以创新为支撑的历史进步过程。中华民族始终以'苟日新，日日新，又日新'的精神不断创造自己的物质文明、精神文明和政治文明，在很长的历史时期内作为最繁荣最强大的文明体屹立于世。"② 中华文明的传承与创新，在党领导的中国式现代化建设中，就是建设社会主义现代化文明。这一文明，是中国式的、中国特色的，是坚持"两个结合"的产物；这一文明，是内在于人类社会现代化进程的，是坚持科学社会主义基本原则的，是走在时代前列的。

（二）社会主义现代化文明在中华文明的交流互鉴中形成

一定的文明是在一定的地域、群体和民族中孕育发展起来的，是多样性和共同性的统一，又都属于人类文明。作为一个民族的文明，即使在民族内

---

①② 习近平：《在文化传承发展座谈会上的讲话》，《求是》，2023 年第 17 期。

部，也存在着由于地理、经济、文化、传统等因素不同而造成的差异。文明要发展壮大、生生不息，就要在这种差异面前求同存异、和而不同，融合为一个具有包容性、更具普遍性的共同文明。习近平总书记指出："中华文明具有突出的包容性。中华文明从来不用单一文化代替多元文化，而是由多元文化汇聚成共同文化，化解冲突，凝聚共识。中华文化认同超越地域乡土、血缘世系、宗教信仰等，把内部差异极大的广土巨族整合成多元一体的中华民族。越包容，就越是得到认同和维护，就越会绵延不断。"[①] 中国是一个统一的多民族国家，各个民族共同构成了中华民族。中华文明是多元一体的、由各民族文化整合而成的共同文明。中国是一个幅员辽阔的国家，东西南北中的气候、地形、物产差异很大，"一方水土养一方人"。中华文明是兼容并蓄的，各地区文化汇聚而成共同的文明。2024年央视春晚，沈阳、长沙、西安、喀什分会场，各具独特风格，彰显地方风情，又和北京主会场一起，共同展现出中华文化的绚丽多彩，共同表明中华文明的丰富多样。中华文明的多元一体，也是社会主义现代化文明的应有之义。

各个国家、各个民族的文明，构成了人类文明。中华文明既是在中华民族内部的文明交往交流交融中形成的，也是在与世界其他国家、民族的文明交往交流交融中发展的。中华文明的包容性，从根本上决定了中华文化对世界文明具有兼收并蓄的开放胸怀，这才有了恢宏的大中华气象。历史上的丝绸之路，就是中华文明与世界文明交往交流交融的路径和象征。佛教传入中国，既没有替代中华传统文化，也没有在各个朝代被当作异端邪说，而是儒释道合流，被纳入中华传统文化之中。在世界走向现代化的进程中，不同国家和民族的文明之间交往交流交融，这是大势所趋，就要求文明更加开放包容。习近平总书记指出："开放包容始终是文明发展的活力来源，也是文化自信的显著标志。中华文明的博大气象，就得益于中华文化自古以来开放的

---

① 习近平：《在文化传承发展座谈会上的讲话》，《求是》，2023年第17期。

姿态、包容的胸怀。"① 社会主义文明是建立在包括资本主义文明在内的一切人类文明优秀成果基础上的崭新文明,中华文明走向中华民族现代文明,就是要与新时代推进高水平对外开放相一致,更加积极主动地学习借鉴人类创造的一切优秀文明成果,在开放包容中建设社会主义现代化文明。

三、全面建设社会主义现代化国家,全面推进中华民族伟大复兴与中华民族现代文明

中国共产党一百多年的奋斗、牺牲和创造,归结起来就是实现中华民族伟大复兴这个主题,就是要推进中国式现代化,建设中国特色社会主义,创造人类文明新形态。中国特色社会主义进入新时代,以习近平同志为核心的党中央团结带领各族人民,为实现"两个一百年"奋斗目标踔厉奋发、勇毅前行,全面建成小康社会,开启全面建设社会主义现代化国家新征程。党的二十大明确提出新时代新征程党的中心任务,作出以中国式现代化全面推进强国建设和民族复兴伟业的战略部署,要求为全面建设社会主义现代化国家、全面推进中华民族伟大复兴而团结奋斗。"两个全面"是统一的,全面建设社会主义现代化国家是全面推进中华民族伟大复兴的内容、基础和实质,全面推进中华民族伟大复兴是全面建设社会主义现代化国家的背景、动力和目的,二者统一于新时代坚持和发展中国特色社会主义之中。"两个全面"与建设中华民族现代文明密切相关,全面建设社会主义现代化国家的文明目标就是建设中华民族现代文明,全面推进中华民族伟大复兴的文明尺度就是建设中华民族现代文明。没有"两个全面"就没有中华民族现代文明。

中华文明的发展进程,是一个在社会基本矛盾的运动及社会形态的更替中,在一代代中国人民的勤劳奋斗中,文明成果不断增多、文明品质不断提升、文明形态不断丰富的过程。中国共产党作为马克思主义政党,代表着人类文

---

① 习近平:《在文化传承发展座谈会上的讲话》,《求是》,2023 年第 17 期。

明和中华文明的前进方向。党的"两个先锋队"作用,包括在传承和弘扬中华文明、推进中华民族现代文明建设上的先锋队作用。党坚持"两个结合",特别是"第二个结合",正是为了推动中华文明的生命更新和现代转型,发展出中华文明的现代形态。新时代新征程全面建设社会主义现代化国家、全面推进中华民族伟大复兴,从推动人类文明进步、推进中华文明发展的意义上看,就是要建设高度发达的社会主义现代化文明,将建设中华民族现代文明作为实现中华民族伟大复兴的应有之义。全面建成社会主义现代化强国,就是要全面建成社会主义现代化文明;全面推进中华民族伟大复兴,就是要全面推进中华文明的现代提升。建设中华民族现代文明,内在于"两个全面"之中。

  文明的基石是经济生产、政治构建和文化发展。建设中华民族现代文明,必须建立在社会主义现代化国家的基础之上,否则就是无源之水、无本之木。建设中华民族现代文明,要以全面建设社会主义现代化国家、全面推进中华民族伟大复兴为前提和条件。全面建设社会主义现代化国家,在各个领域夯实了建设中华民族现代文明的基础。文明是整体性的,社会各领域都有文明的相应成果和标志。各领域的文明不是互不相干的,而是相互影响、相互作用的。一个领域的文明发展会带动其他领域的文明发展,一个领域的文明滞后也会制约其他领域的文明进步。全面建设社会主义现代化国家,重在全面,要求我国的现代化事业,一个都不能少、一个都不能短,须统筹发展、协同推进。因此,到本世纪中叶全面建成富强民主文明和谐美丽的社会主义现代化强国,同时也是建设中华民族现代文明取得的历史性、时代性、全面性成就,是中华文明在 21 世纪为人类文明作出的重大贡献。全面推进中华民族伟大复兴,从根本上形成了建设中华民族现代文明的强大动力。中华民族伟大复兴中国梦,不是只存在于头脑中的梦想,而是从梦想到现实、从愿景到成果的实践。中华民族重新屹立于世界民族之林,很大程度上也是中华民族现代文明屹立于世界民族之林，是以高度发展的社会主义现代化文明增强中国在国际上的影响力、感召力、信服力。

第二节　中华民族现代文明在中国式现代化进程中传承发展创新

中国共产党的成立，标志着中国的现代化进程翻开了新的篇章，也意味着中华文明进入了新的阶段。习近平总书记《在庆祝中国共产党成立100周年大会上的讲话》指出："我们坚持和发展中国特色社会主义，推动物质文明、政治文明、精神文明、社会文明、生态文明协调发展，创造了中国式现代化新道路，创造了人类文明新形态。"①党的二十大报告明确提出了中国式现代化的本质要求，其中将创造人类文明新形态作为具有总括性的一条。这都表明，党领导的中国式现代化和中国特色社会主义创造的人类文明新形态具有内在的统一性，中国式现代化的文明成果、文明形态就是人类文明新形态，人类文明新形态就是中国式现代化的本质要求的集中体现。从人类文明新形态的内涵看，中国式现代化的文明实质上就是中华民族现代文明。

一、中国式现代化进程是建设中华民族现代文明的过程

中国式现代化是我们党领导人民长期探索和实践的重大成果，党的一百多年奋斗历程同时也是持续推进中国式现代化的历程。中国式现代化的追求和成果，也是建设中华民族现代文明的追求和成果。

新民主主义革命时期，党带领人民浴血奋斗，建立了新中国。从此，中国半殖民地半封建社会的历史彻底结束。从几千年封建专制政治向人民民主的伟大飞跃，是新民主主义革命最为伟大的胜利和成就，创造了建设中国式

---

① 习近平：《习近平著作选读》第二卷，人民出版社，2023年，第483页。

现代化和中华民族现代文明的根本社会条件。毛泽东同志在新中国成立前夕曾充满自信地说:"我们不但善于破坏一个旧世界,我们还将善于建设一个新世界。"[①]这个新世界是包括新的经济、新的政治、新的文化、新的社会的世界,是具有高度文明的世界。

社会主义革命和建设时期,党领导人民荡涤旧中国留下的污泥浊水,建立起社会主义制度,开展全面的大规模的社会主义建设,努力把我国逐步建成一个具有现代工业、现代农业、现代国防和现代科学技术的社会主义强国。我国实现了中华民族有史以来最为广泛而深刻的社会变革,为社会主义现代化建设道路、中华民族现代文明奠定了根本的政治前提和制度基础,实现了在一穷二白、人口众多的东方大国大步迈进社会主义社会的伟大飞跃,为成功走出中国式现代化道路、建设中华民族现代文明积累了宝贵经验,奠定了物质基础。

改革开放和社会主义现代化建设新时期,党领导人民解放和发展社会生产力,加快推进社会主义现代化,大踏步赶上时代。从计划经济体制到社会主义市场经济体制、从封闭半封闭到全方位开放,这样的历史性转变确立了中国式现代化和中华民族现代文明充满新的活力的体制。推进中华民族从站起来到富起来的伟大飞跃,为中国式现代化和中华民族现代文明积累了快速发展的物质基础。改革开放是中华民族发展史上的一次伟大革命,其中就包括成功走出中国式现代化道路、推动建设中华民族现代文明的历史性进展和时代性跃升等方面。

中国特色社会主义新时代,以习近平同志为核心的党中央,领导人民全面建成小康社会、全面建设社会主义现代化国家,中国式现代化和中华民族现代文明有了更为完善的制度保证、更为坚实的物质基础、更为主动的精神力量。在经济建设领域,我们贯彻新发展理念,发展新质生产力,实现高质

---

① 毛泽东:《毛泽东选集》第四卷,人民出版社,1991年,第1439页。

量发展；在政治建设领域，我们推进国家治理体系和治理能力现代化，发展全过程人民民主，全面依法治国；在文化建设领域，我们培育和创造新时代中国特色社会主义文化，建设社会主义文化强国，推动中华优秀传统文化创造性转化、创新性发展；在社会建设领域，我们推进全体人民共同富裕取得明显实质性进展，加强普惠性、基础性、兜底性民生建设，在共建共治共享中推进社会治理现代化；在生态文明建设领域，我们推进绿色发展、循环发展、低碳发展，建设美丽中国。

二、中国式现代化赋予中华文明以现代力量

建设中华民族现代文明之所以可能，是由于中国式现代化赋予中华文明以现代力量，中华文明在中国式现代化的进程中得以赋能更新。

从中国式现代化的历史方位看，中国式现代化是在世界现代化的历史大潮中，在近代以来中华民族实现现代化的不懈追求中，在中国共产党一百多年来的持续推进中，在中国特色社会主义的实践创新中，中华民族从落后时代到赶上时代、从赶上时代到引领时代的伟大跨越。这样一种历史方位，与以往的产业形态、生产方式、社会状态不同，反映着人类文明的前进方向、发展趋势、最新进展，将促使中华文明传承发展、守正创新，并成为具有现代性、顺应现代化的中华民族现代文明。

从中国式现代化的根本性质看，中国式现代化是中国共产党领导的社会主义现代化。习近平总书记指出："党的领导直接关系中国式现代化的根本方向、前途命运、最终成败。"[①] 党的领导决定了中国式现代化的根本性质，确保中国式现代化锚定奋斗目标，行稳致远，激发出建设中国式现代化的强劲动力，凝聚起建设中国式现代化的磅礴力量。党的先进性决定了中国式现

[①] 习近平：《中国式现代化是中国共产党领导的社会主义现代化》，《求是》，2023年第11期。

代化的先进性,也相应决定了中华民族现代文明的先进性。中国式现代化是社会主义现代化而不是别的什么现代化,社会主义是中国式现代化的根本规定,是中国式现代化和西方式现代化的根本区别。社会主义现代化是高于和超越资本主义现代化的现代化新形态,中国式现代化赋予中华民族现代文明前所未有的新的性质。

从中国式现代化的建设目标看,2035年基本实现社会主义现代化也是建设中华民族现代文明的一个里程碑。达到中等发达国家水平,为中华民族现代文明创造物质条件;进入创新型国家前列,用高水平科技托起中华民族现代文明;建成社会主义现代化经济体系,使新型工业化、信息化、城镇化、农业现代化成为中华民族现代文明的鲜明底色;基本建成法治国家、法治政府、法治社会,中华民族现代文明离不开法治文明;建成教育强国、科技强国、人才强国、文化强国、体育强国、健康中国,全面建设中华民族现代文明;人民生活更加幸福美好,中华民族现代文明是以人民为中心的现代文明;广泛形成绿色生产生活方式,使生态文明内在于现代文明之中;国家安全体系和能力全面加强,新安全格局支撑中华民族现代文明。

从中国式现代化的动力机制看,坚持深化改革开放,不断增强社会主义现代化建设的动力和活力,全面深化改革同样是建设中华民族现代文明的强大动力。建设中华民族现代文明,是一场深刻的社会变革,是党领导的伟大社会革命的有机组成部分,不会是顺顺当当、轻轻松松就能建成的,其间必然要遇到先进与落后、科学与愚昧的冲突。深入推进改革创新,着力破解深层次体制机制障碍,不但是在为中国式现代化破冰除障,而且是在为中华民族现代文明开辟坦途。中华民族现代文明不仅需要文化创新、观念更新,还需要制度创新、机制变革。

三、中华文明赋予中国式现代化以深厚底蕴

中华文明起源于五千多年前,中国式现代化起自一百多年前,二者虽然源自不同的历史时代,但彼此间存在高度的契合性,这也是中华文明赋予中国式现代化深厚底蕴的前提和基础。中华文明和中国式现代化虽然源自不同的社会形态,但都发生于中华民族身上,生长于同一块国土,二者不应割裂,也不可能割裂。不同社会形态产生的文明形态,确有性质的不同,但又不是相互绝缘的,二者之间有着血脉的相承性、文化的相通性和品格的一致性。如同现代化不是绝对的善,具有两重性,中华传统文化也是既有精华也有糟粕,既有优秀内容也有落后成分。中华优秀传统文化超越时空、历久弥新,至今仍然对中国式现代化乃至人类社会现代化具有重要价值。

中华优秀传统文化有很多重要元素,共同塑造出中华文明的突出特性,由此赋予中国式现代化以深厚底蕴。比如,天下为公、天下大同的社会理想,追求公共利益、集体本位、相互平等的意识,成为中国式现代化坚持中国特色社会主义道路的深厚底蕴;民为邦本、为政以德的治理思想,懂得"水能载舟,亦能覆舟"的道理,成为中国式现代化坚持"人民至上"理念的深厚底蕴;九州共贯、多元一体的大一统传统,维护国家统一的政治理念,成为中国式现代化坚持党的全面领导的深厚底蕴;修齐治平、兴亡有责的家国情怀,唤起志士仁人的使命意识,成为中国式现代化依靠党员示范引领、获得人民支持的深厚底蕴;厚德载物、明德弘道的精神追求,坚守道义、保持操守的人格理想,成为中国式现代化培育和践行社会主义核心价值观的深厚底蕴;富民厚生、义利兼顾的经济伦理,注重长久利益和交易信誉的经营之道,成为中国式现代化依法规范和引导我国资本健康发展的深厚底蕴;天人合一、万物并育的生态理念,对人与自然和谐统一关系的深刻认识,成为中国式现代化促进人与自然和谐共生的深厚底蕴;实事求是、知行合一的哲学思想,求真务实、立言立行的处世之道,成为中国式现代化坚持问题导向的深厚底

蕴；执两用中、守中致和的思维方法，充满辩证法的智慧，成为中国式现代化正确处理各种重大关系的深厚底蕴；讲信修睦、亲仁善邻的交往之道，追求和平、和睦、和谐的理念，成为中国式现代化推动构建人类命运共同体的深厚底蕴。

习近平总书记在文化传承发展座谈会上，系统分析了中华文明的突出特性，指出这些特性对于新时代坚持和发展中国特色社会主义，以中国式现代化全面推进强国建设和民族复兴伟业，仍然具有根本的决定性作用。中华文明的连续性，从根本上决定了中华民族必然走自己的路，决定了中国式现代化的中国特色、本质要求；中华文明的创新性，从根本上决定了中华民族守正不守旧、尊古不复古的进取精神，决定了中国式现代化在继承中发展、在守正中创新；中华文明的统一性，从根本上决定了国家统一永远是中国核心利益的核心，决定了推进中国式现代化、实现祖国完全统一是我们的共同信念；中华文明的包容性，从根本上决定了中华民族交往交流交融的历史取向，决定了中国式现代化离不开融通中外、贯通古今；中华文明的和平性，从根本上决定了中国始终是世界和平的建设者、全球发展的贡献者、国际秩序的维护者，决定了中国式现代化是走和平发展道路的现代化。

四、在"两个结合"中建设中华民族现代文明

坚持把马克思主义基本原理同中国具体实际相结合、同中华优秀传统文化相结合，是我们党在一百多年奋斗历程中不断取得成功和胜利的最大法宝，是推进马克思主义中国化时代化的根本途径。建设中华民族现代文明，是中国共产党人坚持科学社会主义理想和原则，在推进中国式现代化进程中创造人类文明新形态的崭新实践。建设中华民族现代文明，不能照搬其他国家的路子，没有现成的模板，必须依靠"两个结合"，建设以马克思主义为指导，符合人类文明共同特征，具有中国特色的中华民族现代文明。"两个结合"

是建设中华民族现代文明的成功之道。

"第一个结合"要求建设符合新时代中国发展实际的中华民族现代文明。马克思主义提出了建设社会主义文明的科学构想、基本原则、实践路径,这是建设中华民族现代文明的基本遵循。中国具体实际是历史的、变化的,新时代中国正经历着最为广泛而深刻的社会变革,进行着最为宏大而独特的实践创新,这是建设中华民族现代文明所处的、所要结合的最大具体实际。新时代,党中央统筹中华民族伟大复兴战略全局和世界百年未有之大变局,中华民族现代文明必然要将"两个大局"历史交汇的时代精神融入其中,展现中华民族伟大复兴战略全局的新气象,显示世界百年未有之大变局的新内涵。新时代新征程全面建设社会主义现代化国家,中国式现代化是最大的政治,中华民族现代文明就是要凸显这一最大的政治,建设中国式现代化的政治文明。新时代推进具有里程碑意义的伟大变革,这在党史、新中国史、改革开放史、社会主义发展史、中华民族发展史上都意义非凡,中华民族现代文明同样要反映新时代的文明贡献及其特征。新时代建设长期执政的马克思主义政党,解决大党独有难题,探索跳出历史周期率的第二个答案,中国共产党提出了以马克思主义执政党自身建设、自我革命引领中华民族现代文明的重大课题。新时代应以历史主动把握战略机遇、应对风险挑战,中华民族现代文明是具有忧患意识、居安思危、未雨绸缪的文明,要时刻保持清醒,发扬历史创造精神。

"第二个结合"要求推动中华文明重焕荣光。马克思主义同中华优秀传统文化相结合,造就了一个有机统一的新的文化生命体。习近平总书记指出:"马克思主义把先进的思想理论带到中国,以真理之光激活了中华文明的基因,引领中国走进现代世界,推动了中华文明的生命更新和现代转型。从民本到民主,从九州共贯到中华民族共同体,从万物并育到人与自然和谐共生,从富民厚生到共同富裕,中华文明别开生面,实现了从传统到现代的跨越,发展出中华文明的现代形态。"① 可以说，没有"第二个结合"，就没有中华民族现代文明。"第二个结合"让中华优秀传统文化成为中华民族现代文明的源头活水，成为中国化时代化马克思主义所塑造的新文化新文明。"第二个结合"拓展了中国特色社会主义道路的文化根基，也拓展了中华民族现代文明的文化根基。中华民族现代文明赓续古老文明，扎根中华文明，是中华文明更新和转型的结果。

第三节 人类文明新形态在中华民族现代文明中得到集中展现

中华民族现代文明有着多种多样的形态、极为丰富的内涵，是一个多维度多层次的文明体系，在创造人类文明新形态中展现其面貌，在培育和创造新时代中国特色社会主义文化中凸显其要旨，在推动人类文明发展进步中彰显其价值，在全面建设社会主义现代化国家进程中实现其目标。

一、建设中华民族现代文明就是创造人类文明新形态

党带领人民创造的人类文明新形态，文明主体是中华民族，文明性质是现代文明，文明坐标是新型文明，文明形态是中华民族现代文明。中华民族现代文明是人类文明的新形态，人类文明新形态集中体现为中华民族现代文明，是各个领域各个方面文明成果的展现。

一是以新质生产力为标识的物质文明。物质文明构筑现代文明的经济基座。新时代建设物质文明，最为鲜明的特征就是加快发展新质生产力，以新质生产力推进高质量发展。2024年1月，习近平总书记在中共中央政治局第十一次集体学习时指出："新质生产力是创新起主导作用，摆脱传统经济增

---

① 习近平：《在文化传承发展座谈会上的讲话》，《求是》，2023年第17期。

长方式、生产力发展路径，具有高科技、高效能、高质量特征，符合新发展理念的先进生产力质态。"① 新质生产力从形成条件、基本内涵、核心标志等方面，推动了建立在先进生产力基础上的物质文明发展。

二是以全过程人民民主为标识的政治文明。政治文明支撑现代文明的制度框架。我国的人民代表大会制度，是人类政治制度史上的伟大创造。人民民主是一种全过程的民主。习近平总书记指出："我国全过程人民民主实现了过程民主和成果民主、程序民主和实质民主、直接民主和间接民主、人民民主和国家意志相统一，是全链条、全方位、全覆盖的民主，是最广泛、最真实、最管用的社会主义民主。"② 全过程人民民主是现代政治文明的中国特色社会主义样本。

三是以精神富有为标识的精神文明。精神文明确立现代文明的价值体系。中国式现代化既是物质富足的现代化，也是精神富有的现代化，丰富人民精神世界体现了中国式现代化的本质要求。我们所说的精神富有，有着鲜明的意识形态属性和价值取向，是基于社会主义精神文明的精神富有。精神富有是指人民精神生活的共同性，人民共创共享精神文明成果，同时注重维护人民精神生活的丰富性和多样性。

四是以共同富裕为标识的社会文明。社会文明显示现代文明的普及程度。现代文明只有在全社会普及开来、扎下根来，才是真正意义的现代文明。推进社会治理体系和治理能力现代化，建设共建共治共享的现代社会等，是社会文明的基本方面。中国式现代化是全体人民共同富裕的现代化，实现全体人民共同富裕是中国式现代化的本质要求，也是社会主义社会文明的根本特征。我国历史性地解决了绝对贫困问题，中等收入群体逐步增多，这是中国这样一个人口规模巨大的国家创造的最为重要的社会文明。

---

① 《加快发展新质生产力 扎实推进高质量发展》，《人民日报》，2024年2月2日，第1版。
② 习近平：《坚持和完善人民代表大会制度 保障人民当家作主》，《求是》，2024年第4期。

五是以人与自然和谐共生为标识的生态文明。生态文明提供现代文明的环境基础。生态兴则文明兴，生态衰则文明衰。生态文明状况是人与自然关系的一面镜子，也是一定生产方式、生活方式的产物。新时代正确处理经济发展和生态环境保护的关系，就要坚定不移走生产发展、生活富裕、生态良好的文明发展道路，像保护眼睛一样保护自然和生态环境，推动形成绿色发展方式和生活方式，同各国各方一道共建地球生命共同体。我们在一个人口众多、人均资源较少、环境承载力较低的国度里建设生态文明，生态环境保护发生历史性、转折性、全局性变化，创造了生态文明建设的中国奇迹。

二、新时代中国特色社会主义文化是中华民族现代文明的文化基石

文明和文化，各有多种解读、多个定义，二者既有共同点又有不同点。文明和文化都是人类创造的产物，只有人类能够创造文明和文化，因此，文明和文化也是人类产生与进步的标志及尺度。按照历史唯物主义的观点，文明是人类进步的结果，表明了人类社会的生产能力、制度能力、道德能力等达到的程度；文化是经济、政治的反映，是人类社会的一个基本领域，是文明的重要组成部分。毛泽东同志在《新民主主义论》中，就分别论述了新民主主义的经济、政治、文化。改革开放以来，我们党在建设中国特色社会主义事业中逐步形成了经济建设、政治建设、文化建设、社会建设、生态文明建设"五位一体"总体布局。由此可知，中华民族现代文明包含着中国特色社会主义文化。同时要强调的是，文化是一个国家、一个民族的灵魂，同样也是文明的灵魂。文化兴则国运兴，文化强则民族强。建设中华民族现代文明，必须高度重视中国特色社会主义文化建设，充分发挥文化在文明发展中的关键作用。

中国特色社会主义进入新时代，在文化建设方面相应提出了新的文化使

命。习近平总书记在文化传承发展座谈会上，要求在新的起点上不断培育和创造新时代中国特色社会主义文化，努力创造属于我们这个时代的新文化。新时代中国特色社会主义文化，是中国特色社会主义文化在新时代的丰富与发展，将中国特色社会主义文化推进到一个新的发展阶段，提升到一种新的发展境界，具有新的特征、内涵和价值。新时代推进伟大社会革命和党的自我革命，进行具有许多新的历史特点的伟大斗争，中华民族伟大复兴进入了不可逆转的历史进程。这些历史性、开创性、变革性实践，赋予新时代中国特色社会主义文化深刻的时代内涵。新时代彰显鲜明的文化精神，我们要坚定文化自信，把文化自信融入全民族的精神气质与文化品格中；新时代要秉持开放包容的精神，对内提升先进文化的凝聚力、感召力，对外增强中华文明的传播力、影响力；新时代要坚持守正创新的精神，守住中华民族的文化主体性，开拓文化发展的新思路、新机制、新形式。以中国式现代化全面推进强国建设和民族复兴伟业，必须培育和创造新时代中国特色社会主义文化。

培育和创造新时代中国特色社会主义文化，是建设中华民族现代文明的文化基础，也是建设中华民族现代文明的铸魂工程。习近平总书记指出："在新的起点上继续推动文化繁荣、建设文化强国、建设中华民族现代文明，是我们在新时代新的文化使命。"[①] 这段重要论述，深刻揭示了新时代中国特色社会主义文化和中华民族现代文明的关系，这就是新的文化使命旨在建设中华民族现代文明，建设中华民族现代文明离不开新时代中国特色社会主义文化。文化是社会有机体不可或缺的部分，文化的功能和作用不仅表现在精神生活领域，而且辐射于其他领域，起着导向、明理、塑行、化人的作用。建设文化强国才有现代文明，现代文明不能建立在文化荒漠之上。比如，发展社会主义市场经济，也是在培育市场文明、生产文明、交换文明、消费文明，而贯穿其中的是市场主体的文明程度和文化水准。

---

① 习近平：《在文化传承发展座谈会上的讲话》，《求是》，2023年第17期。

三、中华民族现代文明是中国式现代化对人类现代文明的重大贡献

中国共产党既为中国人民谋幸福、为中华民族谋复兴，也为人类谋进步、为世界谋大同。建设中华民族现代文明，要放在党推进人类文明发展进步的大视野大格局中来认识。各个民族、国家的文明共同汇聚和构成了人类文明，每个民族、国家的文明都为人类文明的产生和发展作出了各自的贡献。中华民族创造了绵延五千多年的灿烂文明，在人类文明史上留下了辉煌篇章。新时代中国共产党人志在建设中华民族现代文明，为人类文明发展进步作出新的更大的贡献。当今世界，百年大变局加速演进，和平还是战争之问更加尖锐，发展还是衰退之问更加现实，开放还是封闭之问更加迫切，合作还是对抗之问更加严峻，人类文明处于一个关键节点上。这些时代之问实质上也是文明之问。人类向何处去，文明的未来是怎样的，是世界各国人民共同面临和需要回答的重大问题。

建设中华民族现代文明，符合人类现代文明的发展趋势，反映人类现代文明的共同特征。尽管人类社会存在着诸如种族、宗教、民族、地域、国家、制度、阶级、意识形态之间各种各样的矛盾、对立和冲突，但人类社会生长于共同的家园，面临着共同的危机，有着共同的命运，是应该并且可以形成共同的价值，采取共同的行动，维护共同的利益。新时代中国共产党推动构建人类命运共同体，重要根据就在于人类现代文明具有共同特征，是可以共融共建的。中国共产党弘扬和平、发展、公平、正义、民主、自由的全人类共同价值，这些共同价值既是人类现代文明的"价值公约数"，同样也是中华民族现代文明的价值遵循。正因为中华民族现代文明与全人类共同价值、与人类现代文明是相通的，新时代中国才能够引领人类文明的进步潮流。

建设中华民族现代文明，要符合人类现代文明的共同特征，更要符合本

国实际，具有基于本国国情的鲜明特色。中华民族现代文明，是以中华文明为根脉、主脉、命脉的现代文明。这一文明以开放的姿态、包容的胸怀对待人类一切优秀文明成果，但根本的是要实现精神上的独立自主，坚守中华文明的主体性，促进外来文明本土化，绝不可成为西方文明的殖民地。中华民族现代文明，是以社会主义文明为根本性质、根本标志的现代文明。依据社会形态、社会制度的划分，现代文明可以区分为资本主义文明和社会主义文明。社会主义文明建立在资本主义文明的基础之上，是对资本主义文明的扬弃和超越，是人类文明史上的新文明形态。中华民族现代文明，是以中国特色社会主义道路、理论、制度、文化为根本支撑的现代文明。中华民族现代文明坚持把科学社会主义基本原理同中国历史、中国文化、中国实际相结合，建设中国特色社会主义的现代文明。

建设中华民族现代文明，是新时代中国对人类文明发展进步的重大贡献，具有重要世界意义。2023年3月，习近平总书记在中国共产党与世界政党高层对话会上的主旨讲话中，本着推进不同文明包容共存、交流互鉴，繁荣世界文明百花园的原则，明确提出全球文明倡议："我们要共同倡导尊重世界文明多样性，坚持文明平等、互鉴、对话、包容，以文明交流超越文明隔阂、文明互鉴超越文明冲突、文明包容超越文明优越。"[①] 这是共同推动人类文明发展进步的中国宣言。建设中华民族现代文明，要以推动人类文明发展进步为己任，把中华民族现代文明的建设成就作为对人类文明发展进步的应有贡献。建设中华民族现代文明，离不开人类文明的发展进步，推动人类文明发展进步正是为建设中华民族现代文明创造更有利的国际环境和外部条件。

建设中华民族现代文明，内在于中国式现代化建设之中，与全面建设社会主义现代化国家、全面推进中华民族伟大复兴是同一个过程。要在统筹推

---

① 习近平：《携手同行现代化之路——在中国共产党与世界政党高层对话会上的主旨讲话》，《人民日报》，2023年3月16日，第2版。

进"五位一体"总体布局、协调推进"四个全面"战略布局中建设中华民族现代文明，形成建设中华民族现代文明的"五位一体"格局，相互促进、共同进步；形成建设中华民族现代文明的"四个全面"机制，既有战略目标，又有战略举措。要在推动人的全面发展取得明显的实质性进展中建设中华民族现代文明。文明包括人的文明，文明建设要求培育文明的人，人的文明就是人的全面发展，必须以人的文明推动建设中华民族现代文明。要在实现第二个百年奋斗目标的进程中建设中华民族现代文明，在"两步走"战略部署中扎实推进，从每个领域建设入手，在每个阶段目标实现中提升，注重整体协同，讲求长期效益，在全面建成社会主义现代化强国的伟大实践中全面展现中华民族现代文明的时代风采和新的辉煌。

第一章
中华文明历史悠久、绵延不断

习近平总书记指出，"中华文明探源工程等重大工程的研究成果，实证了我国百万年的人类史、一万年的文化史、五千多年的文明史"[①]。所有其他原生古文明无疑是"有古而无今"，都已湮没在历史尘埃里，只有中华文明至今依然灿烂，是世界上唯一绵延不断且以国家形态发展至今的伟大文明。大量考古成果充分展示了中华文明发展的历史脉络。

第一节 中华文明兴起的悠久历史

中华文明的起源是一个过程。中国古代是农业社会，强调以农为本。农业产生后，人们开始定居生活，才会有社会分工，有社会生活和精神世界的多样化，有物质财富的积累和贫富分化，由此产生阶级、阶层和各种社会组织，并最终发展为国家。因此，考古学界普遍认为，距今五千多年前，中华文明已经形成。

广袤的华夏大地很早就有人类祖先活动、生活。中国旧石器时代，早期

[①] 习近平：《把中国文明历史研究引向深入 增强历史自觉坚定文化自信》，《求是》，2022年第14期。

第一章
中华文明历史悠久、绵延不断

文化分布已很普遍。距今 100 万年前的旧石器文化有西侯度文化、元谋人石器、匼河文化、蓝田人文化以及东谷坨文化。而距今 100 万年以后的遗址更多，在北方以周口店北京人文化为代表，在南方以贵州黔西观音洞文化为代表。中国旧石器时代中期文化以山西襄汾发现的丁村文化为代表，晚期遗址数量增多，文化遗迹更加丰富，技术有明显进步，文化类型也更加多样。

中华文明始于伏羲、燧人和神农三皇时期。巢人氏以巢居树上为特征，燧人氏以钻木取火为特征，这是人类社会经历的两个阶段，处在旧石器时代晚期，距今约 20 万—1 万年前。到伏羲氏时，进入原始社会的华夏有了质的飞跃。通过观测天象，始画八卦，初制节令"以授农时"，开启原始农业发展之路；初建阴阳学说理论体系；始创最早用于记事符号的书契，开启汉字衍生历程；"定人道，制嫁娶，使人各有偶"，提升了人口生产能力；发明乐器，开启民智，肇始礼乐文明。这一时代处在距今约 8000—7000 年的裴李岗文化时期，古华夏人由愚昧走向文明。

中国新石器文化至少要在距今 1 万年前（实际开始年代当更早）。学术界传统观点将制陶业、农业、家畜饲养业和磨制石器的出现作为新石器时代早期文化的四要素和新石器时代开端的标志。这一时期社会经济已由依赖自然的采集渔猎经济跃进到改造自然的生产经济。新石器时代晚期约为公元前5000—公元前 3500 年，华北地区主要是仰韶文化和大汶口文化，有较大聚落，彩陶发达；华中地区主要是河姆渡文化和大溪文化等，有着极为丰富的稻谷遗存和骨耜等水田耕作农具，表明稻作农业已有很大发展。

在中国传统古史体系中，炎帝、黄帝和蚩尤三支势力逐鹿中原，最后以炎黄联盟胜出告终；之后，炎黄两部又展开角逐，炎帝兵败，黄帝遂整合中原各方势力，一统华夏，成为中华民族始祖，居五帝之首。黄帝（约公元前 27 世纪始）时期，播百谷草木，始制衣冠、建舟车、制音律、作《黄帝内经》等。"五帝"（炎帝略早，与黄帝约为仰韶文化晚期；尧舜禹大体相当于龙山时代）都是不同的邦国、部落首领。距今五千多年前，古城、古国纷纷出现，中华大地是一幅"天下万邦"的壮阔画面。"国家是文明社会的概括"①，中华文明起源的大幕从此拉开。

古国是指原始社会后期出现的单一制初级国家，被称作熠熠生辉、"满天星斗"的古国时代，是一种无中心的万邦文化多元时代。古国向前进一步发展是王国，其特征是"国上之国"，即各诸侯国或酋邦之上还有一个中央王朝存在，但各诸侯国仍有独立的血缘继承权和其他政治权力，这就进入到"月明星稀"——有中心的多元一体时代。王国再向前就进入到有郡县制任命的帝国阶段。史前中国从公元前3000年左右进入古国时代，历经良渚古国、陶寺古国由低到高两个不同发展阶段；公元前1800年（洛阳）二里头王国（夏朝中晚期）崛起时，进入王国时代；经夏商周三代发展，随着公元前221年秦朝建立，进入了漫长帝国时代。

根据中华文明探源工程取得的最新成果，学术界认为从距今约5800年开始，中华大地上各个区域相继出现较为明显的社会分化，进入了文明起源的加速阶段。"古国"在地域范围、聚落结构、社会组织及治理方式等方面已经具备了夏商周三代时期"国"的雏形。主要集中在今浙江杭州余杭的良渚遗址（公元前3300—公元前2300年，属新石器时代晚期文化遗址群），成为实证中华五千多年文明史最具规模和水平的地区之一。2019年7月6日，良渚古城遗址被列入世界遗产名录，标志着中华五千多年文明史得到国际社会认可。在今山西襄汾陶寺发现的"圭尺"是在"独占地中以绍上帝"意识形态指导下，通过测影"立中"建都立国的象征。陶寺遗址（公元前2300年—公元前1900年）的早期和中期大体相当于尧舜时代。这一时期，"中国""中原"概念开始形成，"协和万邦"的理念得到普遍认同，"禅让制"成为权

---

① 中共中央马克思恩格斯列宁斯大林著作编译局编译：《马克思恩格斯选集》第四卷，人民出版社，2012年，第193页。

力交接的既定法则,"敬天祭祖"的精神信仰得到传承和发展。

中华文明有明确纪年的历史始于西周共和元年,即公元前841年,此前夏商周各王的名字虽载于《史记》,但相关年表中没有其具体在位年代,这种状况被称为"有世无年"。夏商周断代工程于2000年正式公布了《夏商周年表》,把中国的历史纪年向前推进了1200多年,推定以武王伐纣为标识的商周分界为公元前1046年,夏商分界年代为公元前1600年,夏代始年为公元前2070年。

经过"五帝"时代的发展和战争催化,夏朝诞生了。洛阳二里头都邑的诞生标志着史前中国由"古国时代"跨入"王国时代"。二里头遗址是迄今为止可确认的我国最早的王国都邑城址。作为东亚大陆最早的广域王权国家遗存,二里头文化堪称"最早的中国",其文明底蕴通过商周时代王朝间的传承,成为引领华夏文明的主流。位于河南安阳的殷墟是中国历史上第一个文献可考并为考古学和甲骨文所证实的商朝后期都城遗址。此地发现的甲骨文,有世界最早的关于日食和月食的记录,有完整的十进位制数字系统,是照亮中华文明的一盏明灯。在世界四大古文字体系中,唯有以殷墟甲骨文为代表的古汉字体系,历经数千年的演变而不衰,书写出了一部博大精深的中华文明史。此外,四川广汉三星堆文明(约公元前1500—公元前1050年)也大致在商朝晚期,是长江上游一个古代文明中心。这些考古发现和文化遗迹雄辩地证明了中华文明的起源是多元一体的,长江流域与黄河流域一样,同是中华民族的发祥地(长江流域甚至存在过不亚于黄河流域的古文明)。

陕西宝鸡出土的青铜器何尊铭文有"宅兹中或(国),自兹乂民",说的是周成王初迁居于成周(洛邑),周武王克商后,在庙廷祭告于天说:我将居此中国,自此治理民政。这是"中国"一词目前最早的出处。中国,既是一个地理概念,即必是居于"天下之中"的中央王国;也是一个文化概念,即各古国、各诸侯国所共同认定的"华夏""诸夏"文化共识圈。作为有时空主体的中华文明从此发展得蔚为壮观，不断走向新的发展阶段。中华五千多年不断裂的文明历史，由《史记》等二十四史记载的"五帝时代"、夏商周的"封邦建国时代"与秦汉至元明清的"大一统中央集权国家时代"所组成，其间不同朝代缔造了中国不断裂的"共同国家"的历史。

在大一统时期，统治者极力整齐风俗，统一文化；分裂割据时期，各政权也大多沿着惯性，崇尚华夏礼义，用中国年号、官制。例如，五代十国时，"吴越、荆、楚常行中国年号"；北宋时期，壮族人侬智高在两广发动起义，建立大南国，"皆称中国官名"。王朝分裂时期，绝大多数割据政权都自称正统在兹、文脉在兹。例如，东魏本是鲜卑政权，但在讨伐梁时，《移梁檄文》却抨击其"政散民流、礼崩乐坏"。因此，政治和军事上的割据并没有造成文化上的彻底灭裂。一旦新的王朝统一中国，文化大一统格局便迅速形成，礼乐得以重建，文化得以赓续，这也是历史上多次"分久必合"的文化基础。即便中国历史上北方游牧民族曾几次进入中原并建立政权，如北魏、金、元和清，但他们建立政权后，无一例外都崇尚华夏礼义。这些少数民族在入主中原之前，就认同华夏始祖，极力与之攀附。鲜卑以"华"自居而称柔然为"夷虏"，金人以"汉节""华风"自居而称蒙古人为"夷狄"。诸如此类，都说明游牧文明对农耕文明的追慕向往。少数民族在中原建立政权后，"尊经术、崇儒雅"，延续着中华文明。辽、金、元、清都开科举，清朝的文化政策和考据之学将中国传统学术推向了顶峰。总之，少数民族入主，不仅继承了中国版图，也延续了中国文化。

百年中国考古实践，尤其是史前考古事实告诉我们，今天中国地域范围内史前不同地区的文明进程是多元的，或者是多线的而非单线的；就其发展演进而言也是相对的，有的进化，有的退化，有的连续进化，有的则表现为一定的断裂或中断。值得注意的是，退化的或者中断的区域文明并非彻底消失，而是其中一些重要的文明因素多被其他区域文明吸收、融合、改造，作为文明基因传承下来。所以，用宏观发展的眼光看，中华文明是持续发展、螺旋式上升的文明。

第二节　中华文明连续性的成因

英国历史学家汤因比认为，在近6000年的人类历史上，出现过23个文明形态，但是在全世界只有中国的文化体系是长期延续发展而从未中断过的文化。

一、特殊的自然地理环境使然

任何民族的生息繁衍都有其具体的生存空间。中华民族的家园坐落在亚洲东部，西起帕米尔高原，东到太平洋西岸诸岛，北有广漠，东南是海。这片广阔的大陆四周有自然屏障，内部有结构完整的体系，形成一个独立的地理单元。这个地区在古代先民的头脑里是人得以生息的一块土地，因而称之为"天下"，又因认为四周有大海环绕所以称"四海之内"。这种概念固然已过时，但这一片地理上自成单元的土地一直是中华民族的生存空间，使得中国历史文化在独立的环境中逐渐成长和发展为一个独特的文明体系。

中华民族赖以生息繁衍的这块土地，地域辽阔、资源丰富，不但可供养大量的人口，而且对天灾人祸具有巨大的抗击和缓冲能力。从气候条件看，由于经纬跨度大，各地水分热量分布状况差异显著、气候类型多样，绝大多数地区处于四季分明、寒暑适中的温带和亚热带。东部地区受到季风气候的显著影响，雨量充沛。这些都有利于物种的丰富和人类赖以生存的基本农业生产活动。中国的两大河有足够宽的间隔，有多样化的气候和生态环境，在早期容易形成多个区域文明。同时，两大河的中下游没有不可逾越的地理障碍，便于不同族群和文化的交往交流交融，并最终形成一个整体。这样的自然资源禀赋，具备了独立自主生存发展的客观条件。

中国文明体量大，足够的空间给文明的连续性提供了战略保障。西周时期，中国的文化中心在黄河中下游；春秋时期，秦国向黄河上游扩张，传统的西戎之地被纳入中原。秦国与楚国都曾自外于中原。春秋之初，齐桓公扛起"尊王攘夷"的政治大旗，楚国就属于夷狄之邦。秦孝公支持商鞅变法图强，动因之一是由于被中原各国歧视而感到耻辱。春秋争霸，战国争雄，各国联系空前加强，文化差异越来越小，制度设计也越来越接近。秦国完成了政权统一，到汉初时中央政府大量采纳楚文化，文化统一完全实现。中国不再局限于黄河中下游，黄河、长江两大流域都是中国文化的核心区。秦汉之后，长江、黄河流域成为中国之本。从黄河到长江，构成了中国文明的战略纵深。

二、汉文字载体的沟通交流作用

今天，在中国960多万平方公里的广袤大地上，无论方言口音、生活习俗如何迥异，通过共同的文字，人们可以毫无障碍地沟通思想、交流情感，这看似平常的一幕，背后是汉字这块积淀数千年的文化基石在发生作用。习近平总书记到河南安阳考察殷墟遗址时指出，中国的汉文字非常了不起，中华民族的形成和发展离不开汉文字的维系。汉字是传承中华文明的重要载体，是最具代表性的中华优秀传统文化标识。距今五千年左右，中国各地考古发现的新石器时代晚期遗存中有不少"符号"已经具有文字特点，有学者称之为早期文字。殷墟甲骨文可以说是已经成熟的汉字，奠定了汉字的造字方法、方块形态和发展框架。西周青铜器铭文，东周陶文与盟书、简牍、帛书上的文字，是在此基础上进一步发展的大篆、小篆及"六国文字"。秦始皇建立了多民族统一的中央集权国家，他采取"书同文"的国策，为维护国家统一、增强国家文化凝聚力，作出了永载史册的巨大贡献。经汉唐由小篆至汉隶、楷书，汉字成为中华五千多年不断裂文明的突出代表。

文字是文明的载体。《淮南子·本经训》有言："昔者苍颉作书,而天雨粟,鬼夜哭。"文字的产生在人类文明史上是惊天地、泣鬼神的大事件。就世界各国而言,类似情况极为罕见,甚至可以说绝无仅有。由数千年不断裂的中国文字历史,形成数千年不断裂的中国历史文献,这在世界史上是极具特色的,其中二十四史就是全世界唯一保存的由国家主导编撰的"不断裂"的完整历史文献。各地方言可能有别,但文字是统一的。数千年来,汉字作为中华文明的载体,对中华文明的连续发展起到了极其重要的基础性作用。

三、大一统政治制度的长期稳定

正是由于黄帝战胜炎帝、蚩尤并统一了分散、混乱、动荡的黄河中下游诸族邦部落,开启了中华民族大一统文明的先河,才最终迎来了华夏政治文明的曙光。在统一、兼并战争过程中,黄帝将众多部落融合为一个合作与互利共存的部落联盟体,这应是中国最早的一种政权形态,为中华民族政治与文化的形成和发展奠定了基础,由此开创了中华民族多元一体的大融合、大一统、大发展的历史新时代。

《尚书》中提到尧"协和万邦"(《尧典》),大禹"九州攸同""声教讫于四海"(《禹贡》),说明上古先民已经萌生了"天下归一"的政治理想。春秋战国时期,礼崩乐坏,诸侯纷争,分裂、混乱的政治现实进一步激发了古人对"统一"的追求。《春秋公羊传》明确提出了"大一统"概念;《礼记·丧服四制》对这一概念进行了解读:"天无二日,土无二王,国无二君,家无二尊,以一治之也。"秦、汉统一国家形成之后,"大一统"思想因其有利于安定国家、开展治理及维护皇权,日益受到统治者的青睐和推崇。随着汉武帝"尊崇儒术"确立以儒家思想为核心的主导文化,"大一统"成为中国传统政治思想的核心。此后,从秦汉直至明清一以贯之,历代有远见、有抱负的政治家,无不以实现国家统一为政治目标和追求。"大一统"的民族观和国家观在中华民族、国家和社会的发展中发挥了重要的凝聚力作用。

《诗经·北山》篇说："溥天之下，莫非王土。率土之滨，莫非王臣。"这个"天下"，是以华夏中原为核心，同时涵盖"四海"的全体性概念。而"四海"就是中原周边所谓夷、狄、戎、蛮等各民族的聚集区。中国上古政治制度将天子统治的区域按远近亲疏分为"五服"，即甸服、侯服、宾服、要服、荒服，其中"蛮、夷要服，戎、狄荒服"，他们也要与中原诸侯一样，承担相应的朝贡义务（《国语·穆王将征犬戎》）。华夏中原与四海各族不是割裂、对立的，而是统一的。后世王朝在实现统一的过程中，也从未忽视周边少数民族。这种"普天之下"广泛全面统一的思想，为统一国家的不断发展、扩大提供了思想基础，也为少数民族融入中华文明、中华民族，甚至担负起统一中国的大任创造了条件。

在帝位传承上，中国宫廷政治有一个嫡长子继承的规矩，即"有嫡立嫡，无嫡立长"。虽然也有例外，皇帝及群臣却不轻易打破这个约定俗成的规矩，民众在心理上也普遍接受了这一规矩。这就造成帝位传承相对平顺的局面，久而久之，国家避免了政治上无谓的巨变，间接有助于政权稳固。传统政治大一统国家政权体系主要由皇帝制度、宰相制度、郡县官吏制度及地方士绅制度构成。中国早就确立了"民为邦本"的治国理念和选贤举能的官员选拔制度，对国家进行有效控制、动员与管理。而以地方士绅为中心的各种社会自治体，包括渗透于全社会的同族、同宗、同姓血缘共同体，则是大一统国家最稳固的社会基础。

在改朝换代中，旧王朝无法克服面对的危机，最终在内外交困中灭亡；取而代之的新王朝，接受前朝的教训，调整政策，革新制度，迎来新的历史发展机遇。在传统意识形态中，改朝换代是政治理论的一部分，这就是"革命说"。改朝换代有损益、有扬弃，往往不是否定前朝的一切，而是把"革命"严格限制在改朝换代的政治行为之内，这是中华文明具有稳定连续性的重要体现。努力减少改朝换代过程中的破坏性，是传统"革命观"的重要内容。"革命"成功之后，新政权迅速调整政策，变"马上打天下"为"马下坐天下"，这就是"文武之道，一张一弛"。这一从西汉初年确定下来的理论和政策，基本上得到历朝历代的遵行。中华文化的核心政治观念从未发生动摇，这是中国历史连续性的重要表现。

四、农耕经济基础的韧性支撑

早在1万年前，我们的先人就种植粟、水稻，农业起源同西亚北非并列第一。中国有着广大的适合发展农业的地理空间和自然环境，加上特有的二元农业体系，能够最大程度保障食物供给的稳定性，从而奠定了中华文明起源和形成的坚实基础。农耕的出现使我们的先民摆脱了完全依赖大自然赐予的生存状态，开始了主观能动的生存方式。农耕文明以家庭为主要生产单位，进行生产所需的条件较少，一家一户就是一个生产单位，自给自足。虽然它抵御风险的能力相对较弱，遭遇天灾人祸往往会受到较大伤害，但其生命力极其顽强，只要有一段时期的太平盛世，社会经济就会很快恢复生机。在古代文明中，无论是渔猎文明还是商贸文明，在极其落后的生产力发展水平和落后的交通状况之下，其抗击天灾人祸的能力都是极其脆弱的，往往会一击而致命。这也是中原王朝周边的其他游牧民族时常会骚扰中原的主要原因，其每遇灾祸必然通过抢掠以求活命，每遇机会总想入主中原。农耕文明则是一种极其稳定的有根文明，生产生活方式相对稳定，对于形成稳固的共同的文化并不断延续和传承是极其有利的。农耕文明更有利于教育的普及，反过来又促进了文化的繁荣与发展。而渔猎和商贸文明一旦遭遇天灾或战争，重新崛起的可能性就要比农耕文明小很多，要么只能融入其他文明，要么就此消亡。比如突厥和匈奴这两个游牧民族，在与中华文明的长期对抗失败以后，就彻底地从文明视野中消失了。因此，中华文明能够韧性延续，农耕文明的经济基础是最为重要的根源。我国南北农业互补,回旋余地大,使得中华文明具有非常强的抗击天灾人祸的能力,拥有很强的韧性。

五、自觉的传承意识和传承实践

中国连续性的文明形态还有另一个重要表现,那就是经典诠释的连续性,亦即思想史的连续性。中华元典"六经"诞生后,先秦诸子皆从其中获取养料,特别是儒家学者强调"述而不作,信而好古",旨在传承与守护"六经"中所蕴含的价值理念。而"六经"内容本身所反映的,正是宗法社会的伦理原则,也就是我们今天所说的"价值观"。换言之,这些经典,正是传统价值观念的重要载体。从某种意义上说,中国思想史的本质和主流,就是传统价值观念绵延传承的历史。中国传统社会的价值观念,是以儒家建立的道德体系为主体的。这一思想体系,经历了春秋战国时期的诸子百家争鸣和后世社会发展的起伏跌宕,最终确立了它在中国社会价值体系中的主导地位,并在中华文明史上延续了两千余年。究其根本原因,就在于儒家所倡导的价值观符合古代中国宗法社会的特点,有其特殊且坚固的社会基础。一个是血缘宗族的连续性,一个是经典诠释的连续性。在中华文明数千年的进程中,这两种连续性互为表里,构成了中华文明的连续性形态。

传统的连续性恰恰在于保守和创新的辩证统一。保守因素使文化传统保持相对稳定,成为维系民族文化生命的纽带;创新因素使文化传统不致凝固僵化,以期永葆生命力。中华文明既坚守本根又不断与时俱进,把"继往圣,开来学"和"为往圣继绝学,为万世开太平"作为基本的价值追求和民族精神,形成了"慎终追远""慎终于始""垂裕后昆"和"钦崇天道,永保天命"(《尚书·仲虺之诰》)的承前启后、继往开来意识,以及"周虽旧邦,其命维新"的国性基质,凸显了"七世之庙,可以观德;万夫之长,可以观政"(《尚书·咸有一德》)和"终始惟一,时乃日新""其难其慎,惟和惟一"

（《尚书·咸有一德》）的伦理价值，在中华民族心灵深处内化为一种对传统的礼敬和对未来的创新等代际伦理人格，培育了共同的情感和价值、共同的理想和精神。无论商朝取代夏朝，还是周完胜商，胜利者都没有令前朝文明灰飞烟灭，而是在尽力保存前朝文明基本主题和发展模式的基础上予以改造和发展。以孔子为代表的儒家祖述尧舜、宪章文武，对此前的各种文献予以全面系统地整理，又针对当时所面临的"礼崩乐坏"的社会情势，提出了一系列价值主张和应对措施，建立了一个对后世影响深远的仁学思想体系。之后，历代思想家都强调文明既要承前继往，更要启后开来，凸显了不忘初心和砥砺前行的重大意义。中华文明之所以绵延数千年，正是得益于旧邦新命的国性基质和继往开来的价值追求。正是这种承前启后、继往开来的价值共识使中华文明成为人类历史上唯一一个绵延五千多年、至今未曾中断且充满活力的灿烂文明。

第三节 中华文明连续性的启示

中华文明五千多年绵延不断、经久不衰，在长期演进的过程中，形成了中国人看待世界、看待社会、看待人生的独特价值体系、文化内涵和精神品质，这是我们区别于其他国家和民族的根本特征，也铸就了中华民族博采众长的文化自信。习近平总书记指出："中华文明的连续性，从根本上决定了中华民族必然走自己的路。如果不从源远流长的历史连续性来认识中国，就不可能理解古代中国，也不可能理解现代中国，更不可能理解未来中国。"[1]中华文明的连续性是中华文明得以保存、发展和繁荣的基因密码。

---

[1]《担负起新的文化使命 努力建设中华民族现代文明》，《人民日报》，2023年6月3日，第1版。

一、持续强化中华文化"根脉"的认同感

"古"是今人的"史","祖"是今人的"先"。传承中华文明,弘扬优秀传统文化,于当今中国意义非凡。归属感和认同感是一种文化是否具有凝聚力的集中表现,也是其是否具有生命力的重要表征。中华文化之所以绵延不断,之所以长盛不衰,成为世界上生命力最为顽强的古老文化,其中一个原因就是这种文化在孕育形成的早期阶段,归属感和认同感就已成为其"显性基因",并不断被后世传承。传承的时间越长,历史越久远,文化越古老,归属感和认同感就越深厚,对隶属于这一文化群体成员的凝聚力和向心力就越大。比如说中华文化的"家国情怀",起源于原始社会以血缘为纽带的氏族制度,表现出"以礼治国""齐之以礼"的治国理念。早期国家形态呈现出"家国一体""家国同构"的家族国家面貌,"家国情怀"以一种朴素的、原始的情感形式,将家族、伦理、宗教等观念融合,成为中华文化原始国家观念和社会政治观念的原型,不断传承,长久延续。"家国同构",将"家"与"国"连接,认为"家国一理",家是国的缩影,国是家的扩大,群体对家族、血亲的归属感和认同感同构于对国家和民族的归属感和认同感中。没有国哪有家?没有家哪有我?中华文化的"家国同构"意识和"家国情怀",将个体与群体、家族与国家的命运紧密联系在一起,极大地促进了中华文化大一统国家观念的形成和各民族文化的大融合,也加速形成并进一步巩固了中华文明突出的统一性,成为中华文明凝聚力和向心力的不竭之源,成为民族团结、国家统一的恒久动力。深厚的家国情怀与深沉的历史意识,为中华民族打下了维护大一统的人心根基,成为中华民族历经千难万险而不断复兴的精神支撑。

中华文明自起源至秦汉,经历了从不同地域各种文化的多元并行,到周边文化向中原地区汇聚的多元一体,再到秦汉以后统一的多民族国家形成的多元一统的文明发展进程。中华文明的起源是多元的,而且多元的因素一直伴随中华文明的发展过程。中华文明的演进过程实际上就是多元文明相互整

合的过程。"一体"在中国人民心灵深处铸造了国土不可分、国家不可乱、民族不可散、文明不可断的共同信念和集体人格，不断促进中华文明向前发展。从文化上来说，"多元一体"的"一体"为"中"，"多元"是"和"，"一体"是核心。就政治文化而言，"一体"是国家认同、中华民族认同、中国历史文化认同。"中"是国家认同的思想基础，国家认同高于其他任何认同，这一认同实质上是对国家的政治认同。

二、在海纳百川中务实创新

海纳百川与务实创新的特质是中华文明绵延发展的思想灵魂。早期中国文化多样与多元的客观存在，使得不同文化在互动交流与传播过程中逐渐形成了开放融合、彼此借鉴的文明特质。这种以多元、包容、融合为内涵的理念就是中国传统文化中的"和合"思想。尧舜时期是"和合"思想产生的重要时期。《尚书·尧典》："钦明文思安安，允恭克让……协和万邦，黎民于变时雍"，记述唐尧温和恭谨、亲善九族、协和万邦的政治理念。《史记·五帝本纪》记述尧的功绩："九族既睦，便章百姓。百姓昭明，合和万国。"这种"和合"思想形成之后影响深远，先秦诸子百家多受影响并予以继承。我们熟知的《论语》中的"礼之用，和为贵"，将礼制的最终目标定为"和"。这种思想逐渐成为中华优秀传统文化的思想精髓。协和万邦，各国共同发展，用今天的话来说就是构建人类命运共同体。更为重要的是，这些史前区域文化对外来文明因素的吸收融合大多不是简单的"拿来主义"，而是进行了相当程度的改造，多有创新。中华文明像一个大熔炉，可将外来文明因素熔为己用。

中华文化虽然在一个相对封闭的环境中成长，但它也有过与外来文化的广泛接触。其中大规模的接触与交流有三次。第一次是佛教的传入。从东汉起，历经几百年，经过长期的消化和文化的整合，到唐代产生了中国化的佛学——禅宗，宋代产生了在佛学影响下的儒学。佛教的传入经过了几百年的过程，这是中华文化与印度文化的一次大交流，对中国传统文化影响极大。第二次是明清之际，西方传教士来到中国，从利玛窦到汤若望、南怀仁，从明末到康熙年间，到中国来的传教士数以百计，带来了西方的宗教，也带来了西方的文化，包括天文、历法、数学、武器、地图、建筑、绘画和其他自然科学。第三次是在鸦片战争以后，外国的枪炮打开了中国的门户，中国开始被动吸收西方文化，引起中西方文化冲突与交流。从某种意义上说，这样的吸收、交流、冲突，到现在还没有结束。中国已进入世界历史发展的潮流，中国的社会主义新文化在批判地吸收传统文化的同时，必将随着全人类文化一起前进。

三、在自强不息中奋发向上

中华文明既不像西方文明追求外在的征服与占有，始终以外物来填充内心不断膨胀的欲望，甚至不惜发动十字军东征、近代海洋争霸和20世纪两次世界大战，以及战后多次侵略性战争，也不像印度佛教那样视现世的一切为虚妄的存在与世隔离，追求一个空寂的梵天世界，而是立足于现实世界，追求一种刚健有为、日生不滞又不断发展完善的文明。在认识和改造自然、社会和人生的过程中，中华文明不断攻坚克难、闯关夺隘，创造了一个又一个彪炳史册的伟大奇迹，书写了中华历史上物质文明、制度文明和精神文明的辉煌史诗。

中华五千多年灿烂文化始终蕴含着一股奋发向上、开拓进取的精神力量，对中国人的心理和品格产生了深远影响，并成为中华民族生存、繁衍、发展的动力源。《周易》说"天行健，君子以自强不息，地势坤，君子以厚德载物"，这对一般民众产生了强烈的激励作用。司马迁言："文王拘而演《周易》；仲尼厄而作《春秋》；屈原放逐，乃赋《离骚》；左丘失明，厥有《国语》；孙子膑脚，《兵法》修列；不韦迁蜀，世传《吕览》；韩非囚秦，《说难》《孤愤》；《诗》三百篇，大底圣贤发愤之所为作也。"（《报任安书》）这些文字记载折射出中华民族愈挫愈强、勇于抗争的精神状态和坚韧不拔的意志品质。这种自强不息的精神，不仅凝聚和增强了中华民族的向心力，更哺育了中华民族自强、自信、自立的抗争精神。

四、以"人文化成"铸就中华文明之魂

"人文化成"，出自《周易·贲卦》："刚柔交错，天文也；文明以止，人文也。观乎天文，以察时变；观乎人文，以化成天下。"指的是通过观察、分析自然界的各种矛盾运动，掌握它们的变化规律；在深入观察与研究人和人类社会创造的独有文明的基础上，推动文明由天下人共创，文明成果为天下人所共享，从而保障人和人类社会得以沿着正确的路径向前发展。《尚书·泰誓》记述了周武王的一段名言："惟天地万物父母，惟人万物之灵。"人的本质，从来都是各种社会关系的总和。人的存在，乃是社会性的存在、群体性的存在。中华人文的形成和发展，中国人从草昧到文明，都和人的群体性联系的不断扩大、不断强化，社会关系越来越复杂化、越来越多层次化，人越来越能够自觉合理地处理好这些关系联系在一起。人为贵，尤其民为本，是全部"人文化成"的起始点。《尚书·五子之歌》中说："民惟邦本，本固邦宁。"《尚书·泰誓》中说："民之所欲，天必从之。""天视自我民视，天听自我民听。"《左传·庄公三十二年》中说："国将兴，听于民；将亡，听于神。"这些都明白无误地说明，决定国家命运的是民众而非神灵。老子在《道德经》中强调："圣人无常心，以百姓心为心。"《孟子》中说："民为贵，社稷次之，君为轻。"这些论述都非常清晰地说明，正是这些现实的具体的人，这些普通的平民百姓，这些实实在在的社会力量，才是文明生成和成长的主体和决定性力量。

"人文化成",就是人与人之间要讲仁爱。孔子说:"仁者,人也。"指的就是人具有"仁"的品格,人也只有在具备了这种"仁"的品格时,才能够成为名副其实的人。什么是"仁"的品格?孔子说:"爱人。""夫仁者,己欲立而立人,己欲达而达人。""己所不欲,勿施于人。"(《论语》)人作为社会群体中的一员,对于社会群体中的其他人应当做到爱人、立人、达人。只有具备这样品格的人成为社会的主体,群体才能够稳固地真正形成,社会才能够健康有序地运行和积极成长。

"人文化成",落实到人与人、国与国相处,就是讲信修睦、亲仁善邻。《礼记·礼运》:"礼义也者,人之大端也,所以讲信修睦。"《左传·隐公六年》:"亲仁善邻,国之宝也。"这也就是中华文明所一贯崇尚的讲仁爱、重民本、守诚信、崇正义、尚和合、求大同的精神在人与人、国与国关系上的具体体现。以"天下为公"为根基的大同世界,是几千年来人与人之间讲仁爱而希冀达到的最高理想,是"文明以止"的"人文化成"的最高境界,或终极奋斗目标和必然归趋。

五、以"大道之行"的天下大同为理想

中国传统价值本原不是原子式的个人,任何个体均是处于家族、国家关系之中的,个体生命的价值、意义往往依托在家国的价值与意义上。正如《周易·序卦》所说:"有天地然后有万物,有万物然后有男女,有男女然后有夫妇,有夫妇然后有父子,有父子然后有君臣,有君臣然后有上下,有上下然后礼仪有所错。"天地化生万物,男女结合的家是社会的基础,国则是家的延伸。而"天下"不仅仅是全部天地的空间概念与人类世界,更是一种合理性世界秩序与理想化价值体系的构建。"天"代表一种普遍性、公正性、权威性的法则与律令,天下一切生民必须共享这一普遍性、公正性法则与律令。"天下"理念并不在意人世间的种族差异,而是凸显理想世界的秩序和

天下有道的重要性，故而特别强调天下一家、世界大同的普遍永恒意义，强调天下的利益与价值高于种族和国家的利益与价值。

王道是相对霸道而言的。霸道的标志是富强，王道的标志是民心。霸道实现目标的过程是武力征服，王道实现目标的过程是天下归心。王道不仅仅是在家国范围内施行礼乐、仁义的治理方法，更加重要的是重建天下的文明秩序，并且主张民心所向、心悦诚服是实现王道的根本标志。王道关注的范围是超越家国范围的天下之道，最终实现"承天之道，以治人之情"的生生之德。王道指向的最终目标应该是"大道之行"的天下大同。中国思想家普遍向往的是一个"选贤与能，讲信修睦""人不独亲其亲，不独子其子"的"大同之世"。"天下为公"的"大同"时代，体现出博爱的价值。中国文化的最高信仰、中国哲学的最高范畴是"道"，而"道"本质上就是天人合一的体现。"道"既是日月星辰、春夏秋冬必须遵循的自然法则，可称之为"天道"；又是人在生活实践中逐渐建立起来的家国体系、天下秩序的人文准则，又可称之为"人道"。中国的思想理念、文化基因的最大特点，是天道与人道的合一。道家希望用自然无为的大道统摄人道，而儒家希望以"人文化成"的人道参赞天道。尽管中国有诸多思想流派，然而他们关于"天人合一"的思想是完全相通的，他们最终都希望通过人文实践而上达于天，实现参赞天地、化育万物的"天人合一"之道。

中国特色社会主义道路的开辟是由我国历史传承和文化传统决定的。习近平总书记指出："中国式现代化是赓续古老文明的现代化，而不是消灭古老文明的现代化；是从中华大地长出来的现代化，不是照搬照抄其他国家的现代化；是文明更新的结果，不是文明断裂的产物。"[①]建设中华民族现代文明，并没有离开中华文明大道，而是借鉴汲取"世界历史"精华之后内生性演化的结果。

---

① 《担负起新的文化使命 努力建设中华民族现代文明》，《人民日报》，2023年6月3日，第1版。

第二章
中华民族现代文明是文明传承更新的结果

习近平总书记在文化传承发展座谈会上指出:"中国式现代化是赓续古老文明的现代化,而不是消灭古老文明的现代化;是从中华大地长出来的现代化,不是照搬照抄其他国家的现代化;是文明更新的结果,不是文明断裂的产物。中国式现代化是中华民族的旧邦新命,必将推动中华文明重焕荣光。"① 中华文明具有突出的连续性,只有紧紧抓住中华文明与中华文化源远流长的历史连续性特质,才能理解中华民族现代文明的内核,才能阐明中华文明何以能够在历史的长河中奔腾不止、川流不息,才能懂得中华民族的古老文明为何能够在现代世界重焕光彩,以中华民族现代文明的新形态昂首挺立于 21 世纪。

第一节 中华民族现代文明是对中华古老文明的赓续传承

在世界公认的四大文明古国中,中华文明是唯一没有中断而延续至今的古老文明,源远流长是中华文明的基本特征。从文明的最初起源来看,中华文明与其他古老文明具有高度的相似性;但从文明的传承发展来看,绝大多

---

① 习近平:《在文化传承发展座谈会上的讲话》,《求是》,2023 年第 17 期。

数古老文明都在内部或外部各种形式的冲突与动荡中遭遇灭顶之灾，而中华文明却走上了一条独一无二的道路，一条持续生存与发展的道路。中华文明之所以能够持续发展，关键就在于中华文明的地理实体、民族主体与文化内核始终有机结合在一起。文明的实体、主体与精神内核之间构成相互依存、相互加强的正反馈特性，造就了中华文明超强韧性、持续发展的奇迹。

一、文明实体：区域与规模的稳定性扩展

中华文明这个文明体首先是一个地理实体，具有特殊的地理与自然特性。同其他古老文明的起源一样，中华文明也发端于大河流域，以农耕经济为基础，进而诞生了城市与国家。但与其他古老文明"难寻故地"相比，中华文明不仅守住了故土，而且经历几千年的"拓土开疆"，文明的区域与规模持续扩大。中华文明寓身的这片中华大地，融历史厚重感、广袤无垠感与现实真实感于一体，是中华文明连续性发展的温床与港湾。

从文明起源来看，中华文明也是大河文明，但又不是单一流域起源，而是以黄河流域与长江流域这两大流域及其支流区域为依托的，巨大的流域面积构成中华文明第一个突出的自然地理特点。黄河长5400多千米，从西到东横跨青藏高原、内蒙古高原、黄土高原和黄淮海平原四个地貌单元，流域面积约75万平方千米；长江一路历程6300多千米，流域面积约180万平方千米。黄河流域与长江流域的平原地区是中华文化与文明发展得天独厚的腹地。在中华文明肇始初期，黄河流域和长江流域已经形成了大量原生文化或次生文化形态，奠定了中华文明的雏形。黄河流域在进入新石器时代后，相继或交迭出现了裴李岗文化、磁山文化、仰韶文化、龙山文化、马家窑文化、齐家文化、大汶口文化等。长江流域在新石器时代也形成了一个相对清晰的文化谱系，从大约1万年前的彭头山文化，经油子岭文化、屈家岭文化、石家河文化，到距今3800多年的肖家屋脊文化。黄河流域和长江流域考古所

取得的辉煌成果，充分印证了我国百万年的人类史、一万年的文化史、五千多年的文明史。两大流域的文化与文明在几千年的演进过程中，既平行发展、并驾齐驱，又相互影响、相互补充，向内凝聚成中华文明的有机统一整体，为中华文明的传承更新提供了源源不断的养分和动力。

  中华大地上文化与文明的交融，使中华文明围绕数个相对稳定的圆心像涟漪一样扩散开去，推动形成了中华文明多元一体、交流融合的发展态势，也形成了中华民族"中原"与"天下"并举的地理存在形态与独特的地理观。"中原"本义为"天下至中的原野"，一般指黄河中下游以河南为中心的广阔地带，是中华文明的发祥地。从"三皇五帝"的神话传说时期开始，经夏、商、周三代，后继汉、魏、晋、隋、唐等多个朝代，中原长期是中华文明的政治、经济和文化中心。商周时期，以中原地区的核心文明为依托，"中心—四方"的地理框架与"天下—列国（或万邦）"的政治框架日渐凸显，"天下"被赋予超越中原文明、涵括东西南北各方边缘文明或蛮夷的意义，进而超越实指成为一种政治理想，即中央政权应扩展至无边无际、无所不包。虽然从历史上看，从周代的"家天下"到秦汉以来的"郡县天下"，从没有哪个中央王朝做到了"全取天下"，但"天下"的理想却一直激励和吸引着历代王朝的统治者。逐鹿中原、一统天下，是历朝历代王侯将相、英雄枭雄们的最高梦想。在这个过程中，中华文明的地理疆域始终围绕"中原"的实指和"天下"的虚指进行收缩和扩张，使中华文明的区域与规模在确定性与不确定性、稳定性与开放性、有限性与无限性之间进行矛盾运动。中华民族几千年来的文明实践，呈现出一种旋涡状的从内向外的扩展态势，为中华古老文明的赓续传承赢得了巨大的地理自然空间。

二、文明主体：中华民族多元一体的演进

  中华文明是一个有其自然地理特点的文明体，也是一个有其主体内涵及

特征的民族体。民族必须在相对稳定的地区之内经历长期共同生活才有可能形成。黑格尔认为，地理的特殊性是民族精神特殊性的基础，"地方的自然类型和生长在这土地上的人民的类型和性格有着密切的联系"①。中华民族的先民们在"中心—四方"的地理架构中，一方面形成了"华夏—蛮夷"的华夷之辨，另一方面又不断打破华夷之辨，持续与周围的民族进行交往交流交融，使得中华古老文明在拓展汉民族生存空间的同时，也将少数民族纳入到中华文明秩序与文化的圈子中来，造就了中华民族的客观历史事实，为中华民族、中华民族共同体等概念的提出奠定了坚实的历史基础。

作为中华古老文明主体的华夏族或华夏民族，历经夏商周三代，以中原为腹地，其社会形态与社会观念大概在春秋战国时期定型。中原地区的华夏族、华夏民族自视为"居中国之人"，主要从事农耕。四方的少数民族被称为蛮夷戎狄，他们多居于草原、高原等不宜农耕之地，主要从事畜牧业。农业和畜牧业各自产生了不同的民族形态及其文化特征。所谓的华夷之辨，首先是直观地从地理差异与社会形态上表现出来。但当中原的文化、礼仪、风俗习惯等成为开化、文明的标准时，华夷之辨就形成以华夏族为主为尊的高下之分、贵贱之别，乃至敌我之争。与此同时，基于中华文明区域和规模的扩展态势，不同民族之间的地理界线和文化界线并不是绝对的，而是相对的。不同民族之间持续地进行各种形式的交往交流交融，既有冲突、竞争和战争，也有互惠、合作和交融，由此谱写了中华民族发展壮大的历史篇章。

中华民族大家庭的形成，既是历史自然演化的漫长过程，也是中华民族掌握历史主动的产物。春秋战国时期，周王室衰微，曾作为"四方""万邦"的诸侯国群雄逐鹿，以"诸夏"、"诸华"及"华夏"等概念来论证其政权的合法性，推动汉民族前身华夏族的形成。秦汉建立"大一统"国家，基于经济、政治和文化的新发展，华夏族实体进一步向汉族实体演进，并成为中

---

① 黑格尔：《历史哲学》，范扬、张启泰译，商务印书馆，1956年，第123页。

华民族的主体。秦汉时代中原地区实现统一的同时，北方游牧地区也出现了在匈奴人统治下的大一统局面。① 到魏晋南北朝时期，中原汉族和北方其他民族持续进行了大规模的对流性迁徙。与此同时，少数民族政权及其统治集团积极推进"胡人汉化"，其中北魏孝文帝的汉化改革显著促进了民族融合。宋辽金元时期，少数民族政权在学习效仿中原文化的进程中"反客为主"，民族竞争和政权之争成为推动民族融合的直接动力。少数民族政权的强大，以及蒙古族入主中原成为统治阶层，这在一定程度上弱化了过去汉民族与少数民族的主从关系。清王朝奠定了近代中国疆域的版图，进一步打破了民族之间的隔阂与界限，确立了统一的多民族国家的总体格局。清代为中华文明留下了宝贵的疆域遗产与民族遗产，但清末遭遇了深重的国家危机和民族危机，中华民族的生存与发展来到了十字路口上。近代优秀的中华儿女选择走上了一条艰难求索，挽救民族危亡、实现民族复兴的道路，这个选择是几千年来民族大融合所形成的民族内聚力的必然产物。

三、文明内核：文化的包容性发展

中华民族的文明是以中华民族的历史文化为基础的。中华民族的多元一体与团结共存，从根本上是由文化的多元性及其凝聚力造成的。文化的包容性发展正是造就多元一体中华民族大家庭的密码，也是中华文明赓续传承的最稳定的基因。中华文化的包容性发展，主要通过华夏民族农耕文化与北方民族游牧文化的关系、"百家争鸣"与"以儒为尊"的关系、中华文化与外来文化的关系等三个方面体现出来。

中华文化的包容性发展，首先表现为它虽然以黄河流域与长江流域发端的华夏文化为中心，但同时也不断地跟其他民族，尤其是游牧民族的文化交

---

① 费孝通：《中华民族的多元一体格局》，《北京大学学报》（哲学社会科学版），1989年第4期。

流交汇、冲突激荡,这不仅克服了某些古老文明因为游牧民族侵袭而覆灭的危险,而且铸就了中华民族丰富辉煌的文明和经久不衰的凝聚力。华夏文化以大河流域的农耕和定居为基础,但大江大河有泛滥成灾的危险,而应对水患必然要求中枢权力。马克思曾以此来解释东方古国出现中央集权的原因。黄仁宇也认为,政治集权意义上的"中国的团结出于自然力量的驱使",与此同时,北方游牧民族的不时侵扰也迫使中原地区"在国防上也要中央集权"①。经济上的自给自足、政治上的大一统与社会上的和平稳定是农耕文化的核心价值观。而游牧文化是一种非自足型的文化,它更直接地受制于自然资源,因而也形成了对农耕文化的高度依赖:在物质层面,游牧民族的武力往往占据优势,因而造成对农耕民族的掠夺与侵害;在文化层面,游牧民族则自觉不自觉地学习或效仿中原的伦理道德、思想观念、政治制度等,与此同时,游牧民族自身开拓进取、英勇无畏、团结协作等特质也融入中华民族的精神血脉之中。正是因为农耕文化与游牧文化在竞争性的共生关系中融合发展,造成了中华文化这种有包容性、有向心力的系统性发展。

中华文化的包容性发展,也从春秋战国时期的"百家争鸣"到秦汉以后"以儒为尊"的矛盾运动中体现出来。春秋战国时期是第一个思想大解放、文化大繁荣的时代。在几百年的时间里,诸子百家学派林立,各派学说既相互竞争又相互融合,为中华文化奠定了厚实的基础。其中,儒家民为邦本、为政以德、内圣外王、家国天下之情怀,墨家兼爱非攻、尚贤尚同、兴天下之利等理念,道家道法自然、无为而治、和谐共生等主张,法家锐意改革、破旧立新、缘法而治、法不阿贵等取向,等等,沉淀出了丰富的哲学智慧和实践经验,为中华文化的博大精深提供了鲜明注脚。春秋战国时期的"百家争鸣"奠定了中华文明与文化的基本框架。用德国哲学家雅思贝斯的话来说,这是属于中华民族的"轴心时代",从那时起,独属于中华民族的"理性和

---

① 黄仁宇:《中国大历史》,生活·读书·新知三联书店,2015年,第25—26页。

人格的东西显现了出来"①，即独属于中华民族的思维特点与精神气质的内在确定性已经确立。尽管秦汉以后"以儒为尊"，官方确立了儒术、儒教的意识形态统治，禁锢了全社会的思想自由，但儒家的道德理想与道德境界始终激励着中华儿女。儒学也没有掩盖其他学说的光辉，儒学的和合共生、厚德载物、兼收并蓄等理念，使之能够不断吸收融合其他学说的思想，并且也对外来文化呈现出强大的包容力甚至是同化力，从而为中华文化的包容性发展夯实了民族核心价值，奠定了民族独特性的基石。

中华文化的包容性发展，还体现为中华文化对外来文化的吸收借鉴。早在先秦时期，连接东西方交流的通道已经存在。汉代以来，丝绸之路的开辟进一步扩大了东西方的文化交流，中亚、西亚、印度和希腊在艺术、哲学、宗教、科学和技术方面的知识与技能传到中国。在西汉向东汉过渡的时期，佛教由印度从西域传入我国。儒家、佛教和道家之间的冲突、对抗与融合一直贯穿魏晋南北朝至隋唐时期。儒学的玄学化、佛教的本土化与道教的成熟化，对中华民族的文化生活产生了深远影响。到唐朝时，伊斯兰文化、波斯文化等接踵而至，与中华文化碰撞交融，展现了文化大激荡、大繁荣的辉煌景象。明清时期特别是1840年鸦片战争以后，西学东渐，西强中弱，西方文明与西方文化的强势入侵，一度使中华文明和中华文化陷入一种极端被动的状态。中华民族的仁人志士前赴后继地探索着器物救亡、制度救亡和文化救亡的道路，一方面包含着对西方先进文明与文化的学习和借鉴，另一方面也包含着对中华文明与中华文化的深刻反思。究竟应该怎样对待本国历史，对待本国传统文化？从20世纪初的新文化运动，到今天的"坚持不忘本来、吸收外来、面向未来"，是中华文化走向包容性发展的逻辑必然。

---

① 卡尔·雅斯贝斯：《历史的起源与目标》，李夏菲译，漓江出版社，2019年，第13页。

第二节　中华民族现代文明是扎根中华大地的中国创造

习近平总书记指出："在漫长的历史进程中，中华民族以自强不息的决心和意志，筚路蓝缕，跋山涉水，走过了不同于世界其他文明体的发展历程。"[①] 中国特色社会主义和中华民族现代文明是在五千多年中华文明的深厚基础上开辟和发展出来的，是扎根中华大地的中国创造。人们创造历史，但不是随心所欲地创造历史，而是在既有历史的基础上继续发展或酝酿变革。中华民族能够创造独特的现代文明，既与民族的历史传承和文化传统不可分割，也与基本国情和实践的需要密切相连。

一、中华民族现代文明以中华疆域与中华民族为基础

中华民族现代文明，既是在中华大地本土上创造的文明，也是以中华民族为主体的文明。然而，中华大地上的现代中国疆域与中华民族并不是五千多年来自然而然的结果，而是 100 多年近代史中华民族筚路蓝缕、历经千辛万苦奋斗而来的成就。1840 年鸦片战争以后，中国逐步成为半殖民地半封建社会，国家蒙辱、人民蒙难、文明蒙尘，中华民族遭受了前所未有的劫难。无数仁人志士前赴后继，苦苦探索救亡图存之路。最终，是中国共产党团结带领中华儿女革命到底、奋斗到底，使中华民族重新挺立于中华大地，使中华文明重焕荣光。

现代中国的疆域，是中华民族五千多年来文明区域与规模的稳定性扩展所造就的，广阔的国土为中华民族的生存和繁衍提供了必要条件。从夏商周时期"中国"概念的形成，到秦汉建立大一统的中央王朝，再经数十个朝代的更迭，到近代前夕，清朝的疆域面积已经突破 1300 万平方千米。近代西

[①] 习近平：《把中国文明历史研究引向深入　增强历史自觉坚定文化自信》，《求是》，2022 年第 14 期。

方列强的入侵和对中国的瓜分，使中国失去了很多领土。1949年，中华人民共和国成立后，才在法理上和事实上做到了对960多万平方千米陆地面积的实际控制。70多年来，党和国家对国土的坚强捍卫，为中华民族在这块土地上的繁荣发展创造了巨大空间，也为中华民族伟大复兴指出了推进祖国统一的历史任务。

中华民族的形成既是五千多年来民族多元一体演进的自然结果，也是近代以来民族振兴、民族复兴的历史产物。费孝通先生提出："中华民族作为一个自觉的民族实体，是在近百年来中国和西方列强的对抗中出现的，但作为一个自在的民族实体，则是在几千年的历史过程中形成的。"① 中华民族经历了从"自在实体"向"自为实体"的动态发展过程。在外族侵略使整个民族陷入生死存亡之际，是各族人民手挽着手、肩并着肩，以"全国人民总动员的完全的民族革命战争"取得了最终胜利。新中国成立70多年来、改革开放40多年来、中国特色社会主义进入新时代10多年来，中华民族同心同德、同向同行，共同完成了脱贫攻坚、全面建成小康社会的历史任务，实现了第一个百年奋斗目标，取得了彪炳中华民族发展史册的历史性胜利。中华民族迎来伟大复兴的光明前景，这既以中华民族共同体的熔铸为条件，也在客观上加快并加强了中华民族共同体的熔铸，彰显了中华民族从历史走向未来、从传统走向现代、从多元凝聚为一体的强大动力。

中华疆域的承继与中华民族的再熔铸是中国式现代化的历史前提。正如文扬教授所言，今日的中华人民共和国，虽然从领土面积上看不是世界上最大的国家，但是如果只从居民和当前人口规模上看，"中国实际上就是世界上最大的国家。更重要的是，无论是人民还是疆域，都是从分布地域广阔、数量众多的早期古国或邦国不断融合、聚集、扩大而来的。五千年前的每一

---

① 费孝通：《中华民族的多元一体格局》，《北京大学学报》（哲学社会科学版），1989年第4期。

个早期文化遗址,都保留在今天的国土范围内。"① 幅员辽阔,人口众多,这是中国式现代化的首要特征。习近平总书记在党的二十大报告中指出:"中国式现代化是人口规模巨大的现代化。我国十四亿多人口整体迈进现代化社会,规模超过现有发达国家人口的总和,艰巨性和复杂性前所未有,发展途径和推进方式也必然具有自己的特点。"② 中国的人口规模超过了所有已经现代化的国家的人口总和,就这一点,就足以表明中国式现代化的独特性与优越性。

二、中华民族现代文明以中华文明与中华文化的优秀成果为底蕴

中华文明具有突出的连续性。理解这一点,既要历史地看到中华文明在时间上的源远流长,也要现实地看到中华文明与中华文化在实践上的深远影响。悠久的历史文化传统为中华民族现代文明向历史深处扎根提供了源源不断的养分,而中华文明与中华文化优秀成果的创造性转化和创新性发展,则构筑了中华民族现代文明的特色与生命力。

中华疆域的长期统一与中华民族的凝聚力、向心力,在很大程度上是中华文明实体尤其是国家政治实体与政治制度演进发展的结果,中央集权制国家在很大程度上构成了中华民族在治乱循环中依然能够传承文明、维系文明的稳定性的关键因素。从夏商周以来,中原政权的建立为文明提供了坚实的载体,并使中原文化从中心向四周辐射、蔓延和扩散,从而不断打破"华夷之辨",加强了中原政权与少数民族政权的交往交流,并将周围的民族不断纳入中华文明圈。公元前221年,秦始皇建立了中国历史上第一个大一统王朝,使夏商周时期的"天下"成为可见的现实。秦始皇在军事统一六国后,

---

① 文扬:《天下中华:广土巨族与定居文明》,中华书局,2020年,第86—87页。
② 习近平:《高举中国特色社会主义伟大旗帜 为全面建设社会主义现代化国家而团结奋斗——在中国共产党第二十次全国代表大会上的报告》,人民出版社,2022年,第22页。

进一步推动了政治、经济、文化、社会规范等方面的统一,为绵延数千年的大一统奠定了坚实的基础。此后,无论是汉民族政权还是少数民族政权成为中央政权,都在大方向上推进了大一统制度及观念的成熟。习近平总书记指出:"我们悠久的历史是各民族共同书写的。早在先秦时期,我国就逐渐形成了以炎黄华夏为凝聚核心、'五方之民'共天下的交融格局。秦国'书同文,车同轨,量同衡,行同伦',开启了中国统一的多民族国家发展的历程。此后,无论哪个民族进入中原,都以统一天下为己任,都以中华文化的正统自居。分立如南北朝,都自诩中华正统;对峙如宋辽夏金,都被称为'桃花石';统一如秦汉、隋唐、元明清,更是'六合同风,九州共贯'。"[①]自秦汉以来中央集权制国家的强有力的统治,是中华古老文明不仅在思想上追求"大一统",也能够在实践中贯彻"大一统"的决定性因素。与之相比,其他古老文明往往在外族的侵略或内部的冲突中覆灭了。

"大一统"在文化方面,为中华民族共同体意识形成提供了思想基础与价值归依,是使中华文明具有突出统一性的重要因素。纵使中国在历史上贯穿了"天下大势,分久必合,合久必分"的矛盾运动,但无论国家因为何种原因、出现多长时间的分裂,中华民族始终不忘国家统一。追求统一、守疆固土既是每个政权的正统,也是历史长河中各代英雄先烈们为之舍生忘死的正道。回溯历史,汉唐时期之所以能够成为中华儿女的骄傲,是因为这两个时期强有力地做到了"犯我中华者,虽远必诛";两宋王朝尤其是南宋之所以被后人鄙夷,是因为这个时期朝廷羸弱、国家丧志苟安;晚清王朝之所以被钉在历史的耻辱柱上,是因为它"量中华之物力,结与国之欢心",放任西方列强瓜分中华大地,致使中华民族陷入亡国灭种的危险。

中国共产党是中华文明与中华优秀传统文化的忠实继承者和坚定弘扬

[①] 习近平:《在全国民族团结进步表彰大会上的讲话》,《人民日报》,2019年9月27日,第2版。

者。中国共产党的第一个伟大历史功绩，就是团结带领中华民族与中国人民，经过28年浴血奋斗，在中华大地上建立了中华人民共和国，彻底地推翻了"三座大山"，实现了中国从几千年封建专制政治向人民民主的伟大飞跃。中国共产党不仅在文明实体层面上重塑了"大一统"，而且在文化层面上将曾经兼有思想固化意义的"大一统"转化为现代的爱国主义与家国情怀，转化为文化政策上的"百花齐放、百家争鸣"，促使中华民族现代文明朝着多元一体的方向稳步迈进。

三、中华民族现代文明是切合中国实际的创造

中国共产党在百年历史奋斗中总结出来的一条重要经验，就是坚持一切从实际出发，坚持实事求是，这在理论上和实践上都是对马克思主义真正的守正创新。马克思晚年对东方社会的研究，促使他对历史发展的一般性与各社会发展的特殊性矛盾有了更加清醒的认识，因而他越来越强调：切不可将西方资本主义起源的历史当作一般历史哲学那样简单套用；东方国家的解放和发展必须从其自身实际出发。从现代化的角度来说，马克思也间接提醒后人：西方化不等于现代化，现代化并不是非走西方的道路。中华民族现代文明的创造，正是着眼中国实际，在借鉴西方现代化的成功经验、克服西方现代化弊端的条件下创造出来的。

中华民族现代文明是切合中国实际的创造，这是历史条件制约下的客观必然。中华民族的现代化探索，本身是在西强中弱、中国全方位落后挨打这样的艰难起点开始的。中国共产党团结带领中国人民建立了新中国，所面对的也是内部一穷二白、外部敌视封锁的重重困境。中国式现代化注定了要走上一条自力更生、艰苦创业、曲折探索的道路。新中国成立后，党在推动新民主主义向社会主义过渡、进行社会主义革命、建立社会主义根本政治前提和制度基础的条件下，提出努力把我国逐步建设成为一个具有现代工业、现

代农业、现代国防和现代科学技术的社会主义强国。经过实施几个五年计划，我国的工业体系、工业生产、教育科学、文化卫生等事业都取得了长足进步，初步实现了"四个现代化"的目标，为巩固新生人民政权、确立中国大国地位、维护中华民族尊严提供了坚强后盾。

中华民族现代文明是切合中国实际的创造，这是中国式现代化的发展阶段和发展过程的客观必然。改革开放以后，中国迅速融入了全球化浪潮，深度参与到国际经济体系中去。这个时期，西方文明与中华文明、传统文明与现代文明的碰撞和冲突尤其激烈，中国社会进入全方位的转型期，这种转型的快速性、剧烈性和规模性都远非西方现代化的进程可以比拟。在经济方面，是两次工业革命任务的叠加和市场经济体制的摸索发展；在社会方面，是城镇化与社会主义新农村的双重变革；在文化方面，是教育现代化与传统文化转型的交织交融；在科技方面，是科技创新和数字化转型方面取得显著进展的同时，仍然遭遇西方各方面的"卡脖子"；在生态方面，中国面临环境污染、资源消耗、生态破坏等挑战……中国社会转型期的各类矛盾聚集在一个时空密集地爆发出来，这便是中国式现代化进程中最直接、最迫切的实际。中国正是着眼实际，坚持问题导向，推进了中国式现代化的进一步成熟与优化，用几十年时间走完了西方发达国家几百年走过的工业化历程，创造了经济快速发展和社会长期稳定的奇迹，结出了中华民族现代文明的灿烂果实。

第三节　中华民族现代文明是中华文明的现代更新

中华民族的复兴以中华文明与中华文化的赓续传承为基础，以文化的持续创新与文明的持续进步为动力。中国特色社会主义进入新时代，中华民族迎来了伟大复兴的光明前景，意味着中华文明的现代更新获得了更为广阔的空间与更加强大的动力。中华民族现代文明的创造，是中华文明的返本开新，是社会主义文明的开拓创新,也为人类文明的进步开辟了全新可能。

一、中华民族现代文明是中华文明的返本开新

中国式现代化创造了中华民族现代文明,但这不是抛开中华文明的推倒重来、另起炉灶,而是扎根中华文化创造性转化和创新性发展。中华文明实现了与时俱进、返本开新,而经历了五千多年历史风霜的中华民族也在现代文明的浪潮中重新焕发出青春光彩。

怎样对待民族传统?怎么对待本国历史文化?这是一个国家在现代化进程中必然面临的问题,后发国家面临的这个问题尤其复杂和尖锐。即使在西方,由于现代化起步有早晚、发展有快慢,像法国、德国等国家的思想家都曾经反思过传统与现代的关系问题。托克维尔谴责法国大革命彻底推翻了贵族传统,致使社会"安全阀"丢失而陷入彻底的动荡;德国的康德、黑格尔等人则持续地呼吁应葆有民族精神,主张不能简单地屈从于英法的文明逻辑。1840年以来,中国先进知识分子相继探索了器物救亡、制度救亡和文化救亡的道路,其主导逻辑便是以西方文明与文化为先进、为优越,最终导致新文化运动出现了"反对一切旧文化"的极端取向,同时亦有王国维、辜鸿铭、章太炎、梁漱溟等文化保守主义者与之相抗衡。新文化运动进一步凸显了中国与西方、传统与现代在文明与文化层面上的矛盾冲突。虽然新文化运动自身没有完成其"文化新民"的目标,但它促进了一批进步青年的觉醒,促进了马克思主义在中国的传播,为下一阶段的文明革新准备了不可或缺的思想与历史条件。

中国共产党人不是历史虚无主义者,也不是文化虚无主义者。中国共产党人在团结带领中国人民进行革命与建设的百年实践中,始终是中华优秀传统文化的忠实继承者和坚定弘扬者。中华民族五千多年的文明史正是在中国共产党的领导下获得了新生。"早在1938年,毛泽东同志就说过:'我

们这个民族有数千年的历史,有它的特点,有它的许多珍贵品。对于这些,我们还是小学生。今天的中国是历史的中国的一个发展;我们是马克思主义的历史主义者,我们不应当割断历史。从孔夫子到孙中山,我们应当给以总结,承继这一份珍贵的遗产。这对于指导当前的伟大的运动,是有重要的帮助的。'"① 中国共产党人在百年奋斗史中,无论在怎样的低谷,都没有丧失过民族自信,没有丧失过对本民族文明与文化的自信与骄傲。随着中华民族迎来伟大复兴的光明前景,我们必须也必然要进一步推进文化自立自信自强。这不仅是因为当前我们拥有了更为坚实的经济基础与社会存在,也是因为迈向"新长征""新征程"的道路仍然充满艰难险阻与风险挑战。习近平总书记指出:"中华优秀传统文化是中华文明的智慧结晶和精华所在,是中华民族的根和魂,是我们在世界文化激荡中站稳脚跟的根基。"② 唯有坚持中华文化创造性转化和创新性发展,才能激活中华古老文明的智慧,才能为当代中国的文明事业找到源头活水,才能努力创造属于我们这个时代的新文化,建设中华民族现代文明,把世界上唯一没有中断的文明继续传承发扬下去。

二、中华民族现代文明是社会主义文明的开拓创新

社会主义文明的理论形态,先是经历了空想社会主义从 16 世纪到 19 世纪的发展。19 世纪中期,马克思、恩格斯创立了科学社会主义,并与社会主义运动紧密结合在一起。20 世纪 20 年代初,苏联在世界上建立了第一个由无产阶级政党执政的社会主义国家,并在对社会主义建设的艰辛而伟大的探索中,创造了一个巨大的社会主义文明体。然而,这个文明体在 20 世纪 90 年代初轰然崩塌了。社会主义向何处去?社会主义文明除了苏联模式还有没有其他可能?在"社会主义失败论""历史终结论"的喧嚣中,中国特色社

---

①② 习近平:《把中国文明历史研究引向深入 增强历史自觉坚定文化自信》,《求是》,2022 年第 14 期。

会主义持续发展，在全世界高高举起了科学社会主义的大旗，将社会主义文明推向了一个崭新的阶段。

中华民族现代文明的本质是社会主义现代文明，是中国特色社会主义开拓创新的文明成果。中国特色社会主义既坚持科学社会主义的基本原理，也从苏联社会主义模式中汲取了文明借鉴（包括经验和教训）。俄国先是通过"十月革命"的政治军事胜利在落后国家建立起第一个社会主义政权。对于革命之后如何建设社会主义，列宁主导俄国经历了由"战时共产主义政策"阶段向新经济政策阶段的转变，其关键是由消灭资本转变为"利用资本的文明成果"。为此，列宁提出了一个著名公式："乐于吸取外国的好东西：苏维埃政权＋普鲁士的铁路秩序＋美国的技术和托拉斯组织＋美国的国民教育等等等等＋＋＝总和＝社会主义。"①列宁的重要思想和做法虽然在斯大林时期被遗弃，但它却为世界社会主义运动提供了三点重大启示：一是无产阶级必须夺取并保持国家政权，二是社会主义必须努力改变经济文化的落后状态，三是社会主义应该积极吸取和利用资本主义的文明成果。新中国成立后，社会主义建设在曲折中前进。1978年，党的十一届三中全会开启了中国改革开放和社会主义现代化建设新时期，此后，中国特色社会主义成为党的全部理论与实践的主题。社会主义文明从"两个文明"逐步发展到今天的"五大领域文明"，中国显著推动了社会主义文明在政治现代化与社会治理现代化等方面的进步。

中华民族现代文明以社会主义文明为本质，体现了对中华民族古代文明、资本主义现代文明的双重超越。中华民族古代文明是建立在自然经济形态或者说农业文明基础上的文明，无论它如何发展，其农业生产力与生产关系的进步都是极其有限的，它既不能摆脱作为其上层建筑的专制国家与等级权力

---

① 中共中央马克思恩格斯列宁斯大林著作编译局编译：《列宁全集》第三十四卷，人民出版社，1985年，第520页。

结构的桎梏，也不能跳出政权治乱兴衰更替的历史周期率。中华民族现代文明是以经历三次工业革命的现代生产力为根本动力的，是在同西方先发文明进行全方位交流碰撞中发展起来的。中华民族现代文明作为一个文明系统，已经全面展现了它相对于资本主义现代文明的先进性。资本主义在造就其文明系统的过程中，也制造了文明的悖论。从历史纵轴来看，资本主义原始积累和海外扩张作为"文明的征服"，对内是工业对农业、城市对农村的剥夺，对外则形成一系列从属关系，"使未开化和半开化的国家从属于文明的国家，使农民的民族从属于资产阶级的民族，使东方从属于西方"①。这就是资本主义文明或者说西方式现代化道路的内在对抗性逻辑。从资本主义社会结构来看，每个领域都有文明的"不治之症"：经济上要靠摧毁生产力及其成果来解决周期性的经济危机，极端情况是发动战争；政治上实行民主，但把人民群众排斥在真实的政治过程之外；文化上的自由背后是各种意识形态的操控；社会上的竞争导致贫富分化日益加剧；生态上对自然的探索伴随着对自然的无尽掠夺。对此，西方学者指出，当西方以民主自由替代对更为根本的价值观的追寻后，就很难避免生态、经济和社会方面的缺陷。②更关键的是，资本主义国家缓解其内部文明危机的方式，往往是将其引渡到世界层面，让落后国家或发展中国家来承受文明的负面后果。与之相比，中华民族现代文明追求并践行人与人的关系、人与自然的关系以及国际社会的和谐相处，彰显了中华文明与社会主义文明的真理力量与道义力量。

---

① 中共中央马克思恩格斯列宁斯大林著作编译局编译：《马克思恩格斯选集》第一卷，人民出版社，2012年，第405页。

② Van Egmond K. *Western Civilization in Crisis. In: Sustainable Civilization.* Palgrave Macmillan，London. 2014.p22.

三、中华民族现代文明为文明更新开辟了广阔空间

习近平总书记指出:"新中国成立特别是改革开放以来,我们用几十年时间走完西方发达国家几百年走过的工业化历程,创造了经济快速发展和社会长期稳定的奇迹,为中华民族伟大复兴开辟了广阔前景。"[1] 中国式现代化的特殊性与中华民族现代文明的优越性彰显无遗。中华民族现代文明的创造和发展,不仅是中华文明的现代更新,也昭示了人类文明、世界文明的前进方向。

现代文明首先在西方世界成为现实,但现代文明是否就是西方文明,就是资本主义文明?中华民族现代文明的创造和发展对此给予了否定的答案,也就突破了西方与资本主义对文明更新所强加的限制和束缚,为文明更新提供了新的方向。18世纪中期以来,西方世界用200多年的时间,循序渐进地完成了三次工业革命,成为蒸汽机时代、电气时代、信息化时代的弄潮儿。西方文明首先完成了现代化转型,最先发展出现代文明样态,这的确是事实。但西方文明却将自身的现代化标准化,向全世界推行"现代化=西方化"的一元化逻辑,并将资本主义文明与现代文明等同视之。这样一种意识形态到今天都在很大程度上统治着西方资产阶级学者的头脑,使他们看不到除了资本主义文明以外的其他可能。然而,中国不但在世界上把科学社会主义的旗帜举住了、举稳了,而且创造了不同于资本主义文明的社会主义文明,不同于资本主义现代文明的中华民族现代文明,这在理论上和实践上打破了资本主义对文明的垄断,为21世纪"人类文明向何处去"的时代之问提供了新的答案。

在现代世界,文明的进步与更新是在全球化背景下,各国家、各地区、各民族之间的广泛交往交流交融中发生的。中华民族现代文明将文明的进步与更新提高到全球事业、人类事业的高度。资本主义现代文明的形成发展伴

---

[1]《正确理解和大力推进中国式现代化》,《人民日报》,2023年2月8日,第1版。

随着西方先发国家对后发国家与地区的侵略和掠夺，迄今为止，资本主义建立的世界政治经济格局仍然直接或间接地帮助西方先发国家实现对后发国家的剥削和压迫。在资本主义现代文明的体系及视野里，西方贯彻的是二元对立、零和博弈、强者通吃的观念与实践。资本主义的利己性和对抗性逻辑，致使国际社会长期遭遇和平赤字、发展赤字、安全赤字、治理赤字的挑战。资本主义无法担纲人类文明的未来。人类文明应该向何处去？应该为子孙后代创造一个什么样的未来？习近平总书记结合中华文明史谈道："中华文明五千多年发展史充分说明，无论是物种、技术，还是资源、人群，甚至于思想、文化，都是在不断传播、交流、互动中得以发展、得以进步的。我们要用文明交流交融破解'文明冲突论'。"[1] 中华民族现代文明展现了不同于西方文明与资本主义现代文明的文明新形态，树立了人类文明交融互鉴的新典范，为解决文明间的矛盾关系贡献了中国智慧和中国方案，必将有力地推动世界文明的多样化发展，为人类文明的更新拓展更加广阔的空间。

---

[1] 习近平：《把中国文明历史研究引向深入　增强历史自觉坚定文化自信》，《求是》，2022年第14期。

第三章
中华民族现代文明在
文明交流互鉴中丰富发展

文明因交流而多彩，文明因互鉴而丰富。文明交流互鉴，是推动人类文明进步和世界和平发展的重要动力，是让世界变得更加美丽、各国人民生活得更加美好的必由之路。习近平总书记在文化传承发展座谈会上指出，中华文明具有突出的连续性、突出的创新性、突出的统一性、突出的包容性、突出的和平性。中华民族现代文明是中华文明在当代的延续和创新发展，也是通过文明交流互鉴，吸收人类文明发展精华，代表人类文明发展方向的全新文明形态。中华民族是一个兼容并蓄、海纳百川的民族，在漫长的历史进程中，不断与世界文明进行交流互鉴，学习人类文明的精髓，形成自己的民族特色。从汉代丝绸之路的开辟到明代郑和下西洋，从中国古代"四大发明"传入西方到西方的天文学、医学、数学、几何学等纷纷传入中国，从马克思主义传入中国再到人类文明新形态的开创，从被"卷入"现代化进程到开辟中国式现代化新道路，中华文明不断通过文明交流互鉴，实现着从农耕文明到工业文明、从传统文明到现代文明、从区域文明到人类文明的历史性转变。当下伴随着经济全球化的深入发展，人类文明的相互依存、传承发展、互联互通、合作共赢成为不可逆的历史潮流。如何把握人类文明发展大势，继续深化文明交流互鉴，成为新时代新征程我们建设中华民族现代文明所必须回答的问题。人类文明共生共存，中华文明如何坚守文化立场，抵御西方文化渗透，延续中华文脉？人类文明共建共鸣，中华文明如何立足本土文化资源，吸收世界文化精髓，阔步走向全球舞台？人类文明共话共融，中华文明如何创新对话合作机制，促进民心相通，增强文明交往活力？人类文明共契共兴，中华文明如何维护人类共同利益，凝聚人类价值共识，引领人类发展方向？面对这一系列文明之问，我们须坚守中华文化主体性，创生中华文明新标识，开创人文交流新局面，勾勒人类文明新图景，在文明交流互鉴中推进中华民族现代文明建设。

第一节　在文明共生中坚守中华文化主体性

世界正处于百年未有之大变局，人类文明休戚相关、命运与共，多元文明共生并进是大势所趋。然而冷战思维、零和博弈、"西方中心论"等现实梗阻制约着世界文明的平等共生和独立发展，人类文明发展进入历史的十字路口，迫切需要新智慧、新方案、新力量引领人类文明共生共荣。中华文明在五千多年发展中形成了天下大同、和合共生、协和万邦等文明基因，在和平合作中共谋发展是中华文明的鲜明特质。伴随着中华民族伟大复兴进入不可逆的历史进程、中华民族现代文明的全方位崛起，我们亟须建设与硬实力相匹配的软实力，而坚持文化主体性是提升文化软实力的根本要求。习近平总书记立足世界之变、时代之变与历史之变，多次强调文明因多样而交流，因交流而互鉴，因互鉴而发展，坚持文明多样性与文化主体性是文明共同发展的基本前提。只有坚守中华文化的主体性，中华文明在和世界其他文明的交流互鉴中才能以鲜明的文化特性博采众长，才能以强大的主体性应对各种风险挑战。

第三章
中华民族现代文明在文明交流互鉴中丰富发展

文明交流互鉴是一个你中有我、我中有你的共生共存的发展过程,要通过推动世界文化"共发展"、外来文化"引进来"与本土文化"走出去",促进中华民族现代文明自信自强、拓展中华民族现代文明格局视野、提升中华民族现代文明的传播力与影响力,从而使中华民族现代文明在世界文明共生中坚守鲜明而强大的文化主体性。

一、在世界文化"共发展"中坚守中华文化立场,推动中华民族现代文明自信自强

世界不同文明之间的和谐共生与交流互鉴,构成了人类文明发展的"长时段"与"大历史",全球化时代各民族之间的文化往来将更为紧密且相互依赖,"各民族的精神产品成了公共的财产"①。当今世界政治多极化、经济全球化、社会信息化与文化多样化的趋势,使人类文明面临发展的"何去何从"等现实问题。如何在"共发展"中做到既顺应大势又站稳脚跟,这内在地要求不同文化主体要坚持"文化自我"的基本立场不动摇。唯其如此,不同文化主体在文明共生中才能葆有平等发展的前提,才能防止在交流互鉴中"迷失自我",甚至为外来文化所同化、异化。习近平总书记指出:"中华文明具有自我发展、回应挑战、开创新局的文化主体性与旺盛生命力。"②这是对中国五千多年文明史的规律性总结。在坚守自身文化立场的同时与世界其他文化交流互鉴,是中华文化千百年来发展实践的深刻写照。张骞出使西域、郑和下西洋、鉴真东渡日本、遣唐使来华、中国四大发明传至世界等史实,既是世界文化"共发展"的历史注脚,也是中华文化在中学西传与西学东渐中坚守自身文化立场的历史见证。同时,文化立场关乎文明发展的旗

---

① 中共中央马克思恩格斯列宁斯大林著作编译局编译:《马克思恩格斯文集》第二卷,人民出版社,2009年,第35页。

② 习近平:《在文化传承发展座谈会上的讲话》,《求是》,2023年第17期。

帜与道路，有了鲜明而坚定的文化立场，就有了文化意义上的坚定自我，中华文化的自信自强就有了根本依托。在世界文化"共发展"进程中，坚守中华文化立场构成了中华文明同其他文明融通互鉴的文化根基，能够有效避免在世界文化"共发展"中随波逐流，有力应对西方文化霸权对中华民族现代文明的冲击与挑战。

在世界文化"共发展"中坚守中华文化立场，应处理好守正与创新的关系。守正，守的是马克思主义在意识形态领域指导地位的根本制度，守的是"两个结合"的根本要求，守的是中国共产党的文化领导权和中华民族的文化主体性。创新，创的是新思路、新话语、新机制、新形式，要在马克思主义指导下真正做到古为今用、洋为中用、辩证取舍、推陈出新，实现传统与现代的有机衔接，从而推动中华民族现代文明自信自强。因此，一是坚持马克思主义基本原理同中华优秀传统文化相结合的根本要求，筑牢中华民族现代文明的文化根基。推动马克思主义中国化和中华优秀传统文化现代化同向同行，造就新的文化生命体，聚变为新的文明发展形态。在马克思主义基本原理同中华优秀传统文化的良性互契、有机融合与双向赋能中，有效贯通马克思主义理论精髓与中华优秀传统文化思想精华，以高度的文化主体性屹立于世界文明之林，夯实文化自信之基。二是坚持创造性转化和创新性发展的基本路径，赓续中华民族现代文明的历史文脉。创新是中华民族最深沉的民族禀赋，是中华文化生生不息的持久动力和中华文明发展的突出特性。创造性转化是基础、创新性发展是指向，两者紧密联系又各有侧重。创造性转化聚焦于"继往"与"转化"，使中华文化在向现代转型中激发出蓬勃生机；创新性发展聚焦于"开来"和"发展"，使中华文化在向未来发展中形成富有时代内涵的新文化。在此过程中，既要进一步凸显具有中国特色、中国风格的民族文化立场，确保中华民族现代文明的民族属性持续性增强，也要理直气壮地向世界辐射中华文化中的共同价值，彰显全球视野和人类情怀，为推进世界不同文明主体的共同发展提供有益支撑。

二、在外来文化"引进来"中坚守中华文化特质,拓展中华民族现代文明的格局视野

不断吸收借鉴人类优秀文明成果是文化发展的一般规律与要求。中华文化在五千多年发展过程中所形成的开放包容的文化发展胸襟,对于新时代新征程上中华民族现代文明不断吐故纳新、拓展格局视野具有重要意义。历史和现实反复证明,文化上的"闭关锁国"无法实现中华文化的繁荣发展,文化上的"国门洞开"也无法坚守中华文化的主体性存在。中华文化一方面需要借鉴外来文化的养料促进自身的生存发展,另一方面也需要在借鉴外来文化进行"内部革新"中坚守主体性。"我们比以往任何一个时代都更有条件破解'古今中西之争',也比以往任何一个时代都更迫切需要一批熔铸古今、汇通中西的文化成果",要"促进外来文化本土化"。① 习近平总书记对"古今中西之争"时代课题的解答,为我们正确处理中华文化特质与文明格局视野的关系指明了方向。

五千多年文明发展史中升华形成的"讲仁爱、重民本、守诚信、崇正义、尚和合、求大同"等中华文化特质,铸就了中华文明当代形态的底色。与此同时,中华文明不是一成不变的,而是在与世界文明的交流互鉴中不断丰富文明内涵、拓展文明视野、提升文明格局。因此,一是坚持以我为主、为我所用。文化的发展离不开不同文化之间的交流与融合,在大胆开放中为我所用,有利于民族文化的发展。在具体交流融合过程中,既要保持面向世界的视野,坚持在对话交流中创新,也要充分发挥中华文化的自身特质,立足中华文化的根脉进行交流互鉴。毛泽东同志在《新民主主义论》中指出,"凡属我们今天用得着的东西,都应该吸收",但"必须经过自己的口腔咀嚼和

---

① 习近平:《在文化传承发展座谈会上的讲话》,《求是》,2023年第17期。

胃肠运动"。① 这充分体现了在吸收借鉴外来文化的优秀成果时,应坚持以我为主为我所用,坚守中华文化特质的基本立场。二是坚持辩证取舍、择善而从。外来文化"引进来"的目的是吸收借鉴其中的优秀成分,因此中华文化既不能对其机械照搬照抄,也不能对其进行强行改造。要摒弃排斥外来文化或主张全盘西化的错误态度,在充分认识外来文化存在优秀合理成分的基础上,对可本土化、本地化转化的成分进行辩证吸收,采英撷华,进而在坚守中华文化特质的基础上不断建设中华民族现代文明。

三、在本土文化"走出去"中展现中华文化魅力,提升中华民族现代文明的传播力和影响力

五千多年中华文明孕育出厚重深沉的中华文化魅力,集中表现在文化理念、文化形态和文化实践等方面。在文化理念上,中华文化含有"贵和尚中"的智慧、"和而不同"的思想与"天下大同"的理想等全球治理智慧,为世界多元文明共生、走和平发展合作共赢之路指明了前进方向。同时,中华文化的魅力也表现在丰富多彩的文化形态上。诗经、楚辞、汉赋、唐诗、宋词、元曲、明清小说等多样的文化作品,琴棋书画、剪纸、雕刻、陶艺、木偶戏、杂技、戏曲等丰富多彩的文化形态,勾勒了中华文化的具象轮廓,彰显了中华民族的精神气度。内蕴其中的人生哲理、处世智慧、审美追求与价值坚守,增强了中华文化的广泛吸引力,为人类文明百花园增添了独特人文色彩。在文化实践方面,中国始终坚持开展多方面文化交流合作,推动在世界范围内建设孔子学院、积极推动汉语国际推广基地建设、举办"中国年"活动等,对于展现中华文化魅力,提升中华民族现代文明的传播力和影响力具有重要意义。"各美其美,美人之美,美美与共,天下大同"的文明多样共生的美好图景是中华文明几千年以来矢志不渝的精神追求,也是中华文化的魅力所

---

① 毛泽东:《毛泽东选集》第二卷,人民出版社,1991年,第707页。

在。因此，中华文化要在"走出去"中展现自身魅力，展现中华文化之美，提升中华文明的传播力与影响力，为人类文明的共生共荣注入中华文化力量。

在本土文化"走出去"中展现中华文化魅力，一方面要保证"立得住""传得开"，着力提升中华民族现代文明的传播力，另一方面要做到"不变质""不变色"，全面扩大中华民族现代文明的影响力。具体而言，要积极传播中华文化在五千多年历史进程中形成的丰富内涵，聚力打造中华文化可亲、可信、可敬的形象符号，推动中华文化"走出去"。同时，中华文化要确保"走出去"之后能够"立得住""传得开"，要聚力塑造中国形象、辐射中国价值、提升中国实力，在建设中华民族现代文明的话语风格和叙事体系中增强感召力。此外，中华文化亦须主动应对西方文化霸权与话语霸权的围堵和冲击，确保中华文化在增强辐射力、扩大影响力、提升引领力的同时"不变质""不变色"。

第二节 在文明共建中创生中华文明新标识

文明标识作为一个国家、一个民族对其文化传统和文明历程的高度凝结与集中诠释，总是体现着这个国家、这个民族对世界、历史和文明的独特感受、体悟和思辨，最能凝聚共识、打动人心。进入新时代，各种文明间交流互鉴，各民族的风格、气派、禀赋进一步充分彰显，同时不同思想文化又相互激荡，文化隔阂和冲突等时有发生，这些是文明共建不容忽视的大势与现实。在此时代境遇下，如何在文明共建中创生中华文明新标识，推动中华文明更好地屹立于世界文明之林，充分彰显其吸引力和影响力，这成为建设中华民族现代文明的重要立足点和着力点。中华民族现代文明新标识绝非能凭空创生，关键在于承继文化基因、凝塑文明符号，在于书写伟大实践、构建文明话语，在于提供中国方案、创新文明叙事，从而构建起新的文明交往范式，推动中华文明更好走向世界，为促进人类文明发展进步、实现世界文明共同繁荣贡献中国智慧。

一、在文明共建中承继文化基因，凝塑中华民族现代文明符号

符号是人们表达思想的载体，而文明符号是指在一定文明背景下，某种具有特殊内涵或特定意义的物象及事理。在漫长的文明发展史中，我们不仅创造出景观、文学、建筑、绘画、服饰、武术、神话等具象化的文明符号，还提炼出"天下为公、民为邦本、为政以德、革故鼎新、任人唯贤、天人合一、自强不息、厚德载物、讲信修睦、亲仁善邻"①等抽象的文明符号，共同熔铸成中华民族的文化基因和精神禀赋。作为五千多年来中国精神、中国风貌、中国气派的凝结和彰显，中华文明的精神标识和文化符号集中呈现为宇宙观、天下观、社会观、道德观四大方面的立体系统。基于对中华传统文化精髓的承继与发展，党和国家以更高的站位、更宽广的视野进一步凝塑出中华民族现代文明符号。

一是基于"天人合一"的宇宙观，提出共建"地球生命共同体"。不同于西方文化将人与自然对立起来，企图征服自然、掠夺自然的做法，"天人合一"的宇宙观将人与自然看作一个有机整体，强调人与自然是和谐统一、不可分割的。在吸收中国古代生态哲学思想的基础上，我们提出了绿水青山就是金山银山、山水林田湖草是生命共同体等思想观念，倡导推动构建起"地球生命共同体"，为人类文明发展进步确立起新的价值取向，为解决当代人类面临的生存难题提供了重要启示。

二是基于"天下大同"的天下观，倡导构建"人类命运共同体"。区别于西方文明所推崇的弱肉强食、赢者通吃的"丛林法则"，"天下大同"的

---

① 习近平：《高举中国特色社会主义伟大旗帜　为全面建设社会主义现代化国家而团结奋斗——在中国共产党第二十次全国代表大会上的报告》，人民出版社，2022年，第18页。

天下观强调各个国家应秉持天下情怀，站在全人类共同利益的视角处理国际问题，彼此间相互尊重、和谐共处、共同发展。正是在以和为贵的文化基因基础上，我们提出了构建人类命运共同体理念，在时间、空间上不断彰显中华文明的善良本性、体现中国外交的和平底色，为人类社会应对新挑战提供了更多中国智慧。

三是基于"和而不同"的社会观，推动建设"一带一路"等。在不同国情和历史文化下，人的理念、性格、禀赋等也存在差异，总是异彩纷呈。中华民族历来主张人类文明交融共生、互鉴融通，强调"和羹之美，在于合异"。"和而不同"的社会观蕴含着和谐包容、积极有为的处世智慧，尊重世界文明的多样性，倡导追求人与人之间、国与国之间和平共存、和睦共处。得益于"和而不同"的中国智慧和价值理念，我们提出"一带一路"倡议，强调在维护文化多元性的基础上共谋发展、共享繁荣、共享和平，指向于实现人类社会"美美与共"的理想发展愿景。

四是基于"人心和善"的道德观，提出"全人类共同价值"理念。中国人的内在心灵走向"不是一味地向外走，而是内转，让生命回到自身上来正视"[①]，这成就了一种和善的道德心灵和伦理自我。"人心和善"的道德观强调以和谐友善待人处事，传递出讲仁爱、崇正义、尚和合等指向心灵深处的价值理念，内在地超越了地域、民族、肤色等的差别，凝聚升华为"全人类共同价值"理念。可以说，中国人这种独特的价值取向和道德规范永远都不会过时，它是支撑中华文明屹立于世界文明之林的坚强精神柱石。

二、在文明共建中书写伟大实践，构建中华民族现代文明话语

文明话语是文明在价值观念、政治立场上的集中反映，是文化软实力的重要体现。中华民族现代文明话语不能割裂传统而另起炉灶，要植根于中华

[①] 牟宗三：《中国哲学的特质》，上海古籍出版社，2007年，第8页。

优秀传统文化的思想沃土，同时不能脱离现实而空洞抽象，要在中国特色社会主义的伟大实践中书写。在文明共建语境下构建中华民族现代文明话语体系，就要在坚定文化自信的基础上，汲取伟大实践中发展和完善的民族品格、政党智慧、国家形象，以人类情怀铸就宽广视野和勇毅担当，打造融通中外文明的新概念、新范畴、新表述，更好地凝聚、展现中华民族现代文明内蕴的强大精神力量。

一是以民族品格熔铸中华民族现代文明话语特色。世界上任何一种文化和文明，都蕴含着本民族独特的哲学精神和思维方式，都具有自己的特色和优势。中华民族汇合百家、与时俱进的价值根基与哲学风格，使中华文明具有宽广从容、机敏厚重的胸襟气质，并乐于和善于汲取人类的优秀文明成果。唯有构建起彰显本民族风格、气质、禀赋的中华民族现代文明话语，我们才能始终锚定住"中华文明从何处来、到何处去"的思想坐标，在文化自信自强中书写文明史诗。

二是以政党智慧形塑中华民族现代文明话语风格。一个政党的智慧在很大程度上影响着国际话语传播的主动权和影响力。党的十八大以来，中国共产党相继提出"人类命运共同体""全人类共同价值""两个结合""全球文明倡议"等一系列新理念新观点，极大地促进了文明交流互鉴，为"人类文明何去何从"提供了新的路向和范式。可以说，唯有将中国共产党的思想智慧融入中华民族现代文明话语之中，才能更好地融会文明间的普遍性共识，指导化解彼此的价值分歧和文明冲突。

三是以国家形象涵养中华民族现代文明话语气派。得益于辉煌璀璨、源远流长的中华文明的传承发展，我们才得以以积极有为的姿态和开放包容的胸襟勇立时代潮头，"文明大国""东方大国""负责任大国""社会主义大国"的国家形象正构筑和矗立起来并日渐深入人心。在文明共建大势下，我们在伟大实践中所塑造的国家形象为构建中华民族现代文明话语注入了强大精神力量，推动中国以文明之姿出现在国际舞台之上。

四是以人类情怀定位中华民族现代文明话语视野。"大道之行，天下为公"的道义担当是我们这个民族、政党和国家熔铸于血脉之中的价值追求与精神禀赋。基于这一深沉的人类情怀，我们坚决提倡并奉行全人类共同价值，描绘出人类命运共同体理念下的宏伟蓝图。可以说，中华民族现代文明在其话语构建中不仅彰显着自身独特的文化魅力，还无时无刻不传递着人类情怀，引起世界文明的深层共鸣，推动擘画出世界文明的新图景。

三、在文明共建中提供中国方案，创新中华民族现代文明叙事

伴随着全球化步伐，中华文明从与其他文明的交流互鉴中获得丰富营养、谋求共同进步，成为促进人类文明发展进步的重要力量。不同于西方文明方案，中华民族历来摒弃丛林法则，不搞强权霸权，坚定反对"文明冲突"论调，以世界眼光关注人类前途命运，创造了人类文明新形态，为应对全球共同风险挑战贡献了中国方案，提供了"人民至上、独立自主、和平发展、合作共赢"的中华民族现代文明叙事新思路。

一是坚持人民至上的文明叙事逻辑。人民不仅是物质文明和精神文明的创造者，还是推动文明交流互鉴的主体力量。超越西方国家物质利益至上的旧文明逻辑，中华民族现代文明始终秉承人民至上的新文明叙事逻辑，以人民为中心，将人民的利益视为各项工作的着眼点和出发点，从"见物"到"见人"，赋予文明以人的生存维度的意义，同时也将新的文明观念融入人的思维方式之中，引领人类文明走出了一条新的发展道路。

二是坚持独立自主的文明叙事原则。独立自主是中华文明得以传承延续、熔铸特色的关键。在长达数千年的文明发展史中，中华文化虽融合却从未被同化，虽冲突却从未被毁灭。在新的历史起点上，中华民族现代文明传承并秉持独立自主的叙事原则，提倡各国互相尊重自己的民族传统，把文明发展

进步的命运牢牢掌握在自己手里，始终坚定不移地探索、走好自主的文明发展道路，从而打造出绚烂多姿的人类文明百花园。

三是坚持和平发展的文明叙事立场。中华民族是爱好和平的民族，"中华民族的血液中没有侵略他人、称王称霸的基因"[①]。中国始终是推动世界永续和平发展的重要力量，坚持以文明交流超越文明隔阂、以文明互鉴超越文明冲突、以文明共存超越文明优越，倡导不同文明在相互尊重、沟通对话的基础上交流互鉴，以"文明的和谐"根本上超越西方文明的霸权逻辑。中华民族现代文明和平发展的叙事立场，将推动人类文明不断发展进步，构建人类文明包容互鉴的和谐谱系。

四是坚持合作共赢的文明叙事格局。在探索中国式现代化的道路上，中华民族开拓了一种超越西方资本主义文明的新文明格局，即以平等对话、合作共赢取代你死我活式的零和博弈思维模式，推动整个世界文明秩序从对抗竞争的博弈格局转向合作共赢的共生系统。中华民族现代文明始终贯彻合作共赢的叙事格局，推动构建新型世界文明秩序，为各国文明共同繁荣发展提供科学方案，携手开创人类文明的美好未来。

第三节 在文明共话中开创人文交流新局面

文明因多样而交流，因交流而多彩。当前，世界百年未有之大变局加速演进，单边主义、保护主义明显上升，世界进入新的动荡变革期，给不同文明开展对话、各国人民增进共识带来诸多不确定性。2019年5月，习近平主席基于对人类命运与共、文明包容共存的深刻认识，在亚洲文明对话大会开幕式上深刻指出："一切生命有机体都需要新陈代谢，否则生命就会停止。

[①] 习近平：《在庆祝中国共产党成立100周年大会上的讲话》，《人民日报》，2021年7月2日，第2版。

第三章
中华民族现代文明在文明交流互鉴中丰富发展

文明也是一样，如果长期自我封闭，必将走向衰落。交流互鉴是文明发展的本质要求。只有同其他文明交流互鉴、取长补短，才能保持旺盛生命活力。"[①] 在开放中进行交流互鉴是人类文明走向未来的必然选择。文明交流互鉴本质上是不同地域、民族之间的人员交流与文化交流，人文交流蕴藏着强大的聚合力量，能够促进不同群体或个体形成情感共鸣与价值共识，增强人类文明开放发展韧性，引导世界人民在追求和创造价值的实践中携手前行。2023年3月，习近平总书记提出"全球文明倡议"，其中提到"要共同倡导加强国际人文交流合作，探讨构建全球文明对话合作网络"[②]。在世界之变、时代之变、历史之变以前所未有方式展开的背景下建设中华民族现代文明、推动文明交流互鉴，必须加强和改进中外人文交流工作，增强中华民族现代文明的传播动力、塑造中华民族现代文明的国际形象、提升中华民族现代文明的辐射效能。为此，要健全多层次矩阵、打造多形态产品、培育多维度载体，在文明共话中促进各国人民相知相亲，提升中华民族现代文明传播力，推动人类文明发展进步。

一、健全多层次人文交流矩阵，增强中华民族现代文明的传播动力

习近平总书记指出："对外工作是一个系统工程，政党、政府、人大、政协、军队、地方、民间等要强化统筹协调，各有侧重，相互配合，形成党总揽全局、协调各方的对外工作大协同局面，确保党中央对外方针政策和战略部署落到实处。"[③] 人文交流工作是一个兼具整体性和有序性的系统，需

[①] 习近平：《论党的宣传思想工作》，中央文献出版社，2020年，第402页。
[②] 习近平：《携手同行现代化之路——在中国共产党与世界政党高层对话会上的主旨讲话》，人民出版社，2023年，第8页。
[③] 习近平：《习近平著作选读》第二卷，人民出版社，2023年，第179页。

要在坚持党领导基础上,进一步统筹考虑和优化组合交流力量,健全协同联动的立体矩阵,以发挥中华民族现代文明传播"1＋1＞2"的效果。"人是文明交流互鉴最好的载体。"① 在人文交流的多层次矩阵中,高级别人文交流有助于巩固双边关系民意基础、推动不同文明和谐共处,对于推进中外人文交流具有重要的示范带动作用。同时,对外人文交流是一项人民的事业,根本动力来自人民,不同群体或个体可以在人文交流事业中发挥各自优势、相互配合。其中,民间交往具有丰富多样的文化传播形式、亲和力强的优势,有利于促进不同民族对彼此文明相互了解,增进各国人民传统友谊,以"民心相通"夯实不同文明和谐交往的社会基础。新时代新征程,为进一步增强中华民族现代文明的传播动力,一要创新高级别人文交流机制,充分发挥元首外交和首脑外交的引领作用、高级别人文交流机制的示范带动作用,巩固深化文明间的人文合作;二要健全全社会广泛参与的体制机制,充分调动中央与地方、政府与社会的积极性,进一步挖掘各地方、各部门、各类组织和群体在中外人文交流中的潜力和资源,形成推动中华民族现代文明更好走向世界的强大能量。

二、打造多形态人文交流产品,塑造中华民族现代文明的国际形象

随着综合国力与国际地位的稳步提升,中国日益走近世界舞台中央,对人类发展进步的贡献不断扩大。同时,国际社会的目光日益聚焦中国,外国民众日益渴望了解这一文明古国。对外展现中华民族现代文明形象无疑是世界读懂中国的重要窗口,对于提升文化软实力、文明影响力以及国际地位具有重要意义。习近平总书记多次强调:"我们要立足中国大地,讲好中华文

---

① 习近平:《论党的宣传思想工作》,中央文献出版社,2020年,第402页。

明故事,向世界展现可信、可爱、可敬的中国形象。"[1]五千多年积淀形成的中华文明,源远流长又博大精深,滋养中国又影响世界,为塑造中华民族现代文明形象提供深厚底蕴。在此基础上,"中国式现代化赋予中华文明以现代力量"[2],创造了人类文明新形态,面向世界提出的构建人类命运共同体、"三大全球倡议"、全球治理观等理念,也尽显中国特色、中国风格、中国气派,为塑造中华民族现代文明形象注入生动要素。然而,西方长期垄断诸多重要国际议题阐释权,造成国际舆论环境失序,导致国外一些民众对中华文明缺乏科学全面的认知,亟须我们重塑中华民族现代文明的国际形象。文明的形象总是承载于器物或精神等文化载体中。以文化产品为中介,文明的恢宏气象得以为人们所感知、领悟,进而促成价值感召和认同聚合。而文化产品的稳定输出、高效传递、精准达意等,又需要强大的传播能力作为支撑。2023年10月,习近平总书记对宣传思想文化工作作出重要指示,强调"着力加强国际传播能力建设、促进文明交流互鉴"[3]。强化国际传播能力不但有利于加快文化产品"出海"步伐,而且有利于减少认知差异、增进国际共识,是提高文明交往水平、有效塑造文明形象的必然要求。因此,一要丰富和拓展人文交流的内涵和领域,并在教育、科技、体育等各领域培育形成一批扎根深、受欢迎、可持续的国际知名品牌项目,吸引各国人民共同体验中华文明独特魅力;二要加强中外人文交流综合传播能力建设,打造具有国际影响力的全媒体传播平台,丰富人文交流的文学艺术载体,推进中华民族现代文明的全球化表达、区域化表达、分众化表达,增强中华文明的亲近感和可理解性。

---

[1] 习近平:《把中国文明历史研究引向深入 增强历史自觉坚定文化自信》,《求是》,2022年第14期。
[2] 习近平:《在文化传承发展座谈会上的讲话》,《求是》,2023年第17期。
[3]《坚定文化自信秉持开放包容坚持守正创新 为全面建设社会主义现代化国家 全面推进中华民族伟大复兴提供坚强思想保证强大精神力量有利文化条件》,《人民日报》,2023年10月9日,第1版。

三、培育多维度人文交流载体,提升中华民族现代文明的辐射效能

中华文明深刻内嵌着"观乎人文,以化成天下"的文化基因,在五千多年不间断的历史传承中,同世界其他文明互通有无、交流借鉴,致力于推动文明成果为天下人所共享,深刻影响了世界文明进程。当前,各国相互联系、相互依存程度空前加深,文明交流互鉴成为不可逆的历史潮流。中国始终坚持通过语言文化交流、国际发展合作等载体传播中华文明,为人类的和平与发展发出中国声音、作出中国贡献。语言蕴含着一个民族的历史传统与文明基因,"是了解一个国家最好的钥匙",是人文交流的重要文化载体。唯有语言互通融通,文明互鉴之路才能畅通。国际组织和机构则是现代国家进行文明对话的重要载体,为主权国家开展国际合作搭建了重要平台,为国际人文交流提供了多维支持。充分发挥人文交流文化载体和物质载体的纽带作用,有助于更好增强文明传播力、影响力。因此,一要着力夯实中华民族现代文明向外辐射的共识基础。健全语言互通工作机制,开辟多种层次语言文化交流渠道,同时打造融通中外的新概念、新范畴、新表述,为外国民众正确理解和深刻领悟中国故事及其背后的思想力量和精神力量扫除语言文化障碍。二要重点打造中华民族现代文明影响力辐射平台。深化与国际组织和机构的交流合作,积极参与人文领域全球治理,积极向国际社会提供人文公共产品,不断创新和丰富多边人文平台的内容形式。

第四节 在文明共契中勾勒人类文明新图景

当今世界,多重挑战和危机交织叠加,世界经济复苏艰难,发展鸿沟不断拉大,生态环境持续恶化,冷战思维阴魂不散。各国人民对和平发展的期

盼更加殷切，对公平正义的呼声更加强烈，对合作共赢的追求更加坚定。中华文明具有突出的包容性与和平性，数千年来中华文明始终沿着和平道路发展，始终坚持同世界各国进行人文交流、文化交融。中华民族现代文明从中华优秀传统文化中汲取智慧，倡导"世界大同"，主张系牢人类文明发展纽带，促进人类命运共同体走深走实；倡导"天下为公"，维护人类共同利益，化解全球范围内的和平赤字、发展赤字、安全赤字、治理赤字；倡导"兼收并蓄"，主张凝聚人类文明的价值共识，以对话弥合分歧、以合作化解争端；倡导"文明天下"，努力为世界作出更大贡献，引领人类文明迈向更美好的未来。要言之，中华文明从传统走向当代，必将在与世界文明的共契共兴中创造人类文明新图景。

一、推动构建人类命运共同体走深走实，系牢人类文明发展纽带

随着人类社会进入一个大发展、大变革、大调整的新时期，世界面临着前所未有的复杂和多元的安全挑战。传统和非传统安全问题交织，对人类和平与发展构成严重威胁。习近平总书记多次强调："当今世界是一荣俱荣、一损俱损的命运共同体。各国人民企盼的，不是'新冷战'，不是'小圈子'，而是一个持久和平、普遍安全的世界，一个共同繁荣、开放包容、清洁美丽的世界。"[①] 这是历史前进的逻辑、文明发展的潮流。中华文明向来倡导"天下大同""天下一家"等理念，当下建设中华民族现代文明同样积极倡导和推动构建人类命运共同体，创造性地提出并践行全球发展倡议、全球安全倡议与全球文明倡议，旨在系牢人类文明发展纽带，促进文明之间的合作与对话，维护国际秩序与公平正义，实现共同发展与共享繁荣。人类命运共同体理念和行动彰显了中华民族现代文明的世界情怀，为人类文明发展提供了新

---

① 《习近平向金砖国家工商论坛闭幕式发表致辞》，《人民日报》，2023年8月23日，第2版。

的智慧和方案。

一是共谋全球发展，提升构建人类命运共同体的内生动力。以科技创新加快世界经济复苏步伐，坚持互惠共赢的理念，积极加强与世界各国之间的科技合作；以经济援助缩小全球发展差距，直面贫富差距、发展鸿沟等重大问题，改善全球民生福祉；以强化合作促进发展成果共享，通过"一带一路"等国际经济合作平台释放出经济全球化更多的正面效应，让不同地区、不同民族、不同国家的民众真正共享全球发展成果。二是共守全球安全，营造构建人类命运共同体的良好环境。牢固树立共同、综合、合作、可持续的安全观，为创建基础牢固、真正持久的安全提供道义支撑；尊重和保障各国安全，强调统筹传统领域和非传统领域安全，通过政治对话与和平谈判的方式解决矛盾冲突、寻求可持续性安全；依托国际性、地区性、区域性平台机制，推动全球安全治理朝着制度化方向发展，为构建人类命运共同体提供制度保障。三是共倡全球文明，铸牢构建人类命运共同体的人文基础。尊重世界文明多样性，以"平等、互鉴、对话、包容"的新型文明观超越西方中心主义文明观，着力打造"各美其美，美人之美，美美与共"的人类文明百花园，使人类命运共同体的文明底蕴更加厚重。积极搭建全球文明对话平台，丰富拓展中国同其他国家之间的文化交流内容、文明合作渠道。加深世界人民对中华文化的了解和认知，从而系牢中国与各国人民携手推动构建人类命运共同体的情感纽带。

二、积极参与全球治理改革与建设，维护人类文明共同利益

当前全球治理面临诸多困境和挑战，如全球债务风险、气候变化、地缘政治冲突等，这些问题都需要各国共同应对和解决。然而，全球治理体系却遭遇政治化、霸权化、排他化的风险，核心功能难以有效施展，合法性危机加剧了全球治理体系的撕裂程度。中华文明自古就强调"和而不同，有容乃

大""独立自主,自强不息""己所不欲,勿施于人""同舟共济,和平共处""实事求是,与时俱进""天人合一,俭约自守"等治理智慧。当下中华文明从人类文明整体利益和长远利益出发,坚持共商共建共享的全球治理观,努力寻求文明间利益的"最大公约数",深刻洞察当下人类文明发展的核心问题和基本趋势,围绕全球治理发展设计了一系列能够引领世界文明共同发展的规则和组织机构,擘画了全球治理的理想图景。

面对这个动荡不安却又亟需得到治理的世界,中国要积极推进全球治理体系改革,维护全人类共同福祉。一是坚持维护多边体制的权威性和有效性,坚持真正的多边主义。坚持国家不论大小一律平等,都拥有平等参与国际事务、共享发展成果的权利;积极参与联合国、二十国集团、金砖国家等多边机制,为全球公共产品的供给和全球治理规则的制定贡献力量;唤醒发达经济体、发展中经济体和新兴经济体的自主性与合作意愿,共谋全球治理。二是塑造新型大国关系,为推动全球治理体系改革夯实基础。尊重彼此的核心利益和重大关切,管控矛盾分歧,努力构建不冲突不对抗、相互尊重、合作共赢的新型关系,使全球治理体系越来越向着更加公正合理的方向发展。三是推动与欧洲和亚太等地区的多边合作,淡化全球治理体系被裹挟的风险。中国与欧洲和亚太等地区在诸如数字经济、贸易投资、气候变化、能源安全等领域有着广泛的共同利益和合作空间,中国应强化求同存异的合作基调,及时实现规则补位,避免无规则带来的治理赤字。

三、坚持弘扬全人类共同价值,凝聚人类文明价值共识

人类文明是多样的,不同的地域、民族、历史、文化等因素造就了不同的文明形态和价值观念。然而一些西方国家及其代言人却炮制出了所谓的"普世价值"等论调,试图用西方文明来统合世界其他不同的文化与文明,剥夺其他国家和民族选择自己发展道路和模式的权利。这种"普世价值"论是当

代霸权主义的理论依据,它不仅违背了人类文明发展的规律,也危害了人类社会和平与稳定。习近平总书记多次强调:"和平、发展、公平、正义、民主、自由是各国人民的共同追求,要以宽广胸怀理解不同文明对价值内涵的认识,不将自己的价值观和模式强加于人,不搞意识形态对抗。"① 在全球化曲折发展的背景下,中国倡导用全人类共同的价值追求凝聚不同文明之间的共识,同时尊重文明差异所带来的价值观念差异,加强同世界各国人民的团结,共同反对霸权主义和强权政治,做世界和平的建设者、全球发展的贡献者、国际秩序的维护者,努力为人类文明作出新的更大贡献。"全人类共同价值"的提出,表达了中华民族现代文明追求公平正义、和平发展的愿望,反映了世界文明共建共享、合作共赢的理念,为人类文明发展描绘了一幅平等互鉴、多样统一的全新图景。

而要从根本上摆脱现实中的文明关系困境,就必须彻底摆脱"西方中心主义"的话语陷阱,以全人类共同利益和福祉为最高价值关怀,以整体性思维构建全人类共同的价值体系,推动构建人类文明新秩序。一是深刻阐明全人类共同价值的"全人类"价值属性,既从历史和文化的角度论证其合理性和合法性,也从现实和未来的角度展示其必要性和紧迫性;二是积极促进东西方文明的价值互鉴,既尊重世界文明的多样性,也弘扬人类文明的共性;三是团结一切可以团结的力量,既争取非西方国家特别是广大发展中国家的广泛参与,也争取西方国家中各种追求正义的力量。

四、引领创造人类文明新形态,擘画人类文明美好愿景

百余年来,在中国共产党领导下,中国人民以中国式现代化推动中华文明逐步实现现代转型,奋力建设中华民族现代文明,同时也勾勒出人类文明

---

① 《习近平出席中国共产党与世界政党高层对话会并发表主旨讲话》,《人民日报》,2023年3月16日,第1版。

的全新图景。中华民族现代文明坚持以人民为中心，实现了对以资本为中心的文明道路的超越；坚持独立自主与赶超时代有机结合，克服了许多古老文明因现代化而丧失自主性的困境；坚持人与自然和谐共生，走出了以往以生态环境为代价的文明发展困境；坚持走和平发展道路，摒弃了西方文明实现现代化必定要发动战争、对外掠夺的罪恶路径。建设中华民族现代文明不仅为中华民族伟大复兴奠定了文明基础，而且也破解了构建人类现代文明所面临的难题，成为人类文明发展的重要典范。

当今世界面临多重挑战和危机，人类文明进程又一次来到历史的十字路口，人类文明发展的理想样态是什么？怎样才能促进人类文明的整体赓续发展？习近平总书记强调，要坚守人民至上理念，突出现代化方向的人民性；要秉持独立自主原则，探索现代化道路的多样性；要树立守正创新意识，保持现代化进程的持续性；要弘扬立己达人精神，增强现代化成果的普惠性；要保持奋发有为姿态，确保现代化领导的坚定性。这些原则体现了中国式现代化在创造中华民族现代文明这一人类文明新形态过程中的基本精神。同时，习近平总书记提出全球文明倡议，即共同倡导尊重世界文明多样性，共同倡导弘扬全人类共同价值，共同倡导重视文明传承和创新，共同倡导加强国际人文交流合作。以"四个共同倡导"为核心内容的全球文明倡议勾勒出人类命运共同体背景下全球文明发展的图景。习近平总书记强调："在各国前途命运紧密相连的今天，不同文明包容共存、交流互鉴，在推动人类社会现代化进程、繁荣世界文明百花园中具有不可替代的作用。"[①] 中华文明将与世界文明携手同行现代化之路，在共同创造人类文明新形态的大道上阔步前进。

---

① 《习近平出席中国共产党与世界政党高层对话会并发表主旨讲话》，《人民日报》，2023年3月16日，第1版。

第四章
中国共产党是建设中华民族现代文明的领导者和推动者

中国共产党团结带领全国各族人民在革命、建设、改革的历史进程中肩负着文化使命，赓续中华文明，创造人类文明新形态。习近平总书记指出："只有坚持从历史走向未来，从延续民族文化血脉中开拓前进，我们才能做好今天的事业。"[①] 中华民族现代文明是中华文明创新发展的标志性结果，是中国式现代化的文明形态。中国共产党领导现代化的过程就是党领导和推动建设中华民族现代文明的过程，从文明观视角对党百余年的奋斗历程进行研究，将其置于中华民族伟大复兴的全局中去考察，对深刻理解中国共产党领导和推动中华民族现代文明建设的深刻内涵及历史进程具有重要意义，有利于中国共产党领导和推动中华民族现代文明建设的时代进程。

---

① 习近平：《在纪念孔子诞辰2565周年国际学术研讨会暨国际儒学联合会第五届会员大会开幕会上的讲话》，人民出版社，2014年，第14页。

第四章
中国共产党是建设中华民族现代文明的领导者和推动者

第一节　中国共产党是建设中华民族现代文明的领导者和推动者

中国共产党肩负着建设中华民族现代文明新的使命，是建设中华民族现代文明的领导者和推动者。2023年6月2日，习近平总书记在文化传承发展座谈会上指出："在新的起点上继续推动文化繁荣、建设文化强国、建设中华民族现代文明，是我们在新时代新的文化使命。"① 中国共产党作为中华民族现代文明事业的重要力量是历史的传承，更是现实的诉求。

一、中国共产党是建设中华民族现代文明的领导者

"领导"是指群体或个体引领事物发展的方向，指价值领导和决策领导。党的领导决定中华民族现代文明的根本性质和发展方向。中国共产党对中华民族现代文明的领导是中国共产党对中华文明发展的"超前判断"，我们可以理解为领导中华民族现代文明建设的"文化自觉"。

领导中华民族现代文明建设是中国共产党以高度的文化自觉。中国共产党是在中华民族生死存亡关键时刻的历史背景中应运而生的。中国共产党成立以来就秉持为人民谋幸福的初心使命，并精通马克思主义这一人类先进文明，掌握人类社会发展的一般和特殊规律，对中华民族现代文明建设具有鲜明的觉醒和觉悟，是一个具有高度文化自觉的政党。中国共产党在中国革命、建设和改革过程中把握中华民族现代文明的发展方向及发展规律，同时这一文明成果又反过来指导和推动中国社会的发展，探索出了一条新文明的发展之路。党的百余年历史证明，坚持中国共产党领导中华民族现代文明建设，必会有光辉灿烂的前景。

---

① 《担负起新的文化使命　努力建设中华民族现代文明》，《人民日报》，2023年6月3日，第1版。

建设中华民族现代文明是中国共产党新的文化使命。中国共产党是使命型政党，使命意识是中国共产党人对自己的要求和定位，认清使命是中国共产党担当责任、履行义务的重要前提。中华民族现代文明体现了我们国家的精神面貌和人民的内在修养，是马克思主义基本原理同中国具体实际相结合的产物，代表着先进文化的前进方向，体现了中国共产党高度的理论自觉和理论自信。习近平总书记指出："当代中国共产党人和中国人民应该而且一定能够担负起新的文化使命"[1]，推动文化繁荣、建设文化强国、建设中华民族现代文明。在新的历史起点上，建设中华民族现代文明是应时代之变、实践之需而生。中国共产党作为建设中华民族现代文明的领导者，掌握着领导权和主动权，可以为建设中华民族现代文明提供强大思想武器和科学行动指南。

二、中国共产党是建设中华民族现代文明的推动者

建设中华民族现代文明是中国共产党新时代治国理政的新战略，是在中国式现代化道路上将马克思主义基本原理同中华优秀传统文化相结合，立足中华文化沃土，创造的中国式现代化文明新形态。中国共产党采取"扬弃"式文化发展政策，遵循"因时而兴，乘势而变，随时代而行，与时代同频共振"[2]的文化发展规律，推动中华优秀传统文化创造性转化和创新性发展，是建设中华民族现代文明的推动者。

中国共产党推动中华文明建设由被动转为主动。中国共产党作为建设中华民族现代文明的领导者，给予建设中华民族现代文明巨大的推动力量，决定着中华文明发展的方向和命运。历史证明，中华文明的转型很难通过其他

---

[1] 习近平：《决胜全面建成小康社会　夺取新时代中国特色社会主义伟大胜利——在中国共产党第十九次全国代表大会上的报告》，人民出版社，2017年，第44页。
[2] 习近平：《习近平著作选读》第一卷，人民出版社，2023年，第537页。

第四章
中国共产党是建设中华民族现代文明的领导者和推动者

模式来实现,必须通过自身思想转变和实践探索。近代中国经历多次文化发展方向的大辩论,无论是"复兴儒学"还是"效仿西学",争来争去,无论选择哪种文化发展方式都失之偏颇,最终认可的是中国共产党提出的中华文明发展方向。文明的发展方向既不是单纯以传统文化为根基,亦不是以西方文化为明镜,而是通过对两者的创新和扬弃推动中华文明的发展。毛泽东同志在《新民主主义论》中就明确提出,在中国共产党的领导下中国人民需建立一个新社会和新国家,建立一个"被新文化统治因而文明先进的中国"[①]。这为推动中华民族现代文明建设提供了思想指引,打下了坚实的文化根基。习近平总书记强调:"办好中国的事情,关键在党。"[②] 中国共产党运用历史唯物主义和辩证唯物主义推动中华文明建设由被动转为主动,极大地丰富和发展了中华民族现代文明,推动建设中华民族现代文明的"双创"发展,是中华民族现代文明的积极引领者和践行者。

中国共产党是代表全民族利益的政党,建设中华民族现代文明必须遵守鲜明的人民性,坚持中华民族现代文明"源于人民、为了人民、属于人民"[③]。习近平总书记指出:"战略问题是一个政党、一个国家的根本性问题。"[④] 建设中华民族现代文明是中国共产党新的文化使命,是中国共产党新时代正确和科学的战略谋划。建设文化强国是建设中华民族现代文明的目标体现,因此中国共产党要坚持中国特色社会主义发展道路,提升推动文化高质量发展、引领中国式现代化文明建设的能力,廓清迷雾,把握当下,擘画未来,更好地推动中华民族现代文明的发展。

---

① 毛泽东:《毛泽东选集》第二卷,人民出版社,1991年,第663页。
② 习近平:《在庆祝中国共产党成立100周年大会上的讲话》,人民出版社,2021年,第10页。
③ 习近平:《在中国文联十一大、中国作协十大开幕式上的讲话》,《人民日报》,2021年12月15日,第2版。
④ 习近平:《习近平谈治国理政》第四卷,外文出版社,2022年,第31页。

第二节　中国共产党领导和推动中华民族
　　　　　现代文明建设的实践历程

中华民族现代文明是中国共产党在推进中国式现代化的过程中形成和发展的现代文明，是中华文明创新发展的标志性结果，是中国式现代化的新型文明形态。中国共产党领导和推动建设中华民族现代文明，即是在革命、建设和改革的各个时期，根据社会发展需要，通过制定相应政策，领导和推动中华民族现代文明建设。"人们自己创造自己的历史，但是他们并不是随心所欲地创造，并不是在他们自己选定的条件下创造，而是在直接碰到的、既定的、从过去承继下来的条件下创造。"① 因此，只有将中华民族现代文明置于党的百年奋斗历程中去，才能深刻理解中国共产党如何肩负中华民族现代文明建设的新使命，赓续中华文明，创造人类文明新形态。

一、中国共产党领导和推动中华民族现代文明建设的萌芽时期

新民主主义革命时期，中国共产党的现代文明建设侧重于破除对西方文明的偏执艳羡和中华文明过时论。毛泽东同志指出，中国革命文化即"民族的科学的大众的文化，就是人民大众反帝反封建的文化，就是新民主主义的文化，就是中华民族的新文化"②。中国革命文化作为中华民族现代文明的重要组成部分，是在批判反思中华传统文化的过程中形成的，是中国共产党领导人民在革命斗争中培育出来的，体现了中国共产党人在关切国家和民族命运的过程中对中华民族现代文明的领导和推动。

---

① 中共中央马克思恩格斯列宁斯大林著作编译局编译：《马克思恩格斯选集》第一卷，人民出版社，2012年，第669页。
② 毛泽东：《毛泽东选集》第二卷，人民出版社，1991年，第708-709页。

一是破除封建思想及西方的"文明优越"论。西方的现代生产方式在全球范围内广泛传播，一切生产力低下的民族都被席卷到现代文明之中。帝国主义的猛烈攻击冲破了中国闭关锁国的围墙，我国先进知识分子意识到西方国家工业文明的优势，开始重视推动生产关系和生产力的变革。由此，以李鸿章、曾国藩等为代表的洋务派开始学习西方先进技术，并主张不改变中国封建社会的政治根基，但实践证明仅仅通过"器物"变革必定以失败告终。在新文化运动时期，早期建党者李大钊在多篇文章中指出，绝不能一味地艳羡崇拜西方文明，忽视西方文明的缺陷。瞿秋白主张"绝不歌颂西方文化"[1]，但是也不能固守中国的封建文化。在探索中华民族现代文明的过程中，早期共产党人破除了封建思想及西方的"文明优越"论，既不崇古也不媚洋，而是通过民主革命的洗礼，开拓出一种新的文明。李大钊提出，"中国于人类进步，已尝有伟大之贡献。其古代文明，扩延及于高丽，乃至日本，影响于人类者甚大"[2]，并且认为通过我们的努力，"时时创造，时时扩张，以期尽吾民族对于改造世界文明之第二次贡献"[3]。建设中华民族现代文明既是对西方现代文明弊端的纠偏，又是对现代先进生产方式的积极回应，是推动近代以来经济发展的必然要求。

二是引入并传播马克思主义。历史的变革强烈呼唤能指引正确方向的理论和承担中华民族伟大复兴的政党。俄国十月革命的爆发改变了中国的历史走向，一批先进知识分子觉醒，他们自觉地将马克思主义作为拯救国家于水火之中的重要指导思想，将"新社会""新文明"作为自己的奋斗目标，并

---

[1] 陈崧：《五四前后东西文化问题论战文选》（增订本），中国社会科学出版社，1989年，第600页。
[2] 中国李大钊研究会编注：《李大钊全集》（修订本）第二卷，人民出版社，2013年，第312页。
[3] 中国李大钊研究会编注：《李大钊全集》（修订本）第二卷，人民出版社，2013年，第315页。

积极投身于现实斗争之中,开启了新的中华民族现代文明建设之路。随着一批接受马克思主义的早期先进分子的出现,全国各地先后建立的中国共产党组织采取宣传马克思主义,与反马克思主义思潮进行积极论战,引导马克思主义与工人运动等相结合,推进全国的文化大思潮运动,通过激烈的论战使国人避免对马克思主义的片面和极端化理解,并将马克思主义运用到工人的革命斗争当中,使他们在实践中认识到马克思主义的科学真理性。

三是创建新民主主义革命文化。中国共产党选择马克思主义作为自己的指导思想,中国人的精神亦从被动转变为主动。面对民族危机,中国共产党引领中华民族现代文明建设的作用集中体现在夺取意识形态领导权上。在新民主主义革命时期,中国共产党人意识到我党理论的匮乏,需结合革命形势进一步坚持和发展马克思主义。1949年,毛泽东同志在《唯心历史观的破产》一文中反驳美国发言人艾奇逊时,曾说:"自从中国人学会了马克思列宁主义以后,中国人在精神上就由被动转入主动。从这时起,近代世界历史上那种看不起中国人,看不起中国文化的时代应当完结了。伟大的胜利的中国人民解放战争和人民大革命,已经复兴了并正在复兴着伟大的中国人民的文化。"①中国共产党将马克思主义与中国革命的具体形势相结合,并运用马克思主义的立场观点和方法创建了民族的科学的大众的新民主主义文化,并从整体上阐释了新中国的新文化、新政治和新经济,指明了中华民族实现独立的发展方向,孕育着中国式现代化的新型文明形态。

二、中国共产党领导和推动中华民族现代文明建设的探索时期

新中国的成立为建设中华民族现代文明奠定了根本的政治前提、制度基础和物质保障。新中国成立初期,毛泽东同志指出,中国人被认为不文明的时代已经过去了,我们将以一个具有高度文化的民族出现于世界。中国共产

---

① 毛泽东:《毛泽东选集》第四卷,人民出版社,1991年,第1516页。

党在这一时期面临着社会主义经济建设和文化建设等新任务，也面临着内部百废待兴、外部企图颠覆新生政权的强大压力，中华民族现代文明建设更加凸显了我国的发展情状。

中国共产党为中华民族现代文明的发展奠定了根本制度前提。新中国的成立拉开了我国现代化建设的序幕。对于中国这样贫困落后的人口大国，怎样进行社会主义现代化建设是一个全新的挑战。中国共产党基于中华文明沃土所建立的根本制度、基本制度、重要制度等，为中华民族现代文明的发展奠定了根本制度前提、坚定政治保障。中国共产党选择中国特色社会主义道路，构建科学的制度体系，提出"双百"方针等许多促进我国社会主义文化繁荣发展的政策，致力于通过自己的努力，"创造自己的文明和幸福"①，提升我国社会发展的文明程度。

中国共产党为中华民族现代文明的发展奠定了物质基础。在社会主义革命和建设时期，中国共产党遵循"物质本源性"的原理，领导全国各族人民奋发图强，将大量的人力物力财力投入到社会主义建设的大潮之中，为开创中国特色社会主义道路、推动中华民族现代文明建设奠定了坚实的物质基础。党的八大明确指出：我国国内的主要矛盾"已经是人民对于建立先进的工业国的要求同落后的农业国的现实之间的矛盾，已经是人民对于经济文化迅速发展的需要同当前经济文化不能满足人民需要的状况之间的矛盾"②。这一决断为建设社会主义现代化指明了方向，积累了丰厚的物质基础。根据这一时期我国社会的主要矛盾，中国共产党将新民主主义文化落实到政治、经济、文化、社会、民生等各个方面，对新民主主义文化进行全方位建设，形成具有自身特点的现代化发展模式。毛泽东同志曾提出："百花齐放、百家争鸣

---

① 毛泽东：《毛泽东文集》第五卷，人民出版社，1996年，第344页。
② 中共中央文献研究室：《建国以来重要文献选编》第九册，中央文献出版社，1994年，第341页。

的方针,是促进艺术发展和科学进步的方针,是促进我国的社会主义文化繁荣的方针。"① 虽然中国共产党在社会主义建设中曾出现过失误,但是党为现代化奋斗的目标始终没有变,推动了社会主义现代化建设在曲折中不断坚定前进。

三、中国共产党领导和推动中华民族现代文明建设的发展时期

随着改革开放的发展、中国特色社会主义道路的开辟,以及与世界各国交往和交流的增加,中国特色社会主义文化应运而生。中国共产党在文明对话中推进中国的现代化建设进程,创造和发展了中国特色社会主义文明新形态。

物质文明和精神文明协调发展。随着改革开放的步伐不断加快,人民的物质生活不断改善,但是人民群众对精神文化产品的需要日益增长,推动了我国社会主义文化建设的新局面。"文化大革命"结束之后,中国共产党人明确了中国特色社会主义事业的发展方向。在改革开放的背景之下,"文明"成为中国共产党人不断探讨和实践的高频词语。1979年10月,邓小平同志强调:"我们要在建设高度物质文明的同时,提高全民族的科学文化水平,发展高尚的丰富多彩的文化生活,建设高度的社会主义精神文明。"② 这表明在重视物质文明的同时高度重视社会主义精神文明建设,物质文明和精神文明协调发展是中国式现代化建设的前提和条件。党的十二大报告要"从当前实际出发,大力推进社会主义物质文明和精神文明的建设"③,将精神文明建设提高到社会主义现代化建设的战略高度,着重从文明的角度去理解和建设中国的现代化事业,为中华民族现代文明建设指明正确方向和建设路径。

---

① 毛泽东:《毛泽东文集》第七卷,人民出版社,1999年,第229页。
② 邓小平:《邓小平文选》第二卷,人民出版社,1994年,第208页。
③ 中共中央文献研究室:《十二大以来重要文献选编》上,人民出版社,1986年,第13页。

推进中国特色社会主义伟大事业。中国特色社会主义道路的开创标志着中华民族现代文明作为人类文明新形态区别于西方资本主义文明的全面展开。党的十一届三中全会之后,中国共产党人成功开创了中国特色社会主义,并将党的工作中心转移到社会主义现代化建设上来,这是改革开放以来党的全部理论和实践的主题。1979年12月,邓小平同志首次提出"中国式的四个现代化"概念:"我们的四个现代化的概念,不是像你们那样的现代化的概念,而是'小康之家'。"[1] 20世纪80年代,全国开展"五讲四美三热爱"活动,中心内容是强化中华民族文明的优秀传统。1997年9月,江泽民同志指出:"建设有中国特色社会主义的文化……发展面向现代化、面向世界、面向未来的,民族的科学的大众的社会主义文化。"[2] 建设社会主义先进文化是党的执政能力建设的重要内容之一。2004年9月,党的十六届四中全会将提高建设社会主义先进文化的能力明确为党的执政能力建设的重要内容。2011年10月,胡锦涛同志在党的十七届六中全会上提出"坚定不移走中国特色社会主义文化发展道路,努力建设社会主义文化强国"[3],廓清了社会主义精神文明建设的总目标,中国式现代化大道越走越宽广。

四、中国共产党领导和推动中华民族现代文明建设进入新时代

新时代中国共产党延续了文化建设的目标,即"努力建设社会主义文化强国"[4]。建设中华民族现代文明是习近平总书记站在时代发展的新高度提出的重大战略,是中国共产党关于新时代文化建设的全新表达,彰显了中国

---

[1] 邓小平:《邓小平文选》第二卷,人民出版社,1994年,第237页。
[2] 江泽民:《江泽民文选》第二卷,人民出版社,2006年,第17-18页。
[3] 中共中央文献研究室:《十七大以来重要文献选编》下,中央文献出版社,2013年,第584页。
[4]《中共中央关于深化文化体制改革推动社会主义文化大发展大繁荣若干重大问题的决定》,《人民日报》,2011年10月26日,第1版。

共产党以坚定的政治立场推动中华民族现代文明发展,昭示着中国式现代化道路进入全新的历史方位。

中国共产党将文化建设摆在突出位置,坚定文化自信,建设文化强国。"文化自信是更基础、更广泛、更深厚的自信,是一个国家、一个民族发展中最基本、最深沉、最持久的力量。"[①] 中国共产党充分肯定了建设中华民族现代文明的重要地位和关键作用。习近平总书记指出:"中华民族形成和发展过程产生的各种思想文化,记载了中华民族在长期奋斗中开展的精神活动、进行的理性思维、创造的文化成果。"[②] 党的十八大以来,我们将文化建设摆在更加突出的位置,坚持创造性转化和创新性发展,形成了习近平文化思想,为建设中华民族现代文明提供活力。党的十九大报告将文化强国列入建设社会主义现代化国家的规划,体现了全体人民的共同意志,是建设社会主义现代化强国的新战略、新部署。"中国特色社会主义是全面发展、全面进步的伟大事业,没有社会主义文化繁荣发展,就没有社会主义现代化。"[③] 党的十九届五中全会提出了"社会文明程度得到新提高""中华文化影响力进一步提升"[④] 的文化强国建设目标。党的十九届六中全会提出建设社会主义文化强国,体现了中国共产党一种高度的文化自觉和文化自信,其目的就是深化文化体制改革,推动社会主义文化大繁荣,建设社会主义文化强国。党的二十大进一步强调推进文化强国建设,凸显了中华民族现代文明对中华民族伟大复兴的重要作用,要着力推动中华民族现代文明建设。

---

① 习近平:《习近平谈治国理政》第四卷,外文出版社,2022年,第103页。
② 习近平:《在纪念孔子诞辰2565周年国际学术研讨会暨国际儒学联合会第五届会员大会开幕会上的讲话》,《党建》,2014年第10期。
③ 习近平:《在教育文化卫生体育领域专家代表座谈会上的讲话》,《人民日报》,2020年9月23日,第2版。
④ 《中共中央关于制定国民经济和社会发展第十四个五年规划和二〇三五年远景目标的建议》,《人民日报》,2020年11月4日,第1版。

第四章 中国共产党是建设中华民族现代文明的领导者和推动者

深化对中华民族现代文明发展规律的认识，建设中华民族现代文明新样态。中国共产党在实现中华民族伟大复兴中国梦和全面建设社会主义现代化国家中不断深化对世情国情党情的认识，以中国式现代化全面推进中华民族伟大复兴。

新时代中国共产党一直将文化建设摆在突出地位，文化是中华民族不断前进的精神动力，在中国各项现代化事业中都发挥着不可或缺的重要作用。党的十九大报告指出我国社会主要矛盾已经转化，其中人民日益增长的美好生活需要是其重要组成部分，体现了中国人民新的价值追求。2022年10月，习近平总书记在陕西延安和河南安阳考察时再次明确了"两个结合"的方法论地位，强调要"为更好建设中华民族现代文明提供借鉴"[①]。这是习近平总书记首次提出中华民族现代文明的概念，并把"两个结合"与建设中华民族现代文明联系起来。2023年7月7日，习近平总书记在听取江苏省委和省政府工作报告后指出："建设中华民族现代文明，是推进中国式现代化的必然要求，是社会主义精神文明建设的重要内容。"中华民族现代文明承续了中华文明的精华，并实现了在现代化进程中的时代转化，是建设中华民族现代文明的新样态。中华民族现代文明回答了中华民族"从哪里来""到哪里去"的重大历史方位问题，从根本上揭示了中华民族现代文明建设的发展趋势。

中国共产党带领中国人民实现中华民族伟大复兴的历史进程，充分呈现了中华文明从近代中国文明发展的历史进程被帝国主义打断到走向中华民族现代文明的巨大转变。习近平总书记指出："只有全面深入了解中华文明的历史，才能更有效地推动中华优秀传统文化创造性转化、创新性发展，更有力地推动中国特色社会主义文化建设，建设中华民族现代文明。"中国共产党在回答革命、建设、改革等重大问题的过程中推动着中华民族现代文明的

---

① 《全面推进乡村振兴　为实现农业农村现代化而不懈奋斗》，《人民日报》，2022年10月29日，第1版。

发展，但是我们也要清醒地认识到新征程上必然会出现更多的惊涛骇浪，必须坚持中国共产党对中华民族现代文明的指引才能把握时代、引领时代。

第三节　中国共产党领导和推动中华民族现代文明建设的现实进路

"历史是一面镜子，从历史中，我们能够更好看清世界、参透生活、认识自己；历史也是一位智者，同历史对话，我们能够更好认识过去、把握当下、面向未来。"① 中国共产党领导和推动中华民族现代文明建设的历史沿革内蕴先进的中国共产党人对推动文明发展的正确认识，这一历史是建设中华民族现代文明最好的教科书，并在回答中华民族现代文明的实践课题中产生新的认识，为接续推动中华民族现代文明建设提供了经验启示。

一、坚持中国共产党的领导地位

从中华民族现代文明建设的历史进程来看，中国共产党始终是坚强的领导核心，是推进中华民族现代文明的命脉所在，为中华民族现代文明提供了正确的发展方向及科学的战略方案，从根本上确保中华民族现代文明建设行稳致远。

第一，中国共产党掌握着建设中华民族现代文明的领导权。把握中华民族现代文明的领导权是中国共产党的政治任务，是推进中华民族现代文明建设的历史责任。中国共产党不仅要抓住建设中华民族现代文明的主导权，而且要主动塑造中华民族现代文明的对外形象，进一步掌握我们党文化建设工作的主导权和话语权。中华文明之所以久经磨难而绵延不绝，这与中国共产党的领导具有重大关系。中华文明走向现代化的过程是一个艰苦卓绝的过程，

---

① 习近平：《习近平著作选读》第一卷，人民出版社，2023年，第538页。

中华民族现代文明发展的历程表明,中国共产党是中华文明走向现代化的领导核心,加强党对中华民族现代文明建设的领导权是加强党的执政能力建设和先进性建设的内在要求。在党的领导下才能创造属于现代化的新文明。

第二,中国共产党为建设中华民族现代文明提供了正确的发展方向。"中国共产党领导的社会主义现代化,是对中国式现代化的定性,是管总、管根本的。""只有毫不动摇坚持党的领导,中国式现代化才能前景光明、繁荣兴盛;否则就会偏离航向、丧失灵魂,甚至犯颠覆性错误。"① 加强党对建设中华民族现代文明工作的领导需掌握坚强的领导权,切实担负起对中华民族现代文明建设的政治责任,增强党领导中华民族现代文明建设的本领。

第三,中国共产党为建设中华民族现代文明提供了科学的战略方案。"战略问题是一个政党、一个国家的根本性问题。战略上判断得准确,战略上谋划得科学,战略上赢得主动,党和人民事业就大有希望。"② 中华民族现代文明建设关系到中华民族伟大复兴战略全局,建设文化强国是中国共产党新的使命要求。党的十八大以来,以习近平同志为核心的党中央将文化建设摆在突出位置,为肩负起新的文化使命提供了强大的思想武器和战略指南。2023年10月,习近平总书记在全国宣传思想文化工作会议上提出"七个着力",体现了党对中华民族现代文明当前和未来工作的具体部署与统筹推进,具有深刻的理论指导和实践指引性。

二、坚守马克思主义的指导地位

中国共产党在中华民族现代文明建设进程中要坚守马克思主义的指导地位,将马克思主义作为破浪前进的引擎,激活中华民族传统文明。2022年1月,

---

① 中共中央宣传部:《习近平新时代中国特色社会主义思想学习纲要》(2023年版),学习出版社,人民出版社,2023年,第55页。
② 习近平:《习近平谈治国理政》第四卷,外文出版社,2022年,第31页。

习近平总书记在党的十九届六中全会上提出要"坚持用马克思主义之'矢'去射新时代中国之'的'"①。我们要坚守马克思主义魂脉,筑牢中华优秀传统文化根基,用马克思主义理论为建设中华民族现代文明提供理论指导和价值遵循。

第一,马克思主义为建设中华民族现代文明提供了理论指导。习近平总书记指出:"在人类思想史上,还没有一种理论像马克思主义那样对人类文明进步产生了如此广泛而巨大的影响。"②在推进中华民族现代文明建设的过程中,需要坚持马克思主义的指导地位,发挥其"铸魂立心"的作用。习近平总书记指出:"我们坚持以马克思主义为指导,是要运用其科学的世界观和方法论解决中国的问题,而不是要背诵和重复其具体结论和词句,更不能把马克思主义当成一成不变的教条。"③马克思主义是中华民族现代文明建设的指引和魂脉,它及时回答了世界之变、时代之变、历史之变,为建设中华民族现代文明提供了方向引领。坚持马克思主义的指导地位,高度重视马克思主义对意识形态工作的指导地位是中国共产党百余年的宝贵经验和优良传统。

第二,马克思主义为建设中华民族现代文明提供了价值遵循。习近平总书记指出:"中国共产党为什么能,中国特色社会主义为什么好,归根到底是因为马克思主义行!"④马克思主义为中国社会发展提供了完备的、科学

---

① 《继续把党史总结学习教育宣传引向深入 更好把握和运用党的百年奋斗历史经验》,《人民日报》,2022年1月12日,第1版。
② 习近平:《在哲学社会科学工作座谈会上的讲话》,《人民日报》,2016年5月19日,第2版。
③ 习近平:《高举中国特色社会主义伟大旗帜 为全面建设社会主义现代化国家而团结奋斗——在中国共产党第二十次全国代表大会上的报告》,人民出版社,2022年,第17页。
④ 习近平:《在庆祝中国共产党成立100周年大会上的讲话》,人民出版社,2021年,第13页。

的理论体系,渗透到中华民族现代文明建设的各个方面。中华民族现代文明建设需坚持人民的主体地位,并以马克思主义为指导来保证中华民族现代文明建设的先进性,为建设中华民族现代文明提供根本价值遵循。我们需将掌握的马克思主义精髓运用于指导中华民族现代文明建设。只有坚持马克思主义的指导地位,才能让中华民族现代文明建设得不变色、不变味,才能续写马克思主义中国化时代化的新篇章。

三、筑牢中华优秀传统文化根脉

世界上每一种文明都是扎根于本民族传统文化土壤之中,都凝聚着本民族的智慧和精神。中华优秀传统文化是中华民族的根脉,是建设中华民族现代文明的脊梁。"中华民族"的前提规定了中华民族现代文明的"中国特色"。同时,中国式现代化赋予中华文明现代力量。如何对待本国的传统文化是建设中华民族现代文明过程中必须认真对待的重大问题。

第一,全面挖掘中华优秀传统文化。中华优秀传统文化包含着中华民族的精神基因,是中华民族特有的精神标识,是中华民族自信的来源。"文化自信是一个国家、一个民族发展中最基本、最深沉、最持久的力量。"[①]五千多年中华文明中的丰富思想是我国文化自信的来源,汇聚着先辈们的智慧和信仰,是博大精深的文化体系,是中国快速发展的助推器,是建设中华民族现代文明必须观照的重要维度。建设中华民族现代文明需厚植中华优秀传统文化这一沃土。"优秀传统文化凝聚着中华民族自强不息的精神追求和历久弥新的精神财富,是发展社会主义先进文化的深厚基础,是建设中华民族共有精神家园的重要支撑。"[②]在现代化进程中,中国共产党引领和推动

---

① 习近平:《习近平谈治国理政》第四卷,外文出版社,2022年,第103页。
②《中共中央关于深化文化体制改革推动社会主义文化大发展大繁荣若干重大问题的决定》,《人民日报》,2011年10月26日,第1版。

中华民族现代文明的进程需最大限度地发挥传统文化的价值，在"两个结合"中提升我国对传统文化的自信，在"第二个结合"中焕发中华文明的新生命，构造现代文明新形态。

第二，激活中华优秀传统文化的时代内涵。习近平总书记在文化传承发展座谈会上指出："中国式现代化是赓续古老文明的现代化，而不是消灭古老文明的现代化。"[①]中华民族现代文明体现了中国式现代化的内在要求，与中国式现代化建设同向同行。源远流长的中华优秀传统文化是中华民族现代文明的精华。中华民族现代文明并未困囿于传统文化之中，而是跳脱出历史的局限，在文明交流互鉴中开拓出新的文明成果。"创新是一个民族进步的灵魂，是一个国家兴旺发达的不竭动力，也是一个政党永葆生机的源泉。"[②]建设中华民族现代文明，中国共产党要锚定"双创"方针，坚持创造性转化和创新性发展，主动求变、积极应变，在变化中赋予中华民族现代文明新的时代内涵。

四、推动中华民族现代文明创新

建设中华民族现代文明标志着中华文明发展进入到新阶段，开启了人类文明发展新样态，改变了人类文明发展新格局。实践无止境，理论需创新。中华民族现代文明得以持续发展的根源在于与时俱进、守正创新，因此需推动中华民族现代文明在体制、载体、内容等方面创新。唯有正确处理好中华民族现代文明守正和创新之间的内在关系，才能更好开启中华民族现代文明新篇章。

一是在守"魂脉"与"根脉"的基础上创新。中华民族现代文明是中华

---

① 《担负起新的文化使命　努力建设中华民族现代文明》，《人民日报》，2023年6月3日，第1版。
② 江泽民：《江泽民文选》第三卷，人民出版社，2006年，第64页。

文明的延续，是兼具中国特色与现代文明特点的人类文明新形态。坚持守正创新是建设中华民族现代文明的本质要求。习近平总书记指出："创新，创的是新思路、新话语、新机制、新形式，要在马克思主义指导下真正做到古为今用、洋为中用、辩证取舍、推陈出新，实现传统与现代的有机衔接。"①创新中华民族现代文明需具有反思和批判精神。中华民族守正不守旧，体现了我们党对中华文明根源坚守和创新的态度，为建设中华民族现代文明提供了正确的价值指引。"两个结合"是在深刻把握中华文明发展规律基础上提出的重要战略政策，是创新发展马克思主义的根本路径，亦是推动中华民族现代文明建设的重要法宝。创造性转化和创新性发展要求我们党深刻掌握中华民族最深沉的积淀，利用"两个结合"，着眼于现代化建设的实际，以马克思主义的立场观点和方法破解现代化发展的难题，使其在新时代大放异彩，引领现代化发展的新航向。

二是在吸收人类优秀文明成果中创新。一方面，坚持对外开放的胸怀，加强与世界优秀义明的交往交流。促进中华民族现代文明与世界优秀文明的交往交流，避免中华民族现代文明陷入自我封闭的怪圈，推动中华优秀传统文化创造性转化和创新性发展，为推动中华民族现代文明建设贡献智慧和力量。任何文明一旦陷入自我封闭的怪圈，就会形成自我的狭隘和片面性，因此我们要"坚持不忘本来、吸收外来、面向未来"②。坚持开放的世界眼光及清晰的价值诉求，积极传播和弘扬全人类共同价值，全面提升中国特色社会主义精神文明的感召力。另一方面，防止和抵制西方文明的任何恶意倾向。党的十九大报告指出："要尊重世界文明多样性，以文明交流超越文明隔阂、

---

① 习近平：《在文化传承发展座谈会上的讲话》，《求是》，2023年第17期。
② 习近平：《在哲学社会科学工作座谈会上的讲话》，《人民日报》，2016年5月19日，第2版。

文明互鉴超越文明冲突、文明共存超越文明优越。"①但是当今文化输出、渗透和侵略仍然是一个重要的问题，中国共产党引领和推动中华民族现代文明建设需要不断提升中华民族现代文明软实力，提升对西方文明的批判和辨析能力，坚决反对和抵制西方文明的霸权主义和孤立主义，加强中国的文化安全。

中国共产党是中国式现代化事业的核心力量，亦是领导中华民族现代文明建设从萌芽、探索、发展并进入新时代的核心力量。当今世界的发展、当代中国社会的变革迫切需要中国共产党对中华民族现代文明的正确引领，创造出新的文明形态。在中国共产党领导下，中华民族现代文明在现代化进程中焕发出蓬勃生机，取得显著成绩。但是国际国内形势复杂多变，中国共产党要始终担负起新的文化使命，带领中华民族和中国人民建设社会主义文化强国，推动中华民族现代文明建设创造新的辉煌。

---

① 习近平：《习近平谈治国理政》第三卷，外文出版社，2020年，第46页。

第五章
推进中国式现代化
创造中华民族现代文明

习近平总书记在文化传承发展座谈会上提出建设中华民族现代文明这一新的文化使命，那么，何谓中华民族现代文明？为何要建设中华民族现代文明？又何以要创造中华民族现代文明？"中国式现代化赋予中华文明以现代力量，中华文明赋予中国式现代化以深厚底蕴。"这一重要论述不仅揭示了中国式现代化与中华文明互相成就的逻辑，而且折射出中华民族现代文明与中国式现代化的内在关联性。如果说，立足中华文明才能真正理解中国式现代化的历史必然与独特优势，那么，推进和拓展中国式现代化的实践能为赓续中华文明提供一切可能性前提，并使其别开生面，升华为契合时代和实践的中华民族现代文明。

第一节 现实考量：中华民族现代文明内隐外显于中国式现代化

中国式现代化的历史发生与中华文明的历史积淀内在相关，这种相关性没有止步于中国式现代化的开创，中华文明也不仅是作为一种历史资源在发挥作用。在中国式现代化的展开中，中华文明获得了自己的现代形态，内隐外显于中国式现代化，二者相伴而生，必须建设与中国式现代化相匹配的中华民族现代文明。

中华民族现代文明内隐于中国式现代化。从思想资源来看，中华文明提供了开创中国式现代化的有益启迪。中国接触到现代化时现代文明已呈现出基本面相，而在探索通向现代化的道路时，人类现代文明又面临许多突出难题，作为后发者的中国不可能走现代化老路，共享西方现代文明负效应。科学社会主义揭示了所谓的现代化代价是可以规避的，社会全面发展、人的全面进步是可能的。而理论变为现实，不仅需要运用当代的智慧和力量，而且需要运用历史上积累的经验和智慧。中华文明蕴含丰富的哲学思想、人文精神、教化思想、道德理念，可以为人们认识世界和改造世界提供有益启迪。正是在社会主义所划定的轨道上充分挖掘中华文明优秀因子，中国式现代化才能够破解资本主义现代文明困境，实现逆势发展，并展现出广阔的前景。从内在支撑来看，中华民族现代文明是中国式现代化的精神支柱。中国式现代化作为一种全新的实践探索，是全方位、深层次的文明变革，需要多重支撑和保障，既离不开坚实的物质基础、完善的制度保证，也需要强大的精神引领。经前期夯基垒台，中国式现代化的四梁八柱已初步搭建，中华民族现代文明是其精神支柱。中华民族现代文明所蕴含的文化传统、价值取向和思维方式沉淀为中国人的集体无意识，这种日用而不觉的力量为推进现代化提供了更加稳固、持久的力量。无形力量不能代替有形力量，但无形力量一经激发就会催生出强大动力和磅礴伟力。在大变局中推进中国式现代化必然会面临诸多不确定、难预料的因素，应对风险挑战还需借助中华民族现代文明激发内生力量。

中华民族现代文明外显于中国式现代化。第一，中华民族现代文明是中国式现代化的外在表征。"外显"即外部呈现，指向直观中所把握到的对象。

外部呈现不是外部附加，而是事物内在本质的表征。中华民族现代文明外显于中国式现代化，而中国式现代化之"式"是由作为主体的中国所赋予的，更准确地说，是由作为文明体的中国所赋予的。中华文明所构筑的价值认同具有历史连贯性，作为历史资源隐而不显地塑造出中国式现代化。中华文明优秀因子也因此获得现代内涵和现代表现形式，具有了中国式现代化的属性特质，由隐于内的底蕴转为显于外的底色，并成为全新现代文明图景的外在表征。在多种现代化模式同台竞争的时代，提升中国式现代化的影响力和感召力需建设好中华民族现代文明，强化其外在表征。第二，中华民族现代文明是成就中国式现代化的底色。中华民族现代文明不仅直观表征着中国式现代化的文明图景，还作为底色直接影响着中国式现代化文明图景的呈现。底色是影响事物本质的重要因素，在不同的底色上会呈现出不同的文明图景。中国式现代化的顶层设计已粗具雏形，中国特色、本质要求和重大原则擘画了现代文明蓝图，但蓝图的实现是一个具体的历史的过程，存在多种可能。在"两个大局"相交织、不同形态的现代文明并存的时代，确保中国式现代化按其蓝图设计呈现出来，需确保它被投射的底版不变色、不褪色。这就要求我们要针对现代化的时代之问来挖掘中华文明的优秀因子，建设同中国式现代化实践需要相匹配的中华民族现代文明。

第二节　未来前瞻：建设中华民族现代文明巩固中国式现代化主体性

中国式现代化以其实践成效打破了"人类和地球的欧洲化"程式，为人类提供了新的现代化选择。同文化一样，任何现代化"要立得住、行得远，要有引领力、凝聚力、塑造力、辐射力，就必须有自己的主体性"[①]。中国

[①] 习近平：《在文化传承发展座谈会上的讲话》，《求是》，2023年第17期。

式现代化的主体性体现的是特定时空中的自我主张，既有空间规定，要赓续中华文明，也有时间规定，要适应时代需要。中国式现代化是具有未来指向性的设计，主体性尚处于塑造阶段。文明具有超越时空的影响力，关乎国本、国运。进入多种现代化模式共同在场的时代，依循时空规定创造新文明才能巩固中国式现代化的主体性。

巩固中国式现代化的主体性需向下扎根，造就新的文明体以筑牢道路根基。中国式现代化植根中国大地，坚持独立自主，依托自身资源禀赋，有着鲜明的中国特色。但中国式现代化在启动时表现出对共性现代文明的热切渴求。复杂的内外环境决定了中国首先要融入世界现代化大潮，建立起独立的比较完整的工业体系，进而建成现代化强国。而西方处于工业文明高地，经济基础的决定性作用使各国在现代化起始阶段以西方为参照，这是由历史先在性造成的客观必然。亨廷顿指出，现代化和西方化密切相连。早期，非西方社会吸收西方要素，西方化促进了现代化；后期，现代化的加速发展则促进了非西方化和本土文化的复兴。[①] 我们固然不能将吸收西方现代文明要素等同于西方化，但他却这也描述了一种规律性现象。我们还需看到，这种转变不是自然而然完成的，而是依赖主体自觉和客观条件的。西方现代化包含着现代文明的共性，但它是在西方之为西方的基础上产生的，所谓共性不是可以照搬的，必须同本国文明积淀相结合。在这一点上，中国式现代化始终葆有自觉。积厚成势，中国式现代化站在了新的起点上，巩固其主体性要求更加自觉地向下扎根。向下扎根不仅要深耕于古老文明积淀的深厚土壤，还要根据环境变化改造土质、创造新文明，为中国式现代化提供更加适宜的沃土，使其具备更加坚实的根基，进而能够在大变局中立得住。

巩固中国式现代化的主体性需向上生长，激活中华文明优秀因子，打开

[①] 萨缪尔·亨廷顿：《文明的冲突与世界秩序的重建》，周琪等译，新华出版社，2009年，第55页。

创新空间。五千多年文明积淀固然是形塑中国式现代化主体性的宝贵资源，但也限制了古老文明所能达到的高度。中国式现代化是在不同于塑造这种文明的更高级社会形态中展开的，仅靠历史遗产难以担负起时代重任；同时，现代化是向未来敞开的，需要持续更新、适应时代要求的新文明为之奠基。为确保主体性存续，新文明必然根本有别于带有时代局限性的传统文明，但这并不意味着创造新文明要离开自身土壤，相反，彰显主体性的文明必须守好其"本"和"源"，坚守自己的根脉。"中华优秀传统文化中很多思想理念和道德规范，不论过去还是现在，都有其永不褪色的价值。"①中华优秀传统文化是中华文明的结晶，其中蕴含的优秀因子契合人类文明发展规律，不仅与现代社会相协调，也蕴藏着解决人类现代化之问的重要启示，如民本理念、生态理念、天下观等。中华文明是一座"富矿"，这是推进中国式现代化的独有优势，但因不同程度的历史和文化虚无主义影响，这一资源尚未得到充分发掘和利用。向历史求解，激活中华文明优秀因子，为现代文明的创新发展提供生长点，进而赋予现代文明鲜明的主体性，是中国式现代化的历史任务。中国式现代化要继续前进，开辟创新空间，需不断解放思想，将中华文明宝贵资源从历史中解放出来。中华文明获得其现代形态，中国式现代化才能巩固其主体性，才能行得远。

第三节　在中国式现代化的实践展开中 创造中华民族现代文明

"对历史最好的继承就是创造新的历史，对人类文明最大的礼敬就是创造人类文明新形态。"②人类文明新形态在中华大地上具体呈现为中华民族

---

① 习近平：《在文艺工作座谈会上的讲话》，人民出版社，2015年，第26页。
② 习近平：《在文化传承发展座谈会上的讲话》，《求是》，2023年第17期。

现代文明，即中华文明的现代形态。中国式现代化是被实践证明的中华文明重获新生的唯一正确道路。近代以来遭遇赓续危机的中华文明因中国式现代化的开创获得历史转机。面向未来，建设中华民族现代文明也只有在中国式现代化划定的基本方向上才能获得"广阔的活动空间和意义领域"。

一、担负新的使命，坚持中国共产党领导

中国式现代化是中国共产党领导的社会主义现代化，这是"管总、管根本的"。中华民族现代文明以中国式现代化为实践基础，重塑中华文明主体性。建设中华民族现代文明必须坚持中国共产党领导。"中国共产党领导中国人民取得的伟大胜利，使具有五千多年文明历史的中华民族全面迈向现代化，让中华文明在现代化进程中焕发出新的蓬勃生机。"[①]担负新的使命，必须坚持党的领导这一本质要求和重大原则。

党的领导关乎中华民族现代文明的前途命运、根本方向和最终成败。中国共产党守住了中华文明主体性，根本改变了中华文明的前途命运。鸦片战争以来，中国在现代性冲击下逐步陷入被动挨打境地，这一境况引发人们对中华文明"道"与"器"的反思，而结果却是历史虚无主义：从器物到思想文化，中华文明被不加区别地否定，古老文明历史赓续的通道就此被堵塞。中国共产党以历史唯物主义为指导，反思各种政治力量的实践探索，摒弃历史虚无主义，揭示出中国边缘化的根源在制度，由此守住了民族根脉、守住了中华文明的主体性。中国共产党在中国式现代化实践中自觉重建中华文明主体性，深刻影响着中华文明赓续的方向。中华文明因马克思主义得以存续，但二者分别是农业文明和工业文明的产物，代表两种不同时代、具有不同社会功能的文明。中国共产党不是复古主义者，也不是教条主义者，它正确处

---

① 中共中央党史和文献研究院：《十八大以来重要文献选编》下，中央文献出版社，2018年，第343页。

理两种异质文明的关系，坚守"中华民族的尊严和独立""民族的特性"，倡导"给历史以一定的科学的地位"，"既是中国先进文化的积极引领者和践行者，又是中华优秀传统文化的忠实传承者和弘扬者"①。同时，理性对待历史遗产，指出"清理古代文化的发展过程，剔除其封建性的糟粕，吸收其民主性的精华，是发展民族新文化提高民族自信心的必要条件"②。守正才能出新，中国共产党既认同根脉，又坚守魂脉，坚持解放思想、实事求是，将二者具体地、实际地运用到中国式现代化语境中，在回应"中国之问"和"世界之问"中探索两种异质文明互塑的正确道路。两种文明发生"化学反应"，造就出新的文明体，这种新文明体因其兼具民族性和科学性而具有主体性。党的百余年奋斗，成功推动中华文明从传统跨越到现代，新征程上，也只有中国共产党才能担负起建设彰显主体性的中华民族现代文明的使命。

二、把握文明发展规律，坚持科学理论指导

文明有其自身发展规律，中国共产党正是遵循规律才担负起重塑中华文明的使命。"'第二个结合'，是我们党对马克思主义中国化时代化历史经验的深刻总结，是对中华文明发展规律的深刻把握。"③马克思主义以更高更广的文明视域揭示了近代中华文明衰落的深层逻辑，其科学性并非传统文明所能比拟，因而能为建设中华民族现代文明提供科学指导。

中华文明的现代新生需由马克思主义为之定向。马克思主义的定向作用一是为之注入魂脉，二是为之提供方法指引。中国共产党能够掌握文明发展规律，担负其他政治力量不可能担负的使命，"根本在于掌握了马克思主义

---

① 习近平：《习近平谈治国理政》第三卷，外文出版社，2020年，第35页。
② 毛泽东：《毛泽东选集》第二卷，人民出版社，1991年，第707-708页。
③《担负起新的文化使命 努力建设中华民族现代文明》，《人民日报》，2023年6月3日，第1版。

科学理论，并不断结合新的实际推进理论创新"①。马克思主义揭示了文明发展的一般规律，既能勘定中华文明的历史方位，也能为其现代演绎指明方向。从文明自身来看，中华文明能够跨越时空展现出强劲的历史穿透力，并非仅仅依靠自身发展机制，根本在于马克思主义为其注入了新的魂脉。"坚守马克思主义的魂脉，保证了中华民族现代文明是代表先进生产力、走在时代前列、属于人民的现代文明，是社会主义现代文明。"②新文明体是两种文明结合的产物，强调二者共生并进，并不意味着无原则地融合。结合不是"硬凑"、"拼盘"、简单叠加，也不是将马克思主义视为外来文明予以同化，而是要以马克思主义为魂脉，"在马克思主义指导下真正做到古为今用、洋为中用、辩证取舍、推陈出新，实现传统与现代的有机衔接"③。马克思主义在其理论诞生地、实践先行地经历挫折后，还能在中国发挥指导作用，使中华文明重焕荣光，就在于其科学的世界观和方法论。毛泽东同志强调"学习我们的历史遗产，用马克思主义的方法给以批判的总结"④，这一原则确保了中华文明的重塑既不会因基因缺失而根基不稳，又不会因历史包袱而负重前行。习近平总书记进一步强调要"以马克思主义为指导对中华五千多年文明宝库进行全面挖掘，用马克思主义激活中华优秀传统文化中富有生命力的优秀因子并赋予新的时代内涵"⑤。以马克思主义为轴心，坚持马克思主义标明的方向、提供的方法，中华文明才能别开生面。

---

① 习近平：《开辟马克思主义中国化时代化新境界》，《求是》，2023年第20期。
② 颜晓峰：《以"第二个结合"推动建设中华民族现代文明》，《红旗文稿》，2023年第17期。
③ 习近平：《在文化传承发展座谈会上的讲话》，《求是》，2023年第17期。
④ 毛泽东：《毛泽东选集》第二卷，人民出版社，1991年，第533页。
⑤《不断深化对党的理论创新的规律性认识 在新时代新征程上取得更为丰硕的理论创新成果》，《人民日报》，2023年7月2日，第1版。

三、汇通古今，聚焦中心任务，坚持问题导向

建设新文明是一项贯通历史、现实和未来的事业，既要忠于历史，更要立足现在、面向未来。建设中华民族现代文明必然要求回溯历史，但决不能躺在历史的"功劳簿"上淡化时代任务，也不能食古不化。新时代新征程，中国共产党的中心任务就是团结带领全国各族人民全面建成社会主义现代化强国，实现第二个百年奋斗目标，以中国式现代化全面推进中华民族伟大复兴。重新发现中华文明，建设中华民族现代文明这一课题正是因现代化任务而被开辟出来的。要利用自身文明成就回应时代性问题，创造新的文明。

建设中华民族现代文明与解决时代之问、完成时代任务同频共振。立足现代，着眼社会物质生活实践，坚持问题导向，坚持古为今用，古老文明才能获得现代形态，进而走向未来。中华文明的赓续需以我们正在做的事情为中心，与新的实践和时代要求相结合，这并非实用主义意义上的简单取舍，而是文明发展规律使然。背向现实和时代的结果是走向没落，这是已被历史证明的"铁律"。"任何一种文明都要与时偕行，不断吸纳时代精华。"①问题是时代的声音，也是创新的起点和动力源，新文明无一不是在回应时代之问中创造的。现代化是当前最为重大而紧迫的时代课题，中国处于现代化建设的关键窗口期，人类处于现代化进程的十字路口，建设什么样的现代化国家、怎样建设现代化国家是"中国之问"，也是"世界之问"。"一种文明能否生存、发展和延续，取决于其能否有效适应自己的生存环境和应对时代变迁提出的挑战。"②当前中华文明面临的挑战与"现代化之问"③直接相关，以中华文明为基因的中国式现代化，以"中国特色""本质要求"等明

---

① 习近平：《习近平谈治国理政》第三卷，外文出版社，2020 年，第 470 页。
② 陈金龙：《中华民族现代文明的生成、特质与价值》，《中国社会科学》，2023 年第 8 期。
③ 习近平：《携手同行现代化之路——在中国共产党与世界政党高层对话会上的主旨讲话》，《人民日报》，2023 年 3 月 16 日，第 2 版。

确了建设什么样的现代化国家,但愿景和现实之间存在较大差距。在新的约束条件下,中国式现代化的愿景能否成为现实,关乎中华文明能否真正成为新的现代文明。时代提出的问题是重塑中华文明的必答题,应对得当,中华文明才能重新引领时代。中国式现代化蕴含的独特世界观、价值观、历史观、文明观、民主观和生态观等便是中华文明的时代更新。因而,要聚焦不平衡不充分发展这一最大问题,在推进共同富裕、物质精神协调发展、绿色发展、和平发展等问题上提出切实可行的思路和办法,使中华文明在社会主义现代文明开创的空间中获得新的生命力。

四、兼顾中西,拓宽全球视野,坚持胸怀天下

建设中华民族现代文明需要贯通古今的大历史观,也需要兼顾中西的全球视野。中国式现代化是立足于中国关联于世界的现代化,建设与之适应的现代文明形态,既要胸怀"国之大者",也要树立世界眼光。强调向内挖掘,突出民族性,并不是要搞自我封闭,而是要在巩固主体性、保持特色的基础上更好地借鉴域外文明,使中华民族现代文明得到来自其他优秀文明成果的补充,进而能够为解决人类面临的"现代化之问"提供中国智慧。

兼顾中西的全球视野不仅指向洋为中用,对域外文明持开放包容态度,也内蕴着天下胸怀,对"世界之问"予以积极观照。文明是流动的、开放的,因交流互鉴而丰富多彩。因此,开放包容是中华民族现代文明的活力来源。在文明交汇中应秉持共享而非排他的原则。近代以后,因封建统治者未能正确处理中西之争,文明交汇演变为文明冲突,在西方塑造的"支配—从属"关系中,冲突的结果是中华文明走向衰落。"全球化下,没有一个文化在不同文明的会遇中可以完全不与外来的文化有某种方式或程度上的结合。"① "孙中山先生希望'发扬吾固有之文化,且吸收世界之文化而光大之,

---

① 金耀基:《中国文明的现代转型》,广东人民出版社,2016年,第92页。

以期与诸民族并驱于世界'"①。在走向强起来的时代,我们比以往任何时代都更有条件破解中西之争,这种破解不是以中华文明代替多元文明,而是同多元文明和谐共存。一方面,以"他者"文明为视角,能更加深刻地认识中华文明,另一方面,同"他者"文明对话,融通各种资源,可为建设中华民族现代文明提供新的文明因子。以开放包容的胸怀整合人类优秀文明成果,是建设中华民族现代文明的必然途径。汤因比指出,中国有可能把中西文化熔为一炉,"如果这种有意识、有节制地进行的恰当融合取得成功,其结果可能为文明的人类提供一个全新的文化起点"②。在全球视阈下,建设中华民族现代文明既要利用文明"存量",也要创造"增量",为解决人类共性难题提供参考借鉴。"中国之问"的解答在一定程度上包含对"世界之问"的回应,但同中国国际角色相适应,重塑中华文明需更加自觉主动地超越地理界线,"既向内看、深入研究关系国计民生的重大课题,又向外看、积极探索关系人类前途命运的重大问题"③。当前,人类正享受着前所未有的文明成果,但也面临着前所未有之挑战,仅仅依靠历史积淀不足以打破发展瓶颈,需推陈出新。建设中华民族现代文明理应在引进吸收基础上再创新,推动文明升维提级,为人类现代文明发展提供新思路、新选择。

中国式现代化是中华民族的旧邦新命,它以从未有过的创造力将中华文明由低谷推向高峰,是中华文明历史赓续的唯一正确道路,也必将推动中华文明重焕荣光。中华文明重焕荣光包含赓续中华文脉和建设现代文明,不仅要依据现代化共性由传统走向现代,实现历史向度上的自我更新,与时代同

---

① 习近平:《在纪念孙中山先生诞辰150周年大会上的讲话》,人民出版社,2016年,第11页。
② 阿诺德·汤因比:《历史研究》(插图本),刘北成、郭小凌译,上海人民出版社,2005年,彩图78注。
③ 习近平:《习近平谈治国理政》第二卷,外文出版社,2017年,第339页。

步伐，更要依循现代化的中国特色，为人类现代文明提供正向引导，打破古今对立或是将中西关系等同于古今关系的思维定式，实现价值向度上对自我和他者的扬弃，在更广的时空中以更大的胸怀格局创造新文明。

第六章
中国特色社会主义文化是中华民族现代文明的文化主体

在中华民族五千多年的历史长河中，文化一直是民族生生不息、团结奋进的重要纽带。"只有全面深入了解中华文明的历史，才能更有效地推动中华优秀传统文化创造性转化、创新性发展，更有力地推进中国特色社会主义文化建设，建设中华民族现代文明。""文化关乎国本、国运。这段时间，我一直在思考推进中国特色社会主义文化建设、建设中华民族现代文明这个重大问题。"① 习近平总书记在文化传承发展座谈会上的这段讲话将"中国特色社会主义文化"和"中华民族现代文明"紧密相连，既指明了中华优秀传统文化的创造性转化和创新性发展对于建设中华民族现代文明的重要性，也指明了它对于中国特色社会主义文化建设的重要性，同时也意味着中国特色社会主义文化与中华民族现代文化的深度契合。

中国特色社会主义文化是以马克思主义为指导、以中华优秀传统文化为根基、吸收世界优秀文明成果、反映中国人民伟大实践的文化体系。这种文化既具有鲜明的时代特征，又深深植根于中华民族的历史传统之中。而中华

---

① 习近平：《在文化传承发展座谈会上的讲话》，《求是》，2023年第17期。

民族现代文明则是在全球化背景下，中华文明在现代化进程中不断进行自我革新、自我完善的成果。中国特色社会主义文化在继承和发展中华优秀传统文化的基础上，积极吸收世界文明成果，不仅塑造了中华民族的精神风貌，其在各个领域日益显著的文化成果，也为中华民族现代文明不断注入新的活力、奠定坚实基础，从而构成了中华民族现代文明的文化主体。中国特色社会主义文化作为中华民族现代文明的文化主体是历史和现实的选择，中国特色社会主义文化确保了中华民族现代文明不忘初心和本源，确保了中华民族现代文明是人类文明新形态。习近平文化思想不仅丰富了习近平新时代中国特色社会主义思想，也为中华民族现代文明建设提供了根本遵循。

第一节　中国特色社会主义文化与中华民族现代文明在内涵与价值目标上的深度契合

一、中国特色社会主义文化与中华民族现代文明具有内涵上的契合性

概念的内涵与术语的提出具有一定的时间间距，这在思想发展上是非常常见的事情。"中华民族现代文明"这个名词是 2022 年 10 月习近平总书记首次提出的，但是中国特色社会主义建设却一直持续不断地在积累着中华民族现代文明的要素。从文化上来讲，中国特色社会主义文化发展的过程就是在为"中华民族现代文明"这一名词的出场不断集腋成裘。中国特色社会主义文化，是在特定历史阶段，基于中国特色社会主义建设实践而形成的文化形态，它既融合了中华民族的优秀传统文化，又吸纳了社会主义先进文化，同时积极吸收世界文化的有益成果，形成了鲜明的时代特色和民族特点。而中华民族现代文明，则是在现代化进程中所形成的，包含物质文明、政治文明、精神文明等多个层面的综合体现，它既立足于传统，又面向现代，既有

国内的深厚底蕴，又有国际的广阔视野。中国特色社会主义文化与中华民族现代文明深度契合。

首先，中国特色社会主义文化之所以能够成为中华民族现代文明的文化主体，这与其特质和内涵密不可分。中国特色社会主义文化涵盖了中华民族五千多年文明历史孕育的中华优秀传统文化，以及中国共产党在领导人民进行革命、建设和改革中创造的革命文化以及先进的社会主义文化。中国特色社会主义文化坚持以人民为中心的发展思想，始终把满足人民精神文化需求作为文化建设的出发点和落脚点。中国特色社会主义文化注重传承与创新，既深入挖掘中华优秀传统文化的精髓，又积极吸收世界文明的优秀成果，形成了独具特色的文化体系。中国特色社会主义文化强调文化自信，坚信只有民族的才是世界的，只有自信的才是强大的。这种文化自信，为中华民族现代文明的发展提供了强大的精神动力。如果中国特色社会主义文化不是中华民族现代文明的主体，那中华民族现代文明的主体还能是什么呢？还有哪种文化能够像中国特色社会主义文化一样，能够保障中华民族现代文明的发展方向呢？历史和现实都证明，除了中国特色社会主义文化，再也没有第二种文化可以担此重任。中国特色社会主义文化在中华民族现代化进程中具有无可替代的主体地位。

其次，中国特色社会主义文化与中华民族现代文明在内涵上都十分注重"两个结合"。众所周知，建设中华民族现代文明这个新任务是习近平总书记在文化传承发展座谈会上提出的，在这次会议上，习近平总书记强调了"两个结合"对于中华民族现代文明建设的至关重要性。同样是在这个会议上，习近平总书记也强调："在五千多年中华文明深厚基础上开辟和发展中国特色社会主义，把马克思主义基本原理同中国具体实际、同中华优秀传统文化相结合是必由之路。这是我们在探索中国特色社会主义道路中得出的规律性认识。"① 既然"两个结合"是中国特色社会主义的规律性认识,那么它也必然是中国特色社会主义文化的内在规律。在文化传承发展座谈会之前,党的十九大报告已经指出:"中国特色社会主义文化,源自于中华民族五千多年文明历史所孕育的中华优秀传统文化,熔铸于党领导人民在革命、建设、改革中创造的革命文化和社会主义先进文化,植根于中国特色社会主义伟大实践。"② 这段话表明中国特色社会主义文化本身就是马克思主义与中华优秀传统文化相结合的成果。中国特色社会主义文化离不开中华优秀传统文化的滋养,中华优秀传统文化是中国特色社会主义文化的根脉;中华优秀传统文化与革命文化、社会主义先进文化都是中国特色社会主义文化的重要内容,都是中国特色社会主义建设的重要精神力量。也说明了中国特色社会主义文化与中华民族现代文明一样都十分重视"两个结合"。

实际上,习近平总书记在关于中国特色社会主义文化的讲话中已经多次提到"两个结合"的重要性。可以看出,中国特色社会主义文化和中华民族现代文明在内涵上存在着深度契合,这种契合不仅体现了历史传承与时代创新的完美结合,还彰显了中华文化的独特魅力与活力。中国特色社会主义文化源于中华民族五千多年的文明史,根植于中国特色社会主义的伟大实践。这种文化自信,是对自身文化价值的充分肯定,是对自身文化生命力的坚定信念。而中华民族现代文明,则是在继承传统文化的基础上,吸收世界文明成果,实现自我更新与发展的文明形态。中国特色社会主义文化与中华民族现代文明都强调诚信、友善、敬业等社会主义核心价值观,这些价值观在日常生活中不仅促进了社会的和谐稳定,也为个人成长和社会发展提供了有力的道德支撑。于是,中华民族现代文明既保留了传统文化的精髓,又融入了

---

① 习近平:《在文化传承发展座谈会上的讲话》,《求是》,2023年第17期。
② 习近平:《决胜全面建成小康社会 夺取新时代中国特色社会主义伟大胜利——在中国共产党第十九次全国代表大会上的报告》,人民出版社,2017年,第41页。

现代元素，展现出鲜明的时代特征。无论是文化自信的培育、社会主义核心价值观的树立，还是中华优秀传统文化与现代文明的融合与创新，都是构筑中华民族现代文明不可分割的组成部分。

二、中国特色社会主义文化与中华民族现代文明具有共同的价值追求

中国特色社会主义文化与中华民族现代文明在价值追求上高度契合，它们都强调以人为本，尊重人的主体地位，追求人的全面发展。中国特色社会主义文化为中华民族现代文明指明了以人民为中心的价值立场，这一立场不仅是中国特色社会主义文化的根本，更是为中华民族现代文明找到了主体力量。在中国式现代化中，人民的利益和需求应该始终处于首要位置，要始终坚持以人民为中心的发展思想。人民主体观是唯物史观的重要组成部分，也是马克思主义的价值立足点。马克思认为，人是社会有机体中最基本的构成要素，也是社会有机体中唯一能动的要素。人民既是社会主义文化建设的创造主体，也是文化建设的价值主体。习近平总书记强调要"让十三亿人的每一分子都成为传播中华美德、中华文化的主体"[①]。在北京主持召开文艺工作座谈会时，习近平总书记再次强调，文艺创作者要扎根人民、扎根生活。他说："人民是文艺创作的源头活水，一旦离开人民，文艺就会变成无根的浮萍、无病的呻吟、无魂的躯壳。""能不能搞出优秀作品，最根本的决定于是否能为人民抒写、为人民抒情、为人民抒怀。""要虚心向人民学习、向生活学习，从人民的伟大实践和丰富多彩的生活中汲取营养，不断进行生活和艺术的积累，不断进行美的发现和美的创造。"[②]

---

① 中共中央文献研究室：《习近平关于社会主义文化建设论述摘编》，中央文献出版社，2017年，第138页。

② 习近平：《习近平谈治国理政》第二卷，外文出版社，2017年，第316—317页。

以人民为中心，是中国特色社会主义文化的根本立场。首先，以人民为中心的文化理念，体现了对人民群众主体地位的尊重。在中国特色社会主义文化构建中，人民群众不仅是文化的创造者，更是文化的享受者。这种尊重体现在文化政策的制定、文化活动的组织以及文化产品的创作等多个层面。其次，以人民为中心的文化发展，推动了中华民族现代文明的进程。以人民为中心的文化理念，要求我们在文化实践中始终坚持人民至上的原则。这意味着我们要深入了解人民群众的需求和期望，积极回应他们的文化关切，为他们提供更多优质的文化产品和服务。再次，以人民为中心的文化建设，增强了民族凝聚力和向心力。这种凝聚力和向心力，成为推动中华民族现代文明不断前进的动力源泉。最后，以人民为中心的文化理念，也是实现文化强国战略的重要支撑。综上所述，以人民为中心的根本立场是中国特色社会主义文化的核心所在，它为中华民族现代文明找到了主体力量。这一理念不仅是中国文化发展的核心，更是推动社会进步的重要动力。

中国特色社会主义文化与中华民族现代文明在实践中相互印证，共同推动中国特色社会主义事业的发展。我们持续深化文化体制改革，打破传统束缚，推动文化创新。通过对优秀传统文化的挖掘与传承，我们让古老的文化焕发出新的生机与活力。同时，我们积极引进外来文化，丰富文化多样性，推动文化交流与融合。这些举措不仅提升了国家文化软实力，也为经济社会发展提供了强大的精神支撑。人民群众在实现物质富裕的同时，也享受到了精神文化的滋养。通过加强对教育、科技、文化等各个领域的投入，我们不断提升人民群众的科学文化素质和思想道德水平，为中华民族伟大复兴注入强大动力。这些实践成果充分证明中国特色社会主义文化与中华民族现代文明的深度融合。

第二节 中国特色社会主义文化作为中华民族现代文明的文化主体是历史和现实的选择

中国特色社会主义文化和中华民族现代文明不仅在内涵上存在着深度的契合，而且，中国特色社会主义文化作为中华民族现代文明的文化主体是中国近现代社会的历史选择，二者都是在中国现代化的进程中生成的，而保障意识形态和国家文化安全也决定了中华民族现代文明建设只能以中国特色社会主义文化为文化主体。

一、中国近现代社会的历史选择了中国特色社会主义文化作为中华民族现代文明的文化主体

马克思、恩格斯创立的历史唯物主义走出了从纯粹观念的内在推演中研究意识形态的观念论哲学研究路径，开辟了从社会存在研究意识形态的先河。坚持社会存在决定社会意识是马克思主义哲学的基本立场，是它与唯心史观的根本分歧。

马克思、恩格斯在《德意志意识形态》中已经批驳了唯心史观将观念史作为人类全部历史的错误观点，指出社会意识不是独立自足的，任何社会意识都与社会存在密切相关，并由社会存在决定。唯物史观关于社会存在与社会意识、经济基础与上层建筑、精神生活与物质生活、社会生活和政治生活关系的基本观点告诉我们，中国特色社会主义文化作为上层建筑是与整个中国特色社会主义现代化的进程密不可分的，中国特色社会主义文化成为主流文化的过程就是其他文化无法适应中国式现代化进程并被逐渐边缘化甚至被淘汰的过程，同时也是"两个结合"的过程。在漫长的历史长河中，中华民族积淀了丰富而深厚的文化遗产。中华民族的现代化进程一开始并不是自由自觉的。1840年的鸦片战争使得有着无比辉煌灿烂文明的中华民族被迫经历

了一段屈辱的过往，也使得中华民族不得不开启探索如何走进现代文明的现代化进程。"以中国文化主体性的视角看，中国的现代化过程同时也是中国文化主体性的建构过程。中国现代化的开展，不是中国文化的否定与消亡，而是中华文化的自我更新、自我重建。"①

中华民族走向现代文明的道路并不是一帆风顺的。回顾旧中国时期，中华民族经历了深重的文化困境。在封建社会晚期，随着列强的入侵，中华民族的传统文化遭受了前所未有的冲击。这一时期，国家的封闭性、保守性以及科技与文化的停滞不前，使中华民族在现代文明的进程中处于明显劣势，文化自信受到严峻挑战。在此背景下，一系列思想启蒙运动，如戊戌变法、辛亥革命等，都在试图摆脱传统束缚，寻求文化与社会的变革。这些尝试，尽管结果各异，但无不揭示出中华民族对构建现代文明的渴望。

新文化运动时期，思想界沸腾，一大批知识分子开始呼吁文化更新，提倡民主和科学的价值。文化的自我革新成为这一时期的核心课题，无数志士仁人在文化实践中进行探索，试图用更加开放的视角去审视和接纳西方的先进文化成果。尽管这一时期的文化探索和实践并未直接形成一个全新的民族现代文明，但其所触发的思想解放和文化反思，为后来中华民族现代文明的构建奠定了思想基础。抗日战争时期，中华民族面临空前的生存危机，这种危机感激发出了中华民族的强烈民族意识和自救意识。在这一时期，中华民族的文化自觉与民族自信得到极大提升，形成了一股推动民族现代文明向前发展的强大动力。

新中国成立后，国家对文化建设提出了新的要求和目标。在社会主义建设大潮中，文化被赋予了新的内涵和使命。这一阶段，思想界对中华民族的传统文化进行了批判与继承的复合式处理，旨在在传承中改革，在改革中发展。"文化大革命"虽然给包括文化建设在内的整个社会带来了严重冲击，

---

① 朱汉民：《文化主体性与"第二个结合"》，《哲学动态》，2023年第11期。

第六章 中国特色社会主义文化是中华民族现代文明的文化主体

但随后改革开放政策的实施，使得中华民族的文化建设步入了一个全新的发展阶段。1978年，中国在社会主义社会的曲折探索中开启了改革开放的大潮，中国特色社会主义理论开始孕育并逐渐确立。20世纪80年代，在伤痕文学和人道主义与异化问题的探讨中，中国开始了对既往文化立场的深刻反思，并逐渐形成了独具特色的社会主义文化观。文化必须服务于人民、服务于社会主义现代化建设的理念应运而生。在此基础上，"中国特色社会主义文化"概念被提出，它不仅仅是一个理论上的提炼，更是对中国文化自我定位和发展路径的一次战略性概括。

中国特色社会主义文化的提出，是在综合国内外文化发展态势、结合中国具体国情和时代特征的基础上完成的。它深刻揭示了中国文化发展的历史逻辑，即在坚持马克思主义基本原理的前提下，结合中国的实际情况，发展出具有中国特色的社会主义文化。这一概念的提出，既是对中国文化发展规律的科学总结，也是对中国文化前进方向的明确指引。在此概念提出过程中，中国领导人还提出了一系列重要思想，如"百花齐放、百家争鸣"等。这些思想的提出，不仅丰富了中国特色社会主义文化的内涵，还为中国文化的创新发展提供了理论指导。中国特色社会主义文化概念的提出，进一步明确了文化的指导地位和作用，强调文化对于国家软实力的增强、民族精神的塑造以及社会主义核心价值体系的构建都具有不可替代的重要作用。文化不仅仅是社会的反映，更是社会发展的重要动力。在全球化的大背景下，文化的国际竞争力成为衡量一个国家综合国力的重要指标之一。因此，强调建设有中国特色的社会主义文化，对于提升国家文化软实力、增强国际话语权具有极其重要的现实意义。

进入改革开放和社会主义现代化建设新时期，中国特色社会主义文化蓬勃发展，中华民族的精神面貌焕然一新，中华民族的文化建设迎来了前所未有的发展机遇。中国特色社会主义文化在坚持马克思主义科学理论指导的前提下，积极吸收和借鉴国外先进文化的精髓，同时坚定文化自信，推动传统文化与现代文化有机结合，为中华民族现代文明的构建提供了丰富的素材和条件。进入 21 世纪尤其是党的十八大以来，以习近平同志为核心的党中央十分重视文化软实力，中国特色社会主义文化建设进入快车道。尤其是"两个结合"的提出，不仅将中国特色社会主义文化建设推进到快速发展的新繁荣期，使中国特色社会主义文化的国际影响力越来越大，还使文化自信得到提升，从而进一步促进了建设中华民族现代文明这一新任务的提出。

二、保障意识形态和国家文化安全要求必须将中国特色社会主义文化作为中华民族现代文明的文化主体

历史唯物主义认为，意识是被意识到的存在，社会意识在本质上是以观念的形式反映出来的社会存在，但又具有相对的独立性，并反作用于社会存在。作为"观念的上层建筑"，意识形态本身也是"国家软实力"，具有相对的独立性和历史继承性，以及对社会存在的反作用。中国共产党和国家领导人都十分重视对马克思主义经典作家意识形态思想的研究，尤其是结合中国社会现实开展意识形态工作研究。毛泽东同志将思想政治工作称为党的生命线，习近平总书记强调"意识形态工作是党的一项极端重要的工作"，并用了三个事关来概括："意识形态工作事关党的前途命运、事关国家的长治久安、事关民族的凝聚力和向心力"[①]，充分说明了我们党对新时代意识形态工作的高度重视。

意识形态和国家文化安全是关系中国特色社会主义事业的根本性全局性问题。曾经十分强大的苏联之所以轰然解体，固然是各种综合性矛盾无法解决的结果，但意识形态工作的失败也是难辞其咎。苏共在二十大之后对意识

---

① 中共中央宣传部编：《习近平新时代中国特色社会主义思想学习纲要》，学习出版社、人民出版社，2019 年，第 140 页。

形态工作不够重视，放任指导思想多元化，用民主社会主义取代马克思主义的地位，甚至苏共领导人的思想逐渐向西方价值观靠拢，中了美国文化价值观的"糖衣炮弹"。作为"观念的上层建筑"和"国家软实力"的意识形态并不是软弱无力的，有时候能够起到关键性作用。苏联解体和东欧剧变给同样是社会主义国家的中国敲响了警钟，社会主义国家要想长治久安必须注意意识形态的暗流有可能对政权产生的根本性摧毁。

在全球化背景下，文化的交流与碰撞日益频繁，这对每一个国家的文化安全都提出了挑战，告诫我们要格外警惕资本主义通过意识形态渗透进行和平演变。进入21世纪以来，随着我国综合国力的提升以及国际影响力的增强，我国意识形态工作的重要性日益凸显。随着互联网成为我国大多数人民生产生活的公共平台，目前我国已有9亿多网民，人们的价值观念和生活方式越发呈现出多元化的趋势，甚至部分党员由于政治敏锐性较低，在互联网上获取、交流信息时，无法甄别各种错误思潮，不仅不抵制，还成为西方资本主义意识形态的"吹鼓手"。事实上，"西方国家'西化'、'分化'图谋并未放弃，两种社会制度在意识形态领域的较量并没有随着交往活动的全球化而结束，市场化、全球化与网络化时代的'意识形态安全'问题日益突出"[①]。这警示我们，必须持续夯实网络意识形态建设工作，唯有如此，才能使马克思主义在社会主义意识形态中占主导地位，才能对冲击、否定马克思主义指导思想的行为予以坚决抵制，才能对网络上出现的意识形态问题有所警觉、控制和防御。保障意识形态安全和文化安全，才能避免中华民族现代文明掉入西方意识形态渗透的陷阱，才能保障中华民族现代文明蒸蒸日上、行稳致远。

文化作为一个社会的灵魂，它与一个国家的历史和现实紧密相关。中华

[①] 杨立英、曾盛聪：《全球化、网络化境遇与社会主义意识形态建设研究》，人民出版社，2006年，第38页。

民族现代文明构建的历史背景,是一个波澜壮阔的历史过程。从旧中国的文化困境、新文化运动的思想解放,到抗战时期的民族觉醒,再到新中国成立后的文化建设探索和改革开放时期的文化创新,这一历史脉络清晰地揭示了中国特色社会主义文化形成的历史必然性。正如习近平总书记所说:"当代中国的伟大社会变革,不是简单延续我国历史文化的母版,不是简单套用马克思主义经典作家设想的模板,不是其他国家社会主义实践的再版,也不是国外现代化发展的翻版。"[①]中华民族的文化现代化不能是简单的复古主义,也不能盲目地复制西方文化,更不能机械地照搬照抄苏联文化。中国特色社会主义文化拒绝了复古主义,避免了盲目西化,反对机械照搬苏联文化,坚持立足自身,坚持创新,这才探索出一条具有中国特色的文化现代化之路。中华民族现代文明的构建,不仅是文化自信的体现,更是文化发展与时代进步相互作用的产物。在未来的发展中,中国特色社会主义文化将继续扮演重要的角色,推动中华民族现代文明建设走向更加广阔的未来。

中国特色社会主义文化的提出,是在特定历史时期对文化自我认知和自我发展的一种必然诉求,也是对国家发展战略和文化自信的一种深刻体现。站在文化现代化的十字路口,中华民族在艰难困苦中尝试了各种文化,用失败和血的教训证明了只有立足于本国国情的中国特色社会主义文化道路才是中国文化现代化的必由之路。中华民族现代文明必须坚持文化的主权性,确保文化的独立性和自主性,保护我国文化免受外来文化的负面影响,并致力于增强中华儿女为中华民族伟大复兴而共同奋斗的积极性和凝聚力,这就必然要求将中国特色社会主义文化作为文化主体。新时代要实现中华民族伟大复兴,抓好意识形态工作,就必须坚持以人民为中心的价值导向,使得社会主义核心价值从理论层面进入实践层面,把概念知识转为日常可用的指南,引导人民形成共同理想、共同目标、共同价值观。互联网思维中呈现出来的

[①] 习近平:《在纪念马克思诞辰200周年大会上的讲话》,人民出版社,2018年,第26-27页。

互联共享特质，与以社会主义核心价值观为主要内容的社会主义意识形态具有内在的契合性，符合共商共建共享的原则。新时期我国意识形态工作在内宣上注重社会主义核心价值观建设，以凝聚为中华民族伟大复兴而共同奋斗的最大力量，在国际上主张共建人类命运共同体。这些都体现了社会主义意识形态比资本主义意识形态具有更大的包容性、合理性和优越性。

第三节　中国特色社会主义文化确保了中华民族现代文明不忘初心和本源

"中国特色社会主义文化，源自于中华民族五千多年文明历史所孕育的中华优秀传统文化，熔铸于党领导人民在革命、建设、改革中创造的革命文化和社会主义先进文化，植根于中国特色社会主义伟大实践。"[①] 习近平总书记关于中国特色社会主义文化的这段重要论述说明了中国特色社会主义文化融合了中华优秀传统文化、革命文化和先进的社会主义文化，后三者共同构筑了这一文化的丰富内涵。其中，中华优秀传统文化是中华民族五千多年文明历史的结晶，包含了中华民族独特的价值观念、思维方式和审美情趣等；革命文化是中国共产党领导中国人民在革命、建设和改革中创造的宝贵精神财富，彰显了中华民族不畏强敌、勇于革命的英勇精神；先进的社会主义文化则是中国特色社会主义道路的文化表达，体现了社会主义的先进性和时代性。

习近平总书记对中国特色社会主义文化给予了极高重视，指出实现中华民族伟大复兴，必须高度重视文化建设，坚持中国特色社会主义文化发展道路，是全面建设社会主义现代化国家的必然要求。这一文化道路不仅关乎文

---

① 习近平：《决胜全面建成小康社会　夺取新时代中国特色社会主义伟大胜利——在中国共产党第十九次全国代表大会上的报告》，人民出版社，2017年，第41页。

化本身，更关乎国家的发展、民族的复兴。党的二十大报告指出："全面建设社会主义现代化国家，必须坚持中国特色社会主义文化发展道路，增强文化自信，围绕举旗帜、聚民心、育新人、兴文化、展形象建设社会主义文化强国，发展面向现代化、面向世界、面向未来的，民族的科学的大众的社会主义文化，激发全民族文化创新创造活力，增强实现中华民族伟大复兴的精神力量。"这一论断不仅凸显了中国特色社会主义文化的战略地位，强调了坚持中国特色社会主义文化发展道路的重要性，更体现了其对于国家发展、民族复兴的重要作用。只有坚持这一文化道路，才能确保中华民族现代文明沿着正确的方向前进，为国家的繁荣富强提供强大的精神支撑。

一、中国特色社会主义文化确保了中华民族现代文明是致力于超越资本主义的社会主义文明

文化不仅仅是历史的积淀，更是民族精神的体现和时代风貌的展现。中国特色社会主义文化，作为中华民族现代文明的文化主体，具有不可替代的战略地位。在中华民族五千多年的历史长河中，文化一直是凝聚民族情感、维系民族团结的纽带，它使中华儿女紧紧相连，共同前行。随着时代的变迁和社会的发展，中国特色社会主义文化逐渐崭露头角。当今，面对世界文化的多元化与全球化浪潮，中国特色社会主义文化以其独特的魅力与内涵，成为中华民族现代文明的文化主体。"中国特色、中国自主的核心要义是摆脱学徒状态，不再依赖外来的思想、理论和言说方式来指导自己的实践、构建自己的理论体系，就是要发展出自己的研究范式、知识体系、个性特色、核心竞争力，而不是满足于做西方学术的搬运工或传声筒，要从跟跑到并跑到领跑。中华民族要把从西方学到的东西发扬光大、把自己传统的东西推陈出新，进入学术上的综合创新、自我创造，在内容和形式上形成源于中国实际

的原创，建设中华民族现代文明，从而回馈世界、回馈人类文明。"① 进入新时代，中国特色社会主义文化以其独特的魅力和内涵，成为中华民族现代文明的文化主体，肩负起引领民族前行的历史重任。这一地位的确立，不仅源于其深厚的文化底蕴，更在于其独有的特质和内涵。

中国特色社会主义文化的性质是社会主义文化，这种性质决定了它明显区别于资本主义文化，是超越资本主义而不是落后于资本主义的文化。中国特色社会主义文化意味着要以马克思主义理论为指导思想，坚定地走社会主义道路，让马克思主义的旗帜永不褪色。"守正创新是文明发展的一般规律，也是马克思主义中国化与中华文明互动发展的应有之义。"② 在中国共产党的领导下，中国特色社会主义文化既坚定不移地以马克思主义为指导，坚决防止资本主义文化中有毒有害的东西对我国的渗透，也不会将所有外来文化一棍子打死，而是要借鉴一切人类文明成果，汲取其中对我国社会主义现代化建设有所裨益的现代文化要素，促进我国文化在博采众长中创新和发展。

中国特色社会主义是无数革命先烈抛头颅、洒热血才开启的，是中国人民在中国共产党领导下经过无数艰苦卓绝的战斗，在一穷二白的基础上，筚路蓝缕、披荆斩棘才不断探索出来的，这里面包含着无数先辈的心血，绝不能拱手让人。因此，中国特色社会主义先进文化首先内在地包含着表征其社会主义文化性质的革命文化与社会主义先进文化。中国共产党在领导人民革命、建设和改革的过程中，创造了独特的革命文化和社会主义先进文化，这是中国特色社会主义文化至关重要的灵魂。革命文化反映了中华优秀传统文化在革命斗争中的传承、转化和发展，并赋予民族志向、民族品格、民族精神新的时代光芒。革命文化承载党和人民英勇奋斗的光荣历史，记载中国革

---

① 刘曙光:《中国自主知识体系建构的方法论自觉》,《北京大学学报(哲学社会科学版)》, 2023 年第 5 期。
② 庞虎、蔡亦恬:《马克思主义中国化与中华文明》,《浙江社会科学》, 2022 年第 8 期。

命的伟大历程和丰功伟绩,是党和国家的宝贵财富。井冈山精神、延安精神、西柏坡精神的生成与发展,都是社会主义先进文化的典型实例。这些文化成果不仅丰富了中国特色社会主义文化的内涵,也为建设中华民族现代文明注入了新的活力。

社会主义先进文化是中国特色社会主义文化的强大精神支撑。习近平总书记强调:"要坚持社会主义先进文化前进方向,用社会主义核心价值观凝聚共识、汇聚力量,用优秀文化产品振奋人心、鼓舞士气,用中华优秀传统文化为人民提供丰润的道德滋养,提高精神文明建设水平。"[1]中国特色社会主义文化,是在中国共产党领导下,以马克思主义为指导,以中华优秀传统文化为基础,结合时代特点和社会实践形成的具有鲜明中国特色的社会主义文化。它坚持人民主体地位,弘扬民族精神,倡导社会主义核心价值观,注重文化创新,致力于构建中华民族现代文明的精神支柱。中国特色社会主义文化以其独特的理论体系和价值观念,为中华民族现代文明的发展提供了明确方向。它强调以人为本,尊重人的尊严和价值,推动社会公平正义,促进人与自然和谐共生。在这样的文化指引下,中华民族现代文明正逐步迈向全面协调可持续的发展道路。

与资本主义文化相比,中国特色社会主义文化具有鲜明的优势。第一,中国特色社会主义文化更加注重人的全面发展和社会公平正义。它不仅追求经济的增长和物质的丰富,更追求人的幸福和社会的和谐。它强调人与人之间的平等和互助,注重社会的公平和正义,推动社会全面进步和发展。第二,中国特色社会主义文化强调集体主义和爱国主义精神。这种精神促进了社会成员之间的团结协作,使得整个民族在面对各种挑战时能够团结一心,共同应对。例如,在抗击自然灾害、推动国家重大工程项目建设等方面,这种集

---

[1] 习近平:《在省部级主要领导干部学习贯彻党的十八届五中全会精神专题研讨班上的讲话》,人民出版社,2016年,第16页。

体主义精神得到了充分体现。此外，爱国主义精神也激励着人们为国家的繁荣富强而奋斗，不断推动中华民族向前奋进。第三，中国特色社会主义文化弘扬了社会主义核心价值观。这些价值观包括富强、民主、文明、和谐，自由、平等、公正、法治，爱国、敬业、诚信、友善等。这些价值观不仅为社会的和谐稳定提供了有力保障，也为人们的道德行为提供了明确指导。通过广泛宣传，这些价值观逐渐深入人心成为人们的共同追求和行为准则，推动着中华民族现代文明不断进步。第四，中国特色社会主义文化积极推动社会主义文化创新和科技进步。在现代社会，文化和科技已经成为推动社会进步的重要动力。中国特色社会主义文化鼓励人们勇于创新，不断推动文化产业的发展和科技进步。例如，中国电影、音乐、动漫等文化产业在国际市场上取得了显著成绩，成为展示中华民族现代文明的重要窗口。同时，中国在人工智能、互联网等科技领域的快速发展也为中华民族现代文明的发展提供了有力支撑。

二、中国特色社会主义文化确保了中华民族现代文明是不忘根源的中华民族文明

习近平总书记指出："如果没有中华五千年文明，哪里有什么中国特色？如果不是中国特色，哪有我们今天这么成功的中国特色社会主义道路？只有立足波澜壮阔的中华五千多年文明史，才能真正理解中国道路的历史必然、文化内涵与独特优势。"[①] 这段话一方面表明，中国特色社会主义文化是具有中国特色的社会主义文化，中华优秀传统文化是中国特色社会主义文化的根基，中国特色社会主义文化扎根在中国肥沃深厚的文化土壤之中，具有明显的中国精神烙印。另一方面，这段话也强调了"第二个结合"对于中国特色社会主义文化和中华民族现代文明建设都起着至关重要的"法宝"式作用。

---

① 习近平：《在文化传承发展座谈会上的讲话》，《求是》，2023年第17期。

"'两个结合'旨在从哲学维度、历史维度、关系维度、空间维度四重维度，解构'西方中心论'理论体系和话语体系，走出并超越'东方从属于西方'的框架，继而构建基于中国具体实际、内蕴中华优秀传统文化的中国式现代化的理论形态和中华民族现代文明，从而为创造人类文明新形态作出中国贡献。"[①]追溯习近平总书记关于"第二个结合"的相关讲话历史过程可以发现，早在强调中华优秀传统文化的重要性以及如何将中华优秀传统文化同马克思主义文化观相结合之前，推进中国特色社会主义文化建设的相关论述就已经经常出现。2014年4月1日在布鲁日欧洲学院演讲时，习近平总书记不仅如数家珍般地讲到了中国古代先贤博大精深、熠熠生辉的思想，而且更加强调了这些伟大的思想如何仍塑造涵养着当代中国人的精神世界，如何培育着当代中国人的民族精神。"2000多年前，中国就出现了诸子百家的盛况，老子、孔子、墨子等思想家上究天文、下穷地理，广泛探讨人与人、人与社会、人与自然关系的真谛，提出了博大精深的思想体系。他们提出的很多理念，如孝悌忠信、礼义廉耻、仁者爱人、与人为善、天人合一、道法自然、自强不息等，至今仍然深深影响着中国人的生活。中国人看待世界、看待社会、看待人生，有自己独特的价值体系。中国人独特而悠久的精神世界，让中国人具有很强的民族自信心，也培育了以爱国主义为核心的民族精神。"[②]这段热情洋溢、振奋人心的讲话，说明了中华优秀传统文化不仅没有断流，而且仍然"活"在当代中国人的日常生活之中；更为重要的是，这些论断已经为此后论证"中华民族现代文明具有突出的连续性""中华文明的连续性，从根本上决定了中华民族必然走自己的路"埋下了伏笔、打下了根基。仅仅一个月后，2014年5月4日在与北京大学师生座谈会上，习近平总书记强调："中华文明绵延数千年，有其独特的价值体系。中华优秀传统文化已经成为

[①] 韩庆祥、楼俊超：《超越"东方从属于西方"的框架》，《学海》，2024年第1期。
[②] 习近平：《在布鲁日欧洲学院的演讲》，《人民日报》，2014年4月2日，第2版。

中华民族的基因，植根在中国人内心，潜移默化影响着中国人的思想方式和行为方式。今天，我们提倡和弘扬社会主义核心价值观，必须从中汲取丰富营养，否则就不会有生命力和影响力。"① 这段话不仅再一次强调了中华优秀传统文化是中华民族的文化基因，而且强调了它与社会主义核心价值观的内在契合，并倡导社会主义核心价值观建设应该从中华优秀传统文化中汲取营养。社会主义核心价值观是中国特色社会主义文化的重要组成部分，强调社会主义核心价值观融入中华优秀传统文化，同时也就是强调中国特色社会主义必须走马克思主义文化同中华优秀传统文化相结合的道路，这实际上就召唤着"第二个结合"的出场。

习近平总书记强调，要深入挖掘中华优秀传统文化的内涵和特质，推动其与现实相结合，不断赋予其新的时代内涵。通过传承和创新中华优秀传统文化，我们不仅可以更好地凝聚民族力量，还可以为中华民族的现代文明建设提供不竭的动力。这一既从历史事实上揭示中国道路的历史继承性和文化关联性，也从历史自觉的高度阐明了中国道路的历史连续性和一致性，确立了一种基本的历史逻辑。"第二个结合"不仅使对中国特色的历史定位具备更为长远的时间尺度和更为广阔的空间尺度，也有助于我们在对中国特色的历史阐释上摆脱西方中心主义历史观的纠缠和误导，在面对各种历史虚无主义或文化虚无主义时能够拥有足够的"历史底蕴"和"前进定力"。

"从文化主体的外向空间维度来看，文化行动者在确保民族文化价值主导指向性与基本规定性的前提下，展现出对'中西''内外''新旧'等文化冲突与文化变革的主动融通性。"② 中国共产党从成立之日起，既是中国先进文化的积极引领者和践行者，又是中华优秀传统文化的忠实传承者和弘

---

① 习近平：《青年要自觉践行社会主义核心价值观——在北京大学师生座谈会上的讲话》，人民出版社，2014年，第7页。
② 张彦、杨思远：《文化自信自强的主体性阐释》，《浙江学刊》，2023年第5期。

扬者。中国特色社会主义文化注重传承和弘扬中华优秀传统文化这份中华民族的宝贵精神财富，并将其作为中华民族现代文明建设的文化根基。通过深入挖掘和传承中华优秀传统文化，中国特色社会主义文化不仅增强了民族自信心和自豪感，也为现代文明的发展提供了丰富资源。第一，核心思想理念是中华优秀传统文化的灵魂。党的二十大报告所列举的天下为公、民为邦本、为政以德、革故鼎新、任人唯贤、天人合一、自强不息、厚德载物、讲信修睦、亲仁善邻等十个关键词，都属于中华优秀传统文化的核心思想理念。这些理念共同构筑了中国人的宇宙观、天下观、社会观、道德观，成为中华五千多年灿烂文明历史的精神底色和标识。新时代，我们要继续弘扬这些核心思想理念，不断推动其创新发展，为全体人民提供精神指引。第二，光辉灿烂的文明历史是中华优秀传统文化的基石。中华民族有着五千多年的文明史，近代以前中国一直是世界强国之一。在几千年的历史流变中，中华民族遇到了无数艰难困苦，但我们最终挺了过来、走了过来，这是因为我们拥有辉煌的文明和独特的文化传统，它们为中华民族克服困难、生生不息提供了强大精神支撑。我们要继续挖掘和传承这一宝贵的历史财富，激发中华民族的民族自豪感和文化自信心。第三，经典文艺创作是中华优秀传统文化的重要组成部分。在音乐、戏曲、书画、诗词等方面，中华民族涌现出了大量具有世界影响力的经典作品，体现了中华文化的独特魅力。我们要继承和发扬这些优秀的文艺传统，创作更多具有时代特色、反映人民群众生活的文艺作品，丰富人们的精神生活，促进中华文化繁荣发展。

当然，强调中华优秀传统文化在中国特色社会主义文化和中华民族现代文明建设中的"根脉"作用，绝不意味着回到狭隘的"文化民族主义"或者所谓文化闭关锁国的夜郎自大。中国特色社会主义文化之所以能够成为中华民族现代文明的主体，是因为它在继承中华优秀传统文化的同时，适应了现代社会的发展需求。中华优秀传统文化是中华民族的精神命脉和文化根基，它孕育了中华民族的独特性格和精神追求,为中国特色社会主义文化的形成提供了丰富的资源。因此,中国特色社会主义文化在传承时,不仅要重视对传统文化的挖掘与保护,更要注重其在现代社会的创新与发展。强调中华优秀传统文化在中国特色社会主义文化和中华民族现代文明建设中的"根脉"作用,要在坚定文化自信的同时,推动中华优秀传统文化创造性转化、创新性发展,同时加强文化交流互鉴,让中华民族现代文明更加辉煌,并更好地走向世界,从而与世界人民一同促进人类文明的进步与发展。

第四节 中国特色社会主义文化确保了中华民族现代文明是人类文明新形态

一、中国特色社会主义文化打破了"现代化=西方化"的迷思

在人类历史上,西方国家首先开启了现代化进程,以英国为代表的工业革命、以法国为代表的政治革命和以德国为代表的文化革命持续不断地产生了一系列文明成果,西方的现代化模式也就被认为是现代化的模板,西方义化也因此被视为人类文明进步的典范。然而,西方开启的现代化是资本逻辑主导的现代化,这种现代化除了内含着社会化大生产和生产资料资本主义私人占有不可调和这种资本主义社会的根本性矛盾外,也不可避免地带来了"物的升值与人的贬值"和"农村从属于城市"的问题。而在国际上,西方发达国家的灯红酒绿、快速发展却是以残暴的殖民统治和严重不平等的"剪刀差"导致其他国家和地区的不发达甚至是严重贫困为代价的。

进入21世纪以来,以美国为代表的西方文化逐渐暴露出价值观冲突、社会不平等、政治体制困境、国际霸权主义等难以解决的一系列问题。第一,随着社会的不断发展和变革,西方政治体制也面临着越来越多的挑战和困境。例如,民主制度的过度商业化导致金钱政治、利益集团等问题的出现,社会

福利制度的过度扩张则给国家财政带来了沉重负担，同时也滋生了懒惰和依赖等社会问题。为了应对这些挑战，西方社会需要不断推动政治体制改革和创新，以适应新的社会环境和需求。第二，西方文化现代化带来了价值观的冲突、混乱与迷失。传统的道德观念、宗教信仰等逐渐受到挑战，个人主义、竞争和物质主义等正在与其他文化的价值观发生冲突。这种冲突导致人们价值观的困惑和迷茫，许多人开始质疑传统的西方价值观是否还具有普遍性和适用性。西方社会中普遍存在的个人主义倾向，使得人与人之间的关系变得冷漠和疏离。同时，物质主义的盛行也让人们陷入无止境的追求和欲望的旋涡，从而出现道德沦丧、精神空虚等问题，难以找到真正的幸福感和满足感。第三，西方文化现代化也带来了环境问题。工业化和城镇化的快速发展给环境带来了巨大压力，资源过度消耗、空气污染、水资源短缺和生物多样性丧失等问题日益严重。这些问题不仅影响着人们的生活质量，也对地球的可持续发展构成了威胁。第四，西方文化现代化还面临着社会不平等的问题。尽管西方社会在经济发展和科技进步方面取得了巨大成就，但社会不平等的现象依然存在。贫富差距、种族歧视、性别歧视和社会排斥等问题仍然困扰着许多西方国家，这些问题不仅影响社会的和谐稳定，也阻碍了文化的健康发展。当这些问题充分暴露后，西方文化的文明灯塔形象逐渐坍塌，"现代化＝西方化"的公式也逐渐被消解，非西方国家尤其是发展中国家或地区越来越致力于独立自主地探索适合自己的现代化道路。

二、中国特色社会主义文化确保了中华民族现代文明是代表先进文化形态的文化生命体

先进文化是代表或反映民族精神、时代精神、科技进步、人民民主、积极创新的文化，同时又是借鉴了一切文明成果，具有吸引力和感召力，以人的全面发展为宗旨、代表先进社会制度的文化。这是先进文化的本质属性，

只有具备这些才是先进文化。"坚定文化自信、增强文化软实力是推动文化繁荣、建设文化强国的基本要求,是提升中华文明在世界文明之林中的影响力、竞争力,进而彰显中华文明优越特性的重要路径。"①

中国特色社会主义文化的社会主义性质确保了中华民族现代文明是致力于克服并超越资本主义文化,确保人民群众最根本、最广泛需要的文化;中国特色社会主义文化中的中华优秀传统文化确保了中华民族现代文明与历史悠久的优秀传统文化的血脉相连。但是中国特色社会主义文化不能照搬照抄经典著作或者其他社会主义国家的经验,也不能纯粹回到古代、沉湎于历史辉煌而不接轨现代文明的文化复古主义。中国近代以来的文化发展史证明,纯粹的传统文化由于不能适应现代社会生活,已经不能支撑起中华民族的文化自信,中国古代文化中的某些糟粕因素成为中华民族现代化进程的障碍,并因此成为受到现代文化启蒙、以救亡图存为目标的五四新青年们的强烈批判对象。历史和现实都证明,只有马克思主义同中华优秀传统文化相结合的中国特色社会主义才能保障中华民族现代文明是既继承中华优秀传统文化,又具备创新互鉴生命力的新型先进文明。

"马克思主义作为一种理论的、实践的体系在中华文明体系中生根发芽,开花结果。它既是中华文明体系自身发展的必然结果,也是马克思主义中国化、时代化、大众化的应有之义。共产主义理论与天下为公、世界大同观念异曲同工。马克思主义的唯物辩证法可以从中华文化的朴素思想中找到雏形,如有无相生,难易相成,长短相形,高下相倾;物极必反,盛极必衰,否极泰来,多难兴邦。马克思主义的一切从实际出发的实践观,契合了中国传统

---

① 陈洪玲、潘飞宇:《习近平文化思想中坚定文化自信的逻辑探赜》,《思想教育研究》,2024年第1期。

的经世致用的知识体系。"①中华民族伟大复兴需要文化自信,而这种文化自信必须立足于秉持中国特色社会主义文化发展道路。只有以中国特色社会主义文化为主体,才能确保将中华民族现代文明建设成为既能保持中国特色又能代表先进文化形态的文化生命体。"发展新的文化形态是建设中华民族现代文明的重要内容,不仅需要将马克思主义基本原理同中国具体实际相结合,还需要同中华优秀传统文化相结合,以高度的文化自信传承和弘扬中华优秀传统文化,发掘其中的价值理念和精神力量,确保将中华民族现代文明建设成既能保持中国特色,又能代表先进文化形态的文化生命体。"②

中国道路的形成和发展是靠自己的奋斗、努力乃至牺牲得来的,这条道路的形成也同时确立了自身的主导价值和核心价值观,并确立了以之为标准和依据去进行价值判断、选择和创造的权利与责任,而这样的一种权利和责任,正是"以中国为主体"的文化担当。我们积极借鉴世界各国优秀文化成果,结合中国实际进行创造性转化和创新性发展,形成了具有中国特色的现代文化体系。中国特色社会主义文化还构建了和平、发展、合作、共赢的人类发展秩序及文明愿景,在实现人类进步的尺度上昭显了"中国特色"的世界意义。中国特色社会主义文化注重与时俱进、创新发展。这种文化体系既保留了传统文化的精髓,又体现了现代社会的先进理念,为中华民族现代文明建设提供了强大的精神动力。

中国特色社会主义文化鲜明地呈现了"中国特色"的历史性、主体性、实践性和文明性,也扩展和坚定了在认识和把握中国特色发展道路上的视野与自觉,从而为当代中国在更高层次上和更广阔时空中进行自身发展道路的

---

① 肖兆权:《人类文明史视野下的中华文明与中国共产党》,《中共南京市委党校学报》,2023年第2期。
② 陈洪玲、潘飞宇:《习近平文化思想中坚定文化自信的逻辑探赜》,《思想教育研究》,2024年第1期。

文化论证提供了一种全新的世界观。中国特色社会主义文化产生了巨大的世界影响，其中最引人注目的是倡导并推动构建人类命运共同体和利益共同体的中国方案，它为构建人类新型文明贡献了中国智慧。具体体现在：在发展理念上，提出创新、协调、绿色、开放、共享的新发展理念；在文明交流上，倡导并推进不同文明之间交流互鉴；在国际交往上，坚持合作共赢的国际交往原则，推动构建新型国际关系；在人类共同价值观上，提出了和平、发展、公平、正义、民主、自由的全人类共同价值。中国有着永远做学习型大国的开放气度，不断加强与各种文化的对话交流，确保中华民族现代文明是坚持创新互鉴的人类新型文明。

三、中国特色社会主义文化为中华民族现代文明超越西方中心主义文明观提供了全新的意义空间

中国特色社会主义文化以其独特的魅力和强大的生命力，为中华民族现代文明的发展指明了正确的方向，为文明的转型提供了有力的保障。一方面，中国特色社会主义文化加强文化自信，推动文化创新，为中华民族现代文明不断注入新的活力，另一方面中国特色社会主义文化尊重不同文化之间的差异性和多样性，积极借鉴世界优秀文化成果，加强文化交流与互鉴，推动中华民族现代文明与世界文明的和谐共生。这种文化的包容性和开放性，不仅有利于中华文化的传播和影响力的提升，也有助于促进世界文化的发展和繁荣。以中国特色社会主义文化为主体的中华民族现代文明，正以其独特的魅力和价值，超越西方中心主义文明观的局限性，构建着一个全新意义空间。这不仅是中国文化自信的体现，也是人类文明发展的必然趋势，展现出一种超越西方中心主义文明观的新型文明形态。

中国特色社会主义文化，作为一种独特的文化形态，其性质被明确界定为"面向现代化、面向世界、面向未来的，民族的科学的大众的社会主义文

化"。这一性质的定位,不仅彰显出它与资本主义文化的根本差异,更显示出它在多个层面上的先进性。首先,面向现代化的中国特色社会主义文化强调的是对时代变革的积极适应和引领。它不仅仅满足于对传统文化的传承,更致力于在现代化进程中实现文化的创新和发展,鼓励人们追求知识、探索未知,以科学的态度面对世界,推动社会不断向前发展。中华民族现代文明是在中国特色社会主义文化基础上形成的现代文明,它积极拥抱科技进步、经济发展和社会变革,不断推动文化创新,以满足人民日益增长的精神文化需求。其次,面向世界的中国特色社会主义文化展现了一种开放和包容的姿态。它积极吸收世界各国优秀文化成果,推动文化交流互鉴,促进文化多样性发展,推动中华文化走向世界。这种开放的态度,使得中国特色社会主义文化能够在全球化大背景下,保持其独特性和多样性,同时也能够与其他文化相互融合,共同推动人类文明进步。我们为人类对更好社会制度的探索提供了中国方案。比如从新发展理念的先进性上来说,它不仅属于中国,也属于世界,不仅融入了时代精神,也融入了世界性议题和难题。最后,面向未来的特性使得中国特色社会主义文化具有前瞻性和创新性。它不仅仅满足于现状,更愿意去探索未知、预见未来。这种前瞻性的思维,使得中国特色社会主义文化能够在未来的发展中保持领先地位,为人类社会的未来发展提供强大的精神支撑。它关注未来人类社会发展趋势,积极探索符合人类社会发展规律的文化道路。在应对气候变化、科技进步、社会公正等全球性挑战问题上,中国特色社会主义文化提出了一系列具有前瞻性的解决方案,展现了其引领未来文化发展的雄心壮志。

中国特色社会主义文化作为一种超越资本主义文化的现代化、世界化、未来化的文化,其性质定位不仅与资本主义文化形成鲜明对比,更被赋予了引领未来文化发展的使命和责任。在全球化背景下,我们应深入理解和积极传播中国特色社会主义文化,为推动构建人类命运共同体、实现人类文明新形态贡献力量。建设中华民族现代文明,必须坚持以马克思主义为指导,建设以人民为中心的中国特色社会主义文化,实现精神上的独立自主,这是实现文化创新与发展创新的根本路径。作为社会生活的观念反映,文化创新的关键在于处理好理论与实践的辩证关系问题。一方面,中国特色社会主义文化必须要致力于从中国实践中提炼出中国理论,回答中国问题,从而实现文化生命体的的更新迭代;另一方面,中国特色社会主义文化也要弘扬中国理论,用中国理论指导中国实践,从而实现文化对社会发展的积极作用。"实现中国传统文化价值观创造性转化的途径就是赋予其社会主义的本质属性及时代特征。"[①] 当代中国文化的主要内容,只能来自我们正在进行着的中国特色社会主义实践。当代中国的文化创新与发展,必须立足中华民族伟大历史实践和当代实践,用中国道理总结好中国经验。而中国特色社会主义文化正是来自和发展于中国特色社会主义实践,并从中概括出了既具有中国特色又具有世界意义的文化形态。

中国特色社会主义文化是一种面向现代化、面向世界、面向未来的文化。它既有鲜明的中国特色,又兼具世界眼光,展现了中华民族独特的现代性。这种文化不仅深深植根于中华民族五千多年的文明历史,还与中国社会主义现代化建设紧密相连,不断创造着具有中国特色、中国风格、中国气派的社会主义文化。这种文化不仅代表着中国的现在,更预示着中国的未来。中国特色社会主义文化,具有鲜明的时代性、民族性和世界性,是中华民族伟大复兴的精神支柱。中国特色社会主义文化既是中国特色社会主义事业的文化支撑,也是中华民族精神文明的重要来源。中国特色社会主义文化不仅深植于中华民族营养丰厚的文化土壤之中,而且在新时代的历史坐标下,还以其独特的文化属性和时代价值,在中华民族现代文明的构建过程中扮演着不可或缺的角色。

---

① 欧阳军喜、崔春雪:《中国传统文化与社会主义核心价值观的培育》,《山东社会科学》,2013年第3期。

第七章
"两个结合"是建设中华民族现代文明的根本途径

实现中华民族伟大复兴,是近代以来全体中华儿女的共同心愿。推进马克思主义基本原理同中国具体实际相结合、同中华优秀传统文化相结合,是新时代复兴中华文明的根本途径。中华文明复兴的基础是中华传统文明,关键在于如何以马克思主义的立场观点方法赋予其现代性价值,实现传统文明的现代转型和创新发展。从中华民族现代文明的发展历程来看,中华民族现代文明是中国共产党领导的经由"两个结合"而形成的中国式现代化的文明形态。"两个结合"和建设中华民族现代文明在价值目标上高度契合,在文化基因上历史连贯,共同在中华大地上塑造了人类文明新形态。因此,建设中华民族现代文明,有赖于"两个结合"的积极融入和有效推动。

第一节 中国共产党探索"两个结合"的实践历程与基本经验

习近平总书记在党史学习教育动员大会上强调:"我们党的历史,就是一部不断推进马克思主义中国化的历史,就是一部不断推进理论创新、进行

第七章
"两个结合"是建设中华民族现代文明的根本途径

理论创造的历史。"① 党始终坚持把马克思主义作为自己的指导思想,以回应和解决现实问题为导向,坚持"两个结合",在中国革命、建设、改革的实践探索中实现了马克思主义中国化时代化理论成果的不断飞跃,为建设中华民族现代文明指明了方向。

一、中国共产党探索"两个结合"的初步实践

新民主主义革命时期,党内一度出现了马克思主义与革命实际脱节的盲动主义、教条主义等问题,给党和整个革命事业带来了严重伤害。毛泽东同志及时认识到党内存在的马克思主义教条化、共产国际指示神圣化、苏联经验照搬化的错误倾向,旗帜鲜明地反对主观主义、教条主义,认为"中国革命斗争的胜利要靠中国同志了解中国情况"②,共产党人应深入群众做调查研究,认识中国真实国情,独立自主地领导革命事业、开展革命活动。1938年毛泽东同志在党的六届六中全会(扩大)上明确提出马克思主义中国化的任务:"马克思主义的中国化,使之在其每一表现中带着中国的特性,即是说,按照中国的特点去应用它,成为全党亟待了解并亟须解决的问题。"③ 同时,毛泽东同志还首次提出"学习我们的历史遗产"的任务:"我们是马克思主义的历史主义者,我们不应该割断历史。从孔夫子到孙中山,我们应该给以总结,我们要承继这一份珍贵的遗产。"④ 废止洋八股、教条主义,不仅是社会主义革命过程中的一项具体实际问题,更是一项关乎工作作风的文化导向问题。共产党人要自觉学习和继承传统文化遗产,建设以中国作风与中国

---

① 习近平:《在党史学习教育动员大会上的讲话》,人民出版社,2021年,第12页。
② 中共中央文献研究室、中央档案馆:《建党以来重要文献选编》(一九二一——一九四九)第七册,中央文献出版社,2011年,第240页。
③④ 中共中央文献研究室、中央档案馆:《建党以来重要文献选编》(一九二一——一九四九)第十五册,中央文献出版社,2011年,第651页。

气派为鲜明特色的新民主主义文化。

马克思主义同中国革命实践的结合,"就是说,和民族的特点相结合,经过一定的民族形式,才有用处,决不能主观地公式地应用它"①。中华民族的特点深深熔铸于中华优秀传统文化之中,并以民族文化基因的形式表达出来。毛泽东同志在《改造我们的学习》中要求用马克思列宁主义之"矢"射中国革命实际之"的",并对古语"实事求是"②进行了科学阐释:"'实事'就是客观存在着的一切事物,'是'就是客观事物的内部联系,即规律性,'求'就是我们去研究"③。自此,"实事求是"作为"马克思列宁主义的理论和中国革命的实际运动结合起来"的"有的放矢的态度",逐步被确立为党的思想路线。人民民主专政理论、社会主义改造理论、人民内部矛盾理论等成果的形成,皆是党坚持实事求是思想路线,推进马克思主义中国化的理论成果。实事求是也是党坚持马克思主义同中华优秀传统文化相结合的基本原则。面对新中国成立后复杂的意识形态环境,毛泽东同志强调要"发展我们的文化"④,先后提出"百花齐放、百家争鸣""古为今用、洋为中用"的文化工作方针,要求知识分子在学习马克思列宁主义的过程中批判地吸收古今中外一切文化成果,正确对待和传承中华传统文化,建设和发展好民族的、科学的社会主义文化。依托中华优秀传统文化载体,马克思主义被赋予特有的中华民族特色和话语风格,在其中国化进程中愈发彰显出强大的生命力与领航力。

---

① 中共中央文献研究室、中央档案馆:《建党以来重要文献选编》(一九二一——一九四九)第十七册,中央文献出版社,2011年,第52-53页。
② 实事求是,最早见东汉班固《汉书·河间献王传》称刘德"修学好古,实事求是"。
③ 中共中央文献研究室、中央档案馆:《建党以来重要文献选编》(一九二一——一九四九)第十八册,中央文献出版社,2011年,第298页。
④ 中共中央文献研究室:《建国以来重要文献选编》第十册,中央文献出版社,1994年,第74页。

第七章 "两个结合"是建设中华民族现代文明的根本途径

作为马克思主义中国化第一次历史性飞跃的理论成果，毛泽东思想是被中国革命和建设实践证明了的科学理论。毛泽东思想在正确吸收和运用马克思主义立场、观点、方法的基础上，始终坚持实事求是的思想路线，紧密结合中国具体国情，以中华优秀传统文化为基础，形成了具有鲜明民族特色、通俗语言特征和独特理论风格的中国化马克思主义话语体系。

二、中国共产党探索"两个结合"的丰富发展

在汲取社会主义建设经验教训的基础上，邓小平同志强调，探索和推进社会主义事业，首先要从理论上弄清楚什么是社会主义——"社会主义的本质，是解放生产力，发展生产力，消灭剥削，消除两极分化，最终达到共同富裕"[①]。社会主义本质论指明了社会主义初级阶段的发展目标和方向。邓小平同志在党的十二大开幕词中提出："把马克思主义的普遍真理同我国的具体实际结合起来，走自己的路，建设有中国特色的社会主义。"[②] 在社会主义与资本主义、计划和市场的关系探讨中，中国特色社会主义市场经济体制改革目标得以确立，市场经济体制下的社会生产力得到极大解放和发展。在发展物质文明的同时，邓小平同志提出建设社会主义精神文明的重要思想，其根本任务在于"适应社会主义现代化建设的需要，培育有理想、有道德、有文化、有纪律的社会主义公民，提高整个中华民族的思想道德素质和科学文化素质"[③]。邓小平同志十分注重中华优秀传统文化资源的挖掘和创新工作，不断用马克思主义赋予中华优秀传统文化新内涵。"小康"一词源于《诗经》："民亦劳止，汔可小康。"其意为人民十分劳苦，希望可以获得安定的生活。邓小平同志将"小康"定位和丰富为马克思主义中国

---

① 邓小平：《邓小平文选》第三卷，人民出版社，1993年，第373页。
② 邓小平：《邓小平文选》第三卷，人民出版社，1993年，第3页。
③ 中共中央文献研究室：《十二大以来重要文献选编》下，人民出版社，1988年，第1176页。

化的阶段性奋斗目标："所谓小康社会，就是虽不富裕，但日子好过。我们是社会主义国家，国民收入分配要使所有的人都得益。"[1] 小康社会作为马克思主义中国化话语体系中的重要概念，成为衡量社会主义建设水平和人民生活质量的重要标准，集中体现了马克思主义同中华优秀传统文化相结合的智慧成果。

党的十三届四中全会之后，以江泽民同志为主要代表的中国共产党人在继续深化对社会主义本质理论认识的过程中，科学探讨了马克思主义中国化的另一项重要议题——"建设什么样的党，怎样建设党"。面对世纪之交国内外日趋复杂的意识形态形势，能否经受住内外部的层层考验和各类挑战，继续担负起推进"两个结合"的使命，成为党必须解决好的历史性课题。按照"在建设有中国特色社会主义的伟大事业中更好地发挥领导核心作用"[2] 的马克思主义政党建设要求，江泽民同志强调："我们党必须始终代表中国先进生产力的发展要求，代表中国先进文化的前进方向，代表中国最广大人民的根本利益。"[3] 中国共产党是中国工人阶级的先锋队，同时是中国人民和中华民族的先锋队，党推进马克思主义中国化的重要任务是发展生产力，实现社会主义现代化。在明确发展社会主义市场经济的基础上，党的十五大明确提出"建设有中国特色社会主义文化"的目标，建设社会主义精神文明，必须坚持依法治国和以德治国相结合，从中华优秀传统文化中汲取传统"法治"与"德治"的有益营养。为政以德、德主刑辅是传统法家、儒家和道家等学派的核心观点与治国方略，"我国几千年历史留下了丰富的文化遗产，我们应该取其精华、去其糟粕，结合时代精神加以继承和发展，做到古为今

---

[1] 邓小平：《邓小平文选》第三卷，人民出版社，1993年，第161页。
[2] 江泽民：《江泽民文选》第一卷，人民出版社，2006年，第245页。
[3] 江泽民：《江泽民文选》第三卷，人民出版社，2006年，第536页。

用"①。从"两个先锋队"的角色定位到依法治国和以德治国相结合的具体要求，阐明了马克思主义中国化过程中党的建设、文化发展、国家治理等基本问题，实现了马克思主义同中华优秀传统文化相结合的现代性成果转化。

进入新世纪新阶段，以胡锦涛同志为主要代表的中国共产党人在深刻认识和分析国内外复杂形势的基础上，顺应世界发展趋势，紧紧抓住我国发展的重要战略机遇期，确定全面建设小康社会的奋斗目标，强调坚持以人为本、全面协调可持续发展，形成了科学发展观。科学发展观的第一要义是发展，以统筹兼顾为根本方法，强调社会主义发展方式的全面性、协调性和可持续性，体现了辩证唯物主义和历史唯物主义的世界观及方法论。立足中国特色社会主义事业整体布局，科学发展观在推动经济持续健康发展的同时，蕴含着社会主义和谐社会、和谐文化、文化强国的建设任务。"中华民族伟大复兴必然伴随着中华文化繁荣兴盛"②，建立在社会主义文化繁荣发展基础上的高度文化自觉和文化自信是中华民族伟大复兴的关键一步。社会主义核心价值体系"是根源于民族优秀文化和社会主义先进文化并吸收人类文明成果发展起来的，适应了时代发展要求，集中反映着当代中国人民的理想信念和精神追求，是我国社会主义文化的引领和主导"③。社会主义核心价值体系的基本内容由马克思主义指导思想、中国特色社会主义共同理想、以爱国主义为核心的民族精神和以改革创新为核心的时代精神、社会主义荣辱观等组成，它极大丰富了中华民族现代文明的理论内涵，开辟了建设中华民族现代文明的新领域。

---

① 江泽民：《江泽民文选》第三卷，人民出版社，2006年，第278页。
② 胡锦涛：《胡锦涛文选》第二卷，人民出版社，2016年，第641页。
③ 中共中央文献研究室：《十七大以来重要文献选编》下，中央文献出版社，2013年，第618页。

三、中国共产党探索"两个结合"的创新推进

恩格斯指出:"每一个时代的理论思维,包括我们这个时代的理论思维,都是一种历史的产物,它在不同的时代具有完全不同的形式,同时具有完全不同的内容。"[①] 基于改革开放以来特别是党的十八大以来我国取得的历史性成就和发生的历史性变革,中国特色社会主义进入新时代。立足新时代"两个大局"和第二个百年奋斗目标新征程的历史坐标,习近平总书记强调:"理论的生命力在于不断创新,推动马克思主义不断发展是中国共产党人的神圣职责。"[②] 立足新发展阶段,必须坚持贯彻创新、协调、绿色、开放、共享的新发展理念,哪一项发展理念出现滞后或缺位,都将影响整体发展进程。以"五位一体"总体布局和"四个全面"战略布局为支撑,习近平新时代中国特色社会主义思想紧紧抓住了"两个结合"的着力点和发力点,为马克思主义中国化作出了诸多原创性贡献。在哲学领域,社会主义主要矛盾论、问题导向论、人民中心论、抓"牛鼻子"论等理论的提出,体现并丰富了矛盾普遍性和特殊性、矛盾统一性和斗争性、为了人民和依靠人民、客观规律性和主观能动性等马克思主义世界观和方法论。在政治经济学领域,新发展理念、供给侧结构性改革、脱贫攻坚、共同富裕、全面建成小康社会等理论的提出或完善,深化了马克思主义生产力理论和社会主义政治经济学说。在科学社会主义领域,全面从严治党、推进国家治理体系和治理能力现代化、构建人类命运共同体等理论的提出,拓展了马克思主义政党、国家和世界历史的相关理论范畴,为社会主义文明作出了重要贡献。

中华传统文化在近代以来的转型过程中曾遭遇严重现代性危机,直到马克思主义的出现,为重塑文化自信、建设社会主义文化强国、开创中华文明

---

① 中共中央马克思恩格斯列宁斯大林著作编译局编译:《马克思恩格斯文集》第九卷,人民出版社,2009年,第436页。
② 习近平:《在纪念马克思诞辰200周年大会上的讲话》,人民出版社,2018年,第27页。

新辉煌开辟了新航向。党的十九届四中全会明确提出要"坚持马克思主义在意识形态领域指导地位的根本制度"①,集中体现了党对新时代社会主义文化建设规律和方向的科学把握,也是马克思主义基本原理同中华优秀传统文化相结合的必然结果。中国特色社会主义深深植根于中华传统文化沃土,"博大精深的中华优秀传统文化是我们在世界文化激荡中站稳脚跟的根基。中华文化源远流长,积淀着中华民族最深层的精神追求,代表着中华民族独特的精神标识,为中华民族生生不息、发展壮大提供了丰厚滋养"②。推进新时代马克思主义中国化,必须体现中国特色,充分挖掘中华五千多年文明成果,处理好中华优秀传统文化的传承性与创造性关系,搭建好中华优秀传统文化同马克思主义相结合的联系桥梁,坚定不移走中国特色社会主义道路。党的十八大以来,以习近平同志为核心的党中央高度重视中华优秀传统文化的传承和创新工作,从中国传统民本观、义利观、自然观中吸收了诸多智慧精华,形成了"江山就是人民,人民就是江山"的人民观、"明大德、守公德、严私德"的修养观、绿水青山就是金山银山的生态观等,开辟了马克思主义同中华优秀传统文化相结合的新境界。

从党的六届六中全会(扩大)首次正式提出"马克思主义的中国化"和"学习我们的历史遗产"的任务,到建党一百周年之际"两个结合"理论命题的进一步深化,我们党先后创立和形成了毛泽东思想、邓小平理论、"三个代表"重要思想、科学发展观、新时代中国特色社会主义思想。习近平新时代中国特色社会主义思想实现了马克思主义中国化理论成果的新飞跃,为建设中华民族现代文明指明了正确方向。在持续的理论创新和实践探索中,

---

① 本书编写组编著:《〈中共中央关于坚持和完善中国特色社会主义制度、推进国家治理体系和治理能力现代化若干重大问题的决定〉辅导读本》,人民出版社,2019年,第23页。

② 习近平:《习近平谈治国理政》第一卷,外文出版社,2018年,第164页。

习近平新时代中国特色社会主义思想坚持运用马克思主义基本原理指导中国特色社会主义实践，实现了马克思主义之"源"与中国化马克思主义之"流"的有效对接、中华民族现代文明之"根"与"脉"的有机融合，为中华民族现代文明在新时代的进一步发展作出了开创性、全面性和历史性贡献。

第二节 "两个结合"与建设中华民族现代文明的内在联动

中国共产党领导推进"两个结合"的历程，也是探索建设中华民族现代文明的过程。在"两个结合"与建设中华民族现代文明的内在联动中，党领导人民走出了一条不同于西方的中国式现代化道路，创造了兼具中国特色社会主义和中华文明特色的人类文明新形态，打开了中华文明的创新空间，赋予了建设中华民族现代文明的时代价值。

一、"两个结合"造就了一个有机统一的新的文化生命体

习近平总书记在深入阐释"两个结合"的重大意义时深刻指出："'结合'的结果是互相成就，造就了一个有机统一的新的文化生命体，让马克思主义成为中国的，中华优秀传统文化成为现代的，让经由'结合'而形成的新文化成为中国式现代化的文化形态。"党的十八大以来，习近平总书记把"两个结合"同中国特色社会主义文化事业有机衔接，把中华文化传承发展与中华民族伟大复兴联系起来，将中华优秀传统文化精华融入中国式现代化的伟大实践中，不断造就中国式现代化的文化形态。党的二十大报告强调，中国式现代化，是中国共产党领导的社会主义现代化，既有各国现代化的共同特征，更有基于自己国情的中国特色。各国现代化的共同特征和自己国情的中国特色决定了新的文化生命体的基本样态。"人口规模巨大"的现代化要求新的文化生命体必须具备足够的包容性，可从"天下为公""民为邦本"的

第七章
"两个结合"是建设中华民族现代文明的根本途径

传统人文思想中激发启示;"全体人民共同富裕"的现代化要求新的文化生命体以人民共享发展成果为前提,可从"国之称富者,在乎丰民"的传统治国理念中获得借鉴;"物质文明和精神文明相协调"的现代化要求新的文化生命体统筹谋划和促进物的全面发展与人的全面发展,可从"独阴不成,独阳不生"的传统辩证思维中汲取智慧;"人与自然和谐共生"的现代化要求新的文化生命体坚定不移走生产发展、生活富裕、生态良好的文明发展道路,可从"万物并育""天人合一"的传统发展理念中吸收精华;"走和平发展道路"的现代化要求新的文化生命体坚定站在历史正确的一边、站在人类文明进步的一边,可从"讲信修睦""亲仁善邻"的传统社会理想中寻找给养。

文以化人,文以载道;文明立世,文化兴邦。"两个结合"造就的新的文化生命体,深深植根于中华优秀传统文化,汲取了中华五千多年文明的精华,又借鉴吸收了一切人类优秀文明成果,形成了独特的世界观、价值观、历史观、文明观、民主观、生态观,展现了不同于西方或传统文化样态的新图景。中华文明具有突出的包容性,不仅能够包容中华民族内部的多样文化,促进不同民族或地域文化的交往交流交融,对于世界不同文明,也能够在坚持以我为主的前提下实现兼收并蓄。马克思主义之所以能够在中国快速传播开来,扎根,开花,结果,就在于其同中华文明的内在基因具有天然的契合性,从而引导中华民族不断创造新的文化形态。创新是一个民族进步的灵魂,是一个国家兴旺发达的不竭动力,也是中华民族最深沉的民族禀赋。回看璀璨的中华文明,四大发明作为中国古代劳动人民在实践中创造的重要文明成果,不仅推动了中国古代经济、政治、文化的发展,而且也为推动人类文明进步作出了极大贡献。在建设社会主义文化强国新的征程上,要清醒地认识到,新的时代孕育着新的文化生机,新的文化生命体本身就是文化创新的产物,蕴含着文化创新基因,深刻反映了广大人民群众对文化创新的新诉求。造就新的文化生命体,旨在推陈出新、革故鼎新,瞄准文化发展的未来之"时"

和"势",为中华民族伟大复兴提供持久文化动力。

二、"两个结合"揭示了中华民族现代文明的建设规律

在五千多年深厚的中华文明基础上开辟和发展中国特色社会主义,把马克思主义基本原理同中国具体实际、同中华优秀传统文化相结合是必由之路。这是党领导广大人民在探索中国特色社会主义道路中得出的规律性认识,是我们取得各项事业成功的最大法宝。以中国特色社会主义为统领,"两个结合"在推进马克思主义中国化时代化的过程中,揭示了中华民族现代文明的建设规律。"两个结合"既丰富了中华民族现代文明的理论内涵,强调了中华民族现代文明的时代性特征,又突出了中华文明的现实意义和价值,强调了中华民族现代文明的民族性特征。"两个结合"对中华民族现代文明建设规律的揭示,彰显了党对马克思主义中国化时代化历史经验的深刻总结,是对中华文明发展规律的深刻把握,表明了党对中国道路、理论、文化、制度的认识进一步深化,体现了党的历史自信、文化自信达到了新高度,昭示了党建设中华民族现代文明的自觉担当和必胜决心。

马克思主义是党认识世界、把握规律、追求真理、改造世界的强大思想武器,是建党立国的根本指导思想。但理论并不是教条,理论只有同实践结合起来,才能够转化为强大的力量。新时代中华文明形态巨变,马克思主义在中国的发展,"不是简单延续我国历史文化的母版,不是简单套用马克思主义经典作家设想的模板,不是其他国家社会主义实践的再版,也不是国外现代化发展的翻版,不可能找到现成的教科书"[①]。"两个结合"的提出,既丰富了马克思主义中国化时代化的理论内涵,强调了马克思主义中国化时代化的文明性意义,也突出了中华优秀传统文化在建设中华民族现代文明过程中的意义和价值,强调了中华民族现代文明的民族性特征。"第一个结合"

---

① 习近平:《习近平著作选读》第一卷,人民出版社,2023年,第484页。

揭示了建设中华民族现代文明的实践路径。马克思主义在同中国革命、建设和改革实际的结合过程中，开辟了新民主主义革命道路、社会主义改造和建设道路及中国特色社会主义道路，中华民族迎来了从站起来、富起来到强起来的伟大飞跃，并踏上了正确的文明复兴道路。"第二个结合"揭示了建设中华民族现代文明的文化路径。马克思主义在植根中华文化沃土、推动中华优秀传统文化创造性转化和创新性发展的过程中，不断创造人类文明新形态。从二者的内在的辩证关系来看，如果只片面强调"第一个结合"，忽视中华优秀传统文化在马克思主义中国化时代化中的作用，那么中华民族现代文明就会失去中国风格和中国特色，也就不能被人民群众接受。如果只片面强调"第二个结合"，不能抓住马克思主义同中国具体实际相结合这一前提条件，那么就会陷入民族主义、文化保守主义的陷阱。因此，只有坚持"两个结合"的有机统一，才能真正实现马克思主义中国化时代化，才能够把握共产党执政规律、社会主义建设规律和人类社会发展规律，在实践创造和理论创新中引领中华民族现代文明走向繁荣。

三、"两个结合"贯穿于建设中华民族现代文明的全过程

1840年鸦片战争以后，受西方列强入侵和清王朝腐朽统治影响，中国逐步沦为半殖民地半封建社会，国家蒙辱、人民蒙难、文明蒙尘，中华民族遭受了前所未有的劫难。为挽救民族危亡和重振中华文明荣光，中国人民奋起反抗，各种思潮竞相发声，各种救国方案轮番出台，但均未能改变中华民族的悲惨命运，也未能将中华文明从泥淖中解脱出来。孙中山先生领导的辛亥革命推翻了统治中国几千年的封建专制制度，并喊出了"世界文明，唯有我先"的口号，但未能改变中国半殖民地半封建社会的性质和文明徘徊挣扎的局面。直到中国共产党的诞生，中国革命的面貌才焕然一新，中华文明逐渐迈向复兴新征程。以实现中华民族伟大复兴为使命担当，中国共产党领导

广大人民努力探索马克思主义同中国革命、建设和改革实际相结合的道路，在中国特色社会主义道路开辟、理论创新、文化发展、制度构建、文明探索等方面取得了前所未有的历史成就。

党的早期领导人李大钊在探索中华民族救亡道路的过程中，始终坚信中华民族"可以于世界文明为第二次之大贡献"。他在1918年发表的《东西文明根本之异点》一文中，对东西方两种文明进行了全面比较，认为东方文明封建保守、故步自封，已经无法跟上快速变化的世界大势，而西方文明在追求物质财富的过程中逐渐失去了精神和道德的支撑，社会出现了种种问题，也不可取。李大钊提出时代呼唤第三种文明，应探索"综合—超越"的文明新模式。他认为，"第一文明偏于灵；第二文明偏于肉……盖'第三'之文明，乃灵肉一致之文明，理想之文明，向上之文明也"①，即汲取两类文明的长处，达成"综合"之效果，同时又要避开二者的缺陷，认真甄别，科学扬弃，再结合现实需要进行融合发展，完成"超越"的任务，最终形成"灵肉一致"的新的文明形态。1920年，毛泽东同志在致周世钊的信中高度肯定了十月革命后的俄国文明："我觉得俄国是世界第一个文明国。我想两三年后，我们要组织一个游俄队。"②这时的毛泽东同志已经产生了对以马克思主义为指导的新文明的学习之意，并在之后的实践中逐步探索适合中国国情的新文明。1940年，毛泽东同志在《新民主主义论》中指出："我们共产党人，多年以来，不但为中国的政治革命和经济革命而奋斗，而且为中国的文化革命而奋斗，一切这些的目的在于建设一个中华民族的新社会和新国家。在这个新社会和

---

① 中国李大钊研究会编注：《李大钊全集》（修订本）第一卷，人民出版社，2013年，第340页。
② 中共中央文献研究室、中共湖南省委《毛泽东早期文稿》编辑组：《毛泽东早期文稿（1912.6—1920.11）》，湖南人民出版社，1990年，第476页。

新国家中，不但有新政治、新经济，而且有新文化。"①这指明了中华民族实现独立自主、迈向伟大复兴、探索新的文明形态的社会发展方向。新民主主义革命取得最终胜利，建立了独立自主的新中国，创造出了全世界从未有过的新民主主义文明形态。在社会主义革命和建设阶段，毛泽东同志进一步提出"找出在中国怎样建设社会主义的道路"②的第二个结合的任务。这一阶段，党带领人民进行社会主义改造，确立了社会主义基本制度，实现了中华民族有史以来最广泛而深刻的社会变革，为实现中华民族文明复兴奠定了根本政治前提和制度基础。在改革开放和社会主义现代化建设新时期，以邓小平、江泽民、胡锦涛同志为主要代表的中国共产党人坚定不移推进"两个结合"，在紧紧围绕和系统回答"什么是社会主义、怎样建设社会主义""建设一个什么样的党、怎样建设党""实现什么样的发展、怎样发展"等中国特色社会主义重要议题的过程中，坚持和发展了中国特色社会主义，确保了社会主义文明形态的底色不被侵蚀，为中华民族现代文明的提出创造了条件。

中国特色社会主义进入新时代，以习近平同志为核心的党中央明确提出和推进"两个结合"，推动物质文明、政治文明、精神文明、社会文明、生态文明实现更高水平发展，推动新时代党和国家各项事业发生了历史性变革、取得了历史性成就。经过艰苦奋斗，党领导人民成功走出中国式现代化道路，创造了人类文明新形态，拓展了发展中国家走向现代化的途径，给世界上那些既希望加快发展又希望保持自身独立性的国家和民族提供了全新选择。党的二十大报告进一步将创造人类文明新形态归入中国式现代化的本质要求，突出了人类文明新形态之于中国式现代化的重要意义。中华民族现代文明是中国为回应"世界怎么了、我们怎么办"这一世界之问、时代之问所交出的

---

① 毛泽东：《毛泽东选集》第二卷，人民出版社，1991 年，第 663 页。
② 中共中央文献研究室：《毛泽东年谱》（一九四九——一九七六）第二卷，中央文献出版社，2013 年，第 557 页。

优异答卷。

第三节　以"两个结合"推进中华民族现代文明建设

立足中华文明伟大历史成就和当代实践,以"两个结合"推进中华民族现代文明建设,要坚决筑牢道路根基,不断打开创新空间,持续巩固文化主体性,为全面推进中华民族伟大复兴提供更为积极、更为主动的精神力量。

一、以"两个结合"坚决筑牢道路根基

方向决定道路,道路决定命运。走自己的路,是党的全部理论和实践的立足点,更是党百年奋斗得出的历史结论。中国特色社会主义道路,是在马克思主义指导下走出来的,也是从五千多年中华文明史中走出来的;是创造人民美好生活、实现中华民族伟大复兴的正确道路,也是推进中华民族现代文明建设的康庄大道。习近平总书记指出:"'第二个结合'让中国特色社会主义道路有了更加宏阔深远的历史纵深,拓展了中国特色社会主义道路的文化根基。中国式现代化赋予中华文明以现代力量,中华文明赋予中国式现代化以深厚底蕴。"[①]中国式现代化道路是一条具有中国特色的社会主义道路,二者共同指向中华文明复兴。回望过去,中华民族创造了伟大的中华文明;展望未来,在中国式现代化道路上,党和人民充满信心,必将推动中华文明重焕荣光。

中国特色社会主义为什么不一样?中国式现代化创造的人类文明新形态为什么不一样?关键在于走本民族自己的路,走本民族自己的路关键在于"两个结合",以建设具有本民族特征的、符合现代化要求的新的文明形态。中国共产党人坚持将中国特色社会主义植根于中华文化的沃土,把共产主义信

---

① 习近平:《在文化传承发展座谈会上的讲话》,《求是》,2023年第17期。

仰、社会主义信念与中华民族千年理想有机结合，赋予道路、制度以民族的血脉，赋予理想、信念以文明的底蕴，彰显了"走自己的路"的强大底气和自信。在五千多年中华文明的深厚基础上开辟和发展中国特色社会主义，把马克思主义基本原理同中国具体实际、同中华优秀传统文化相结合是必由之路。马克思主义基本原理只有同中国具体实际相结合，中华民族现代文明才能够不迷失方向；马克思主义基本原理只有同中华优秀传统文化相结合，中华民族现代文明才能够不断推陈出新。党的二十大报告指出："中国式现代化的本质要求是：坚持中国共产党领导，坚持中国特色社会主义，实现高质量发展，发展全过程人民民主，丰富人民精神世界，实现全体人民共同富裕，促进人与自然和谐共生，推动构建人类命运共同体，创造人类文明新形态。"[①]坚持中国共产党领导，是中国式现代化的优势所在，也是以中国式现代化引领中华民族现代文明建设的力量之源。坚持中国特色社会主义，中国式现代化才会永不变质变色，中华民族现代文明才能够永葆社会主义文明本色。坚持以人民为中心的发展思想，是新时代推进中国式现代化道路的应有之义，也是建设中华民族现代文明的关键所在。这就要求重点抓住高质量发展这一全面建设社会主义现代化国家的首要任务，在实现全体人民共同富裕中不断丰富物质文明。坚持和发展全过程人民民主，不断丰富人民精神世界，促进人与自然和谐共生，以满足人民对物质文明、政治文明、精神文明、社会文明、生态文明等方面的需要。推动构建人类命运共同体，是中国式现代化之于世界现代化、中华民族现代文明之于人类文明的重要贡献。中国式现代化所引领的中华民族现代文明是在和平与发展的环境中孕育的文明形态，我们始终高举和平、发展、合作、共赢旗帜，以自身发展推动人类文明进步。

[①] 习近平：《高举中国特色社会主义伟大旗帜　为全面建设社会主义现代化国家而团结奋斗——在中国共产党第二十次全国代表大会上的报告》，人民出版社，2022年，第23—24页。

二、以"两个结合"不断打开创新空间

文化空间是拥有集体记忆的文化主体进行文化实践与交往的场域,能够为理论创新和制度创新提供文化土壤与精神滋养。在不同的文化空间,理论和制度的展示形态不同。习近平总书记指出:"我们必须在理论上跟上时代,不断认识规律,不断推进理论创新、实践创新、制度创新、文化创新以及其他各方面创新。"① 当前,中国正经历着历史上最为广泛而深刻的社会变革,也正在进行着人类历史上最为宏大而独特的实践创新,这种伟大实践必将给文化创新创造提供强大动力和广阔空间。2023年6月30日,习近平总书记在主持中共中央政治局第六次集体学习时,用两个"脉"来强调"两个结合"之于马克思主义中国化时代化的重要意义:"马克思主义中国化时代化这个重大命题本身就决定,我们决不能抛弃马克思主义这个魂脉,决不能抛弃中华优秀传统文化这个根脉。坚守好这个魂和根,是理论创新的基础和前提。理论创新必须讲新话,但不能丢了老祖宗,数典忘祖就等于割断了魂脉和根脉,最终会犯失去魂脉和根脉的颠覆性错误。"② 特别是"第二个结合"的提出,是又一次思想解放,让我们能够在更广阔的文化空间中,充分运用中华优秀传统文化的宝贵资源,探索面向未来的理论创新和制度创新。同时,"第二个结合"指导我们要正确处理好守正与创新的关系,守正才能不迷失方向、不犯颠覆性错误,创新才能把握时代、引领时代,二者的统一,指明了建设中华民族现代文明的方向与路径。

文化创新不是凭空而起,需以中华优秀传统文化为根脉。首先要"坚持古为今用、以古鉴今,坚持有鉴别的对待、有扬弃的继承,而不能搞厚古薄

---

① 习近平:《习近平著作选读》第二卷,人民出版社,2023年,第22页。
②《不断深化对党的理论创新的规律性认识 在新时代新征程上取得更为丰硕的理论创新成果》,《人民日报》,2023年7月2日,第1版。

今、以古非今，努力实现传统文化的创造性转化、创新性发展"①。在马克思主义同中华优秀传统文化相结合的过程中，要坚持用马克思主义基本观点科学阐释中华优秀传统文化，用唯物辩证法正确审视中华优秀传统文化，结合时代需要对其进行创造性转化和创新性发展，赋予其新的价值内涵和表达形式，以实现传统文化向 21 世纪文化新形态的转型升级。中华优秀传统文化具有强大的思想影响力、精神感召力、价值吸引力和社会凝聚力，是当代中国最深厚的文化软实力。社会主义核心价值观是衡量文化软实力水平的最深层次要素，关系文化发展、社会稳定和国家治理全局。社会主义核心价值观的 24 字内容充分反映了中华优秀传统文化的价值精髓，凝结了马克思主义的核心价值理念，蕴含着党和人民对实现"两个结合"的价值共识。培育和践行社会主义核心价值观，必须"深入挖掘和阐发中华优秀传统文化讲仁爱、重民本、守诚信、崇正义、尚和合、求大同的时代价值，使中华优秀传统文化成为涵养社会主义核心价值观的重要源泉"②。既要处理好社会主义核心价值观同中华优秀传统文化的继承性与发展性关系，也要做好马克思主义中国化过程中社会主义核心价值观的创造性转化和创新性发展工作，用中华优秀传统文化中蕴含的思想观念、人文精神、道德规范引领人们的思维方式和行为方式，培育社会主义文明新风尚，不断打开文化创新空间。

三、以"两个结合"持续巩固文化主体性

文化的本质是观念形态，具有传递文明的功用。习近平总书记指出："任何文化要立得住、行得远，要有引领力、凝聚力、塑造力、辐射力，就必须有自己的主体性。"③文化主体性是一个关乎"我是谁""我从哪里来""我

---

① 习近平：《习近平谈治国理政》第二卷，外文出版社，2017 年，第 313 页。
② 习近平：《习近平谈治国理政》第一卷，外文出版社，2018 年，第 164 页。
③ 习近平：《在文化传承发展座谈会上的讲话》，《求是》，2023 年第 17 期。

到哪里去"的寻找文化自我的问题。纵观中华文化发展史,从先秦子学、两汉经学、魏晋玄学,到隋唐佛学、儒释道合流、宋明理学、清代朴学,文化主体格局逐渐稳固为以儒家为主导、兼容佛道等多个流派的面貌。伴随历代王朝的更迭,其间虽经历了焚书坑儒、五胡乱华、八股取士、文字狱等数次文化浩劫,但中华文脉不曾中断,其重要原因便是中华文明具有革故鼎新、与时俱进的精神气质,积淀为特色鲜明、底蕴深厚、根基稳固的文化主体性,凝聚为中华儿女的集体文化心理和共同文化意识。同时,中华文化既是历史的、也是当代的,既是民族的、也是世界的。中华文化与世界其他优秀文化广泛交流互鉴,于融合创新中铸就了中华文化的灿烂辉煌。近代以来,中华文化再度焕发出新的生机,并始终保持和巩固着自身的主体性。巩固文化主体性,不仅包含巩固中华传统文化的主体性,还涵盖"两个结合"推动下的革命文化和社会主义先进文化的主体性,以发展面向现代化、面向世界、面向未来的,民族的科学的大众的社会主义文化,以激发全民族文化创新创造活力为指向。以"两个结合"持续巩固文化主体性,要求牢牢坚守中华文化立场,加强对中华优秀传统文化的挖掘和阐发,科学提炼展示中华文明的精神标识和文化精髓,使中华民族的文化基因与当代文化相适应、与现代社会相协调,铸就中华文化新辉煌。

文化主体的继承与发展,是一个新陈代谢、不断创新的过程。"两个结合"巩固了文化主体性,其在新时代最有力的体现就是习近平新时代中国特色社会主义思想的创立。在新时代背景下,社会主义文化强国建设过程中的新问题新矛盾呼唤新思想新理论。要坚持以改革过程中出现的各类问题为导向,透过问题把握矛盾的统一性和斗争性、普遍性和特殊性,准确把脉发展中国特色社会主义先进文化主体性建设的规律。习近平新时代中国特色社会主义思想作为中华文化和中国精神的时代精华,承续民族历史血脉,阐扬中华文化精髓,集中体现了文化主体性的鲜明理论品格。这一思想是新时代中国特色社会主义伟大实践的理论升华,从中华优秀传统文化中获得沃土营养,将马克思主义理论同中华优秀传统文化融为一体,为我们在新时代更好建设中华民族现代文明提供了更具实践广度、现实深度、历史厚度和文化高度的精神主动。以"两个结合"持续巩固文化主体性,必须坚持习近平新时代中国特色社会主义思想在推进"两个结合"中的指导地位,深入学习和把握其理论内涵与实践要求,坚定"四个自信",着力用马克思主义立场观点方法指导和引领中华民族现代文明的建设道路,着力用中华优秀传统文化中的思想观念、人文精神、道德规范巩固中华民族现代文明的文化主体性。

第八章
"第二个结合"是对中华文明发展规律的深刻把握

从词源层面来看,"中华"一词是个较宽泛的文化概念。"中"者,有中心、中央的地缘空间含义;"华"者,有"衣冠""礼乐"的象征意义。故而"中华"又引申为"文化之高"和"文明之美","文明"是"中华"的核心要义。中华文明作为一个有机体,其兴衰沉浮有内在的规律可循,把握这些规律对于推动中华文明重焕荣光具有开创性意义。2023年6月2日,习近平总书记在文化传承发展座谈会上强调,马克思主义基本原理同中华优秀传统文化相结合(即"第二个结合")是我们党对马克思主义中国化时代化历史经验的深刻总结,是对中华文明发展规律的深刻把握。[①] 这表明我们党的文明自觉和文明自信达到了新的高度,为在新征程上创造新文化、赓续新文明指明了方向。洞悉中华文明发展的一般规律及其特殊表现,并在此基础上深刻领悟"第二个结合"何以作为建设中华民族现代文明得出的规律性认识,继而以"第二个结合"不断推动中华文明复兴,具有重要的理论意义和现实意义。

---

① 习近平:《在文化传承发展座谈会上的讲话》,人民出版社,2023年,第9页。

第八章
"第二个结合"是对中华文明发展规律的深刻把握

第一节 中华文明发展的一般规律及其特殊表现

文明的本质内涵,即历史地凝结成的人类生存方式,既表征人类超越自然的实践创新,亦表征人类克服野蛮的社会进步。因此,"文明是实践的事情,是社会的素质"①,人类实践活动的发展决定了人类文明发展的基本规律。中华文明作为人类文明的重要组成部分,其突出的连续性、创新性、统一性、包容性和和平性承载了人类文明发展的一般规律,彰显出独具中国特色的文明气质。

一、中华文明遵循人类文明发展的一般规律

实践是探寻人类文明发展规律的锁钥。人的自由自觉的实践活动展开并不断重构着两种基本的生存结构:一是主体—客体结构,即人与自然在实践层面的交互作用;二是主体—主体结构,即人的各种社会关联、社会关系的构建。与此相对应的是,人类文明的发展也存在两大基本规律:一是文明在劳动创新中推进,二是文明在交往学习中提升。就前者而言,"劳动创新"主要指的是人类劳动工具或生产工具的创新,包括"自然形成的生产工具和由文明创造的生产工具"②。自人类进入文明时代以来,生产工具大致经历了"人手工具—人手动力工具—蒸汽动力工具—电气动力工具—智能动力工具"③的发展过程,人类文明的演进与之高度契合,呈现出"原始文明—农

---

① 中共中央马克思恩格斯列宁斯大林著作编译局编译:《马克思恩格斯文集》第一卷,人民出版社,2009年,第97页。
② 中共中央马克思恩格斯列宁斯大林著作编译局编译:《马克思恩格斯文集》第一卷,人民出版社,2009年,第555页。
③ 陶富源:《文明冲突,还是文明互鉴?——文明及其发展规律和当代走向》,《中国浦东干部学院学报》,2020年第9期。

业文明—工业文明—后工业文明"的发展序列。生产工具的革命往往成为文明革新的先兆。比如,铁制农具的广泛使用翻开了农业文明的新篇章,蒸汽机的发明和改进打开了工业文明的新世界等。正是这些象征着社会生产力发展水平的生产工具的创新,为人类文明发展进步提供了重要动力。就后者而言,人类各种文明都是在同其他文明的交往学习中延续、发展和进步的。按照布罗代尔的说法,"没有一种文明可以毫不流动地存续下来:所有文明都通过贸易和外来者的激励作用得到了丰富"[①]。所谓"贸易和外来者的激励作用",表征的正是基于文明交往之上的相互学习。比如,起源于西亚地区的基督教后来成为欧洲文明的宗教内核,起源于印度的佛教后来演化为东亚儒家文明的重要内核。诚然,非和平友好的负态交往,如侵略、征服等,本身是非文明的和野蛮的,但随之而来的被动学习在客观上仍使"先进者"的长处为"落后者"所充分吸收,继而在客观上促进了文明发展。由此可见,不论是历时态视野还是共时态视野中的人类文明,均无法背离在劳动创新中推进、在交往学习中提升的发展规律。中华文明之所以能够在人类文明的卷轴上留下浓墨重彩的一笔,正是由于其始终行走在契合人类文明发展规律的正道之上。

二、中华文明彰显独具中国特色的文明气质

人类文明发展的一般规律固然具有普遍性意义,但具体到不同的文明单元,其表现形式是不完全一样的。"如果'偶然性'不起任何作用的话,那么世界历史就会带有非常神秘的性质。"[②]中华文明突出的连续性、创新性、

[①] 费尔南·布罗代尔:《文明史:人类五千年文明的传承与交流》,常绍民、冯棠、张文英译,中信出版社,2017年,第19页。
[②] 中共中央马克思恩格斯列宁斯大林著作编译局编译:《马克思恩格斯文集》第十卷,人民出版社,2009年,第354页。

第八章 "第二个结合"是对中华文明发展规律的深刻把握

统一性、包容性和和平性,以独具中国特色的表现形式承载了人类文明发展的一般规律。

第一,中华文明具有突出的连续性。与中华文明同时期诞生的其他古老文明,大多数到了铁器时代早期就由于外力因素中断了发展历程,从而不再作为独立的政治实体存在。相形之下,中华文明西接高原、北邻朔漠、东面大海的特殊自然地理环境为其构筑了阻隔外部入侵的天然屏障,确保中华民族的劳动创新代代相承、节节攀升。

第二,中华文明具有突出的创新性。中华民族的劳动创新是在维护自身文明主体性的基础上的创新,尤其是面对新事物、新挑战,中华民族从来不泥古不化、畏缩不前。鸦片战争以来,在西方坚船利炮的威逼之下,中华民族承认西方工业文明的优势,主动向西方文明国家学习,但仍然"以坚持自己的方式进行自我改变"[①],终于在中国共产党领导下再次迎来了自身主体文明的高光时刻。由此可见,中华文明的创新性以保持自我、发展自我为前提,这也是其能够开创出具有鲜明中国特色的现代化道路的原因所在。

第三,中华文明具有突出的统一性。从中华文明的地区分布上看,中原核心地区与周边民族地区的频繁交往互动形成了一个相对稳定的张力结构,中原文明核心地带与四周文明边缘地带的特殊互动关系是产生中华文明强大生命力的源泉。在共同的生产及生活需要的驱使下,长期以来,生活于中原文明核心地带的汉民族与杂居于四周文明边缘地带的少数民族展开了多样化的贸易和文化交流,这种社会性的互动学习促使中华民族在文化上兼收并蓄,在经济上相互依存,在情感上相互亲近,构建起多元一体的文明发展格局。正因为如此,国土不可分、国家不可乱、民族不可散、文明不可断的信念深深镌刻在全体中华儿女的基因深处。

---

① 竹内好:《近代的超克》,李冬木、赵京华、孙歌译,生活·读书·新知三联书店,2005年,第286页。

第四，中华文明具有突出的包容性。历史地看，以稳定的农业生产为劳动创新提供物质基础的中华文明，因其生态和人文的复杂性与多样性而面临诸多方面的压力和挑战，从而更加注重协作、组织、管理，也就必然孕育出兼容并包的文化心理。因而，包容性是中华文明起源过程中形成的内在特质。以中华文化对世界文明的兼收并蓄为例，起自西汉、盛于隋唐的佛教入华是中华文明同异域文明的首次碰撞。佛教的六道轮回、因果循环、不生不灭等观念殊异于中华文明原生的儒家文化和道家文化，一度受到统治阶级和士人阶层的强烈排斥。然而随着时间的推移，佛教文化的精髓为儒家、道家所充分吸纳，一方面形成了包括"性、相、台、贤、禅、净、律、密"八大宗派在内的中国化佛教理论和派别，另一方面催生出理学、心学等儒家学派，开启了中华文明发展的新阶段。

第五，中华文明具有突出的和平性。得天独厚的地理区位从源头上塑造了中华文明的和平性特质。一者，中华大地上各区域文化间适当的距离使中华各民族于集体无意识中选择了和平的交往互动方式，大大降低了文明的发展成本。二者，不同于古希腊文明和古罗马文明受制于地形破碎、土壤贫瘠的自然环境，中华文明拥有集中连片的广阔平原、肥沃且易于耕作的土地以及良好的气候条件，完全能够自给自足，因而并无通过对外扩张获取资源的必然需求。在此基础上，中华文明养成了协和万邦、亲仁善邻的文化精神，在对外交往中始终坚持"以文明交流超越文明隔阂、文明互鉴超越文明冲突、文明共存超越文明优越"[①]的原则，将"和合"的文明理念贯通于历史全过程，传布于社会各阶层，彰显于发展各领域。

总而言之，中华民族劳动创新和交往互动的特殊性塑造了中华文明独具特色的文明气质，这种气质随着文明实践的历史展开逐渐转化为文明优势，

---

① 习近平：《高举中国特色社会主义伟大旗帜　为全面建设社会主义现代化国家而团结奋斗——在中国共产党第二十次全国代表大会上的报告》，人民出版社，2022年，第63页。

谱写了灿烂辉煌的中华文明史。但遗憾的是，文明优越性的长期积淀不可避免地固化了中华文明的思维模式，消磨了中华文明自我革新的勇气和意志，终于使其在18世纪以来的东西方文明大分流①中日益走向封闭和保守，与时代潮流渐行渐远。鸦片战争不啻为中华文明重新自觉的警钟，为了一扫蒙尘受辱的阴霾，先进的知识分子向西方遍寻济世良药，可无奈维新也好，共和也罢，均无力引导中华文明回归契合人类文明发展规律的正道。正当此时，马克思主义在俄国的成功让中华民族看到了延续文明火种的希望，在科学理论的指导下，中国共产党深刻把握中华文明发展规律，开启了对建设中华民族现代文明的探索之路，"第二个结合"正是在这一过程中得出的规律性认识。

第二节 "第二个结合"是建设中华民族现代文明得出的规律性认识

当中华文明在内忧外患中裹足不前，行将彻底沦为西方文明的"附庸"之时，特定的历史情境使其与马克思主义建立起了紧密的联系。这突出地表现为：中国共产党历史地肩负起了接续中华文明火种的重任，坚持在中国化时代化马克思主义理论指导下建设中华民族现代文明。"第二个结合"是中华文明同马克思主义建立起紧密联系的重要前提，是建设中华民族现代文明得出的规律性认识。

一、"第二个结合"赓续了中华文明的优质基因

"第二个结合"深刻把握了文明在劳动创新中推进的发展规律，通过创造性转化、创新性发展，源源不断地将中华优秀传统文化的思想精髓转化为

---

① 彭慕兰：《大分流：欧洲、中国及现代世界经济的发展》，史建云译，江苏人民出版社，2003年，第2页。

建设中华民族现代文明的文化动力。就创造文明的实践活动而言，由于人们总是"在直接碰到的、既定的、从过去承继下来的条件下创造"①，因而赓续文明必须传承好历史文化基因，科学地继承作为历史遗产的文化成果。在漫长的文明演进中，中华民族以精耕细作的农业自然经济和血缘宗法社会关系为基础，创造了极为庞杂丰富的传统文化。这些文化成果中既包含能够为人们认识和改造世界提供有益启迪、为治国理政提供有益启示、为解决人类面临的难题提供有益启发的精华，亦不乏有悖于时代发展趋势和文明进步需要的糟粕。正因为如此，建设中华民族现代文明必须处理好传统与现代的关系，通过对中华传统文化取其精华、弃其糟粕，打开文明发展的新空间。"第二个结合"是建设中华民族现代文明的又一次思想解放，从"根"的意义上肯定了中华优秀传统文化的重大价值，以马克思主义的真理力量不断激活中华优秀传统文化，让我们能够充分汲取其中的宝贵资源，创造面向未来的新文明。

"第二个结合"是马克思主义同中华优秀传统文化的相互成就，既让马克思主义成为中国的，更让中华优秀传统文化成为现代的。这一过程的内在机理，即以马克思主义的科学的世界观和方法论引领中华优秀传统文化的创造性转化、创新性发展。首先，马克思主义通过加速解构作为整体形态的中华传统文化体系，使各传统文化要素化整为零，为其融入中华民族现代文明创造了条件。文化系统具有可解析性和可重构性，文化系统内部的各文化要素具有可离性和相容性，②中华优秀传统文化的创造性转化、创新性发展是在文化要素层面发生和进行的，只有先解构出中华传统文化的要素，才能立

---

① 中共中央马克思恩格斯列宁斯大林著作编译局编译：《马克思恩格斯文集》第二卷，人民出版社，2009年，第470-471页。
② 张岱年、程宜山：《中国文化与文化论争》，中国人民大学出版社，1996年，第399-400页。

足中华现代文化体系,即中国特色社会主义文化体系,对其展开有选择的吸收和运用。其次,马克思主义以实践需要为评价标准,从中华传统文化要素中遴选出对建设中华民族现代文明具有恒久价值的精华,为造就新的有机统一的文化生命体储备原料。应当注意的是,这一过程并不是一蹴而就的,而是一代或数代人锲而不舍努力的结果。遴选中华传统文化元素的主体也并非一般个人或群体,而是作为文化创造者的人民群众。再次,马克思主义通过赋予中华优秀传统文化新含义、发掘其隐含意义、对其进行重新诠释和重构联结等途径,使中华优秀传统文化充分融入中国特色社会主义文化体系,[①]转化为建设中华民族现代文明的文化动力。由此可见,"第二个结合"廓清了中华文明历史的样貌,为我们认识和理解中华文明的突出特性提供了科学的致思路径,也为我们奋力谱写中华文明的当代华章创造了必要条件。

二、"第二个结合"锚定了社会主义文明的发展路向

"第二个结合"深刻把握了文明在交往学习中提升的发展规律,通过马克思主义、中国具体实际、中华优秀传统义化的融会贯通,开创出中国特色社会主义道路,巩固了中华民族现代文明的主体性。就中华文明同世界其他文明的交往互动而言,其显著特征即始终坚持在维护文明主体性的基础上对外交往,在"不忘本来"的前提下"吸收外来"。从历史的长时段来看,躬逢盛世,中华文明便"修文德以服远人"(《论语·季氏》),迭遇乱世,中华文明也"总能同化或者驱逐入侵者,总能选择外来文化的某些方面加以改变,使之适合于自己的传统文化"[②]。这种高度的文明主体性决定了中华

[①] 刘学斌:《试论中华优秀传统文化转化、创新的逻辑进程》,《福建师范大学学报(哲学社会科学版)》,2022 年第 4 期。

[②] 斯塔夫里阿诺斯:《全球通史:1500 年以前的世界》,吴象婴、梁赤民译,上海社会科学院出版社,1999 年,第 68 页。

文明的传播方式从来不是以神的名义征服世界，而是将自身塑造为现世文明的典范。但明清以降，中华文明却在一种僵化陈腐的文化模式驱动下日益转向封闭和保守，在同域外文明的交往互动中处处以"天朝上国"自居。这不仅不应被视作文明主体性的升华，而且应当被标识为文明主体性日渐迷失的信号。因此，鸦片战争以来中华文明所遭遇的前所未有的现实危机，根本上是文明主体性的危机。正是由于主体性的缺失，中国先进知识分子展开了旷日持久的关于中华文明何去何从的文化论争，形成了文化激进主义与文化保守主义的对峙。前者将中华传统文化同建设中华民族现代文明根本对立，认为中华传统文化是文明转向的沉重累赘，从而逐渐走向"全盘西化"的文化虚无主义。后者将中华传统文化的创新发展同坚守中华文明的主体性根本对立，打着"中体西用"的旗号厚古薄今、以古非今，从而逐渐沦为全盘复古主义。在历史的转折时刻，中国共产党人正视中华文明主体性的优劣，深刻洞察人类文明发展大势，在"第二个结合"中走出了一条中国特色社会主义的文明新路，找回并确立了近代以来中华文明逐渐迷失的主体性。

一定程度上，中国共产党人锚定社会主义文明的发展路向有赖于特定的历史文化条件。第一次世界大战的爆发以及巴黎和会中国外交的失败使中国先进的知识分子对西方文明备感失望，立志要向苏俄学习，综合东西方文明之长以建立"第三新文明"[①]，即社会主义文明，以渡此危崖。但从本质上看，沿着社会主义道路建设中华民族现代文明绝非应一时之急的权宜之计，因为社会主义本就是在批判西方文明（资本主义文明）的基础上生成的人类文明形态，是中华文明与西方文明交往互动的历史必然。在这个意义上，"第二个结合"打破了二元对立的"体用论"思维，以辩证逻辑取代形式逻辑，将源自异域的马克思主义作为建设中华民族现代文明的"魂脉"，确保中华文

---

① 中国李大钊研究会编注：《李大钊全集》（修订本）第二卷，人民出版社，2013年，第311页。

明的现代转型永不偏离社会主义文明的航道。与此同时,"第二个结合"坚持以解决中国社会发展的现实问题为导向,在汲取中华优秀传统文化养分的同时,充分借鉴西方文明经验,开创具有中国特色的社会主义道路。比如,社会主义市场经济体制作为建设中华民族现代文明的重大成果,其对公有制经济主体地位的维护体现了社会主义制度的本质规定性,但对市场在资源配置中的决定性作用的强调则是对西方文明发展经验的合理借鉴。不容忽略的是,"义利统一""兼济天下"等中华优秀传统文化的价值理念贯穿这一体制形成发展的全过程,是中华文明主体性意蕴的突出呈现。

三、"第二个结合"勘定了现代文明的历史方位

"第二个结合"深刻把握了社会主义文明必将取代资本主义文明的历史规律,通过扬弃资本现代性生成了中华民族现代文明超越西方文明的文化逻辑。文明为历史的发展提供了客观条件,文明自身也在历史潮流的涌动中蓬勃生发。恩格斯曾说过,"历史进程是受内在的一般规律支配的"[1]。的确,文明历史的每一个发展阶段"对它发生的那个时代和那些条件说来,都有它存在的理由"[2],尤其是资本主义大工业的勃兴直接将人类文明牵引至一个过往无法企及的高度,使之呈现出现代文明的独有魅力。资本增殖与技术更新的结合推动劳动创新以前所未有的速度迅猛发展,商品交换与世界市场的繁荣打破了各民族国家交往互动的天然壁垒,人本主义与理性主义思潮的盛行创生出自由、民主、平等等崭新的价值理念,但由此也造成一种假象,似乎西方文明已然变成了现代文明的"真理",人类历史必将终结于资本主义

---

[1] 中共中央马克思恩格斯列宁斯大林著作编译局编译:《马克思恩格斯文集》第四卷,人民出版社,2009年,第302页。
[2] 中共中央马克思恩格斯列宁斯大林著作编译局编译:《马克思恩格斯文集》第四卷,人民出版社,2009年,第270页。

文明形态。事实上，资本逻辑固然具有"伟大的文明作用"，但始终未曾超脱由生产方式本质所决定的结构性危机，因而处处呈现出"文明的悖论"。对自然资源无限度的攫取造成人与自然之间物质变换的断裂，对他国廉价劳动力和商品市场的掠夺导致不同民族国家之间激烈的冲突，对物的过度崇拜致使人的自由时间被机械性的劳动充斥，这一切使人们必须将西方文明称之为"建立在劳动奴役制上的罪恶的文明"①，更遑论将其视作实现文明发展的必由之路。马克思在深入剖析资本主义内在矛盾的基础上表达了对新文明的期待，认为社会主义文明必将在驾驭资本逻辑的基础上再次升华现代文明的位阶，以全新的文明样态将"人的自由而全面的发展"的理想目标落到实处。如今，在建设中华民族现代文明的语境下，"第二个结合"为驾驭资本逻辑提供了独特的经验智慧，一种超越西方文明的人类文明新形态正日益成为现实。

毋庸讳言，中华民族现代文明对西方文明的超越是通过为资本设置"红绿灯"，规范和引导资本"为我所用"实现的。"第二个结合"之所以能够生成中华民族现代文明超越西方文明的文化逻辑，一方面是由于马克思主义提供了扬弃资本现代性的科学理论指导。在马克思看来，只有将否定资本现代性的过程具体化为对私有财产的积极扬弃，构建以人的自由而全面的发展为旨归的劳动逻辑，才能在充分激发资本"文明面"的同时遏制其"野蛮面"的生长。另一方面是由于中华优秀传统文化提供了扬弃资本现代性的独特经验智慧。习近平总书记指出："包括儒家思想在内的中国优秀传统文化中蕴藏着解决当代人类面临的难题的重要启示。"② 从本质上看，当代人类面临

---

① 中共中央马克思恩格斯列宁斯大林著作编译局编译：《马克思恩格斯文集》第三卷，人民出版社，2009年，第175页。
② 习近平：《在纪念孔子诞辰2565周年国际学术研讨会暨国际儒学联合会第五届会员大会开幕会上的讲话》，人民出版社，2014年，第6页。

的难题主要源自资本现代性的全球扩张。中华优秀传统文化蕴含的责任先于权利、义务先于自由、和谐高于冲突等精神特质,以民族经验、民族智慧的形式为扬弃资本现代性提供了新的思路与方案。在此基础上,"第二个结合"充分掌握了建设中华民族现代文明的思想文化主动。一者,"第二个结合"构建了"中和位育、安所遂生"的文明发展总体思路,强调以人民为中心的整体系统、自然协调、相互成就、中正和谐和永续发展。二者,"第二个结合"凝练出"和平、发展、公平、正义、民主、自由"的全人类共同价值,倡导各文明主体共同擘画美美与共的人类文明交往新图景。以此为契机,中华民族现代文明正以人类文明新形态的昂扬姿态阔步迈向文明复兴,继之而来的必将是人类文明的又一次整体性跃升。

第三节 旧邦新命:以"第二个结合"不断推动中华文明复兴

实现民族复兴是中华民族的百年夙愿,民族复兴的本质正在于中华文明的复兴。诗经有云:"周虽旧邦,其命维新。"(《诗经·大雅·文王》)中华固然是世代延传的"旧邦",然其冉冉升起、不可阻挡之发展态势已然宣示了实现文明复兴的"新命"所在。以"第二个结合"不断推动中华文明复兴,必须于"前提"处着手,书写中华民族伟大复兴的文明叙事;必须于"目标"处着意,聚焦实现人的自由而全面的发展;必须于"途径"处着力,开掘跳出历史周期率的文明智慧。

一、于"前提"处着手,书写中华民族伟大复兴的文明叙事

只有对文明历史作出过卓越贡献的伟大民族才有资格谈复兴。近代以来,中华民族由蒙尘受辱的至暗时刻到迎来伟大复兴的熠熠曙光,用了将近二百

年时间。这近二百年的历史片段可以看作五千多年中华文明史的一个缩影：中华文明一次次从低潮中崛起，逐步进入了领先的发展节奏。但不同于以往的是，"第二个结合"引领中华文明走向复兴而非走向复归，不是以海晏河清的王朝盛世为参照，而是旨在创生出超越西方文明的新的生存方式和意义系统，开辟人类文明发展的新境界。就此而言，中华民族现代文明建成之日必将是中华文明伟大复兴实现之时。习近平总书记在中央政治局第三十次集体学习中强调，要"加快构建中国话语和中国叙事体系"①。然而，中华文明复兴叙事构建受到一系列错误思想倾向的干扰，亟待正本清源，这也是以"第二个结合"不断推动中华文明复兴的前提所在。

首先，必须坚决反对以复兴儒学"正统地位"为圭臬的"文化复古主义"论调，厘清实现中华文明复兴的宗旨是建设以马克思主义为指导的中华民族现代文明。诚然，实现中华文明复兴需要将中华优秀传统文化的创造性转化、创新性发展提升至战略层面，但不容忽略的是，文明复兴不等于文化复古，"孔孟之道"绝无成为中华文明复兴指导思想之可能。这是因为，"随着经济基础的变更，全部庞大的上层建筑也或慢或快地发生变革"②，以儒家文化为主导的中华传统文化归根结底是与封建自然经济相适应并代表封建地主阶级利益的文化，只能作为实现中华文明复兴的重要文化资源。

其次，必须坚决反对过分强调儒家文化和汉文化的"传统文化窄化论"，澄明实现中华文明复兴的要旨是对中华优秀传统文化资源进行整体性阐扬。中华优秀传统文化内涵之广大远超儒家文化的范畴，例如，主张"相爱""非攻"的墨家思想，主张"道法自然"的道家思想，主张"以法治国"的法家思想等。中华民族的多元性决定了其文化的多样性。虽然自汉代以来"儒家

---

① 习近平：《习近平著作选读》第一卷，人民出版社，2023年，第38页。
② 中共中央马克思恩格斯列宁斯大林著作编译局编译：《马克思恩格斯文集》第二卷，人民出版社，2009年，第592页。

思想在中国思想文化领域长期取得了主导地位,但中国思想文化依然是多向多元发展的"①。只有以全面辩证的眼光看待中华优秀传统文化资源,才能避免陷入以点带面、以偏概全的形而上学思维陷阱,最大程度地发挥以"第二个结合"不断推动中华文明复兴的现实成效。

再次,必须坚决反对忽视历史和现实条件变化的"简单融合论",明确实现中华文明复兴的关节是确保"第二个结合"不流于表面、不生硬僵化,也不脱离实际、不无的放矢。以"第二个结合"不断推动中华文明复兴需要校准思想上的航标,既不能教条式地从马克思主义的"本本"里寻章摘句,专注于对马克思主义与中华优秀传统文化相似处的简单"说理";也不能落入实用主义的窠臼,处处根据"需要"用马克思主义的经典理论裁剪现实。只有从"有机结合"入手,在坚持问题导向的同时求同存异,才能深刻把握马克思主义同中华优秀传统文化的构建性关系,为实现中华文明复兴积淀文化力量。

二、于"目标"处着意,聚焦实现人的自由而全面的发展

中华民族现代文明是以人民为主体的现代文明,中华文明的复兴必然要落实到"现实的个人"之上。人民是文明的创造者,因为现实的人是一切历史的出发点,"全部人类历史的第一个前提无疑是有生命的个人的存在"②。人在生产物质生活资料以满足吃喝住穿等最直接的生存需要的同时,已经迈出了创造文明的第一步。在这一过程中,分工的细化推动了人的劳动创新与交往互动,继而构建起各种文明领域。但是,随分工而来的私有制催生出"虚

---

① 习近平:《在纪念孔子诞辰2565周年国际学术研讨会暨国际儒学联合会第五届会员大会开幕会上的讲话》,人民出版社,2014年,第12页。
② 中共中央马克思恩格斯列宁斯大林著作编译局编译:《马克思恩格斯文集》第一卷,人民出版社,2009年,第519页。

假的共同体"，致使掌握生产资料的统治阶级成为文明的构建主体，而作为文明创造者的人民则依附于统治阶级。这种情况在资本主义现代社会愈演愈烈，尽管人在资本的推动下以宗教解放和政治解放的方式破除了对上帝和地主的依赖，却塑造了新的人对物的依赖关系，复又坠入拜物教的深渊。由此，资本成为文明构建的主体，异化后的人遮蔽了真实的资本，无穷无尽的危机在现代文明的光环之下暗流涌动。有鉴于此，对于现代文明的估价绝不是看它创造了什么样的物质奇迹，而是看它能够造就什么样的人。从"第二个结合"中走来的中华民族现代文明将人的发展状况作为实现中华文明复兴的重要尺度，始终指向人的自由而全面的发展。也正是在这一点上，马克思主义同中华优秀传统文化展示出了高度的契合性和互补性。

在人性论问题上，马克思主义与中华优秀传统文化都将人性之凸显理解为人的社会性对作为肉体存在物的人及其自然属性的超越。马克思主义将人的本质归结为"一切社会关系的总和"[①]，承认"整个历史也无非是人类本性的不断改变而已"[②]。而人性作为应然的预设，它的充实在社会层面的表达就是理想社会的实现，在马克思主义看来，就是建成承载人的自由而全面的发展的必要组织形式——自由人联合体。无独有偶，在中华优秀传统文化的语境中，人性同样只能体现在人与人之间的社会关系中，诚所谓"人之所以异于禽兽者几希"（《孟子·离娄下》）。相应地，这种人性论所预示的理想社会的愿景，即人人达至"从心所欲不逾矩"境界的"大同社会"。由此也可以理解，何以有学者言称"马克思主义者和儒家在其相信人能达到完

[①] 中共中央马克思恩格斯列宁斯大林著作编译局编译：《马克思恩格斯文集》第一卷，人民出版社，2009年，第501页。
[②] 中共中央马克思恩格斯列宁斯大林著作编译局编译：《马克思恩格斯文集》第一卷，人民出版社，2009年，第632页。

美的境地这一点上是一致的"①了。所不同的是,马克思主义认为只有通过人的历史解放,亦即阶级斗争才能达到"人的本质"的"真正的现实性",实现从必然王国到自由王国的飞跃。殊异于这一强烈的现实感,中华优秀传统文化的"内向"性格决定了其走向"大同社会"的方式是"向内求",而在天人关系的处理上将基点放置于人类社会,在人与人关系的处理上将基点放置于自我的改造。正因为如此,以"第二个结合"不断推动中华文明复兴,必须于完美人性的塑造处下功夫。可以想见,富含"知耻""明礼""行仁"等正心修身理念的中华优秀传统文化与高度重视人的社会性的马克思主义相结合,将极大地提升社会文明程度,造就新的更高层次的现代文明。

三、于"途径"处着力,开掘跳出历史周期率的文明智慧

中华文明走向复兴,离不开借鉴中华文明历史上各政治和社会活动主体成败得失的本土经验,跳出"其兴也勃焉","其亡也忽焉"的历史周期率。作为一种具有普遍性、规律性的社会历史现象,历史周期率问题"的确是我国历史上封建王朝摆脱不了的宿命"②。"其兴也勃焉"多是由于统治集团创业初期在生存压力的倒逼下能够顺应潮流、励精图治,遂至民心归附、功业大成。"其亡也忽焉"则多是由于随着环境的优化,统治集团往往沉湎享乐、昏庸无道,终致祸乱并生、人亡政息。概言之,中国历代王朝无力打破治乱兴衰"魔咒"的根本原因在于统治集团无法长久地保持自身先进性,此种情形下中华文明也只能在周而复始的循环中日渐消沉。然而,历代王朝却不乏对实现皇图永固、帝道遐昌的思考和尝试,留下了"为政以德,譬如北辰"(《论语·为政》),"法者,国之权衡也"(《商君书·修权》),"理国要道,在于公平正直"(贞观政要·论公平)等古训箴言。一定程度上,

---

① 窦宗仪:《马克思主义与儒家论人性及其实践》,《哲学译丛》,1981年第2期。
② 习近平:《习近平著作选读》第二卷,人民出版社,2023年,第102页。

中国共产党人之所以能够找到人民民主和自我革命这两个跳出历史周期率的科学答案，推动实现中华文明的涅槃重生，正是由于开掘出了蕴藏于中华文明血脉深处的思想智慧。当然，这并不意味着一劳永逸地解决了历史周期率问题。对于建设中华民族现代文明而言，前进道路上的各种风险挑战必然对实现文明复兴带来新的考验，以"第二个结合"不断推动中华文明复兴也必须围绕这一途径持续发力。

中国共产党是实现中华文明复兴的主心骨，持续推进党的建设新的伟大工程，以党的自我革命引领社会革命是其永葆先进性和纯洁性的制胜法宝。从本质上看，自我革命是无产阶级政党在革命中"抛掉自己身上的一切陈旧的肮脏东西"[①]的过程。中华优秀传统文化对于个人正心修身的强调虽不能等同于"自我革命"，但无疑与之具有融通之处。一者，中华优秀传统文化注重反躬自省，曾子就曾有过"吾日三省吾身"（《论语·学而》）的训诫。自省的目的是自新，即在日常的反省中实现自我进步，继而"苟日新，日日新，又日新"（《礼记·大学》），这就与中国共产党对自身德政的注重以及对广大党员干部党性修养的强调具有高度一致性。二者，中华优秀传统文化追求知行合一，认为"身修而后家齐，家齐而后国治，国治而后天下平"（《礼记·大学》），力图以"知"与"行"的辩证互动促成"内圣"与"外王"的统一。这就与中国共产党要求广大党员干部在理论学习中"把自己摆进去、把职责摆进去、把工作摆进去，做到学、思、用贯通"[②]的思维理路本质相牟。中华优秀传统文化倡导居安思危，是故"君子安而不忘危，存而不忘亡，治而不忘乱"（《周易·系辞传下》），从侧面强调安身立命需时刻惕厉内外

[①] 中共中央马克思恩格斯列宁斯大林著作编译局编译：《马克思恩格斯文集》第一卷，人民出版社，2009年，第543页。
[②]《在常学常新中加强理论修养　在知行合一中主动担当作为》，《人民日报》，2019年3月2日，第1版。

风险。而未雨绸缪的根本只在于"自强不息、厚德载物",以自身永不停歇的发愤图强化解各种风险挑战。这就与中国共产党号召每一个党员,特别是领导干部"必须常怀忧党之心、为党之责、强党之志"[①],在踔厉奋发中勇往直前的精神品质相互契合。由此可见,以"第二个结合"开掘跳出历史周期率的文明智慧,就是要充分发扬中华优秀传统文化涵盖的正心修身价值理念,使之内化为广大人民群众,尤其是党员干部的重要价值取向,防止其出现功成名就之后的精神懈怠问题,促使其养成谦虚谨慎、不骄不躁的作风品格,从而补足精神上的"钙",挺直精神上的"梁"。

---

① 《全党必须始终不忘初心牢记使命　在新时代把党的自我革命推向深处》,《人民日报》,2019年6月25日,第1版。

第九章
"第二个结合"造就了一个有机统一的新的文化生命体

习近平总书记在文化传承发展座谈会上指出:"我们的社会主义为什么不一样?为什么能够生机勃勃、充满活力?关键就在于中国特色。中国特色的关键就在于'两个结合'。"在五千多年中华文明深厚基础上开辟和发展中国特色社会主义,把马克思主义基本原理同中国具体实际、同中华优秀传统文化相结合是必由之路。这是我们在探索中国特色社会主义道路中得出的规律性认识,是我们取得成功的最大法宝。"第二个结合"虽然本质性地内生于"第一个结合"中,但新时代我们更加突出和强调"第二个结合",这不仅是从中华优秀传统文化中汲取中华民族伟大复兴精神力量的所需,更是不断造就一个有机统一的新的文化生命体、建设中华民族现代文明的历史任务使然。

第一节 结合的前提是相互契合

"第二个结合"之所以不是简单的"物理反应",而是深刻的"化学反应",其根本原因在于作为结合对象的马克思主义基本原理同中华优秀传统

第九章
"第二个结合"造就了一个有机统一的新的文化生命体

文化本身具有高度契合性。习近平总书记指出:"马克思主义传入中国后,科学社会主义的主张受到中国人民热烈欢迎,并最终扎根中国大地、开花结果,决不是偶然的,而是同我国传承了几千年的优秀历史文化和广大人民日用而不觉的价值观念融通的。"① 马克思主义之所以能够同中华优秀传统文化相结合,从文化根源上看,除了在于马克思主义理论本身具有的开放性和中华优秀传统文化自身具有的包容性之外,还在于二者具有高度的契合性。党的二十大报告指出,中华优秀传统文化"同科学社会主义价值观主张具有高度契合性"②。深入研究中华优秀传统文化同科学社会主义价值观主张高度契合的突出特征、主要原因和重要方面,对于推进马克思主义中国化时代化、建设中华民族现代文明具有重要的理论价值和现实意义。

一、契合的突出特征

契合是心灵的默契。《说文解字》:"契,大约也。从大从㓞。"据《周礼》记载,"大约"是当时各诸侯国之间订立的公约。古代的"大约"订立后,将刻有条约的器物剖为两半,为符契,双方各收一半以作凭证。符契左右齿痕完全重合,"契"就有了符合的意义。契合与符合虽在词源上都指剖为两半的器物相吻合,但契合比符合更有心灵相通、气质相投之意,故有"默契"一词。所以契合有两层含义:一是表象层面的符合、吻合,二是内在层面的心灵相通、志趣相投。

中华优秀传统文化同科学社会主义价值观主张高度契合,也就是说二者不但具有外在气质的高度相似,而且具有内在深层次旨趣的高度契合。中华民族在历史发展中创造和积累了中华文化,其中优秀的部分具有历久弥新的

---

① 习近平:《习近平谈治国理政》第三卷,外文出版社,2020年,第120页。
② 习近平:《高举中国特色社会主义伟大旗帜 为全面建设社会主义现代化国家而团结奋斗——在中国共产党第二十次全国代表大会上的报告》,人民出版社,2022年,第18页。

价值，突出体现在思想观念、人文精神、道德规范等方面。习近平总书记多次强调："中华优秀传统文化是中华文明的智慧结晶和精华所在，是中华民族的根和魂，是我们在世界文化激荡中站稳脚跟的根基。"① 文化的核心是价值观。习近平总书记指出："核心价值观，其实就是一种德，既是个人的德，也是一种大德，就是国家的德、社会的德。"科学社会主义价值观主张也可以说是科学社会主义这一真理所体现的"德"，是马克思主义真理在诞生和不断发展中所秉持的为无产阶级求平等、为全人类求解放、实现每个人自由而全面发展的"德"，是社会主义国家、社会主义发展不同历史阶段的国家制度设计中所体现的共有、共享的"德"和社会主义社会倡导的集体、奉献等社会风尚的"德"，也是追求共产主义真理的共产党员个体身上所体现的坚持真理、坚守理想，践行初心、担当使命，不怕牺牲、英勇斗争，对党忠诚、不负人民的"德"。中华优秀传统文化同科学社会主义价值观主张具有高度契合性，实际上就是指中华民族在漫长的历史进程中形成的具有突出的连续性、创造性、统一性、包容性和和平性等特性的中华文明，在思想观念、人文精神和道德规范等方面，同科学社会主义的理想追求和价值标准具有外在的高度相似性及内在的深层相通性。中华优秀传统文化同科学社会主义价值观主张的契合，具有如下突出特征。

一是契合的程度是"高度"。首先，契合是系统全面的。党的二十大报告列举了中华优秀传统文化蕴含的十个主要方面的价值观。无论是在人类社会的构建理想上、实现国家及社会的公平追求上，还是在个人道德情操的要求上，二者不仅相似，更具有高度一致性。其次，契合是深层次、心灵相通的。"唯物"与"辩证"是二者相通的基础，在此之上，作为科学社会主义价值观主张载体的诸多科学社会主义原则，在中华优秀传统文化中都能找到

---

① 中共中央党史和文献研究院：《习近平关于社会主义精神文明建设论述摘编》，中央文献出版社，2022年，第236页。

第九章
"第二个结合"造就了一个有机统一的新的文化生命体

契合点,如共产主义理想与天下大同、唯物史观与中国传统历史观、唯物辩证法与中国古代朴素辩证法、人民观与传统民本思想、生态文明观与敬畏天地的天人合一思想等,都具有相通的内涵和相同的气质。这种高度契合为"两个结合"打下了深厚的思想基础,筑牢了文化根基。最后,契合贯穿于中国特色社会主义事业发展的各方面、全过程。马克思主义在中国生根、发芽、开花、结果的百余年历程,实际上就是中华优秀传统文化同科学社会主义价值观主张从最初的互不排斥、相互接纳到后面的高度契合、结合形成新的文化生命体的过程。如今,二者高度契合贯穿于中国式现代化建设的经济建设、政治建设、文化建设、社会建设、生态文明建设等党和国家工作的各方面全过程,为"第二个结合"找到了依据,为中华优秀传统文化实现创造性转化、创新性发展及马克思主义扎根中国并实现中国化时代化新飞跃创造了前提。

二是高度契合是中国共产党和中国人民主动选择、积极塑造的结果。马克思主义与中华优秀传统文化产生的时代背景不同、观念来源不同,二者的契合以人类文明的共性作为天然基础。马克思主义和中华优秀传统文化同属人类宝贵的精神财富,是人类文明成果的重要代表,反映了世界人民追求公平正义、向往自由幸福生活的共同愿望,二者必然在基本内核、价值追求上是相通的,这是它们契合的天然基础。但是,在马克思主义中国化时代化的百年历程中,高度契合更是一种主动选择和积极塑造的结果。一方面,离不开中国共产党这一坚强领导核心和人民群众这一历史主体的推动。一代代中国共产党人大力推动,无数有识之士主动作为,广大人民群众普遍欢迎、热情接纳、积极实践,使马克思主义同传承了几千年的中华优秀传统文化贯通起来、同人民群众日用而不觉的价值观念融通起来,使马克思主义最终扎根中国大地并开花结果。另一方面,离不开客观条件的要求。在不同的历史阶段,究竟哪些中华传统文化适合被选取、激活、大力弘扬并赋予马克思主义丰富的内涵,需要有一定的筛选标准。百余年来,中国共产党人在推动"两个结合"的历史进程中探索经验,掌握规律,并形成规律性认识,用是否符合时代发展需求、是否与马克思主义真理相通为标尺,选取优秀的中华传统文化并进行创造性转化、创新性发展。这种主动选择不仅激活了中华优秀传统文化,赋予了马克思主义中国气派、中国风格,也进一步拓宽了二者契合的广度和深度,促成和塑造了更多更广泛更深层次的"契合",确保了二者的结合不是简单的拼盘,从而为造就有机统一的新的文化生命体提供了基本前提和保障。

二、契合的原因及动力

探究原因就是寻找动力。理解契合的发生学,才能用高度的历史自觉和文化自觉推动契合的实现,并经由"两个结合"造就有机统一的新的文化生命体,建设中华民族现代文明。

(一)文化根源:科学社会主义的创立间接吸收了中华优秀传统文化的养分

二者的文化情缘使之心灵相通。作为"从人类知识的总和中产生出来的"科学社会主义,在其创立的过程中吸收了人类所创造的各个文明、各种文化的有益成果,当然也包括中华优秀传统文化。

马克思主义在创立的过程中,深受19世纪欧洲自然科学、古典哲学和各种社会思潮的影响,是在对德国古典哲学、英国古典政治经济学和英法空想社会主义的直接批判与继承中产生的。这三大理论来源,均与中国传统文化有着密切关联。16—18世纪,欧洲兴起了"中国热"。在东学西渐过程中,中华文化对欧洲古典哲学和政治经济学产生过较大影响。德国古典哲学"唯理论"的"理"(理性)跟朱熹理学之"理"传入欧洲有密切关系,康德哲学、黑格尔逻辑学的"正反合"三段式辩证法与中国传统哲学中的"阴阳学说"内涵大体一致。有学者认为,英国古典政治经济学的代表人物亚当·斯密提出的自由市场理论，受到了老子无为而治理念的启发。英法的空想社会主义思想家研究过中国古代的"空想社会主义"，认为儒家创始人孔子是共产主义的鼻祖之一。可见，中华优秀传统文化影响了马克思主义的三大理论来源，间接为马克思主义提供了文化养分。正如2019年10月习近平总书记指出的那样："马克思对我国古代农民起义提出的具有社会主义因素的革命口号有过敏锐的观察。他说，'中国社会主义之于欧洲社会主义，也许就像中国哲学与黑格尔哲学一样'。"[①] 二者文化上的关联和"情缘"也是马克思主义传入中国时，很多中国人并不觉得陌生且易于接受的重要原因。

（二）实践要求：社会主义在中国实现的需要

高度契合的目的是救国复兴。如果仅从文化渊源上分析，最多只能得出二者并不排斥的结论，难以实现高度契合进而深度结合。而中华优秀传统文化同科学社会主义价值观主张的高度契合是历史发展的必然，是近代以来中国社会对马克思主义这一救国救民真理的强烈需求使然。毛泽东同志曾在1945年指出："马克思列宁主义来到中国之所以发生这样大的作用，是因为中国的社会条件有了这种需要。"[②] "这种需要"就是1840年鸦片战争以后，西方列强侵略下的中国陷入半殖民地半封建社会的深渊，国家蒙辱、人民蒙难、文明蒙尘，实现中华民族伟大复兴成为近代以来中国人民最伟大的梦想。但是依靠什么样的思想武器来抵御外侮、推翻"三座大山"，仁人志士进行了艰辛探索，中国社会各种政治思潮泛滥，各种救国方案轮番出台，但都以失败告终。十月革命一声炮响，给中国送来了马克思列宁主义。中国的先进知识分子认识到马克思列宁主义是为劳苦大众求解放的最先进的思想武器，只有走社会主义道路才能救中国、才能发展中国。正是在科学社会主义的指

---

① 习近平：《坚持和完善中国特色社会主义制度、推进国家治理体系和治理能力现代化》，《求是》，2020年第1期。

② 毛泽东：《毛泽东选集》第四卷，人民出版社，1991年，第1515页。

导下,中国共产党带领中国人民历经百余年的艰苦奋斗,中华民族迎来了从站起来、富起来到强起来的伟大飞跃。

但是科学社会主义原则怎样成为我们党和国家事业发展的科学指南,马克思主义如何才能被广大人民群众接纳、掌握和运用,这不仅关涉马克思主义理论在中国传播的广度与深度,还决定着中国革命、建设和改革事业的成败。毛泽东同志曾指出:"我们学马克思列宁主义不是为着好看,也不是因为它有什么神秘,只是因为它是领导无产阶级革命事业走向胜利的科学。"①但即便是真理的马克思列宁主义,"只有一般的理论,不用于中国的实际,打不得敌人"。要让科学的思想武器真正掌握在浸润于中华优秀传统文化之中、思想观念和行动都深受中华优秀传统文化影响的中国人手中,并发挥其应有的作用,就必须寻求中华优秀传统文化同科学社会主义价值观主张的高度契合。由此,二者高度契合成为社会主义在中国扎根,也就是实现中国特色社会主义的需要。高度契合是文化命题、理论命题,更是事关中华民族生存、发展、复兴的重大实践命题。

（三）主体力量:中国共产党人始终推动高度契合

民族先锋必然具有高度自觉的民族文化意识。中华优秀传统文化同科学社会主义价值观主张的高度契合并不是自然生成的,而是与一代代中国共产党人的努力推动密不可分的。没有中国共产党人这一先锋力量始终以辩证唯物主义和历史唯物主义的科学世界观和方法论传承弘扬中华优秀传统文化,就没有今天二者高度契合的大好局面。一百多年来,中国共产党始终在塑造"高度契合"、推动"两个结合"上发挥引领和先锋模范作用,为中华优秀传统文化的创造性转化、创新性发展作出了重大贡献。

如何对待中华优秀传统文化,不仅是学术命题,更是重大的政治命题。鸦片战争以后,在西方工业文明面前,中国人的文化自信逐渐丧失。在军事

---

① 毛泽东:《毛泽东选集》第三卷,人民出版社,1991年,第820页。

第九章　"第二个结合"造就了一个有机统一的新的文化生命体

不如人、经济不如人、制度不如人的反思背后,是对文化与文明发展的深刻洞悉与鞭挞。新文化运动对中华传统文化进行了彻底批判,但这种对传统文化过于简单、不加以区分的全盘否定也显示了其历史局限性。这一缺陷和不足是在延安时期加以纠正和解决的。1938年,在党的六届六中全会(扩大)上,毛泽东同志提出:"今天的中国是历史的中国的一个发展;我们是马克思主义的历史主义者,我们不应当割断历史。从孔夫子到孙中山,我们应当给以总结,承继这一份珍贵的遗产。"[①]1940年,毛泽东同志又在《新民主主义论》中全面论证了建设新民主主义文化的方针,提出"剔除其封建性的糟粕,吸收其民主性的精华""批判地兼收并蓄"等方法,提出"中国共产党人是我们民族一切文化、思想、道德的最优秀传统的继承者,把这一切优秀传统看成和自己血肉相连的东西,而且将继续加以发扬光大"。在以毛泽东同志为主要代表的中国共产党人的正确带领和具体实践下,中华优秀传统文化得以摆脱近代以来被彻底否定的命运,重新确立了在国家发展和民族进步中的重要地位。不仅如此,中华优秀传统文化在不同的历史阶段不断被马克思主义激活,被赋予新的文化内涵和生命力。"实事求是"一词源自《汉书》,通过与马克思主义唯物辩证法的结合,成为党的思想路线的重要内容,是中华优秀传统文化同科学社会主义价值观主张高度契合的典范。

改革开放以来,我们党在大力推进社会主义现代化建设的同时,提出要大胆吸收和借鉴人类社会创造的一切文明成果,拓展了中华优秀传统文化同科学社会主义价值观主张之间的契合性。新时代以来,以习近平同志为核心的党中央高度重视中华优秀传统文化,从建设中华民族现代文明的角度全面阐释、挖掘二者的高度契合性。阐明结合与契合的关系,后者是前者的前提;阐明经由契合推动结合,形成的结果是造就一个有机统一的新的文化生命体;阐明"以马克思主义为指导对中华五千多年文明宝库进行全面挖掘,用马

[①] 毛泽东:《毛泽东选集》第二卷,人民出版社,1991年,第534页。

克思主义激活中华优秀传统文化中富有生命力的优秀因子并赋予新的时代内涵，将中华民族的伟大精神和丰富智慧更深层次地注入马克思主义"的契合—结合—创新的方法，这为新时代充分发掘中华优秀传统文化宝贵资源的重要作用、实现高度契合进而做到"两个结合"提供了根本遵循。

第二节　结合的结果是相互成就

"第二个结合"让马克思主义成为中国的、中华优秀传统文化成为现代的，让经由结合而形成的新文化成为中国式现代化的文化形态。

一、让马克思主义成为中国的

中华优秀传统文化充实了马克思主义的文化生命，推动马克思主义不断实现中国化时代化的新飞跃，显示出日益鲜明的中国风格与中国气派。中国化马克思主义成为中华文化和中国精神的时代精华。中华优秀传统文化在宇宙观、天下观、社会观和道德观上给予马克思主义坚定的文化支撑，使中国化马克思主义成为当代中华文化的主体内容。

（一）辩证唯物主义有了中国传统朴素唯物主义的宇宙观支撑

宇宙观是人们对世界总的、根本的看法。"唯物"还是"唯心"、"辩证"还是"形而上"，是两种截然相反的宇宙观。在这一问题上，中华优秀传统文化同马克思主义坚定地站在一起。辩证唯物主义与朴素唯物主义高度相通，辩证唯物主义有了中华传统朴素唯物主义宇宙观坚定的支持。中华优秀传统文化同科学社会主义价值观主张在唯物主义、辩证思维、方法论等方面的相通性，为马克思主义中国化时代化提供了文化土壤，丰富了中国共产党人解决具体实际问题的思路方法，使我们能够熟练掌握、运用辩证思维，分析处理复杂的社会问题，及时、科学解答时代新课题。党的十八大以来，以习近平同志为核心的党中央统筹推进"五位一体"总体布局、协调推进"四个全面"战略布局，作出了新时代我国社会主要矛盾已经发生转化的重大判断，这些都是我们党运用马克思主义唯物辩证法的矛盾论、系统论、两点论与重点论解决重大现实问题的典范。

（二）共产主义理想有了中国传统天下关怀的文化意蕴

天下观也可以说是古人的世界观，是古人对世界的认识和主张。天下为公、协和万邦是中华民族几千年来对人类社会的理想追求与美好憧憬，同共产主义理想、社会主义价值追求高度契合。中华优秀传统文化具有突出的公天下、均贫富的价值理念特点，同科学社会主义要求公平地满足无产阶级和广大人民群众物质与精神需要的价值立场及价值标准具有高度契合性。一百多年来，中国共产党始终践行初心使命，带领广大人民群众矢志不渝接续奋斗。党的十八大以来，以习近平同志为核心的党中央牢牢把握共同富裕这一社会主义的本质特征、价值追求和实践要求，打赢脱贫攻坚战，全面建成小康社会，成功走出一条具有中国特色的共同富裕之路，并将实现全体人民共同富裕作为中国式现代化的本质特征之一，提出到2035年"全体人民共同富裕取得更为明显的实质性进展"的具体目标。传统天下观对外主要是实现"亲仁善邻""协和万邦"。《尚书·尧典》记载，尧"克明俊德，以亲九族。九族既睦，平章百姓。百姓昭明，协和万邦"。这种超越地域、民族、政权的四海一家思想，同马克思强调的建立在历史向世界历史发展基础之上的"真正的共同体"的价值主张是高度一致的。正是在这样高度契合的基础之上，习近平总书记创造性地提出构建人类命运共同体的倡议，推动高质量共建"一带一路"，为百年未有之大变局加速演进下动荡不安的世界增加了稳定之锚，形成了造福世界的"发展带"和惠及人类的"幸福路"。

（三）马克思主义"和解"思想有了中国传统和合社会观的文化滋养

社会观是关于人与人、人与社会关系的总观点，是指导处理人际关系的重要原则和价值标准。中国自古以来就强调天下和、民心安，推崇与人为善、以和为贵的社会交往之道。"讲信修睦"是理想的人际关系和社会关系的写照，其背后体现的是"和合文化"。以和为贵、推己及人的理念早已深深扎根于中国人的心底、牢牢融入中华民族的血脉，潜移默化影响和塑造着中国人的思想观念和行为方式。构建和谐美丽的社会同样也是科学社会主义价值观主张的重要组成部分，是马克思、恩格斯"人类与自然的和解以及人类本身的和解"等主张的当代体现。在讲信修睦的传统理念和马克思主义关于"和解"的理论高度契合进而相互结合的基础上，我们创造性地汲取了中华优秀传统文化中"和而不同""和实生物"的文化滋养，形成了科学发展观和生态文明的思想，实现了人与人、人与自然的和谐统一，破解了西方工业文明带来的生态困境，避免了人自身异化的风险，实现了家庭、社会和政治空间的多维和谐，也创造了一种由近及远的同心圆式的和谐，即人与他人、人与自然、人与世界的多层级和谐，从而创造了人类文明新形态。

（四）"真正人的道德"有了厚德载物的文化内涵

道德观是道德意识和道德水平的统一体，是人们在道德活动中产生的各种关系及处理这种关系的准则。中华优秀传统文化极为重视个人的道德修养。"地势坤，君子以厚德载物"（《周易·象传》），"含德之厚，比于赤子"（《道德经》）等都强调了人的德行要像大地一样宽厚，方能容载万物；而道德涵养深厚的人，就像刚出生的婴儿一样纯真质朴。与此同时，马克思主义也高度重视人的德性。马克思主义对个人道德的要求，是从唯物史观出发的，认为道德是客观存在的反映，具有阶级性。不同社会发展阶段和不同阶级会有不同的道德观念和行为准则。马克思、恩格斯抨击了资本主义社会倡导的道德，认为资产阶级道德是统治阶级用来维护自身利益的工具，只有到了共产主义社会，才能有"超越阶级对立"的"真正人的道德"。这种超越阶级性、人与万物和谐统一的道德观，是无产阶级需要实现的大"德"。这两种道德观的契合结合,一方面为当代中国社会的道德标准确立了马克思主义的理论指引,另一方面为社会主义核心价值观提供了中华文化的深厚滋养,使"明大德、守公德、严私德"成为中华传统道德观同科学社会主义道德观高度契合、相互贯通融通的生动实践和真实写照。

二、让中华优秀传统文化成为现代的

马克思主义把先进的思想理论带到中国,以真理之光激活了中华文明的基因,引领中国走进现代世界,推动了中华文明的生命更新和现代转型。不同于其他西方文明以"高级文明"的姿态来改造、颠覆甚至消灭中国传统文化,马克思主义是作为拯救危局的良药而被引进的。马克思主义不是高高在上的审判者和颐指气使的指挥者,它以中国大众能够理解、听懂和运用的方式贴近人民生活,扎根中国大地。当然,这个过程也不是一帆风顺的,它经历了对教条主义的清算和批判后,才彻底与中华文化结合起来,形成了中国化的马克思主义,并在实现马克思主义中国化时代化的过程中推进了中国的现代化进程。与此同时,在外国强势文化入侵下被认为是造成近代中国落后根本原因的中华文化也彻底扭转了被唾弃、被践踏的"文化蒙尘"命运。中华优秀传统文化在同马克思主义相结合的过程中,不断被激活、被再创造,形成了中华文化一个个新的高峰。中华优秀传统文化在这一过程中实现了与时俱进的现代化和时代化。

(一)从民本到民主

中华文化里有丰厚的民本思想。"民惟邦本,本固邦宁"的民本思想是中华优秀传统政治文化的精华,是现代人民民主理念的历史根基。中国传统民本思想源远流长,古代圣贤早在数千年前就已提出一系列关于民众地位的重要观点。例如,"民惟邦本"强调了民众是国家的根本,只有保障民众的利益,国家才能得到稳固;孔子则强调"君以民存,亦以民亡",表达了君主应当以民众的利益为先来维护国家长治久安的思想；孟子则提出"民为贵，社稷次之，君为轻"，强调了民众的重要性，认为国家的根本在于民众的支持。中国古代的民本思想在一定程度上肯定了民众的地位。

但是，仅仅停留在民本思想是远远不够的。一是民本思想忽略了民众的主体性，民众往往被看作愚昧无知的存在，不具备参与政治实践的能力，在政治活动中并没有真正的主体性。二是民本思想并未为如何实现民本提供路径，以民为本一般只停留在口头上或内心里，行动上却没有系统实现的途径，也无实施的保障。中国共产党批判性地继承了中华文化中的民本思想，坚持以马克思主义为指导，以人民为中心，不断推进革命和建设事业，推翻压迫人民的专制制度，建立人民民主专政的社会主义国家，让人民真正成为国家、社会和自己命运的主人，民本实现了向人民民主的转变，以人为本的理念真正得以落实，人民被置于发展进程的核心地位，"人民至上"成为最高原则并通过一系列制度体制得到保障落实。中华优秀传统文化中的民本思想实现了向人民民主思想转变的质的提升和飞跃。中华优秀传统文化中的民本思想以新的形态出现在新时代。

（二）从"九州共贯"到中华民族共同体

中华文明具有突出的统一性，一个坚强统一的国家是各族人民的命运所系。"九州共贯、多元一体"的大一统传统在几千年来融入了中华儿女的血脉，成为中华民族共同的价值观和内心信念。在文明的发展演进过程中，不同地域、不同民族之间在保持多样性和差异性的基础上，也展现了相互融合、相互促进的一体性。中华民族五千多年的文明史已经用实践证明，无论是战乱时期还是繁荣时期，这一传统都在中华儿女身上体现了出来，成为中国人民共同的信仰和价值观念，也是中华民族走向复兴的重要动力。这一传统奠定了中华文明源远流长的基调，并增强了中华民族的凝聚力和向心力。

中国式现代化传承了中华文明的统一性基因，并对之进行了创造性转化。

新中国成立后，我们党没有采取国际盛行的联邦制或邦联制，而是根据中国历史和传统，建立了单一制的国家政权形式。这一制度是对中国传统的大一统政治制度的创造性转化和创新性发展，巩固了中华民族多元一体的格局。我们党还根据各民族历史传统和民族特色，充分考虑到各民族状况和发展实际，实行民族区域自治制度，保障了各民族人民的切身利益，顺应中华民族内部凝聚的趋势，承袭了中国文化传统中"九州共贯""六合同风""四海一家"的大一统理念。在新的历史语境下，当代中国政治制度的设计和运行更加强调民主和集中、多元和一致、表达和共识等的有机协调，涵盖了国家统一、法制统一、政令统一、思想统一等各个方面。中国共产党在应对利益多元、思想多样的治理挑战时，围绕各族各界人民群众的生产生活实际，建立起了系统完备的政治制度体系，牢固树立中华民族共同体意识，形成强大的凝聚力和向心力，把九州共贯的思想成功提升为新时代的中华民族共同体意识。

（三）从万物并育到人与自然和谐共生

中华文明"海纳百川，有容乃大""和而不同"的"万物并育"思想，从个体做人做事的道理到与天地万物和谐共生的哲学智慧，都主张各个事物之间是相互联系、相互依存的，通过调和、融通不同事物间的组合关系，可以在对立统一中达到和谐状态以推动事物不断向前发展。强调万事万物共存、共赢的发展理念，体现出中华文明包容性的价值底色。

"天人合一、万物并育"的中华优秀传统生态智慧与和谐思想为习近平生态文明思想提供了充足的文化养分。结合当代实际，我们对"天人合一"的生态自然观和传统文化思想进行了创造性转化与创新性发展。传统"天人合一"的理念是指人与天道相合的状态，强调人修行的目的是"绝圣弃智"，打碎加于人身上的藩篱，重新复归于自然，达到一种"万物与我为一"的精神境界。在自然界中，天、地、人三者是相应的，天人关系有"天人感应"

的神秘主义色彩。但我们挖掘、激发和紧紧抓住其生态和谐的思想，摒弃其神秘主义的内容，升华为"人与自然和谐共生"的生态哲学观，创造性地提出"人与自然是生命共同体"等重大论断，发出"共建地球生命共同体"等全球倡议，赋予中华优秀传统生态文化以新的时代内涵，为共谋全球生态文明之路提供了中国智慧和中国方案。"天人合一"的思想在当代主要成为人的存在与自然存在的统一性、人与自然和谐共生的代名词。

（四）从富民厚生到共同富裕

习近平总书记曾这样解释共同富裕的文化根基："共同富裕，是马克思主义的一个基本目标，也是自古以来我国人民的一个基本理想"①。孟子的"老吾老以及人之老，幼吾幼以及人之幼"成为中国人千百年来对美好生活的愿景。"治国之道，富民为始"的施政理念，"不患寡而患不均，不患贫而患不安"，以及"贫富有度""与天下同利"等社会公平思想与治理思想是中国古代政治和社会治理的重要思想。

"富民厚生"思想自古以来虽然非常丰富，但并没有成为中国历代政权追求的核心目标。"富民"是出于富君主的考虑，"厚生"是出于稳定政权的压力。一旦人民生活水平稍微能够满足基本生存需要，"富民厚生"的动力就严重缺乏。新时代我们把"富民厚生"思想升华为全体人民共同富裕的思想，提出物质上富裕不落下一个人、不落下一个民族，实现真正意义上的共同富裕。在物质富裕的同时，还要在精神上共同富足，这大大拓宽了"富裕"的精神内涵。传统的"富民厚生"思想升华为全体人民共同富裕的思想，成为中国式现代化的本质特征之一。

---

① 习近平：《在省部级主要领导干部学习贯彻党的十八届五中全会精神专题研讨班上的讲话》，《人民日报》，2016年5月10日，第2版。

第三节 有机统一的新的文化生命体的内涵特征

有机统一的新的文化生命体就是经由结合形成的新的文化形态，是中华民族的现代文明，是中国式现代化的文化形态。

一、何谓新的文化生命体

新的文化生命体的造就，是"两个结合"互相成就的结果。

从理论创新上看，习近平总书记曾指出："我们推进马克思主义中国化时代化的根本途径是'两个结合'。"由"两个结合"造就的新的文化生命体，是对中国化马克思主义的积极运用，是对具有现代形态的中华优秀传统文化的传承发扬。新的文化生命体为不断开辟马克思主义中国化时代化新境界提供了目标指引，是习近平新时代中国特色社会主义思想的理论成果和思想结晶。

从实践路径上看，新的文化生命体的诞生揭示出马克思主义和中华优秀传统文化的结合不是拼盘，不是简单的物理反应，而是深刻的化学反应。新的文化生命体是以马克思主义为指导，对中华五千多年文明宝库进行全面挖掘，用马克思主义激活中华优秀传统文化中富有生命力的优秀因子，并赋予新的时代内涵，将中华民族的伟大精神和丰富智慧更深层次地融入马克思主义，并把马克思主义思想精髓同中华优秀传统文化精华有效贯通起来，聚变为新的理论优势的统一体，是马克思主义和中华优秀传统文化的有机统一。

从历史遵循上看，新的文化生命体诞生于中国共产党百年来坚持"两个结合"的历史经验和不断推进理论创新的探索实践。毛泽东同志在《新民主主义论》中指出，新文化是在观念形态上反映新政治和新经济的东西，是替新经济新政治服务的。因而，在新的起点上，经由结合而造就的新的文化生命体、形成的新文化，作为中国式现代化的文化形态，深刻体现了新时代新征程的文化要求。这个新的文化生命体就是源自中华优秀传统文化,熔铸于革命文化和社会主义先进文化,植根于中国特色社会主义伟大实践,服务于中国式现代化建设的新时代中国特色社会主义文化。

二、新的文化生命体的突出特征

马克思主义和中华优秀传统文化有机结合造就的新的文化生命体,既闪耀着马克思主义的真理之光,也蕴含着中华优秀传统文化博大精深的思想文化;既具备二者相互契合的突出特征,又在理论创新和实践探索中生发出独特的文化优势。

新的文化生命体具有突出的包容性和开放性。马克思主义是不断发展的开放的理论。"马克思主义理论不是教条,而是行动指南,必须随着实践的变化而发展。"[1] 马克思主义之所以能在"两个结合"中成为中国的,且更具中国特色、中国风格、中国气派,正是由于马克思主义具有能够不断根据时代、实践、认识发展而发展,不断吸收人类历史上一切优秀思想文化成果,丰富自己的突出特征。而中华文明同样具有包容性。中华民族交往交流交融的历史取向、中国各宗教信仰多元并存的和谐局面、中华文化对世界文明兼收并蓄的开放胸怀,都是中华文明开放包容的鲜明写照。正因如此,中华优秀传统文化才能被马克思主义赋予新的时代内涵和现代话语的表达形式,焕发出时代生命力,从而成为现代文明。而新的文化生命体作为"结合"的产物,作为中国式现代化的文化形态,深深植根于中华优秀传统文化,体现出科学社会主义的先进本质。在把马克思主义思想精髓同中华优秀传统文化精华贯通起来、同人民群众日用而不觉的共同价值观念融通起来的过程中,借鉴吸收一切人类优秀文明成果,使中国的现代化道路越走越宽广,体现出新

---

[1] 本书编写组:《〈中共中央关于党的百年奋斗重大成就和历史经验的决议〉辅导读本》,人民出版社,2021年,第218页。

第九章
"第二个结合"造就了一个有机统一的新的文化生命体

的文化生命体突出的包容性和开放性。

新的文化生命体具有突出的继承性和创新性。习近平总书记多次强调，中国共产党人既是马克思主义的忠诚信奉者、坚定实践者，又是中华优秀传统文化的忠实传承者和弘扬者。自建党以来，中国共产党人不但为中国的政治革命和经济革命而奋斗，而且为中国的文化革命而奋斗，始终肩负着建设中华民族新文化的历史使命。从使马克思主义具有中国的"民族形式"到"两个结合"，从对中国古代文化"批判地利用"到对中华优秀传统文化的"创造性转化、创新性发展"，中国共产党人在建立中华民族新文化的长期命题上，始终赓续前进、不断创新。我们党肩负文化使命、不断推进文化事业建设的突出特征，同样体现在新的文化生命体的自身理论建设和现实实践的继承性和创新性上。毛泽东同志曾指出，"中国现实的新文化也是从古代的旧文化发展而来的"。因此，在发展民族新文化时，"我们必须尊重自己的历史""尊重历史的辩证法的发展"。可见，就理论自身发展而言，新的文化生命体是从中华民族旧文化中批判继承和发展创新而来的。就现实实践而言，新的文化生命体在"两个结合"中坚守了马克思主义的魂脉和中华优秀传统文化的根脉，继承了马克思主义的立场、观点、方法和中华优秀传统文化的思想结晶，以中国式现代化的实践为基础，用中国化时代化的马克思主义推动中华优秀传统文化创造性转化和创新性发展。在坚定历史自信、文化自信，坚持古为今用、推陈出新中彰显新的文化生命体的继承性和创新性。

新的文化生命体具有突出的先进性和革命性。马克思主义是科学的理论也是实践的理论。马克思主义的科学性决定了其先进性，指引着人民改造世界的行动。其革命性以实践性为基础，是无产阶级实现历史使命的必然要求。而中华优秀传统文化也具有革故鼎新、继往开来的历史传统。经由结合造就的新的文化生命体有机融合了马克思主义和中华优秀传统文化的崇高追求和革命精神，并在新时代新征程上得到进一步发展完善，进而又指引着新时代坚持和发展中国特色社会主义这场"伟大社会革命",坚定不移地推动中国特色社会主义理论和实践实现创新突破,成功推进和拓展了中国式现代化。中国式现代化理论体现了我国的现代化发展方向,也代表着人类文明进步的发展方向,展现出不同于西方现代化模式的新图景,是一种全新的人类文明形态,为广大发展中国家独立自主迈向现代化提供了全新选择,更彰显出服务于中国式现代化实践的新的文化生命体具有无可比拟的先进性和革命性。

中国共产党作为中国先进文化的积极引领者和践行者,始终坚持把马克思主义基本原理同中国具体实际、同中华优秀传统文化相结合。在经结合造就的有机统一的新的文化生命体中,中华文明为中国式现代化赋予了深厚底蕴,中国式现代化为中华文明赋予了现代力量,体现出新的文化生命体突出的包容性和开放性、继承性和创新性、先进性和革命性。在新的起点上,我们要继续走好"两个结合"这条必由之路,用好"两个结合"这一最大法宝,肩负起新时代新的文化使命,坚定文化自信、担当使命、奋发有为,共同努力创造属于我们这个时代的新文化,建设中华民族现代文明。

第十章
中华优秀传统文化重要元素融入中华民族现代文明

在文化传承发展座谈会上,习近平总书记深刻指出,中华优秀传统文化蕴含许多重要元素,其中包括"天下为公、天下大同的社会理想,民为邦本、为政以德的治理思想,九州共贯、多元一体的大一统传统,修齐治平、兴亡有责的家国情怀,厚德载物、明德弘道的精神追求,富民厚生、义利兼顾的经济伦理,天人合一、万物并育的生态理念,实事求是、知行合一的哲学思想,执两用中、守中致和的思维方法,讲信修睦、亲仁善邻的交往之道等"①。这些重要元素共同塑造出中华文明的突出特性,既是中华优秀传统文化的精华部分,也是建设中华民族现代文明的重要文化资源。

第一节 天下为公、天下大同的社会理想

构建什么样的理想社会,是古人不断思考和探索的一个重要问题。特别是在春秋战国时期,由于战争频发、社会混乱、民不聊生,许多思想家都提

---

① 习近平:《在文化传承发展座谈会上的讲话》,《求是》,2023年第17期。

出了别具一格的社会理想。例如，道家提出了"小国寡民"的社会理想，墨家提出了"兼爱""非攻"的社会理想，农家提出了"并耕而食"的社会理想。其中，以儒家提出的"大同"社会理想最为动人、最为美好。儒家经典《礼记·礼运》描述道："大道之行也，天下为公。选贤与能，讲信修睦，故人不独亲其亲，不独子其子，使老有所终，壮有所用，幼有所长，矜寡孤独废疾者，皆有所养。男有分，女有归。货，恶其弃于地也，不必藏于己；力，恶其不出于身也，不必为己。是故，谋闭而不兴，盗窃乱贼而不作，故外户而不闭，是谓大同。"从这段描述中可以看出，在"大同"社会，"天下为公"是根本特征，经济社会的发展成果不是被统治者独享，而是为天下黎民百姓所共享，即使"矜寡孤独废疾者"这些社会弱势群体也在关爱关照之列。社会没有特权阶层，参加社会治理的人都是民众选出的贤能之士。社会上民众道德境界很高，讲信修睦，守望相助，乐于奉献，没有私心。整个社会秩序安定，可以做到道不拾遗、夜不闭户。可见，"大同"社会是一个以民为本、天下为公的社会，不仅经济繁荣、百姓富足，而且社会风气淳朴，人们道德高尚，在这个社会中人们的利益得到了广泛而可靠的保障。"大同"社会的美好理想对后世产生了深远影响。

近代以来，中国备受西方列强侵略欺凌，陷入内忧外患的黑暗境地，中国人民经历了战乱频仍、山河破碎、民不聊生的深重苦难。为了救亡图存、民族复兴，中华民族的仁人志士进行了不懈的探索和尝试。一些有识之士从中华优秀传统文化中汲取智慧，"大同"社会的理想再次成为思想的旗帜。康有为创作《大同书》，提出人类历史经历三个阶段，即由"据乱"进为"升平"（小康），由"升平"进为"太平"（大同）。孙中山提倡"天下为公"，指出："提倡人民的权利，便是公天下的道理。公天下和家天下的道理是相反的。天下为公，人人的权利都是很平的。"① "大同"社会的理想寄予了

---

① 孙中山：《孙中山选集》下，人民出版社，2011年，第916页。

中华民族几千年来对理想社会的追求，激励着一代代中国人为之上下求索，为之不懈奋斗。

"大同"社会的理想与柏拉图的"理想国"大致同期，比欧洲最早的空想社会主义"乌托邦"早了差不多两千年。毛泽东同志指出："康有为写了《大同书》，他没有也不可能找到一条到达大同的路。"① 同样，古人并没有找到一条实现"大同"社会理想的可行道路，这个社会理想也没有真的实现。但是，作为一种社会理想，"天下为公、天下大同"的社会理想仍然具有重要的进步意义，特别是与马克思主义提出的共产主义社会具有异曲同工之妙，两者之间有着很强的契合性。这就决定了中国古代的"大同"社会思想与马克思主义的社会理想可以有机结合，结出新时代的经济社会发展硕果。习近平总书记在治国理政实践中十分重视中国古代的"大同"理想，多次在讲话中使用"大同"一词。"中华民族的先人们早就向往人们的物质生活充实无忧、道德境界充分升华的大同世界。"② "世界大同，和合共生，这些都是中国几千年文明一直秉持的理念。"③ "我们所做的一切都是为人民谋幸福，为民族谋复兴，为世界谋大同。"④ "大同"思想不仅是实现中华民族伟大复兴的重要精神引领，也是推动构建人类命运共同体的重要思想智慧。

第二节　民为邦本、为政以德的治理思想

中国古代民本思想发源很早，早在《尚书·五子之歌》中就记载了夏禹

---

① 毛泽东：《毛泽东选集》第四卷，人民出版社，1991年，第1471页。
② 习近平：《出席第三届核安全峰会并访问欧洲四国和联合国教科文组织总部、欧盟总部时的演讲》，人民出版社，2014年，第17页。
③ 《习近平：世界大同，和合共生》，《新华每日电讯》，2018年4月12日，第1版。
④ 《习近平会见联合国秘书长古特雷斯》，《人民日报》，2018年4月9日，第1版。

的"民惟邦本,本固邦宁"的民本思想。夏商相继灭亡,周人从商朝灭亡的史实中认识到"民之所欲,天必从之"(《左传·昭公元年》)、"天视自我民视,天听自我民听"(《尚书·泰誓中》)的历史教训。春秋战国时期,民本思想得到了充分发展。《左传》提出"夫民,神之主也"(《左传·僖公十九年》),认为"国将兴,听于民;将亡,听于神"(《左传·庄公三十二年》)。孔子提出了"庶民""富民""教民"的思想,孟子提出了"民为贵,社稷次之,君为轻"(《孟子·尽心下》)的思想,荀子提出了"天之生民,非为君也;天之立君,以为民也"(《荀子·大略》)的思想。在中国古代,民本思想既是一种理论共识,也是一种实践经验。历朝历代"其兴也勃焉","其亡也忽焉"(《左传·庄公十一年》),就是统治者对民本思想坚守或背离造成的历史事实。

既然古人强调"民惟邦本,本固邦宁"的民本思想,那么如何以民为本、为民服务就成为中国古代治国理政理论和实践的一个关键问题。在这个问题上,孔子提出:"为政以德,譬如北辰,居其所而众星共之。"(《论语·为政》)他还说:"道之以政,齐之以刑,民免而无耻;道之以德,齐之以礼,有耻且格。"(《论语·为政》)在儒家思想里,"为政以德"的核心就是施行"仁政",践行儒家的"仁"。"仁"不仅是一种个人美德,更是一种重要的治国理念。"仁"用于处理人际关系就是"爱人",用于治理国家就是"爱民",就是施行"仁政","仁政"是治国层面的"爱人"。孟子继承发扬了孔子的"仁政"思想,明确提出"仁政"的主张,还作出了"仁者无敌"的著名论断。孟子的"仁政"思想影响深远,能否施行"仁政"成为后人评价执政者优劣的重要标准,成为影响王朝兴亡的重要因素。秦汉以来,施行"仁政"的汉文帝、唐太宗创造了文景之治、贞观之治,而不行"仁政"的秦始皇、隋炀帝则葬送了本来强大的秦朝、隋朝。汉初贾谊总结秦朝灭亡的教训时就说:"一夫作难而七庙隳,身死人手,为天下笑者,何也?仁义

不施而攻守之势异也。"（贾谊《过秦论》）

"民为邦本""为政以德"的治理思想对今天的治国理政依然具有很重要的启发意义。今天，我们要重视"民为邦本"的重要思想，坚持以人民为中心的发展思想。习近平总书记指出："治国有常，利民为本。为民造福是立党为公、执政为民的本质要求。必须坚持在发展中保障和改善民生，鼓励共同奋斗创造美好生活，不断实现人民对美好生活的向往。"① 这一论断蕴含的精神，正是中国古代"民为邦本"治理思想的重要发展。同时，我们还要重视"为政以德"的治理思想，发掘和弘扬中华优秀传统文化中的德政思想。习近平总书记强调："坚持依法治国和以德治国相结合，把社会主义核心价值观融入法治建设、融入社会发展、融入日常生活。"②"坚持党管干部原则，坚持德才兼备、以德为先、五湖四海、任人唯贤，把新时代好干部标准落到实处。"③习近平总书记的这些关于德治的重要论述，是对中国古代"为政以德"思想的传承和弘扬。

第三节 九州共贯、多元一体的大一统传统

中华民族是具有悠久历史的伟大民族，中华文明是世界上唯一没有中断的古老文明。中华民族在生生不息、成长壮大的发展历程中，在中华文明薪火相传、传承发扬的赓续进程中，逐渐形成了"九州共贯、多元一体"的大一统传统，成为中华民族发展振兴、团结统一的坚强精神纽带。《汉书·王

---

① 习近平：《高举中国特色社会主义伟大旗帜　为全面建设社会主义现代化国家而团结奋斗——在中国共产党第二十次全国代表大会上的报告》，人民出版社，2022年，第46页。
② 习近平：《高举中国特色社会主义伟大旗帜　为全面建设社会主义现代化国家而团结奋斗——在中国共产党第二十次全国代表大会上的报告》，人民出版社，2022年，第44页。
③ 习近平：《高举中国特色社会主义伟大旗帜　为全面建设社会主义现代化国家而团结奋斗——在中国共产党第二十次全国代表大会上的报告》，人民出版社，2022年，第66页。

吉传》："《春秋》所以大一统者，六合同风，九州共贯也。"意思是说，《春秋》所推崇的大一统政治，使全国各地风俗教化相通、九州方圆政令贯通划一。中国古代幅员辽阔，古人将其划分为不同区域。根据《尚书·禹贡》记载，"九州"分别是徐州、冀州、兖州、青州、扬州、荆州、梁州、雍州和豫州，其区域涵盖古代中国的疆域，因此"九州"也用于指代"中国"。"贯"的本义是穿钱的绳。古人把方孔钱穿在绳子上，每一千个为一贯。"九州共贯"是一个形象的比喻，意指中华大地"九州"不同区域，用一根绳子串起来而聚为一体。"六合同风，九州共贯"是古人追求的大一统政治状态下，全国教化相同、政令上下统一。

如果说"九州共贯"主要是从地理空间角度讲的话，那么"多元一体"则主要是从民族文化角度讲的。在中国古代的广大疆域内，生存着众多的民族。各民族之间经过长期的交往交流交融，特别是在中国近代共同抗击西方列强侵略的过程中，逐渐形成了中华民族这个多元一体的伟大民族。有学者指出："我国是统一的多民族国家，在漫长历史进程中逐渐形成了多元一体的格局，即我国各民族你中有我、我中有你、谁也离不开谁。""我国各民族不断进行交往交流交融，逐步形成了休戚与共、荣辱与共、生死与共、命运与共的共同体，这个共同体就是中华民族共同体。"[①] 所谓"多元"，是指中国古代境内生活着众多的民族，各民族各有其不同的历史传统和民俗文化。所谓"一体"，是指中华大地上各民族历史传统和民俗文化虽然各不相同，但经过长期的交往交流交融，逐渐形成了水乳交融、不可分割的整体。因此，"作为一个自觉的民族实体，中华民族所包括的56个民族单位是多元的，中华民族是一体的。多元的民族经过接触、混杂、联结和融合，形成一个多

---

① 邢广程：《推动文化传承发展　促进各民族交往交流交融》，《人民日报》，2023年6月4日，第5版。

民族交融同时又各具个性的多元统一体"①。

"九州共贯、多元一体"的大一统传统是中华民族历史上形成的重要传统，是中华民族先辈给我们留下的极其宝贵的文化财富。在历史上，中华民族历经各种磨难而生生不息、团结如铁，靠的就是这个根深蒂固的大一统传统。面向未来，中华各族儿女更要发扬好这一优良传统。习近平总书记指出："全面建设社会主义现代化国家，一个民族也不能少。在中华民族大家庭中，大家只有像石榴籽一样紧紧抱在一起，手足相亲、守望相助，才能实现民族复兴的伟大梦想，民族团结进步之花才能长盛不衰。"②我国是一个有着56个民族的大国，只要保持团结统一、万众一心，再强的敌人我们也能战胜，再大的困难我们也能克服，再伟大的梦想我们也能实现。

第四节　修齐治平、兴亡有责的家国情怀

儒家经典《大学》上说："古之欲明明德于天下者，先治其国。欲治其国者，先齐其家。欲齐其家者，先修其身。欲修其身者，先正其心。欲正其心者，先诚其意。欲诚其意者，先致其知。致知在格物。物格而后知至，知至而后意诚，意诚而后心正，心正而后身修，身修而后家齐，家齐而后国治，国治而后天下平。"此处所说的格物、致知、诚意、正心、修身、齐家、治国、平天下，是古人实现人生价值需要经过的八个具体步骤，被称为儒家的"八条目"，其中修身、齐家、治国、平天下又称为"修齐治平"。《大学》作为儒家经典"四书"之首，"修齐治平"的价值追求又列在《大学》的首

---

① 时世平:《九州共贯、多元一体——中华优秀传统文化中的重要元素之③》，《光明日报》，2023年7月6日，第2版。
② 《坚持以人民为中心深化改革开放　深入推进青藏高原生态保护和高质量发展》，《人民日报》，2021年6月10日，第1版。

段着重论述，因此历来被古人称颂和践行。

中国古代家国同构，修身、齐家、治国、平天下从本质上讲是以"治国"为核心。除儒家详细阐述治国理念之外，墨家强调"兴天下之利，除去天下之害"（《墨子·非攻下》），法家强调"奉法者强，则国强；奉法者弱，则国弱"（《韩非子·有度》），兵家强调"兵者，国之大事"（《孙子兵法·计篇》），就连以"无为"著称的道家也强调"治大国若烹小鲜"（《道德经》第六十章），目的也是寻找最佳的"治国"之道。在先秦诸子思想的影响下，"治国"成为从"自天子以至于庶人"，乃至整个民族的最高价值目标。在这种价值观的引导下，中华民族涵养了浓厚的修齐治平、兴亡有责的家国情怀，成为激励中华儿女保家卫国、攻坚克难的强大精神力量。

在中国历史上，涌现了很多具有浓厚家国情怀的英雄人物，他们笃定"天下兴亡，匹夫有责"的信念，勇于担当起人民、民族和国家的责任。上古时期大禹治水"三过家门而不入"，率领民众与洪水斗争，终于完成了治水大业。春秋战国时期，儒家学派的孔子、孟子等思想家，探寻救世良方，展现了"如欲平治天下，当今之世，舍我其谁也"（《孟子·公孙丑下》）的担当精神。汉代军事将领霍去病为了打退匈奴强敌声言"匈奴未灭何以家为"，为抗击匈奴作出了突出贡献。南宋末年的文天祥，吟出了"人生自古谁无死，留取丹心照汗青"慷慨诗句，捍卫了尊严。晚清时期的改革家谭嗣同，为了变法图强甘愿以身殉难。"各国变法，无不从流血而成。今中国未闻有因变法而流血者，此国之所以不昌也。有之，请自嗣同始。"（梁启超《谭嗣同传》）正如鲁迅先生所说："我们从古以来，就有埋头苦干的人，有拼命硬干的人，有为民请命的人，有舍身求法的人……这就是中国的脊梁。"[①] 修齐治平、兴亡有责的家国情怀激发了中华儿女的担当精神。正是有了这种精神，中华儿女才会在国家太平时居安思危，在国家危难时挺身而出，在危险面前毫不

[①] 鲁迅：《鲁迅全集》第六卷，人民出版社，2005年，第122页。

退缩,在灾难面前敢于向前,前赴后继,勇敢担起国家和民族的重担。

修齐治平、兴亡有责的家国情怀已经融入中华民族的血脉之中,世代相传、发扬光大。习近平总书记指出:"中国人历来讲求精忠报国,革命战争年代母亲教儿打东洋、妻子送郎上战场,社会主义建设时期先大家后小家、为大家舍小家,都体现着向上的家庭追求,体现着高尚的家国情怀。"[①] 实现中华民族伟大复兴,全面建设社会主义现代化国家,是一项伟大而艰巨的事业,前途光明,任重道远。党的二十大报告指出:"我国发展进入战略机遇和风险挑战并存、不确定难预料因素增多的时期,各种'黑天鹅'、'灰犀牛'事件随时可能发生。我们必须增强忧患意识,坚持底线思维,做到居安思危、未雨绸缪,准备经受风高浪急甚至惊涛骇浪的重大考验。"[②] 面对未来可能面对的"风高浪急甚至惊涛骇浪的重大考验",中华儿女要牢记"天下兴亡,匹夫有责"的民族古训,勇敢担起民族复兴的时代重任,续写中华民族的辉煌篇章。

第五节　厚德载物、明德弘道的精神追求

"天行健,君子以自强不息。地势坤,君子以厚德载物。"(《易经·象传》)"厚德载物"意思是说,君子要像大地那样深厚,只有内在深厚的道德品行才能承载万物、担当大任。"大学之道,在明明德,在亲民,在止于至善。"(《大学》)"人能弘道,非道弘人。"(《论语·卫灵公》)"明德弘道"是指人们要昌明美德、弘扬正道。"厚德载物、明德弘道"体现了中华民族的精神追求。

---

① 习近平:《习近平著作选读》第一卷,人民出版社,2023年,第545页。
② 习近平:《高举中国特色社会主义伟大旗帜　为全面建设社会主义现代化国家而团结奋斗——在中国共产党第二十次全国代表大会上的报告》,人民出版社,2022年,第26页。

中华民族是一个崇尚道德的民族，伦理道德在传统文化中占据至高无上的地位。《左传》提出了"三不朽"说，即"太上有立德，其次有立功，其次有立言，虽久不废，此之谓三不朽"（《左传·襄公二十四年》），把"立德"放在"三不朽"的首位。孔子说："为政以德，譬如北辰，居其所而众星共之"（《论语·为政》），把"德"放在"为政"的中心位置。孟子认为"人之有道也，饱食、暖衣、逸居而无教，则近于禽兽"（《孟子·滕文公上》），把道德教化视为人与动物的根本区别。正因为重视道德，所以古人提出并形成了内容丰富、体系完备的道德规范。在这些传统道德规范中虽然也有一些糟粕，但主流是中华民族的传统美德。习近平总书记指出："中华传统美德是中华文化精髓，蕴含着丰富的思想道德资源。"[①] 中华传统美德内涵丰富，"亲亲而仁民，仁民而爱物"的仁爱精神，"富贵不能淫，贫贱不能移，威武不能屈"的高贵人格，"天下兴亡，匹夫有责"的爱国情怀，"君子坦荡荡"的个人修养，"己所不欲，勿施于人"的处世原则，都是中华传统美德的生动写照。有学者将中华传统美德概括为十项：仁爱孝悌、谦和好礼、诚信知报、精忠爱国、克己奉公、修己慎独、见利思义、勤俭廉正、笃实宽厚、勇毅力行[②]。这些传统美德是中华优秀传统文化的精髓，有着深远的历史积淀和深厚的民意基础，是中国老百姓几千年来认可、赞同、习惯了的道德规范，在古代曾发挥过重要作用，在今天依然具有重要价值和强大生命力。

道德是人们共同生活及其行为的准则与规范，是社会文明和个人修养的基本标志。习近平总书记指出："国无德不兴，人无德不立。一个民族、一

[①] 习近平：《习近平谈治国理政》第一卷，外文出版社，2018版，第164页。
[②] 张岱年、方克立：《中国文化概论》（修订版），北京师范大学出版社，2004年，第212—218页。

个人能不能把握自己,很大程度上取决于道德价值。"① 对国家来说,道德水平的高低,很大程度上决定了国家的文明程度,进而影响着国家的发展和形象。对个人来说,道德是言谈举止的规范,代表着个人形象,影响着个人发展。因此,道德素养是现代社会公民的必备素养。改革开放以来,我国在取得巨大物质文明成就的同时,精神文明建设也存在相对滞后的现象。一些领域道德失范、诚信缺失情况严重,拜金主义、享乐主义、以权谋私、见利忘义、损人利己、人情冷漠等不良现象广泛存在。邓小平同志指出:"不加强精神文明的建设,物质文明的建设也要受破坏,走弯路。光靠物质条件,我们的革命和建设都不可能胜利。"② 习近平总书记强调:"中华民族在长期实践中培育和形成了独特的思想理念和道德规范,有崇仁爱、重民本、守诚信、讲辩证、尚和合、求大同等思想,有自强不息、敬业乐群、扶正扬善、扶危济困、见义勇为、孝老爱亲等传统美德。中华优秀传统文化中很多思想理念和道德规范,不论过去还是现在,都有其永不褪色的价值。"③ 中华民族历史上形成的宝贵的传统美德、道德典范和德育经验,对于提升人民群众道德修养、提升以德治国的质效,依然能够发挥巨大作用。

第六节 富民厚生、义利兼顾的经济伦理

先秦经典《管子》上说:"凡治国之道,必先富民。民富则易治也,民贫则难治也。"强调"富民"是治国的基础,否则国家就难以治理,因为认

---

① 中共中央文献研究室:《习近平关于社会主义文化建设论述摘编》,中央文献出版社,2017年,第139页。
② 邓小平:《邓小平文选》第三卷,人民出版社,1993年,第144页。
③ 中共中央文献研究室:《习近平关于社会主义文化建设论述摘编》,中央文献出版社,2017年,第144页。

为"仓廪实而知礼节，衣食足而知荣辱"。对于这一思想，孔子非常认同，他提出了"足食，足兵，民信之矣"的为政之道，把"足食"放在首位。孔子主张对人民既要"富之"，更要"教之"，而"教之"的重要基础就是"富之"。儒家经典《尚书》提出了"厚生"的思想，强调"正德、利用、厚生、惟和"。何谓"厚生"？唐代经学家孔颖达为《尚书》作注疏时解释道："厚生，谓薄征徭，轻赋税，不夺农时，令民生计温厚，衣食丰足。"富民厚生的思想是中国古代民本思想的重要体现。

富民厚生的思想历来被高度重视。先秦时期，孔子强调"道千乘之国：敬事而信，节用而爱人，使民以时"（《论语·学而》）。老子指出："民之饥，以其上实税之多，是以饥。"（《老子·第七十五章》）孟子谴责"庖有肥肉，厩有肥马，民有饥色，野有饿莩，此率兽而食人"（《孟子·滕文公下》）的统治者，主张"黎民不饥不寒"的"王道"。先秦之后，重视民生疾苦的民本思想被继承和发扬。唐代诗人杜甫写道："安得广厦千万间，大庇天下寒士俱欢颜。"（《茅屋为秋风所破歌》）宋代范仲淹写道："先天下之忧而忧，后天下之乐而乐。"（《岳阳楼记》）明代于谦写道："但愿苍生俱饱暖，不辞辛苦出山林。"张居正劝谏万历皇帝："致理之要，惟在于安民；安民之道，在察其疾苦。"（《请蠲积逋以安民生疏》）清代经学家万斯大提出："利民之事，丝发必兴；厉民之事，毫末必去。"（万斯大《周官辨非·天官》）

做到富民厚生，要处理好"义"和"利"的关系问题，对此先秦诸子曾有过激烈争论。总体而言，中华民族表现出义利兼顾的价值取向。古人主张见利思义，反对见利忘义的不义行为。孔子说："不义而富且贵，于我如浮云。"（《论语·述而》）荀子说："先义而后利者荣，先利而后义者辱。"（《荀子·荣辱》）反对见利忘义，主张见利思义。同时，中国古人还主张要以义为利。《左传》上说："义，利之本也。"《大学》也指出："国不以利为利，以义为利也。"把"义"看作最大的"利"、最根本的"利"。见利思义、以义为利，反映的是一种义利兼顾的综合考量。荀子主张义利兼顾，他说："义与利者，人之所两有也。虽尧舜不能去民之欲利，然而能使其欲利不克其好义也。虽桀纣不能去民之好义，然而能使其好义不胜其欲利也。故义胜利者为治世，利克义者为乱世。"（《荀子·大略》）清代颜元批评把"义"与"利"分裂对立的偏见，提出了"正其谊以谋其利，明其道而计其功"（《四书正误》卷一）的命题，将"义"与"利"有机统一起来。

富民厚生、义利兼顾的经济伦理在中国古代社会发展中发挥了重要的引领作用。这一思想既强调富民，关注民生疾苦，增进民生福祉，尊重民众利益；同时又强调教民，反对见利忘义，主张义利兼顾，促进社会和谐。当前，全面建设社会主义现代化国家，既要增进民生福祉，又要提高道德水平。中国式现代化是全体人民共同富裕的现代化，也是物质文明和精神文明相协调的现代化。党的二十大报告强调："我们不断厚植现代化的物质基础，不断夯实人民幸福生活的物质条件，同时大力发展社会主义先进文化，加强理想信念教育，传承中华文明，促进物的全面丰富和人的全面发展。"[①]这一重要论述，体现的正是中国古代富民厚生、义利兼顾的经济伦理。

第七节　天人合一、万物并育的生态理念

在处理人与自然关系问题上，中西方文化有着明显差异。有学者指出："中西文化的基本差异之一就是在人与自然的关系问题上，中国文化比较重视人与自然的和谐统一，而西方文化则强调人要征服自然、改造自然，才能求得自己的生存和发展。中国文化的这种特色，有时通过'天人合一'的命

[①] 习近平：《高举中国特色社会主义伟大旗帜　为全面建设社会主义现代化国家而团结奋斗——在中国共产党第二十次全国代表大会上的报告》，人民出版社，2022年，第23页。

题表述出来。"① 中国古代"天人合一"的理念，实质上揭示的是如何看待和处理人与自然的关系问题。对这一问题进行解答，是中国古代许多思想家长期思索和难以回避的一个重要问题。道家代表人物庄子说："天地与我并生，而万物与我为一。"认为人和天地间的万事万物都是大自然的产物，它们与我都是一体，处于一个天地之间，因此应该尊重自然的万事万物，与大自然和谐相处，也就是天人合一。既然主张天人合一，就要尊重万物并育。儒家经典《中庸》上说："万物并育而不相害，道并行而不相悖，小德川流，大德敦化，此天地之所以为大也。"万物并育的思想强调，在天地之间，各种生物可以共同生长，也应当共同生长，而不应相互残害。

天人合一、万物并育的生态理念强调人与自然和谐相处，这是中国古代发展理念的重要内容。根据《周礼》等文献记载，早在周代就有对各种自然资源开发利用的限制性规定。在先秦诸子的思想中，保护生态环境已成为一个重要共识。《论语》："子钓而不纲，弋不射宿。"意思是不用大网打鱼，不射夜宿之鸟。孟子说："不违农时，谷不可胜食也；数罟不入洿池，鱼鳖不可胜食也；斧斤以时入山林，材木不可胜用也。谷与鱼鳖不可胜食，材木不可胜用，是使民养生丧死无憾也。养生丧死无憾，王道之始也。"（《孟子·梁惠王上》）他把人与自然的和谐作为施行"王道"政治的开始。荀子也说："鼋鼍鱼鳖鳅鳝孕别之时，网罟毒药不入泽，不夭其生，不绝其长也。"（《荀子·王制》）对天人合一、万物并育生态理念更为生动的阐释是《吕氏春秋·义赏》："竭泽而渔，岂不获得？而明年无鱼；焚薮而田，岂不获得？而明年无兽。"如果说儒家的孟子、荀子是从"仁民爱物"的角度来倡导生态平衡，那么《吕氏春秋》则更多是从可持续发展的角度来强调保护生态环境，体现了较为深刻的辩证思想和现代环保意识。

在对待自然问题上，恩格斯深刻指出："我们不要过分陶醉于我们人类

---

① 张岱年、方克立：《中国文化概论》（修订版），北京师范大学出版社，2004年，第286页。

对自然界的胜利。对于每一次这样的胜利，自然界都对我们进行报复。每一次胜利，起初确实取得了我们预期的结果，但是往后和再往后却发生完全不同的、出乎预料的影响，常常把最初的结果又消除了。"① 大自然提供人类赖以生存发展的基本条件，保护生态环境是关系人民福祉、关乎民族未来的大事。尊重自然、顺应自然、保护自然，是全面建设社会主义现代化国家的内在要求。目前，我国生态环境保护任重而道远，人民群众对清洁空气、清洁饮水、健康食品的要求更加迫切。习近平总书记指出："环境就是民生，青山就是美丽，蓝天也是幸福，绿水青山就是金山银山；保护环境就是保护生产力，改善环境就是发展生产力。在生态环境保护上，一定要树立大局观、长远观、整体观，不能因小失大、顾此失彼、寅吃卯粮、急功近利。"② 天人合一、万物并育的思想体现了中国古代非常宝贵的生态理念，这种生态理念与马克思主义生态观高度契合，对今天依然具有深刻的启发意义。

第八节　实事求是、知行合一的哲学思想

关于中华优秀传统文化的思想精髓，习近平总书记在一次重要会议上曾作了列举，其中就强调了"关于脚踏实地、实事求是的思想，关于经世致用、知行合一、躬行实践的思想"③。实事求是、知行合一是中国古代重要的哲学理念，蕴含了古人深刻的世界观和方法论。"实事求是"语出《汉书·河间献王刘德传》："河间献王德以孝景前二年立。修学好古，实事求是。"

---

① 中共中央马克思恩格斯列宁斯大林著作编译局编译：《马克思恩格斯全集》第二十六卷，人民出版社，2014年，第769页。
② 习近平：《习近平著作选读》第一卷，人民出版社，2023年，第434页。
③ 习近平：《在纪念孔子诞辰2565周年国际学术研讨会暨国际儒学联合会第五届会员大会开幕会上的讲话》，人民出版社，2014年，第6页。

唐初训诂学家颜师古对此作注指出："务得事实，每求真是也。"根据历史记载，汉景帝时期河间王刘德喜爱研读儒家经典，他读儒学时总是根据实例求证真相。可见，实事求是的实质就是求真。

该如何对待实事求是获得的真知？这就涉及"知"和"行"的关系。荀子认为："不闻不若闻之，闻之不若见之，见之不若知之，知之不若行之。"（《荀子·儒效》）西汉刘向认为："耳闻之不如目见之，目见之不如足践之，足践之不如手辨之。"（《说苑·政理》）宋代陆游说："纸上得来终觉浅，绝知此事要躬行。"（《冬夜读书示子聿》）在此基础上，明代思想家王阳明提出了"知行合一"的命题，他说："知是行的主意，行是知的功夫。知是行之始，行是知之成。若会得时，只说一个知，已自有行在；只说一个行，已自有知在。"（《传习录·徐爱录》）他强调的"知"不仅是认知，更重要的是人的良知。人的内心有了良知必须践行，就是"致良知"，也就是"知行合一"。

中国共产党在推进马克思主义中国化时代化的过程中，坚持把马克思主义的基本原理同中华优秀传统文化相结合，对实事求是、知行合一的哲学思想进行了创造性转化、创新性发展。毛泽东同志在《改造我们的学习》中指出，对待马克思列宁主义必须坚持实事求是的态度，并对古代实事求是思想进行了创新发展。他指出："'实事'就是客观存在着的一切事物，'是'就是客观事物的内部联系，即规律性，'求'就是我们去研究。"[①] 如何做到实事求是呢？毛泽东同志指出："我们要从国内外、省内外、县内外、区内外的实际情况出发，从其中引出其固有的而不是臆造的规律性，即找出周围事变的内部联系，作为我们行动的向导。"[②] 这样，古代实事求是思想就在求真的基础上，增加了立足客观实际、揭示客观规律、遵循客观规律的丰富内涵，

---

①② 毛泽东：《毛泽东选集》第三卷，人民出版社，1991年，第801页。

具有更加深刻的方法论指导意义。毛泽东同志在《实践论》中深入揭示"知"和"行"的关系,《实践论》的副标题就是"论认识和实践的关系——知和行的关系"。《实践论》指出:"通过实践而发现真理,又通过实践而证实真理和发展真理。从感性认识而能动地发展到理性认识,又从理性认识而能动地指导革命实践,改造主观世界和客观世界。实践、认识、再实践、再认识,这种形式,循环往复以至无穷,而实践和认识之每一循环的内容,都比较地进到了高一级的程度。这就是辩证唯物论的全部认识论,这就是辩证唯物论的知行统一观。"①《实践论》提出的"知行统一观"是对中国古代"知行合一"思想的进一步创新和发展。

实事求是、知行合一的哲学思想,对今天全面建设社会主义现代化国家具有重要的方法论启示。党的十八大以来,习近平总书记在治国理政实践中多次强调实事求是和知行合一的重要性。关于实事求是,习近平总书记指出:"实事求是,是马克思主义的根本观点,是中国共产党人认识世界、改造世界的根本要求,是我们党的基本思想方法、工作方法、领导方法。不论过去、现在和将来,我们都要坚持一切从实际出发,理论联系实际,在实践中检验真理和发展真理。"②关于知行合一,习近平总书记指出:"学习本领是领导干部必须具备的第一位本领,同时要善于把学到的本领运用到实际工作中去,努力做到知行合一、以知促行、以行求知。"③全面建设社会主义现代化国家,解决经济社会发展中的各种问题,必须牢记空谈误国、实干兴邦,坚持实事求是,坚持知行合一,在苦干实干中推动事业向前发展。

---

① 毛泽东:《毛泽东选集》第一卷,人民出版社,1991年,第296-297页。
② 习近平:《在纪念毛泽东同志诞辰120周年座谈会上的讲话》,人民出版社,2013年,第15页。
③ 习近平:《在纪念刘少奇同志诞辰120周年座谈会上的讲话》,人民出版社,2018年,第14页。

第九节　执两用中、守中致和的思维方法

在古人的思维中，中庸是一种非常重要的修养境界和思维方法。孔子称赞说："中庸之为德也，其至矣乎！"儒家经典《中庸》对其进行了深入阐发，指出中庸作为一种修养境界和思维方法的精髓要义。《中庸》上说："喜怒哀乐之未发，谓之中；发而皆中节，谓之和。中也者，天下之大本也；和也者，天下之达道也。致中和，天地位焉，万物育焉。"儒家认为，当人的喜怒哀乐没有发作的时候，人的心灵是一种恬淡宁静的状态，这就是"中"；喜怒哀乐表露抒发出来，但都符合礼制法度，而不偏激乖戾，这就是"和"。只要能做到"中和"，天地都会赋予他应有的位置，万物都会养育他。关于"中"，《中庸》还提出"执其两端，用其中于民"，意思是说做事要根据不同情况，采取适中办法而不走极端。执两用中、守中致和的思维方法，主张人的内心世界要恬淡宁静、人的行为举止要符合法度，这是一种高深的修养境界，同时也是一种高超的思维方法。

"致中和"强调人的情感表达不应过于激烈，而要控制在一定的范围之内。在这方面，《诗经》作出了典范。《诗大序》说："变风发乎情，止乎礼义。发乎情，民之性也；止乎礼义，先王之泽也。"孔子评价《诗经·关雎》："关雎，乐而不淫，哀而不伤。"（《论语·八佾》）称赞《关雎》这首诗，快乐而不过分，悲哀而不伤痛，其喜怒哀乐的表达"皆中节"。"致中和"也强调人在处世时要追求平衡、不走极端。老子主张："有无相生，难易相成，长短相形，高下相倾，音声相和，前后相随。"（《道德经》第二章）孔子主张："欲速则不达""过犹不及"。《左传》也提出："宽以济猛，猛以济宽，政是以和。"（《左传·昭公二十年》）例如，针对生态环境问题，中国古代就反对"竭泽而渔"，主张"不违农时"，认为应把眼

前利益和长远利益辩证统一起来,以辩证的方式促进平衡。

当今世界,霸权主义横行无忌、地区冲突此起彼伏、贫富差距持续拉大、生态环境严重破坏等问题,成为制约人类走和平与发展道路的重要障碍。国学大师季羡林认为,几百年来西方文化暴露出许多弊端,如环境污染、生态破坏、人口爆炸、疾病丛生、资源匮乏等等。如果这些问题得不到纠正,人类的前途将岌岌可危。他说:"弊端产生的根源,与西方文化的分析的思维方式有紧密联系。"[①] 季羡林认为:"西方形而上学的分析已快走到尽头,而东方寻求综合的思维方式必将取而代之。"[②] 以美国为首的西方国家秉持冷战思维、零和思维,采取经济制裁、极限施压、集团对抗、军事威胁等霸权主义手法,甚至通过直接提供武器援助和军事干涉的方式,造成世界各地冲突不断、战火不息。习近平总书记指出:"要跟上时代前进步伐,就不能身体已进入二十一世纪,而脑袋还停留在过去,停留在殖民扩张的旧时代里,停留在冷战思维、零和博弈的老框框内。"[③] 中国的"中和"思维与西方的冷战思维、零和思维截然相反,主张和平、合作、协商、共赢,主张各民族共谋发展、和谐相处,主张构建"大同"世界。可见,中国古代执两用中、守中致和的思维方法,对解决当今包括地区冲突等在内的世界性难题提供了重要的方法论启示。

第十节 讲信修睦、亲仁善邻的交往之道

在处理人与人、国与国之间关系问题上,中国古人在长期实践中形成了讲信修睦、亲仁善邻的交往之道。《礼记·礼运》描述的"大同"理想社会,

---

① 季羡林:《季羡林谈义理》,人民出版社,2010年,第30页。
② 季羡林:《季羡林谈义理》,人民出版社,2010年,第42页。
③ 习近平:《习近平著作选读》第一卷,人民出版社,2023年,第105页。

其重要特征之一就是"选贤与能，讲信修睦"。所谓"讲信修睦"就是强调人与人之间、国与国之间，讲究信用，谋求和睦。《左传·隐公六年》记载："郑伯侵陈，大获。往岁，郑伯请成于陈，陈侯不许。五父谏曰：'亲仁善邻，国之宝也，君其许郑'。""亲仁善邻"就是亲近仁者、和睦邻邦。在这段记载里，陈国国君不听"亲仁善邻"的劝告，没有与郑国达成和平协议，结果郑国入侵造成很多损失。春秋战国时期，列国纷争不断，给各诸侯国人民带来深重灾难。许多有识之士从惨痛的教训中认识到，"亲仁善邻"是治国理政、对外交往的宝贵准则。可见，讲信修睦、亲仁善邻的交往之道既是古人处理人与人之间关系的重要准则，更是处理国家与国家之间关系的重要准则。

讲信修睦、亲仁善邻的基础是要讲求"信"，没有"信"就没有人与人、国与国之间的和睦。"信"是儒家"五常"（仁、义、礼、智、信）之一，也是古人推崇备至的价值理念。孔子说："自古皆有死，民无信不立。"（《论语·颜渊》）孟子说："上无道揆也，下无法守也，朝不信道，工不信度，君子犯义，小人犯刑，国之所存者幸也。"（《孟子·离娄上》）从为人处世的基本要求来看，诚信是立身之本。孔子说："人而无信，不知其可。"（《论语·为政》）"吾日三省吾身，为人谋而不忠乎？与朋友交而不信乎？传不习乎？"（《论语·学而》）孔子认为人若不讲诚信，就没有办法立足。诚信不仅是一种道德规范，更是一种治国理念。荀子指出："古者禹汤本义务信而天下治，桀纣弃义背信而天下乱。故为人上者，必将慎礼义、务忠信然后可，此君人者之大本也。"（《荀子·强国》）无论是圣王还是暴君、天下大治还是天下大乱，都决定于是否诚信，这是作为人君、治理国家的根本。司马光在《资治通鉴》中评论道："夫信者，人君之大宝也。国保于民，民保于信。非信无以使民，非民无以守国。是故古之王者不欺四海，霸者不欺四邻，善为国者不欺其民，善为家者不欺其亲。"可见，诚信是治国理政的重要价值准则,是人与人、国与国之间实现和睦的基础。

在对外交往中,中国古代秉持讲信修睦、亲仁善邻的外交理念,与周边许多民族和国家建立了良好的关系,促进了民族之间、国家之间的交流交往交融。在中国历史上,昭君出塞、文成公主进藏、郑和下西洋等著名事件,生动地反映了中国古代讲信修睦、亲仁善邻的交往之道。当今世界,民族与民族、国家与国家之间的交往更加频繁,一个民族的振兴、一个国家的强大,更加离不开良好的外部环境。无论从地理方位、自然环境还是相互关系看,周边对我国都具有极其重要的战略意义。发展同周边国家的睦邻友好关系是我国周边外交的一贯方针。习近平总书记指出:"我国周边外交的基本方针,就是坚持与邻为善、以邻为伴,坚持睦邻、安邻、富邻,突出体现亲、诚、惠、容的理念。"[1]亲诚惠容的周边外交理念是中华民族讲信修睦、亲仁善邻交往之道的时代呈现,坚持这一理念必将使我国与周边国家政治关系更加友好、经济纽带更加牢固、安全合作更加深化、人文联系更加紧密。

---

[1] 习近平:《习近平著作选读》第一卷,人民出版社,2023年,第153页。

第十一章
中华文明的突出特性厚植中华民族现代文明的历史根基

习近平总书记在文化传承发展座谈会上指出:"中华优秀传统文化有很多重要元素……共同塑造出中华文明的突出特性。"① 习近平总书记指出中华文明具有五个方面的突出特性,分别是连续性、创新性、统一性、包容性和和平性。这五个方面的突出特性,是中华文明五千多年发展过程中长期积淀、熔铸、锤炼而成的本质特征,也是中华文化源远流长、博大精深的最鲜明体现。中华民族现代文明是中华文明接续发展的现代形态,是中华文脉赓续传承的时代新篇。中华文明五个方面的突出特性厚植了中华民族现代文明的历史根基,为建设中华民族现代文明提供了丰厚的源源不断的历史文化滋养。

第一节 赓续中华文脉,笃行中国道路

中华文明具有五千多年的发展史,经历了从涓涓细流到江河汇流的发展

---

① 习近平:《在文化传承发展座谈会上的讲话》,《求是》,2023年第17期。

历程，为中华民族的生生不息、发展壮大提供了丰厚滋养。习近平总书记指出："中华文明的连续性，从根本上决定了中华民族必然走自己的路。如果不从源远流长的历史连续性来认识中国，就不可能理解古代中国，也不可能理解现代中国，更不可能理解未来中国。"① 追溯中华文明的发展历程，感悟中华文明的独特魅力，就是要赓续好中华文明的千年文脉，续写好中华文明的时代华章，坚定走好中国自己的发展道路。

一、中华文明是一脉相承、从未中断的文明

从文明传承的角度看，与历史上的其他文明相比，中华文明不仅产生早，而且连绵不断、延续至今，表现出突出的连续性。在论及中华文明的连续性时，习近平总书记指出："埃及、两河、印度三个地方的古代文明后来都中断了，唯有中华文明五千年来一脉相承、从未中断，一直延续到今天。"② "中华民族有着5000多年的悠久历史和灿烂文化，而且中华文明从远古一直延续发展到今天。"③ 对于中华文明的连续性，许多著名文化学者也赞赏有加。文化史家柳诒徵说："实则吾民族创造之文化，富于弹性，自古迄今，纚纚相属，虽间有盛衰之判，固未尝有中绝之时。"④ "世界开化最早之国，曰巴比伦，曰埃及，曰印度，曰中国。比而观之，中国独寿。"⑤ 国学大师钱穆说："世界上民族最大，文化最久的，只有中国。"⑥

考古学发现表明，中华文明早在距今数万年前的旧石器时代就出现了萌

---

① 习近平：《在文化传承发展座谈会上的讲话》，《求是》，2023年第17期。
② 习近平：《领导干部要读点历史》，《中共党史研究》，2011年第10期。
③ 习近平：《从小积极培育和践行社会主义核心价值观——在北京市海淀区民族小学主持召开座谈会时的讲话》，《人民日报》，2014年5月31日，第2版。
④ 柳诒徵：《中国文化史》，中华书局，2015年，第2页。
⑤ 柳诒徵：《中国文化史》，中华书局，2015年，第7页。
⑥ 钱穆：《中华文化十二讲》，九州出版社，2012年，第57页。

芽，到距今五六千年的新石器时代就已先后出现的仰韶文化、大汶口文化、红山文化、良渚文化等文化类型，可以说是世界上产生最早的文化之一。文字的发明是文化史的标志性事件。马克思认为，人类社会是"由于文字的发明及其应用于文献记录而过渡到文明时代"①的。在我国，很早就有"仓颉造字"的传说，而中国已知最早的成熟文字是甲骨文。自从中国文字产生之后，我们民族的历史就有了文献记录，民族的文化就被生动详细地记录在各种文献之中，它们与留传下来的各种文物共同见证了中华文化源远流长、绵延不绝的历史进程。

二、把世界上唯一没有中断的文明继续传承下去

在带领中国人民进行革命、建设、改革的长期历史实践中，中国共产党人始终是中华优秀传统文化的忠实继承者和弘扬者。毛泽东同志指出："我们这个民族有数千年的历史，有它的特点，有它的许多珍贵品。对于这些，我们还是小学生。今天的中国是历史的中国的一个发展；我们是马克思主义的历史主义者，我们不应当割断历史。从孔夫子到孙中山，我们应当给以总结，承继这一份珍贵的遗产。"②邓小平同志指出，对待传统文化"要运用马克思列宁主义、毛泽东思想，对于封建主义遗毒的表现，进行具体的准确的如实的分析"，"要划清文化遗产中民主性精华同封建性糟粕的界限"，而不能"不加分析地把什么都说成是封建主义"。③江泽民同志指出："必须继承和发扬民族优秀文化传统而又充分体现社会主义时代精神，立足本国

---

① 中共中央马克思恩格斯列宁斯大林著作编译局：《马克思恩格斯选集》第四卷，人民出版社，1972年，第21页。
② 毛泽东：《毛泽东选集》第二卷，人民出版社，1991年，第533-534页。
③ 邓小平：《邓小平文选》第二卷，人民出版社，1994年，第335页。

而又充分吸收世界文化优秀成果，不允许搞民族虚无主义和全盘西化。"① 胡锦涛同志指出："要全面认识祖国传统文化，取其精华，去其糟粕，使之与当代社会相适应、与现代文明相协调，保持民族性，体现时代性。"②

党的十八大以来，习近平总书记高度重视中华优秀传统文化，强调中华优秀传统文化是中华民族的突出优势，必须结合新的历史条件传承和弘扬。习近平总书记指出："中华文明经历了5000多年的历史变迁，但始终一脉相承，积淀着中华民族最深层的精神追求，代表着中华民族独特的精神标识，为中华民族生生不息、发展壮大提供了丰厚滋养。"③中华优秀传统文化是中华民族的"根"和"魂"，是我们在世界文化激荡中站稳脚跟的根基，它可以为实现中华民族伟大复兴凝聚强大精神力量，为推进国家治理体系和治理能力现代化提供有益借鉴，为培育和践行社会主义核心价值观提供道德源泉，为构建新型国际关系提供重要启发。习近平总书记高度重视传承弘扬中华优秀传统文化，他从中华民族和中华文明千年发展的战略高度指出："历史和现实都表明，一个抛弃了或者背叛了自己历史文化的民族，不仅不可能发展起来，而且很可能上演一场历史悲剧。"④他告诫我们"抛弃传统、丢掉根本，就等于割断了自己的精神命脉"⑤，强调一定要"把世界上唯一没有中断的文明继续传承下去"⑥。

---

① 江泽民：《江泽民文选》第一卷，人民出版社，2006年，第158页。
② 中共中央文献研究室：《十七大以来重要文献选编》（上），中央文献出版社，2009年，第27页。
③ 习近平：《在联合国教科文组织总部的演讲》，《人民日报》，2014年3月28日，第3版。
④ 习近平：《在哲学社会科学工作座谈会上的讲话》，《人民日报》，2016年5月19日，第3版。
⑤ 习近平：《把培育和弘扬社会主义核心价值观作为凝魂聚气强基固本的基础工程》，《人民日报》，2014年2月26日，第1版。
⑥《赓续历史文脉　谱写当代华章——习近平总书记考察中国国家版本馆和中国历史研究院并出席文化传承发展座谈会纪实》，《人民日报》，2023年6月4日，第1版。

三、坚定文化自信，走好中国道路

经过几代学者的接续努力，中华文明探源工程等实证了我国具有百万年的人类史、一万年的文化史、五千多年的文明史。中华民族在生生不息、成长壮大的过程中，探索出了适合自己的发展道路，为人类社会发展作出了突出贡献。近代以来，中华民族陷入内忧外患的苦难深渊，无数仁人志士前赴后继探求救国救民的新的道路。在寻路过程中，西方各种主义和思潮开始进入中国，最终资本主义道路没有走通，改良主义、自由主义、社会达尔文主义、无政府主义、实用主义、民粹主义、工团主义等的尝试均告失败。中国共产党把马克思主义基本原理同中国具体实际相结合、同中华优秀传统文化相结合，找到了社会主义这条正确的救国之路。在长期的革命、建设和改革的伟大实践中，中国共产党团结带领中国人民确立了社会主义基本制度，开辟了中国特色社会主义道路，创立和形成了毛泽东思想、中国特色社会主义理论体系，发展了中国特色社会主义文化，实现中华民族伟大复兴进入不可逆转的历史进程。

江河万里总有源，树高千尺也有根。当代中国是历史中国的延续和发展。中国特色社会主义道路是在我们党领导人民革命、建设和改革的伟大实践中开辟的，也是在中华文明五千多年的传承发展中得来的。习近平总书记指出："中国特色社会主义道路是在马克思主义指导下走出来的，也是从五千多年中华文明史中走出来的……如果没有中华五千年文明，哪里有什么中国特色？如果不是中国特色，哪有我们今天这么成功的中国特色社会主义道路？只有立足波澜壮阔的中华五千多年文明史，才能真正理解中国道路的历史必然、文化内涵与独特优势。"[①]"中国式现代化是赓续古老文明的现代化，而不是消灭古老文明的现代化；是从中华大地长出来的现代化，不是照搬照

---

① 习近平：《在文化传承发展座谈会上的讲话》，《求是》，2023年第17期。

抄其他国家的现代化;是文明更新的结果,不是文明断裂的产物。"①回顾中华文明五千多年的发展历史,中国人民走上中国特色社会主义道路是历史的选择、人民的选择,具有坚实的文化基础和深厚的历史基础。中国特色社会主义道路是中国大踏步赶上时代、引领时代发展的康庄大道,必须倍加珍惜、长期坚持、永不动摇。

第二节 发扬进取精神,勇于开拓创新

中华民族是一个重视传统的民族,也是一个勇于创新的民族。从刀耕火种、穴居巢处的远古时期,到诸子争鸣、精彩纷呈的先秦时代,再到西方列强纷至沓来的中国近代,中华民族在发展历程中展现了伟大创造精神。习近平总书记指出:"中华文明的创新性,从根本上决定了中华民族守正不守旧、尊古不复古的进取精神,决定了中华民族不惧新挑战、勇于接受新事物的无畏品格。"②进入新时代,面对新机遇和新挑战,必须继续发扬中华民族的进取精神,勇于开拓创新,再创中华文明新辉煌。

一、守正不守旧、尊古不复古的进取精神

中华文化在发展过程中非常注重文化继承,特别是对传统文化中的核心内容,注重尽量保持原样地继承。中华文化的关键人物孔子,说他自己是"述而不作,信而好古"(《论语·述而》)。朱熹解释说:"述,传旧而已;作,则创始也。"(《论语集注·述而》)也就是说,孔子对传统文化主要采用一种"守正""尊古"的态度,这也是中华民族的一个优良传统。但是,中华民族"守正"并不"守旧"、"尊古"并不"复古"。中华民族既重视民

---

①② 习近平:《在文化传承发展座谈会上的讲话》,《求是》,2023年第17期。

族传统，也重视锐意革新，中国古代有很多关于求"变"、求"新"的思想。《诗经》："周虽旧邦，其命维新。"《大学》："苟日新、日日新，又日新。"韩非子主张"世异则事异"，"事异则备变"。《淮南子》："苟利于民，不必法古；苟周于事，不必循旧。"这些流传至今、不同时代的名言警句，充分说明我们中华民族自古以来就有着守正不守旧、尊古不复古的进取精神。中华文化的发展一直秉持这种精神，中国古代的哲学、语言、文学、书法、绘画、建筑、戏曲、制度、科技等，都在创新中取得了辉煌成绩。

在中华文化的发展过程中，创新是传统文化能够薪火相传、生生不息的重要动力。以儒家思想的发展为例，作为中华文化中处于主导地位的思想，儒家思想本身的传承过程，也是一个不断创新的过程。著名学者张岱年指出："儒家既不是什么纯而又纯、铁板一块，在一切问题上都始终一贯的系统，也不是毫无脉络可寻的仅仅在名义上统一的一盘散沙，而是一个既有相对稳定结构，又有丰富复杂内容的在历史进程中不断演化的系统。"[1] 儒家思想创立之后，随即就受到来自墨家、道家、法家等思想的挑战，秦汉以来又受到道教、佛教等思想的挑战。儒家思想为了生存和发展，进行了一系列创新。战国时期的孟子和荀子、汉代的董仲舒、宋代的"二程"和朱熹、明代的王阳明，都对前代儒学思想进行了创新性的阐释和发展，儒学也先后经历了先秦儒学、两汉经学、宋明理学、陆王心学、清代朴学等不同发展阶段。再以文学为例，从《诗经》《楚辞》开始，中国古代文学就不断发展进步、开拓创新，出现了汉赋、六朝骈文、唐诗、宋词、元曲、明清小说等一系列文学高峰，涌现了屈原、司马迁、李白、杜甫、韩愈、苏轼、曹雪芹等一批又一批伟大的文学家。这种不断发展、高峰迭起的创新性，表现出中华文化巨大的生命活力。

---

[1] 张岱年、程宜山：《中华文化精神》，北京大学出版社，2015年，第112页。

二、不惧新挑战、勇于接受新事物的无畏品格

习近平总书记指出:"中华民族历史上经历过很多磨难,但从来没有被压垮过,而是愈挫愈勇,不断在磨难中成长、从磨难中奋起。"① 中华民族的发展史,就是一部不断历经磨难、成长奋起的光辉历史。历史学家柏杨在《中国人史纲》中描写了中国历史的一个有意思的现象:"中国像一个巨大的立方体,在排山倒海的浪潮中,它会倾覆,但在浪潮退去后仍顽强地矗立在那里,以另一面正视世界,永不消失、永不沉没。"② 在中华民族的漫长历史中,不光有辉煌灿烂的时候,也有衰弱动荡的时候。每当国家的发展陷入停滞、民族的进步受到阻碍时,中华民族不惧挑战、勇于创新,总是选择以"变"来增强国家和民族前进的动力,使中华民族重新屹立于世界民族之林。

不惧新挑战、勇于接受新事物的无畏品格,鲜明地表现在中国古代的历次变法当中。中国历史上的变法有许多次,最著名的有"商鞅变法"、"胡服骑射"、"王安石变法"和"戊戌变法"等。历史学家柏杨认为:"'变法'是人类智慧所能做到的最惊心动魄的魔术,它能把一个侏儒变成一个巨人,把一个没落的民族变成一个蓬勃奋发的民族,把一个弱小的国家变成一个强大的国家。"③ 在柏杨看来,"商鞅变法"就是"历史上最大的魔术"。商鞅主张"治世不一道,便国不法古"(《史记·商君列传》)。他废除井田制,取消分封和世袭制度,建立郡县制,实行耕战政策,从而使秦国迅速崛起,奠定了秦统一六国的基础。北宋王安石以"天变不足畏,祖宗不足法,人言不足恤"(《宋史·王安石列传》)的大无畏精神推行变法,获得了"中国十一世纪改革家"的美誉,受到后人的赞赏和肯定。近代以来,面对西方

---

① 习近平:《在统筹推进新冠肺炎疫情防控和经济社会发展工作部署会议上的讲话》,《人民日报》,2020年2月24日,第2版。
② 柏杨:《中国人史纲》,人民文学出版社,2011年,第41页。
③ 柏杨:《中国人史纲》,人民文学出版社,2011年,第153-154页。

列强纷至沓来的危局，中华民族勇于变革陈旧落后的思想观念，勇于抛弃不合时宜的社会体制，先后发起了洋务运动、戊戌变法、辛亥革命和新民主主义革命，从器物、制度、文化等方面进行了全方位的变法乃至革命，以永不停歇的自强精神，再一次使中华民族凤凰涅槃般地屹立于世界民族之林。

三、勇于开拓创新，引领时代发展

中华民族是勇于创新、善于创新的民族，中国古代在天文历法、数学、农学、医学、地理学等众多科技领域取得了举世瞩目的成绩。习近平总书记在一次重要讲话中曾指出："一些资料显示，十六世纪以前世界上最重要的三百项发明和发现中，我国占一百七十三项，远远超过同时代的欧洲。"① 可以说，中华民族生生不息的创新精神使我国在发展历史上长期处于世界领先地位，中国古代的思想文化、社会制度、经济发展、科学技术以及其他许多方面对周边乃至世界发挥了重要辐射和引领作用。但是16世纪以来，中国逐渐由领先变为落后，一个重要原因就是我们在科学技术领域没有跟上世界发展的潮流。16世纪以来，世界发生了几次重大的科技革命，如近代物理学诞生、蒸汽机革命和机械革命、电力和运输革命、相对论和量子论革命、电子和信息革命等，深刻改变了世界发展面貌和格局，也深刻改变了包括中国在内的许多国家的前途命运。

中国共产党成立后，准确把握世界发展大势，书写了浓墨重彩的创新篇章，积累了"坚持开拓创新"的宝贵历史经验。"党领导人民披荆斩棘、上下求索、奋力开拓、锐意进取，不断推进理论创新、实践创新、制度创新、文化创新以及其他各方面创新，敢为天下先，走出了前人没有走出的路，任

---

① 习近平：《习近平著作选读》第一卷，人民出版社，2023年，第427页。

何艰难险阻都没能阻挡住党和人民前进的步伐。"① 当今世界,经济社会发展越来越依赖于理论、制度、科技、文化等领域的创新,国际竞争新优势也越来越体现在创新能力上。经过40多年的改革开放,我国创新能力与日俱增,为我国经济社会发展提供了源源不断的动力。但与此同时,我国在核心科技领域还存在不少短板,给我国经济产业链、供应链的安全带来不小风险。越是伟大的事业,越充满艰难险阻,越需要艰苦奋斗,越需要开拓创新。习近平总书记指出:"抓住了创新,就抓住了牵动经济社会发展全局的'牛鼻子'。"② 我们要弘扬中华民族守正不守旧、尊古不复古的进取精神,发扬中华民族不惧新挑战、勇于接受新事物的无畏品格,准确识变、科学应变、主动求变,勇于开拓创新,牢牢掌握发展主动,不断增强发展动力。

第三节 铸牢共同信念,捍卫国家统一

在中华民族历史上,维护国家统一、促进国家统一是种优良传统,"大一统"思想是中华文化的重要精神内核,也是中华民族的重要精神基因。习近平总书记指出:"中华文明的统一性,从根本上决定了中华民族各民族文化融为一体、即使遭遇重大挫折也牢固凝聚,决定了国土不可分、国家不可乱、民族不可散、文明不可断的共同信念,决定了国家统一永远是中国核心利益的核心,决定了一个坚强统一的国家是各族人民的命运所系。"③ 实现中华民族伟大复兴,要弘扬中华文化"大一统"思想,铸牢中华民族共同体意识,强固树立国土不可分、国家不可乱、民族不可散、文明不可断的共

---

① 《中共中央关于党的百年奋斗重大成就和历史经验的决议》,人民出版社,2021年,第69页。
② 习近平:《习近平著作选读》第一卷,人民出版社,2023年,第425-426页。
③ 习近平:《在文化传承发展座谈会上的讲话》,《求是》,2023年第17期。

同信念，坚决捍卫国家统一这个核心利益。

一、中华文化的"大一统"思想

中华文化中有着根深蒂固的"大一统"思想。从《诗经》"溥天之下，莫非王土"（《诗经·小雅·北山》），到《公羊传》"何言乎王正月，大一统也"（《公羊传·隐公元年》），再到《中庸》"天下车同轨，书同文，行同伦"（《礼记·中庸》），"大一统"思想在中华民族历史上确立早、扎根深、影响远，反对分裂、维护统一的意识深深积淀在中华民族的文化心理之中。哲学家冯友兰指出："秦朝统一以后的两千多年，中国人一直在一个天下一个政府之下生活，只有若干短暂的时期是例外，大家都认为这些例外不是正常情况。"[①] 在中国人内心深处，认为国家统一是正常的，而国家分裂则是不正常的，团结统一的思想是根深蒂固的，这就从思想深处维护和促进了中华民族的团结统一。

中华文化中的"大一统"思想，在中国古代文学作品中有着生动的体现。在《诗经》中，有不少诗篇表达了维护国家统一、抵抗外来侵略的思想。"岂曰无衣？与子同袍。王于兴师，修我戈矛，与子同仇！"描写为了保家卫国，即使没有战袍、没有武器，也要同心同德，筑成坚不可摧的长城；"兄弟阋于墙，外御其侮"描写即使内部存在分歧，但面对外来强敌，就必须团结起来、和衷共济。唐代诗人杜甫看到国家因"安史之乱"而分裂，悲痛欲绝，写下了"国破山河在，城春草木深。感时花溅泪，恨别鸟惊心"的伤感诗句；当听到平定"安史之乱"、国家即将恢复统一的捷报后，他又欣喜若狂，写下了"剑外忽传收蓟北，初闻涕泪满衣裳。却看妻子愁何在，漫卷诗书喜欲狂"的感人诗篇。岳飞在国家危亡时刻，率军抵御外侮，书写了"待从头、收拾旧山河，朝天阙"的最大心愿。爱国诗人陆游，终生渴望国家统一、恢

[①] 冯友兰：《中国哲学简史》，北京大学出版社，2013年，第175页。

复故土，即便到了暮年，依然咏出了"王师北定中原日，家祭无忘告乃翁"的人生遗言。这些维护国家统一的爱国诗篇，在中华民族历史上广为流传，成为不断培育和激励中华儿女保家卫国、维护统一的精神食粮。

二、中华民族的共同体意识

考古学研究发现，中华大地上最早散布着满天星斗般的文化区域和原始部族。在不断冲突和融合中，华夏文化逐渐成为主体，并显示出强大的包容性和先进性。随着华夏文化影响力的增强和辐射范围的扩大，各区域文化逐渐融合成中华文化，各少数民族逐渐融合成中华民族。中华优秀传统文化，特别是其中优秀的语言文字、文学艺术、思想理念、伦理道德、节日风俗、饮食服饰等，如同一个巨大熔炉，各民族、各区域在其中交流融合，形成了民族多元一体、文化多样和谐的统一整体，从而铸就了中华民族的共同体意识。

习近平总书记指出："文化认同是最深层次的认同，是民族团结之根、民族和睦之魂。"[1]在历史上，中华文化是强化中华民族身份认同的最重要因素。哲学家冯友兰认为："在传统上，中国人与外人即'夷狄'的区别，其意义着重在文化上，不在种族上。"[2]"中华"有居天下之中、集天下之美的意思，"中华"和"夷狄"的区别在于文化，"中华民族"内在地含有文化繁荣、文明昌盛之意。《史记·赵世家》："中国者，盖聪明徇智之所居也，万物财用之所聚也，贤圣之所教也，仁义之所施也，诗书礼乐之所用也，异敏技能之所试也，远方之所观赴也，蛮夷之所义行也。"这段话很好地说明了中华民族把优秀文化视为民族身份的标志，视为民族自豪的依据。在漫长的历史中，华夏文化与各民族文化交流交融，如百川汇流般融合成中

---

[1] 习近平：《习近平著作选读》第一卷，人民出版社，2023年，第285页。
[2] 冯友兰：《中国哲学简史》，北京大学出版社，2013年，第305页。

华文化，并成为中华儿女强化身份认同的精神标识。特别是近代以来，面对西方列强的侵略和欺凌，在中华文化的滋养和激励下，各族儿女共同为实现民族独立和民族振兴而团结奋斗。

三、全体中华儿女共同捍卫国家统一

当前，中华民族的最终统一还没有实现，维护民族团结的任务还很艰巨。捍卫国家统一，需要更加有力地传承弘扬中华文化中的"大一统"思想。中华文化是维"合"促"合"的强大精神力量，其中的"大一统"思想是维护民族团结统一的"黏合剂"。在港澳台问题上，海峡两岸和港澳台地区实行的政治制度不同，占主导地位的意识形态也不同，但海峡两岸和港澳台地区有着共同的文化源泉和文化基础，即中华文化，这是割舍不断、抛弃不掉的。因此，中华文化是海峡两岸和港澳台地区同胞，乃至全体中华儿女共同的精神纽带，维系这个精神纽带，强化其作用，就有利于维护民族和国家的团结统一。特别是针对台湾问题，党的二十大报告指出："解决台湾问题、实现祖国完全统一，是党矢志不渝的历史任务，是全体中华儿女的共同愿望，是实现中华民族伟大复兴的必然要求。"[1]强调要"推动两岸共同弘扬中华文化，促进两岸同胞心灵契合"[2]。

捍卫国家统一，还需要进一步铸牢中华民族共同体意识。习近平总书记指出："加强中华民族大团结，长远和根本的是增强文化认同，建设各民族共有精神家园，积极培养中华民族共同体意识。"[3]当今中国，在世界文化

---

[1] 习近平：《高举中国特色社会主义伟大旗帜　为全面建设社会主义现代化国家而团结奋斗——在中国共产党第二十次全国代表大会上的报告》，人民出版社，2022年，第58页。
[2] 习近平：《高举中国特色社会主义伟大旗帜　为全面建设社会主义现代化国家而团结奋斗——在中国共产党第二十次全国代表大会上的报告》，人民出版社，2022年，第59页。
[3] 习近平：《习近平著作选读》第一卷，人民出版社，2023年，第285页。

西强东弱的总体形势下,在经济全球化的浪潮中,着眼实现中华民族伟大复兴的宏伟目标,应强化全体中华儿女的民族身份认同,从而夯实民族凝聚力的情感基础。中华文化是包括 56 个民族在内的中华民族共同创造的文化成果,是中华民族共同的文化标识,是包括海外华侨华人在内的中华儿女的共同精神家园。中国孔、孟、老、庄等的哲学思想,春节、清明、中秋等传统节日,汉服、唐装、旗袍等传统服饰,长城、故宫、兵马俑等历史古迹,屈原、岳飞、文天祥等英雄,李白、杜甫、苏轼等古典诗人,这些都是中华民族的文化标识,都是产生和强化共同身份认同的文化符号。传承和弘扬中华文化,就是对我们民族文化标识的反复强调和不断确认,就是对中华儿女民族身份的反复强调和不断确认,可以极大地增强民族认同感和凝聚力,铸牢中华民族共同体意识。

第四节　坚持兼收并蓄,加强交流交融

中华文明能够发展不断、连绵不绝,表现出强大的生命力和创造力,与其内在的包容性密不可分。习近平总书记指出:"中华文明的包容性,从根本上决定了中华民族交往交流交融的历史取向,决定了中国各宗教信仰多元并存的和谐格局,决定了中华文化对世界文明兼收并蓄的开放胸怀。"[①] 中华文明的包容性,使中华文明能够在很长时间内不断发展而又高峰迭起,在世界文明体系中处于领先地位。面向未来,我们要继续坚持兼收并蓄的原则,加强交流交融,构建具有胸怀天下气度的中华民族现代文明。

一、中华民族交往交流交融的历史取向

考古学研究发现,中国境内很多地方都有早期文化遗迹,这说明中华文

---

① 习近平:《在文化传承发展座谈会上的讲话》,《求是》,2023 年第 17 期。

化是多元发生的,是在融合多种不同文化的基础上形成的,中华文化从一开始就具有很强的包容性。这种包容性首先表现在对周边各民族文化的吸纳融合上。中华民族的疆域由小到大、人数由少到多,这个过程就是中原"诸夏"在文化上不断融合吸纳周边"蛮夷"文化,化"外"为"内"的过程。这种情况最典型的是东晋和南北朝时期的文化融合。西晋末年,北方少数民族大举入主中原,各民族在一起生产生活、通商通婚,各民族人民交往交流,各民族文化激荡融合,中原文化包容吸纳了来自北方草原的民族文化的精华。

"野蛮但充满生气的北族精神,给高雅温文却因束缚于严格传统而冷淡僵硬的中国文化带来了新鲜的空气。"① 这一时期对外来文化的吸纳融合,为璀璨繁荣的盛唐文化打下了基础。

这种包容性还表现在中华民族与域外民族的交往交流方面。对这一方面的历史,习近平总书记曾进行了详细描述:"公元前100多年,中国就开始开辟通往西域的丝绸之路。汉代张骞于公元前138年和(公元前)119年两次出使西域,向西域传播了中华文化,也引进了葡萄、苜蓿、石榴、胡麻、芝麻等西域文化成果。西汉时期,中国的船队就到达了印度和斯里兰卡,用中国的丝绸换取了琉璃、珍珠等物品。中国唐代是中国历史上对外交流的活跃期。据史料记载,唐代中国通使交好的国家多达70多个,那时候的首都长安里来自各国的使臣、商人、留学生云集成群。这个大交流促进了中华文化远播世界,也促进了各国文化和物产传入中国。15世纪初,中国明代著名航海家郑和七次远洋航海,到了东南亚很多国家,一直抵达非洲东海岸的肯尼亚,留下了中国同沿途各国人民友好交往的佳话。明末清初,中国人积极学习现代科技知识,欧洲的天文学、医学、数学、几何学、地理学知识纷纷传入中国,开阔中国人的知识视野。之后,中外文明交流互鉴更是频繁展开,

---

① 习近平:《习近平谈治国理政》,外文出版社,2014年,第260页。

这其中有冲突、矛盾、疑惑、拒绝，但更多是学习、消化、融合、创新。"①正是由于中华文化对外的包容性，中国的四大发明、茶叶、瓷器、丝绸等传入西方，造福人类；中国也从世界引进粮食、水果、现代科学技术等优秀成果，促进了中国的发展。

二、中国各宗教信仰多元并存的和谐格局

先秦时期，中国出现了诸子百家争鸣的生动局面，儒、墨、道、法等思想流派竞相争鸣，为中华文化的包容发展打下了坚实基础。东汉时期佛教开始传入中国，其后在中华大地上开花结果，到南北朝时盛极一时。据《洛阳伽蓝记》记载，仅北魏都城洛阳，佛寺就多达1300多座。南朝佛教也非常盛行，唐代杜牧描绘这一现象时说："南朝四百八十寺，多少楼台烟雨中。"南朝梁武帝萧衍建国初期重视儒家思想，但老年后从儒家转向了佛家，还几次入寺庙做和尚，当住持讲经书，佛学因此大盛。史书描写当时佛教繁荣的盛况："都下佛寺五百余所，穷极宏丽。僧尼十余万，资产丰沃。所在郡县，不可胜言。道人又有白徒，尼则皆畜养女，皆不贯人籍，天下户口几亡其半。"（《南史·循吏·郭祖深传》）佛教的传入和发展，给中华文化注入了新鲜血液，与中国本土的儒家、道家等思想相互争锋和借鉴，对中国的语言、哲学、文学、建筑、艺术等产生了深远影响。

宋元明清时期，儒释道等思想的交融更加深入，中国各宗教信仰也出现了多元并存的和谐格局。在明代小说名著《西游记》中，佛教人物如来佛、观音菩萨，道家人物玉皇大帝、太上老君，他们都能和谐相处；神通广大的孙悟空，教授他"七十二变"和"筋斗云"等绝技的菩提祖师，亦道亦佛，融佛道于一身。在清代小说名著《红楼梦》中，开篇就说"一僧一道远远而来，生得骨格不凡，丰神迥异，说说笑笑来至峰下，坐于石边高谈快论"，可见

---

① 习近平：《习近平谈治国理政》第一卷，外文出版社，2018年，第260页。

佛家、道家相处得十分融洽。除了道教和佛教，其他外国宗教也不断传入中国，并与中国本土文化交流交融。习近平总书记曾指出："2000多年来，佛教、伊斯兰教、基督教等先后传入中国，中国音乐、绘画、文学等也不断吸纳外来文明的优长。"①中国古代宗教发展的历史表明，宗教的发展规律在于"和"，任何宗教要想生存发展，都必须同所在社会相适应，与所属文化相融合。只有各宗教和谐相处，各民族才能和谐共处，全社会才会和谐稳定。

三、中华文化对世界文明兼收并蓄的开放胸怀

中华文明之所以历经数千年而生生不息，得益于中华文明见贤思齐、海纳百川的包容性。历史证明，中华文明的发展，离不开其他文明提供的丰富营养。中国共产党从建立起就坚持科学对待外国文明，注重汲取其他民族文明的优秀养分。毛泽东同志指出："中国应该大量吸收外国的进步文化，作为自己文化食粮的原料，这种工作过去还做得很不够。这不但是当前的社会主义文化和新民主主义文化，还有外国的古代文化，例如各资本主义国家启蒙时代的文化，凡属我们今天用得着的东西，都应该吸收。"②邓小平同志也指出："我们要向资本主义发达国家学习先进的科学、技术、经营管理方法以及其他一切对我们有益的知识和文化，闭关自守、故步自封是愚蠢的。"③

党的十八大以来，习近平总书记以兼收并蓄、海纳百川的宽阔胸怀对待世界各民族文明。他指出："各种人类文明在价值上是平等的，都各有千秋，也各有不足。世界上不存在十全十美的文明，也不存在一无是处的文明，文

---

① 习近平：《在联合国教科文组织总部的演讲》，《人民日报》，2014年3月28日，第3版。
② 毛泽东：《毛泽东选集》第二卷，人民出版社，1991年，第706—707页。
③ 邓小平：《邓小平文选》第三卷，人民出版社，1993年，第44页。

明没有高低、优劣之分。"①他还提出人类的文明是多彩的,人类文明因多样才有交流互鉴的价值,因此"推动文明交流互鉴,可以丰富人类文明的色彩,让各国人民享受更富内涵的精神生活、开创更有选择的未来"②。他提倡人类文明应该交流互鉴,指出"文明因交流而多彩,文明因互鉴而丰富。文明交流互鉴,是推动人类文明进步和世界和平发展的重要动力"③。建设中华民族现代文明,要积极借鉴世界其他国家优秀文明成果。党的二十大报告强调:"我们要拓展世界眼光,深刻洞察人类发展进步潮流,积极回应各国人民普遍关切,为解决人类面临的共同问题作出贡献,以海纳百川的宽阔胸襟借鉴吸收人类一切优秀文明成果,推动建设更加美好的世界。"④只要中华文明坚持兼收并蓄的原则,以宽阔的胸襟以加强与世界优秀文明的交流交融,中华文明必将顺应时代发展焕发出更加蓬勃的生命力,也必将为人类文明发展进步作出更多更大的贡献。

第五节 坚持和平发展,促进合作共赢

中华民族是爱好和平的民族,中国人民是爱好和平的人民。习近平总书记指出:"中华文明的和平性,从根本上决定了中国始终是世界和平的建设者、全球发展的贡献者、国际秩序的维护者,决定了中国不断追求文明交流互鉴而不搞文化霸权,决定了中国不会把自己的价值观念与政治体制强加于人,决定了中国坚持合作、不搞对抗,决不搞'党同伐异'的小圈子。"⑤

---

①②③ 习近平:《在联合国教科文组织总部的演讲》,《人民日报》,2014年3月28日,第3版。
④ 习近平:《高举中国特色社会主义伟大旗帜 为全面建设社会主义现代化国家而团结奋斗——在中国共产党第二十次全国代表大会上的报告》,人民出版社,2022年,第21页。
⑤ 习近平:《在文化传承发展座谈会上的讲话》,《求是》,2023年第17期。

世界是不可分割的命运共同体，和平、发展、合作、共赢已成为不可阻挡的历史潮流。推动构建人类命运共同体，应传承弘扬中华文化的和平理念，坚持和平发展，促进合作共赢。

一、中华文明崇尚"以和邦国"

在如何实现国家发展问题上，中华民族选择了"以和为贵"的方式。《论语》上说："礼之用，和为贵。先王之道，斯为美，小大由之。"《中庸》上说："致中和，天地位焉，万物育焉。""和"是中华民族的亮丽名片，在汉语中有着大量有关"和"的美妙词语：和谐、和睦、和气生财、和衷共济、政通人和、和而不同、和平共处、家和万事兴等等。基于这种"以和为贵"的发展理念，中华民族自古以来就是一个爱好和平的民族，在谋求国家发展、处理邻国关系时主张采取和平的方式。《周礼》上说："以和邦国，以统百官，以谐万民。"《尚书》中也强调："百姓昭明，协和万邦，黎民于变时雍。"这些论述都反映了中华民族追求民族与民族、国家与国家之间和谐相处的愿望。习近平总书记在多个国际场合强调中华文化"以和邦国"的价值追求。他指出："中华文明历来崇尚'以和邦国'、'和而不同'、'以和为贵'。""几千年来，和平融入了中华民族的血脉中，刻进了中国人民的基因里。"[①]他还强调："中华民族传承和追求的是和平和睦和谐理念。"[②]

中华文明崇尚"以和邦国"的重要表现之一，就是中华民族对战争的反感和对和平的渴望。春秋战国时期，各诸侯国"争地以战，杀人盈野；争城以战，杀人盈城"（《孟子·离娄章句上》），给国家和百姓造成深重灾难，因此许多思想家都极力反对战争，呼吁和平。儒家认为"以力服人者，非心服也，力不赡也；以德服人者，中心悦而诚服也"（《孟子·公孙丑上》），

[①] 习近平：《习近平著作选读》第一卷，人民出版社，2023年，第569页。
[②] 习近平：《习近平著作选读》第二卷，人民出版社，2023年，第515页。

提倡"远人不服，则修文德以来之"（《论语·季氏》）。墨家主张"非攻"，反对一切侵略战争。据《墨子》记载，墨子曾亲自阻止了楚国攻打宋国的战争。道家不崇尚武力，老子说："夫兵者不祥之器也，物或恶之，故有道者弗处。"（《道德经》第三十一章）兵法经典《孙子兵法》认为"百战百胜，非善之善者也；不战而屈人之兵，善之善者也"，《司马法》也认为，"国虽大，好战必亡"。秦汉以来，渴望和平、呼吁和平的声音一直不断；特别是在历朝历代的文学作品中，这样的声音尤其强烈感人。曹操在《蒿里行》中写道："铠甲生虮虱，万姓以死亡。白骨露于野，千里无鸡鸣。生民百遗一，念之断人肠。"唐代诗人陈陶在《陇西行》中写道："誓扫匈奴不顾身，五千貂锦丧胡尘。可怜无定河边骨，犹是春闺梦里人。"这两首诗歌从不同角度描写了兵灾战祸给国家、百姓造成的巨大灾难，表达了人们对和平的强烈渴望。

二、中华文明追求交流互鉴而不搞文化霸权

习近平总书记指出："中华文明是在中国大地上产生的文明，也是同其他文明不断交流互鉴而形成的文明。"[①] 中华民族在"和实生物，同则不继"的理念指导下，重视与其他文明进行交流互鉴而不搞文化霸权。中国古代在处理与周边民族关系问题上，主张"和为贵"，曾长期采用和亲的方式增进民族感情、促进文化交流。汉元帝时期，汉朝宫女王昭君嫁给匈奴呼韩邪单于，使汉匈两家在几十年时间里一直保持了友好和睦关系，促进了两个民族的文化交流。唐太宗时期，文成公主远嫁吐蕃，在吐蕃生活了近40年。在她的影响下，汉族的碾磨、纺织、陶器、造纸、酿酒等工艺陆续传到吐蕃。她带去的诗文、农书、佛经、史书、医典、历法等典籍，促进了吐蕃经济、文化的发展，加强了唐朝和吐蕃的友好关系。值得注意的是，这两次和亲都发生在中国强盛、邻邦衰弱之时，充分说明了中华民族追求文明平等和交流互鉴。

---

① 习近平：《习近平著作选读》第一卷，人民出版社，2023年，第230页。

中国古代开辟丝绸之路，也生动体现了中华文明追求交流互鉴而不搞文化霸权的做法。公元前100多年，中国就开始开辟通往西域的丝绸之路。汉代张骞两次出使西域，完成了"凿空之旅"，向西域传播中华文化，也引进了许多西域的文化成果。在开辟海上丝绸之路方面，1405年郑和率领由240多艘海船、27400名船员组成的庞大船队远航，访问了太平洋和印度洋的30多个国家与地区。在20多年间，郑和一共远航7次之多，最远到达红海沿岸和非洲东海岸。郑和的船队是一支规模庞大、装备精良的舰队，虽然有强大的军事实力，但郑和的舰队没有侵略扩张，而是用于实现和平目的。郑和七下西洋，开辟了海上航道，发展了海外贸易，传播了中华文明，将中华礼仪、思想、历法和度量衡制度、农业技术、制造技术、建筑雕刻技术、医术、航海造船技术等传播到沿途国家。古丝绸之路绵亘万里，延续千年，积淀出以和平合作、开放包容、互学互鉴、互利共赢为核心的丝路精神。对于中国古代开辟丝绸之路的和平事业，习近平总书记指出："这些开拓事业之所以名垂青史，是因为使用的不是战马和长矛，而是驼队和善意；依靠的不是坚船和利炮，而是宝船和友谊。一代又一代'丝路人'架起了东西方合作的纽带、和平的桥梁。"①

三、促进世界各国合作共赢

在几千年的发展历程中，中华民族始终坚持"以和为贵"的发展理念，奉行"以和邦国"的外交理念，与周边民族和域外国家深入交流交融，促进和平发展。近代以来，中国遭受西方列强100余年的侵略欺凌，致使国家蒙辱、人民蒙难、文明蒙尘，中华民族遭受了前所未有的劫难。中华民族的血液中没有侵略他人、称霸世界的基因，中国人民的心灵里却充满了备受侵略欺凌的刻骨铭心的记忆，所以中国人民追求和平、爱好和平、珍惜和平。新

---

① 习近平：《习近平著作选读》第一卷，人民出版社，2023年，第588页。

中国成立后，中国共产党坚持和平发展理念，提出并践行和平共处五项原则，走出了一条和平发展道路，以和平方式实现了中华民族的繁荣富强。习近平总书记指出："中国从一个积贫积弱的国家发展成为世界第二大经济体，靠的不是对外军事扩张和殖民掠夺，而是人民勤劳、维护和平。"[①]他还强调，中国将始终不渝走和平发展道路，"无论中国发展到哪一步，中国永不称霸、永不扩张、永不谋求势力范围"[②]。

马克思、恩格斯指出："各民族的原始封闭状态由于日益完善的生产方式、交往以及因交往而自然形成的不同民族之间的分工消灭得越是彻底，历史也就越是成为世界历史。"[③]随着人类科技日益进步，人类交往的深度、广度超过历史上任何时期，世界各国更加紧密地联系在一起，成为休戚与共的命运共同体，人类比以往任何时候都更加需要和平、发展、合作、共赢。但当今世界并不太平，霸权主义、强权政治依然横行无忌，地区冲突、局部战争依然频繁激烈，种族歧视、文明歧视依然根深蒂固，和平赤字、发展赤字、安全赤字、治理赤字不断加重，人类社会面临前所未有的挑战。如何应对这些挑战，中华文化"以和为贵""以和邦国"的价值理念为我们提供了宝贵启示，世界各国也应从这一思想理念中汲取和平共处的智慧。

[①] 习近平：《习近平著作选读》第一卷，人民出版社，2023年，第569-570页。
[②] 习近平：《习近平著作选读》第一卷，人民出版社，2023年，第570页。
[③] 中共中央马克思恩格斯列宁斯大林著作编译局编译：《马克思恩格斯选集》第一卷，人民出版社，2012年，第168页。

第十二章
中华民族现代文明展现人类文明新形态

中华民族现代文明是中国共产党领导中国人民在推进中国式现代化伟大进程中书写的中华文明新篇章,它是在传承中华文明、吸收人类一切优秀文明成果的基础上,在建设中国特色社会主义新型文明过程中创造的人类文明新形态。"中国式现代化创造人类文明新形态,建立在底蕴深厚、博大精深的中华文明基础上,是'两个结合'的产物,究其实质、内涵、特征而言,就是中华民族现代文明。"[①] 中华民族现代文明是一种不同于资本主义现代文明的社会主义现代文明。中华民族现代文明不仅是中华文明的现代形态,也是现代文明的中国形态,更是人类文明的新形态。

第一节 中华民族现代文明是马克思主义中国化时代化的文明成果

中国是一个历史悠久的文明古国,又是一个正在全面建设社会主义现代化国家的现代文明国家。中华民族现代文明是构筑在中国式现代化实践基础

---

① 颜晓峰:《以"第二个结合"推动建设中华民族现代文明》,《红旗文稿》,2023年第17期。

第十二章
中华民族现代文明展现人类文明新形态

上的文明成果，是中国共产党领导团结全国各族人民推动中华文明创造性转化和创新性发展的结果，是把马克思主义中国化时代化和中华文明现代化相互结合的创新成果。

一、中华文明是中华民族现代文明的深厚底蕴

习近平总书记指出："如果不从源远流长的历史连续性来认识中国，就不可能理解古代中国，也不可能理解现代中国，更不可能理解未来中国。"[①] 中华民族现代文明深深植根于中华文明，是从五千多年中华文明沃土中开辟和发展出来的文明成果。中华文明源远流长，蕴藏着诸多关系社会发展、国家治理与道德规范的文明成果，是滋养、壮大中华民族的精神血脉，为中华民族现代文明的形成和发展提供了深厚底蕴。具体而言，一是中华文明为中华民族现代文明提供了丰厚的精神滋养。"回顾历史，支撑我们这个古老民族走到今天的，支撑5000多年中华文明延绵至今的，是植根于中华民族血脉深处的文化基因。"[②] 中华优秀传统文化既是中华民族的文明基因，也是涵养中华民族现代文明的文化土壤。如"天下为公""共享大同"的社会理想，"亲仁善邻""协和万邦"的和平理念，"居安思危""改易更化"的忧患意识，"知行合一""实事求是"的实践价值等，这些价值观不仅是中华文化的文明基因，也是中华民族现代文明深厚的文化根基。二是中华文明为中华民族现代文明提供了强大的道德规约。中华文明蕴含着丰富的道德理念和规范，如天下兴亡、匹夫有责的担当意识，精忠报国、振兴中华的爱国情怀，崇德向善、见贤思齐的社会风尚，立己达人、兼善天下的道德修养，以及上

[①]《担负起新的文化使命 努力建设中华民族现代文明》，《人民日报》，2023年6月3日，第1版。

[②] 习近平：《携手建设更加美好的世界——在中国共产党与世界政党高层对话会上的主旨讲话》，人民出版社，2017年，第3页。

善若水、厚德载物的道德境界等，这些在文明传承过程中积淀而成的道德规范，塑造了中华民族的思想风貌与文化品格，为中华民族现代文明提供了强有力的道德支撑。三是中华文明为中华民族现代文明提供了鲜明的价值指引。"以人为本的人文精神是中国文化最根本的精神，也是一个最重要的特征。"①中华文明以"人"为中心，注重人与人之间关系的调适，并以人为尺度来认识世界、改造世界，使人己、物我达到和谐统一的状态。中国传统文化中关于人与自然、人与社会、人与人之间和谐生存的真理性思考，对当今建设人与自然和谐共生的现代化、推进全球生态治理进而构建人类命运共同体具有重要启迪意义，也为中华民族现代文明的形成提供了鲜明价值支撑。因此，中华文明是中华民族现代文明的深厚底蕴，建设中华民族现代文明必须植根于中华文明的肥沃土壤，从中汲取丰厚养分，古为今用，推陈出新，才能不断推动中华文明创造性转化、创新性发展。唯有如此，才能推动中华民族现代文明不断向前。

二、马克思主义为中华文明的现代转型指明了方向

1840年鸦片战争以后，近代中国文明发展的历史进程被帝国主义国家强势打断，中国被迫卷入由资本主义现代性支配的世界历史潮流，国家蒙辱、人民蒙难、文明蒙尘。面对民族与文明的双重危机，中国的有识之士开始反思本国的封建文明，将眼光投向西方工业文明。但是，无论是林则徐、魏源等人的"睁眼看世界"，冯桂芬的"中学为体、西学为用"，康有为的"托古改制，破旧立新"，还是梁启超的"反专制、伸民权"，诸多对"器物文明"的反思以及对西方资本主义制度文明的效仿都未能从根本上改变旧中国的命运。实践证明，仅靠中华民族传统文明的简单"量变"或附上西方资产阶级

---

① 楼宇烈：《中国文化中以人为本的人文精神》，《北京大学学报》（哲学社会科学版），2015年第1期。

思想的外壳，不可能实现中华民族传统文明的升华，不可能建设中华民族现代文明。

十月革命后，马克思列宁主义传入中国，给探寻国家现代化方案的中国先进分子带来了曙光，为中华文明何去何从提供了方向指引。马克思主义是揭示人类文明发展规律的科学理论，它指出了人类文明现代转型的一般图景。一方面，马克思主义超越了历史循环论，以发展的历史尺度认识文明，将人类文明发展视作不断进步、螺旋式上升的历史过程。马克思主义所揭示的人类文明兴衰更替规律，使我们深化了对中华文明历史方位、发展趋势的科学认识，引导我们站在新的历史起点上建设中华民族现代文明。另一方面，马克思主义在深刻批判西方资本主义文明的基础上，指明了人类文明的未来方向。在马克思主义的历史视野下，资本主义文明是以获取财富为唯一目的的、建立在劳动奴役之上的罪恶文明，且埋藏在资本主义文明内部的弊端与抵牾是无法在资本主义制度框架内得到解决的。因此，人类文明要想取得发展与进步，必须走社会主义道路，只有共产主义文明才是人类"真正的普遍的文明"。共产主义文明有别于其他一切"虚假的文明"和"旧文明"，是一种超越了资本主义现代文明的新文明。概言之，马克思主义科学把握了人类文明发展的历史趋势，为中华民族现代文明的构建奠定了科学的理论根基。

自从马克思主义传入中国，我们就找到了赓续中华文明的思想武器，从此中国人民就从精神上由被动转为主动。中国共产党自成立之日起，就高举马克思主义伟大旗帜，把马克思主义基本原理同中国具体实际、同中华优秀传统文化相结合，努力推进中华文明的现代转型，使中华文明的发展有了新的方向。在党的百年奋斗历程中，中国共产党在"救国—兴国—强国"这一不断转换的语境和实践中推动理论创新和实践创新，最终实现了中华文明的现代转型，构建了中华民族现代文明。

三、中华民族现代文明是中华文明与马克思主义深度结合的产物

中华民族现代文明是中华文明与马克思主义融通互构、深度结合的产物,两者相互契合、彼此成就、缺一不可。马克思主义因契合中国历史文化传统而融入中华文明,中华文明自身蕴含的社会主义理念成为其接纳马克思主义的思想基础。中华文明现代化与马克思主义中国化时代化,因共同需要解决中国近代以来的民族矛盾问题而融合,这种精神契合使马克思主义迅速在中华大地落地生根,也使古老的中华文明放射出灿烂的光芒。具体而言,一方面,中国共产党"用马克思主义真理的力量激活了中华民族历经几千年创造的伟大文明,使中华文明再次迸发出强大精神力量"①。中华文明"建立在以宗法制度为基础、以血缘为纽带的社会形态之上,它植根于农业文明,是在'成己'与'成物'的伦理实践中构建的'道德的形而上学'。因此,在面临西方工业现代化的冲击和中国社会原有阶级结构的改变时,中华传统文化无法提供适合的解决方案"②。马克思主义以其唯物史观中关于社会形态更替的理论为中国社会转型提供理论指导,为蒙尘的中华文明带来了新的生机与活力。从传统社会的"天下为公"到向共产主义社会理想的转化,从"民为邦本、本固邦宁"到坚持以人民为中心的执政理念,从"天人合一"到绿水青山就是金山银山理念的提出,从"亲仁善邻、协和万邦"到人类命运共同体的构想等,马克思主义以其科学性和真理性为中华文明注入了现代性活力,使中华文明不断实现自身的创造性转化和创新性发展,呈现出强大的文化伟力。另一方面,中华优秀传统文化以其丰厚的思想底蕴和文化资源涵养了马克思主义,谱写了马克思主义的中国篇章。马克思主义植根于欧洲的文化传统,如果不与中华文明相融合,融入中华民族的文化血脉、思维范式,那么

---

① 习近平:《在党史学习教育动员大会上的讲话》,人民出版社,2021年,第11页。
② 王立胜:《中国式现代化道路与人类文明新形态》,江西高校出版社,2022年,第237-238页。

它就始终是外来的、异在的。习近平总书记指出:"马克思主义传入中国后,科学社会主义的主张受到中国人民热烈欢迎,并最终扎根中国大地、开花结果,决不是偶然的,而是同我国传承了几千年的优秀历史文化和广大人民日用而不觉的价值观念融通的。"① 这一价值观念的融通,使得马克思主义同中华优秀传统文化具有内在一致的契合性,为马克思主义这一外来文化的中国新生提供了丰沃土壤,推动马克思主义不断实现中国化时代化的新飞跃,并显示出日益鲜明的中国风格与中国气派,最终使得马克思主义深植中国,获得广泛认同,实现了"中国新生"。

实践证明,中华民族现代文明绝不是在中华民族传统文明基础上的简单量变,而是在中华民族传统文明基础上融入马克思主义这个思想内核后的复杂质变。中华民族传统文明必须注入马克思主义之"魂",才能实现凤凰涅槃、浴火重生,两者融通互铸、深度融合,进而才能发展为中华民族现代文明。

第二节 中华民族现代文明是社会主义文明的中国形态

中国式现代化实践所创造的中华民族现代文明,既具有现代文明的共同特征,又具有社会主义文明的中国特色,是现代文明的一种全新的具体的民族形态,即中国形态。这一现代文明的中国形态是在中国共产党的领导下由亿万中华儿女共同开创的一种现代文明新形态,即社会主义文明的中国形态。作为社会主义文明的中国形态,中华民族现代文明有效消除了资本逻辑宰制下人的异化、贫富两极分化、片面发展、生态危机、霸权主义等资本主义现代文明的痼疾,展现了一幅不同于西方现代文明的新文明图景。

---

① 习近平:《习近平谈治国理政》第三卷,外文出版社,2022年,第120页。

一、中华民族现代文明是实现人的自由和全面发展的现代文明

马克思在《1857—1858年经济学手稿》中,根据人的发展状态将人类历史发展划分为三种形态。资本主义生产方式下"以物的依赖性"为基础的虚假共同体是第二大形态,它超越了"以人的依赖性"为基础的自然共同体,突破了人的生产能力只能在狭窄的范围内和孤立的地点上发展着的限制,但却使人类陷入了"异化"和"单向度"的生存状态。"你的存在越微不足道,你表现你的生命越少,你的财产就越多,你的外化的生命就越大,你的异化本质也积累得越多。国民经济学家把从你那里夺去的那一部分生命和人性,全用货币和财富补偿给你。"① 这种异化的存在状态是人与物的关系的颠倒,违背了人的本性。在现代工业社会中,人拜倒在物面前,把物作为自己的灵魂,却失去了自己真正的灵魂。"人们似乎活在他们的商品之中;他们的灵魂困在他们的小轿车、高度清晰的传真装置、错层式家庭以及厨房设备之中"②。人实际上已处于从属的地位,成了物的奴隶,在这样的存在方式中,人只能收获虚假和不幸。因此马克思指出,未来共产主义社会将要创建一种建立在个人全面发展和他们公共的社会生产能力成为他们的社会财富这一基础上的自由个性的"自由人联合体"。

中华民族现代文明以人的自由全面发展为价值追求,把人民群众对美好生活的向往当作奋斗目标,逐步摆脱物对人的直接性的束缚,消解资本主义文明下人的"异化"状态。中国共产党在全面推进中华民族伟大复兴的历史进程中始终践行自己的初心和使命,不断追寻"自由人联合体"的光辉彼岸。新民主主义革命的胜利和社会主义制度的建立,使广大劳动人民从封建的生

---

① 中共中央马克思恩格斯列宁斯大林著作编译局译:《马克思恩格斯全集》第四十二卷,人民出版社,1979年,第135页。
② 马尔库塞:《单向度的人——发达工业社会意识形态研究》,刘继译,上海译文出版社,2014年,第9页。

产关系束缚中解放出来，真正成为国家的主人，为推进人的自由全面发展奠定了根本政治前提和制度基础。但这一时期落后的社会生产难以满足人民日益增长的物质文化需要，对此中国共产党开展了大规模的社会主义建设，逐步建立起比较完整的工业体系和国民经济体系。进入改革开放和社会主义现代化建设新时期，党中央始终坚持社会主义初级阶段党的基本路线，以经济建设为中心，实现了人民生活从温饱不足到总体小康再到奔向全面小康的历史性跨越，人的自由全面发展拥有了坚实的物质基础。中国特色社会主义进入新时代，基于对社会主要矛盾的研判，党中央提出要着力解决发展不平衡不充分问题，提升发展的质量和效益。新时代的十年，我们始终坚持以新发展理念为基本遵循，以供给侧结构性改革为经济社会发展的主线，通过继续全面深化改革、破除各领域体制机制弊端，维护社会公平正义，更好满足人民日益增长的美好生活需要，人的全面发展达到新的高度。人的自由全面发展是中华民族现代文明的价值追求，实现这一目标需要经历漫长的历史过程，不可能一蹴而就。我们既要充分认识到实现人的自由全面发展的长期性、艰巨性、复杂性，又要充分认识到实现人的自由全面发展所具有的优势条件、强大动力、光明前景，增强信心，久久为功，向着"自由人联合体"这一真正共同体的光辉彼岸迈进，不断丰富和发展中华民族现代文明。

二、中华民族现代文明是追求全体人民共同富裕的现代文明

共同富裕是社会主义的本质规定，是中华民族现代文明的重要特征。在以资本逻辑为主导的资本主义国家，资本是资产阶级社会支配一切的经济权力，生产的目的在于资本增殖而不是为了满足人民群众的需要，这就内在地决定了少数人的富裕与多数人的贫困，这使资本主义文明虚假的富裕成为实践必然。正如马克思所说：资本"文明每前进一步，不平等也同时前进一

步"①。相较于资本主义文明"资本至上"的原则,中华民族现代文明是人民至上、以人民为中心的崭新形态,实现全体人民共同富裕是其重要内核。实现共同富裕是社会主义的本质要求,是中国共产党的历史使命,是中华民族从站起来、富起来到强起来的历史飞跃进程中的重要内容。在中国革命、建设和改革的百年历程中,中国共产党对实现共同富裕理论和实践的探索从未停止,走出了一条全体人民共同富裕的中国式现代化之路。社会主义革命和建设时期,以毛泽东同志为核心的中国共产党人在探索共同富裕的现代化道路过程中,为构建中华民族现代文明奠定了根本政治保证和制度根基。改革开放和社会主义现代化建设新时期,党团结带领人民解放和发展生产力,开辟了中国特色社会主义道路,实现了从站起来到富起来的伟大飞跃,为实现共同富裕奠定了深厚的物质基础。党的十八大以来,党团结带领人民着力解决不平衡不充分的发展问题,历史性地解决了绝对贫困问题,全面建成小康社会,扎实推进全体人民共同富裕。百年来中国共产党对共同富裕的探索取得了显著成就,人民生活全方位改善,人民富裕、国家强盛达到了新的历史高度,这为中华民族现代文明的构建提供了更为坚实的物质基础、更为主动的精神力量和更为鲜明的国家标识。正是因为中国共产党始终坚持通过追求共同富裕来实现、保障和增进人民群众利益,才能够在以人民为中心的基础上不断开拓多维度文明协调发展的新空间,有效避免了资本主义社会中因资本逐利所引发的政治失衡、精神文明衰退、社会阶层固化与撕裂等一系列现代危机,充分彰显出中华民族现代文明"以人为本"对西方文明"以资为本"的超越性。概言之,中国共产党人对共同富裕的百年探索为中华民族现代文明的形成与发展提供了必要条件,共同富裕的伟大实践贯穿于中华民族现代文明形成、塑造和发展的全过程,因此,在全面建成社会主义现代化国

---

① 中共中央马克思恩格斯列宁斯大林著作编译局编译:《马克思恩格斯文集》第九卷,人民出版社,2009年,第147页。

家新征程中,我们必须通过扎实推动共同富裕来不断丰富和发展中华民族现代文明。

三、中华民族现代文明是五个文明协调发展的现代文明

资本主义文明片面追求"增长崇拜"和"经济指数",物质财富的增加是以其他领域如道德的败坏、人的异化和生态危机等为代价换来的,是一种"单向度"的文明。中华民族现代文明超越了资本主义"片面的现代性",是物质文明、政治文明、精神文明、社会文明、生态文明全面、协调、和谐发展的文明形态。中国共产党统筹推进"五位一体"总体布局,为"五个文明"协调发展提供了实现路径:在经济建设上坚持社会主义市场经济,推动有效市场和有为政府有机结合,实现了经济总量从相对落后到跃居世界第二的历史性突破,创造了先进的物质文明,为构建中华民族现代文明奠定了根本的物质基础;在政治建设上坚定不移走中国特色社会主义政治发展道路,全面发展全过程人民民主,不断提高国家治理体系和治理能力现代化,创造了适合中国国情的政治文明,为构建中华民族现代文明提供了坚强的政治保证;在文化建设上坚持马克思主义在意识形态领域指导地位的根本制度,坚持以社会主义核心价值观凝心聚力,加快构建中国特色哲学社会科学,推动中华优秀传统文化创造性转化、创新性发展,国家文化软实力明显提升,创造了富有生机活力的精神文明,为构建中华民族现代文明提供了强大的精神支撑;在社会建设上始终坚持以人民为中心的发展思想,坚持发展为了人民、发展依靠人民、发展成果由人民共享,推动实现社会共同富裕和人的全面发展,创造了共建共治共享的社会文明,为构建中华民族现代文明奠定了坚实的群众基础;在生态建设上坚持绿水青山就是金山银山的发展理念,坚定走生产发展、生活富裕、生态良好的文明发展道路,在推动经济高质量发展的同时全过程加强生态环境保护,绿色、循环、低碳发展迈出坚实步伐,创造了人

与自然和谐共生的生态文明，为构建中华民族现代文明提供了良好的环境基础。"五个文明"共同构成了中华民族现代文明的总体形态，它们协调发展，相互影响，相互制约，是一个完整而全面的文明体系。当前立足新发展阶段，要充分把握全面建设社会主义现代化国家对"五个文明"协调发展提出的新的更高要求，全面深化经济体制、政治体制、文化体制、社会体制、生态文明体制改革，为推动"五个文明"协调发展提供充分的制度保证，助推富强民主文明和谐美丽的社会主义现代化强国目标如期实现。

四、中华民族现代文明是促进人与自然和谐共生的现代文明

随着资本主义制度的确立与工业革命的兴起，经济全球化推动工业文明范式普及。工业文明是以工业化、城镇化、富裕化为重要特征的现代社会文明形态，其追求的是一种以征服自然和改造自然、从自然界获取生活资料和生产资料，进而推动经济高速增长和财富迅速积累的发展模式。这种以资本无限增殖与利润最大化为核心的发展模式，促进了社会生产力水平的飞跃式提升，使人类物质需求得到极大丰富满足。但与此同时，由于受人类不合理的生产方式和消费模式的影响，生态系统被无限切割为工业化大生产所需的生产要素，生态系统的完整性遭到破坏，内嵌于工业文明范式的反生态弊端逐渐显现，人与自然之间的关系严重异化对立，催生了违背自然、戕害自然的"文明的疾病"，人类文明的延续发展遭受威胁。因此，以资本逻辑为主导的工业文明是逆自然的、反生态的，它是使人与自然的关系疏离，是与生态美好的内在要求相抵牾的。

中华民族现代文明超越了反生态性的工业文明，它在反思工业文明弊端和我国处理人与自然关系问题的经验教训基础上，逐步走出了一条人与自然和谐共生的生态文明之路。党的十八大以来，中国共产党将生态文明建设上升到"五位一体"的战略高度，站在人与自然和谐共生的高度谋划发展。

第十二章
中华民族现代文明展现人类文明新形态

习近平总书记在承续马克思主义生态思想、结合自己多年从政经验的基础上，从生产力的高度对经济发展与生态建设之间的辩证关系作出了科学的判断，提出"保护环境就是保护生产力""绿水青山就是金山银山"的生态生产力论断，科学解决了经济发展与生态建设之间的"两难悖论"，为正确处理经济发展和生态文明建设之间的关系，实现现代化中国的永续性和生态化中国的现代性的有机统一提供了科学指南。新时代的10年，我国大力推进生态文明建设，推动经济社会实现绿色高质量发展。首先，遵循可持续发展、低碳发展的生态逻辑，将生态文明融入经济社会发展全过程，推动形成绿色低碳的生产方式和生活方式，美丽中国建设成效显著。其次，深入推进环境污染防治，实施重要生态系统保护和修复重大工程，提升生态系统多样性、稳定性、持续性，走出了一条人与自然关系和谐、人类全面发展的文明之路。

五、中华民族现代文明是维护世界和平与促进共同发展的现代文明

作为世界文明的未来形态，中华民族现代文明既是中国的又是世界的。这一文明突出的和平性特征，不仅决定了中国始终是世界和平的建设者、全球发展的贡献者和国际秩序的维护者，而且决定了中国不断追求和平发展、不搞文化霸权和不搞对抗的文明底色。

资本主义文明是殖民掠夺的文明形态。建立在资本积累基础上的西方工业文明，冠冕堂皇地打着"保护人权""维护和平"的旗帜，实际上是一种致力于通过霸权主义、殖民掠夺等方式在世界范围内打造从属关系的暴力文明。随着资本主义生产方式在世界范围内的确立，西方世界以其绝对的经济和军事优势开启了将其自身"文明"果实植入式地向外输出的世界历史进程，意图构建一个以西方价值体系为核心规范的同质世界。然而，"普世价值"所追求的"同一性"并未建起一个童话般的和谐美好世界，反而由于殖民主

义和霸权主义的政治实践在世界范围内引发了动荡、分裂与冲突，和平赤字、发展赤字和治理赤字成为摆在全人类面前的共同挑战，由此可见西方国家主导建立的以"自由""民主""人权"为核心内容的全球治理体系已走入了一条必然引发全面矛盾的死胡同。中华民族现代文明以和平发展超越资本主义文明形态的殖民掠夺。首先，中国始终坚定维护世界和平，促进共同发展。自古以来，对和平的追求就深深熔铸于中国人民的血脉之中，中国人民不接受国强必霸的强盗逻辑，愿意同世界各国人民共谋和平、共护和平、共享和平，并"加大对全球发展合作的资源投入，致力于缩小南北差距"①，为共同构建和平、发展、繁荣的人类命运共同体贡献中国力量。其次，中国坚定维护国际公平正义，反对霸权主义和强权政治。中国始终恪守尊重主权和领土完整、互不侵犯、互不干涉内政等国际关系基本准则，坚决反对西方"普世价值"话语叙事下唯我独尊和恃强凌弱的霸道，反对"长臂管辖"和"世界警察"，反对新型阶级压迫和全球资本剥削，努力维护国际关系公平正义。最后，中国坚定捍卫民主自由，推动全球治理体系变革。中国始终倡导共商共建共享的全球治理观，推动国际关系民主化，坚持国家不分大小、强弱、贫富一律平等，使全球治理体系能更加平衡地反映大多数国家特别是新兴市场国家和发展中国家的意愿和利益。概言之，中华民族现代文明摒弃了零和博弈、国强必霸的资本主义发展逻辑，秉持和平发展理念，致力于维护世界和平，促进共同发展，实现了对资本主义文明的扬弃。

第三节　中华民族现代文明是人类文明的新形态

中华民族现代文明既是对资本主义现代文明内在痼疾的全面克服和实际

---

① 习近平：《高举中国特色社会主义伟大旗帜　为全面建设社会主义现代化国家而团结奋斗——在中国共产党第二十次全国代表大会上的报告》，人民出版社，2022年，第62页。

超越，又是对社会主义文明的接力赓续和重大创新。它不仅体现了科学社会主义的先进本质，为现代文明的发展提供了中国方案和中国样本，而且代表着人类文明的未来发展方向，具有广阔的发展前景，是一种全新的人类文明形态。

一、中华民族现代文明是资本主义文明的超越形态

"当代资本主义世界正面临着增长放缓、寡头的再分配、公共领域的掠夺、腐败和全球无政府状态五大系统性失调"[1]，而资本主义现代文明又无法有效应对这些困境，人类又一次站在了历史的十字路口。中华民族现代文明深刻关切和积极致力于解决全球发展面临的困境，大力倡导和推动构建人类命运共同体，为当今世界走出资本主义现代文明的困境指明了方向。人类命运共同体作为对"世界之问"的科学回答，致力于建设一个持久和平、普遍安全、共同繁荣、开放包容、清洁美丽的世界。政治上中华民族现代文明倡导构建以合作共赢为核心的新型国际关系，反对以西方为主导的"一国独霸"或几方共治，而是主张秉承共商、共建、共享的全球治理理念，尊重各个国家平等参与国际事务的权利，努力构建"由各国共同书写国际规则、共同治理全球事务、共同掌握世界命运的人类共同体"[2]。安全上中华民族现代文明倡导以综合安全观引领铺筑一条共建、共享、共赢的安全之路。当前恐怖主义、生物安全、气候变化等全球性挑战此起彼伏，传统安全和非传统安全威胁相互交织，各国应树立共同、综合、合作、可持续的全球安全观，相互尊重和照顾他国合理安全关切，以对话协商、互利合作的方式解决安全难题，反对西方国家出于寻求自身绝对军事优势和绝对安全而肆意损害别国

---

[1] 孔元：《自由霸权的衰落：法意看世界》（2019），当代世界出版社，2020年，第244页。
[2] 刘同舫：《构建人类命运共同体对历史唯物主义的原创性贡献》，《中国社会科学》，2018年第6期。

主权与安全的行为，努力构建共同综合的安全共同体。经济上中华民族现代文明倡导打造互利共赢的利益共同体，主张各国要共同维护和发展开放型世界经济，"推动贸易和投资自由化便利化，推进双边、区域和多边合作，促进国际宏观经济政策协调，共同营造有利于发展的国际环境，共同培育全球发展新动能，反对保护主义，反对'筑墙设垒'、'脱钩断链'，反对单边制裁、极限施压"[①]。文化上中华民族现代文明倡导各种文明交流互鉴、和谐共生。在西方中心主义的话语叙事体系中，由资本逻辑支配的西方文明象征着世界文明发展进程中的"完美优胜者"，并以此宣传西方文明形态的优越性、普适性和唯一性。中华民族现代文明主张文明之间没有高低优劣之分，我们应该坚持平等和尊重，摒弃傲慢和偏见，促进世界文明百花园群芳竞艳。生态上中华民族现代文明倡导构建人与自然和谐共生的生态共同体。世界各国要反对生态霸权主义和生态殖民主义，以责任共同体的理论自觉加强全球生态治理合作，构筑尊崇自然、绿色低碳、循环发展的生态体系和经济体系，推动各国经济利益与生态利益的协调发展，建设互利共赢、清洁美丽的生态命运共同体，实现全人类更高水平的可持续发展。总之，中华民族现代文明为构建人类命运共同体奠定了文明根基，人类命运共同体反过来又为构建中华民族现代文明提供了"实存"路径。中华民族现代文明为百年大变局下人类未来发展指明了前进方向和光明前景，展现了一幅不同于西方现代文明的新文明图景，是一种对资本主义现代文明的超越形态。

二、中华民族现代文明是社会主义文明的赓续创新

马克思、恩格斯基于发达资本主义国家社会主义运动的实践，以唯物史

[①] 习近平：《高举中国特色社会主义伟大旗帜　为全面建设社会主义现代化国家而团结奋斗——在中国共产党第二十次全国代表大会上的报告》，人民出版社，2022年，第61-62页。

观为指导，以资本主义经济运行规律为逻辑依据，揭示了人类社会从资本主义社会走向社会主义社会、共产主义社会的历史必然性，并对未来共产主义社会的一般特征做了科学设想。但现实的世界社会主义运动与马克思、恩格斯的设想有所不同，社会主义首先在经济文化相对落后的俄国建立。列宁领导俄国人民在不同的历史背景下开展了从"战时共产主义政策"到"新经济政策"的社会主义建设的伟大实践，在这一过程中逐步深化了对社会主义建设的规律性认识。其中新经济政策中关于利用国家资本主义形式过渡到社会主义、发展大工业和建立强大的物质技术基础、利用资本主义所创造的现代文明为社会主义建设服务等思想，为探索社会主义文明形态提供了有益借鉴。列宁逝世后，苏联在斯大林的领导下形成了高度集中的苏联模式，这种模式在当时的条件下推动了社会生产力的迅速发展，维护并巩固了苏维埃政权，苏联综合国力明显增强。但随着苏联模式的僵化，"高度集中的政治经济体制很快就束缚了经济发展，使苏联历届领导人对社会主义的认识表现为一个逐步后退的过程"[①]，苏联模式的社会主义文明探索之路被迫终止。

中华民族现代文明在承接了传统社会主义文明形态积累的基础上，将科学社会主义的基本原则同中国革命、建设和改革的具体实践相结合，采取革命手段从根本上改变了近代中国半殖民地半封建社会的性质，并围绕社会主要矛盾自上而下地变革上层建筑、重塑生产条件，从无到有建立起完整的工业体系，为社会主义建设提供了坚实的物质基础和理论准备。改革开放后中国共产党在开创中国特色社会主义的进程中推进实践创新和理论创新的良性互动，逐步探索并形成了以公有制为主体、多种所有制共同发展的基本经济制度，以及以按劳分配为主体、多种分配方式相统一的分配制度，并将现代文明的市场机制纳入社会主义的基本制度框架中，建立了社会主义市场经济

[①] 谢富胜、匡晓璐：《人类文明新形态与中国特色社会主义》，《中国人民大学学报》，2022年第5期。

体制，从根本上扭转了生产力落后的局面，确立了现代生产的物质基础和制度保障，成功开辟了中国式现代化新道路，创造了中国特色社会主义文明新形态。总之，如何在经济文化落后的社会主义国家开展社会主义建设没有任何现成的经验可以借鉴，中华民族现代文明在有效克服苏联模式的社会主义文明的内在弊端基础上解决了这一前所未有的世界难题，提供了社会主义实践道路的中国样本，是对社会主义文明的接力赓续和重大创新。

三、中华民族现代文明是人类文明发展的中国方案

和羹之美，在于合异。"一个和平发展的世界应该承载不同形态的文明，必须兼容走向现代化的多样道路。"①近现代以来西方国家通过资产阶级革命和两次工业革命开启了由其全面主导的世界历史进程，并在强势经济和军事实力的加持下向世界各地兜售、贩卖具有鲜明意识形态色彩的西方文明，形成了"以西为尊"的人类文明发展格局，并以其认定的"中心"和"自我"来拒斥世界上其他国家和地区的文明，将其他文明看作"边缘"和"他者"，彻底否定了现代化发展道路的多样性和文明形态的差异性。但马克思强调："辩证法，在其合理形态上，引起资产阶级及其空论主义的代言人的恼怒和恐怖，因为辩证法在对现存事物的肯定的理解中同时包含对现存事物的否定的理解，即对现存事物的必然灭亡的理解。"②尽管西方文明形态在过去一段时间长期占据人类文明的主导地位，但其主导具有暂时性和相对性，其文明形态存在着两极分化、社会撕裂、霸权主义等内在的不可克服的矛盾和缺陷，由此造成的社会危机和发展困境使得西方文明日渐式微，无法再为未来

---

① 习近平：《坚定信心 共克时艰 共建更加美好的世界——在第七十六届联合国大会一般性辩论上的讲话》，人民出版社，2021年，第5页。
② 中共中央马克思恩格斯列宁斯大林著作编译局编译：《马克思恩格斯选集》第二卷，人民出版社，2012年，第94页。

人类文明发展提供样板和范例。

  中华民族现代文明以其独特的优势实现了对资本主义文明形态的扬弃和超越，改变了"东方从属于西方"的世界发展历程，有力破除了西方中心主义论调下的"文明冲突"和"文明优越"的观念魔咒，揭示了资本主义文明虚假的"同一性"，用现实证明人类社会除了资本主义文明形态以外，还可以有其他类型的文明形态，开创了不同文明形态在同一时空境遇下多元共存的发展格局和未来走向，也为世界各国人民独立创造与本国国情相适应的现代化道路和文明形态提供了全新选择及经验借鉴。还需注意的是，构筑在中国式现代化道路基础上的中华民族现代文明，仅仅是人类多元文明中的其中一种而并非全部，它不会对世界其他国家和地区构成文明冲突。中国绝不会像西方国家一样强行推销和输出自己的现代化发展道路与制度模式，反而支持和鼓励世界各国人民依据自身的历史文化、资源条件、人口国情、发展目标，独立自主地探索和创造适合本国实际的现代化建设道路与文明形态。中华民族现代文明这一全新论断的提出，为构建繁荣发展的人类文明新图景提供了中国方案，为人类社会展现了中国人民在追求现代化道路上的交流互鉴的文明特征，也将重塑和引领人类文明多元融合、繁荣进步的发展潮流。

第十三章
统筹建设中国特色社会主义文化和中华民族现代文明

文化兴则国运兴，文化强则民族强。一个民族的复兴需要强大的物质力量，也需要强大的精神力量。中华民族在绵延几千年的发展进程中缔造了举世瞩目的文化盛景，创造了灿烂辉煌的中华文明。作为一个过程性范畴，文化繁荣、文明发展没有终点，只有连续不断的新的起点。"在新的起点上继续推动文化繁荣、建设文化强国、建设中华民族现代文明，是我们在新时代新的文化使命。"[①] 面向未来，建设中华民族现代文明需要在坚定文化自信中实现精神上的独立自主，在秉持开放包容中激扬中华文明新活力，在坚持守正创新中赓续历史文脉，谱写当代华章。

第一节 在坚定文化自信中实现精神上的独立自主

文化自信是文化繁荣、文明发展之基，"坚定文化自信，是事关国运兴衰、事关文化安全、事关民族精神独立性的大问题"[②]。具备坚定的文化自信，

---

① 习近平：《在文化传承发展座谈会上的讲话》，《求是》，2023年第17期。
② 习近平：《习近平著作选读》第一卷，人民出版社，2023年，第536页。

是一个民族立得住、站得稳、行得远的重要支撑。中华文明的丰富蕴含、蓬勃活力赋予了中华民族坚定文化自信的底气。自信是自立的前提、自强的基础,中华民族现代文明是精神上独立自主的文明。建设中华民族现代文明,坚定文化自信是必然要求。

一、文化自信是文化繁荣、文明发展的重要基础

中华民族基于深刻的文化自信创造出了灿烂的文化、悠久的文明。泱泱华夏,悠悠千载,中华文明历经几千年而不中断、中华文化延续无数代而不断层,重要原因就是中华民族始终对中华文化的重要价值及发展潜能有着深刻体认,并一以贯之地把赓续文化传统作为重要使命、把铸就文化辉煌作为执着追求,形成并持续强化着坚定的文化自信。面对外敌入侵、文化碰撞、文明冲击等一系列阻滞性、破坏性因素的影响,中华民族把对中华文化的深切情感、对中华文明的深刻理解转换为迎接挑战、互鉴包容的深厚底气,以对文化立场的持续坚守滋养文化根脉、以对异域文明的开放胸怀拥抱文明交往。在世界上许多国家和民族的文明陷入失落、文化失于传承的同时,中华民族在赓续文化中发展文化、在延续文明中建设文明,把深刻的文化自信贯穿到思索自身、观照世界的过程当中。中华民族在创造文化、发展文明中走到今天,更需要在坚定文化自信的支撑下走向未来。在当代中国,文化建设须臾无法离开对文化本身的清醒自觉、对文化发展的强大信心,需要在更大程度上激发文化主体意识、强化文化创新精神、塑造文化精神气韵,把文化自信熔铸于文化发展、文明赓续的进程之中。

文化自信,是更基础、更广泛、更深厚的自信,是更基本、更深沉、更持久的力量。文化是一个民族的魂魄、一个时代的注脚,回顾历史,民族的复兴总是以文化的兴盛为背景,时代的进步总是以文明的发展相伴随。丢失文化自信、缺失文化自觉的"抛根去魂",是历史上许多国家陷入文明徘徊、

文化失落，乃致上演历史悲剧的重要原因所在。换言之，文化的作用彰显虽然不是国家繁荣、民族兴盛的充分条件，但文化自信的存在却构成了文化发展达成现代性转型、文明形态实现现代化转换的核心要求。在以中国式现代化全面推进强国建设、民族复兴的新征程上，全面建设社会主义现代化国家以文化的繁荣发展为前提，中华民族伟大复兴以文化自信的持续强化为基础，文化的塑造性力量、引领性作用不可替代，文化自信的关键性意义更加显现。立基于中华优秀传统文化的持续滋养、涤荡于革命文化的精神引领、生长于社会主义先进文化的时代律动，中华民族不仅具有坚定文化自信的充分理由，更具备强化文化自信的深厚底气。

以文化自信铸牢文化繁荣、文明发展的坚实根基。源浚者流长，根深者叶茂。人类文明发展的历史和现实不断证明，是否具有对本民族文化的强烈自信，决定着文化发展的程度高低和文明延续的周期长短，构成了理解文化发展史、文明兴衰史、国家兴亡史的重要线索。横向比较文化的发展进程、文明的发展程度，不同民族所具有的不同历史文化资源禀赋是影响其文化创造成果、文明发展成就的重要因素，但能否坚守本民族文化立场、坚持自身文明发展道路则构成了区分度大小的核心因素。进而言之，在确证既有区分度的现实基础之上，以发展性视角观之，文化自信之于文化繁荣、文明发展的意义更加凸显。具体而言，现代化是文明发展的必然趋向和内在要求，而"现代性必须看作是一种独特的文明，有着独特的制度特征和文化特征"[①]。现代化的过程呼唤着文明新形态的创造，同样要求要有以新文化创造为表征的文化发展，客观上内蕴着自觉赓续文化精神、自信传承文明血脉的要求。在这一意义上，文化自信作为文化繁荣、文明发展的坚实支撑，塑造着文化发展的积极气象，印证着文明进步的稳定趋势。

[①] 多明尼克·萨赫森迈尔、任斯·理德尔、艾森斯塔德：《多元现代性的反思：欧洲、中国及其他的阐释》，郭少棠、王为理译，商务印书馆，2017年，第43页。

二、坚持走中国特色社会主义文化发展道路

道路问题是坚定文化自信的基础性问题。"一个民族、一个国家，必须知道自己是谁，是从哪里来的，要到哪里去，想明白了、想对了，就要坚定不移朝着目标前进。"① 道路选择正确则前进方向明确，道路选择错误则发展方向模糊。自各个领域观之，道路问题都作为一项核心问题而存在，始终成为决定事业成败的关键性因素。道路选择的重要意义不仅体现于提供稳定预期、确定行动路向，更以确认边界、聚焦方向、强化选择等方式发挥其巨大作用。进而言之，文化自信以文化自觉为基础，以对文化发展的强烈信心等复杂精神状态的结合为存在形态，以实践维度的行动为指向，既凝聚于观念体系之中，又需要展现于文化实践之上。这就决定了，文化自信需要以一定转换环节为依托，在道路选择上体现其基本要求，展示其精神内涵。

坚定文化自信，就是坚持走自己的路。在人类由蒙昧走向文明的历史进程中，文明创造的点点星火铸就了存在于不同地域与条件下的多元化文化景观。就其共性本质而言，文化是历史性、社会性成果，是在一定的社会条件下实现孕育、由特定群体共同创作、为长期实践所持续淬炼的精神生产物。"文化传统的演变并非与社会无关的文化自身的演变，而是要经过时代和历史的过滤与筛选。"② 换言之，文化的生成发展尽管外显为精神层面的智慧迸发，但其进程却始终为一系列现实性因素所渗透及影响。投射至文化发展的维度，一个民族的文化不仅仅是其成员的创造性智慧结晶，更为其民族自身的发展历程所牵引、影响。而在实践进程中，文化以何种路径实现新繁荣、以何种方向达成新成就、以何种思路塑造新形态，都需要把现实性因素作为重要考

---

① 习近平：《青年要自觉践行社会主义核心价值观——在北京大学师生座谈会上的讲话》，人民出版社，2014年，第8页。
② 陈先达：《文化的时代性》，《中国社会科学报》，2023年9月18日。

量，依据自身发展的现实状况、客观环境、独特愿景等加以选择。换言之，文化发展道路的选择并非无边界，而应当是在立足文化实践、观照社会现实、体现文化理想等基础上进行的。在这一意义上，坚定文化自信，既有着坚定对本民族文化自信的深刻意涵，更有着坚定对本国文化发展道路自信的内在要求，需要坚定地走符合本国实际、切合本国要求的自己的文化发展道路。

坚定文化自信，在中国特色社会主义文化发展道路上创造文化新辉煌。中国共产党既是中华文明的忠实传承者，也是中国文化发展的方向引领者。在不同历史时期，党始终把繁荣发展文化、传承文明血脉作为重要使命，带领人民创造出了辉煌的文化成就。在这一过程当中，党不断探索文化建设的有效路径、总结文化发展的有益经验，开辟了中国特色社会主义文化发展道路，深化了对文化发展规律的认识。实践已经并将继续证明，中国特色社会主义文化发展道路是推动社会主义文化繁荣兴盛的唯一正确道路。新征程上，推进中国式现代化建设更加依赖强大精神力量的支撑，也更加迫切地呼唤文化繁荣发展，需要坚定文化自信，坚持走中国特色社会主义文化发展道路，在实现文化新发展的过程中激发中华优秀传统文化魅力、激发社会主义文化发展新活力，形成促进文明新形态孕育成长的强大支撑、坚强保障，不断推动中华民族现代文明建设。

三、加快构建中国特色哲学社会科学

哲学社会科学是人们认识世界、改造世界的重要工具，是推动历史发展和社会进步的重要力量。自工业革命以来，自然科学的发展及其衍生的技术创新极大地推动着生产力的发展，世界科学中心同国家实力中心的同步切换更加明显，使得自然科学在科学研究中的地位更加凸显。毫无疑问，自然科学的发展进步是人类对自然规律的认识走向逐步深化的体现，也是人类社会发展的必然趋势，科学技术必将在生产力发展、文明形态转换中发挥更加重要的作用。但与此同时，在确证自然科学所蕴含的变革性潜能的基础上，也不能否认哲学社会科学对社会发展所起到的重要作用。回顾历史，由自然科学突破所引发的变革性实践有其显性表现，而由哲学社会科学发展所推动的思想变革、文化发展、文明进步虽然并非以相对可感的形式呈现，但仍是理解社会变革、文明演进的核心因素之一。"一个没有发达的自然科学的国家不可能走在世界前列，一个没有繁荣的哲学社会科学的国家也不可能走在世界前列。"① 换言之，一个民族的发展不仅取决于其自然科学成就，更为由其创造的哲学社会科学成果所支撑和强化。中国特色社会主义进入新时代，新的时代机遇与风险挑战同新的历史方位相伴而来，回应时代课题、解决发展难题都亟待理论层面的新突破，需要不断推进实践基础上的哲学社会科学发展。

坚定文化自信，在加快构建中国特色哲学社会科学中构建中国自主知识体系。"坚定文化自信的首要任务，就是立足中华民族伟大历史实践和当代实践，用中国道理总结好中国经验，把中国经验提升为中国理论，既不盲从各种教条，也不照搬外国理论，实现精神上的独立自主。"② 哲学社会科学的成熟发展是文化繁荣、文明兴盛、社会进步的重要表现，也是创造文化新成就、铸就文明新辉煌、助推时代新发展的内在要求。面对现代文明建设的要求、回应现实问题的需要，应当贯通古今、连接中外，立足当代实践新发展，强化全人类观照，聚焦未来前沿课题，加快构建中国特色哲学社会科学学科体系、学术体系、话语体系，从而凝练中国概念、提出中国观点、发出中国声音、阐释中国智慧，提升总结中国经验的自觉性、增强凝练中国理论的敏锐度。进而言之，构建哲学社会科学不是闭门造车、坐而论道，更不是盲目性学习、无差别借鉴，奉西方学术思想、学术方法为圭臬，用重复性演绎代

---

① 习近平：《在哲学社会科学工作座谈会上的讲话》，人民出版社，2016年，第1页。
② 习近平：《在文化传承发展座谈会上的讲话》，《求是》，2023年第17期。

替原创性研究、用简单化移植代替针对性研究,而是要坚持问题导向,紧紧围绕中国发展实际,吸收中华优秀传统文化智慧精华,在扎根中国大地基础上开门搞研究,持续推进知识、理论与方法维度的创新,更好地阐释中国道路、解读中国实践、构建中国理论,不断彰显精神独立自主、强化文化自信自强,构建起中国自主知识体系,为建设中华民族现代文明夯实理论支撑。

四、塑造昂扬向上的风貌和理性平和的心态

文化的本质是"人化",文化自信的根本在于人。就其概念而言,围绕文化有着多元化的理解。但从以精神文化、制度文化、器物文化为构成元素的广义文化理解,到聚焦于精神生产的狭义文化理解,文化始终是作为人的本质力量的对象化而存在。具体而言,"人是社会的、历史的、文化的存在"①,人为特定的文化环境所影响,人的生命活动过程不仅是文化身份的承载、文化意义的延续、文化传统的复现,更是为风俗习惯、思维方式、价值观念、道德判断等文化性因素所支撑,文化烙印深刻而潜隐地塑造人的精神世界与行为方式。但与此同时,人与文化之间的关系并非单向而机械,人是文化的积极创造者,文化由人所创造,在本质上是人化的产物,是人在对自我的反思中、对他者的追问中、对外界的探索中、对理想的描摹中所形成的复杂产物。在这一意义上,文化的存续发展归根到底以人的方式实现、由人的思维决定、为人的观念框定,文化无法脱离于人而独立实现其兴衰演替。进而言之,文化自信的对象是文化,但其主体明确指向于人。人是文化自信的根本所在,更是实现文化繁荣、文明发展的根本力量,人的精神气质影响和决定着文化的发展轨迹,人的文化品格确证和引领着文化的未来形态。

坚定文化自信,在塑造昂扬向上的风貌和理性平和的心态中涵养文化主体性。"要把文化自信融入全民族的精神气质与文化品格中,养成昂扬向上

---

① 孙正聿:《当代中国哲学的主体性与原创性》,《中国社会科学》,2022年第3期

的风貌和理性平和的心态。"①文化自信以对本民族文化的强烈自豪感、认同感等为具体表现形式,是对积极文化情感与正向文化评价的充分调动,内蕴一系列复杂心理机制。而在这一机制的运转过程中,整体社会风貌与社会心态分别在表层和深层发挥着重要的作用。换言之,文化自信是一种以文化价值及其发展潜能等为主要认识对象的群体性观念,为社会层面的群体意识所牵引,能否将正确的文化态度、科学的文化观念等嵌入社会心理结构,决定着文化自信的培育效果如何,进而影响全民族文化主体性的巩固强化。"任何文化要立得住、行得远,要有引领力、凝聚力、塑造力、辐射力,就必须有自己的主体性。"②在建设中华民族现代文明这一母题之下,只有形成适配于文明现代化转型的精神气质,持续释放创造活力,不断强化积极气象,才能夯实文化自信之根,有效推进文化建设;只有塑造适应于文明新形态转换的文化品格,挤压非理性文化态度的空间,阻断极端化文化观念的生长,才能稳固文化自信之基,有力拓展文明发展。总而言之,坚定文化自信,需要从人的本身出发,在社会心理层面注入积极元素,形成对全民族文化主体性的持续涵养,为建设中华民族现代文明提供有力支撑。

第二节　在秉持开放包容中激扬中华文明新活力

文明在开放中实现成长,在包容中走向成熟。中华文明的博大气象,得益于中华文化自古以来开放的姿态、包容的胸怀。在文化发展的新起点上,"无论是对内提升先进文化的凝聚力感召力,还是对外增强中华文明的传播力影响力,都离不开融通中外、贯通古今"③。只有以开放包容取代封闭僵化、自我窄化,不断从传统文明中获得滋养,从异域文明中汲取养分,融通中外、

---

①②③ 习近平:《在文化传承发展座谈会上的讲话》,《求是》,2023年第17期。

贯通古今，才能在文化激荡中站稳脚跟、在文明碰撞中赢得主动，为建设中华民族现代文明注入新活力。

一、开放包容是文化繁荣、文明发展的活力来源

文明以复数形态存在，是民族独特性的重要体现。文明是文化的浓缩结晶和内在精髓，就其时间尺度而言，文明作为一个体现长时段跨度的范畴而存在。回顾人类社会的文明发展史，文明的诞生往往与特定民族维系群体稳定、回应现实挑战、实现理想愿景的实践探索相伴生。由于地理因素、资源禀赋、族群习惯，乃至民族性格等因素的差异，不同民族进行精神生产的方向和轨迹随之也呈现出一定程度的异质性，使得文明创造往往有其显著的独特性附着其上，而这一独特性也在横向比照中不断得到强化和放大。"每一种文明都扎根于自己的生存土壤，凝聚着一个国家、一个民族的非凡智慧和精神追求，都有自己存在的价值。"[①] 在更为宏观的视角下，文明的差异性并不能遮蔽不同文明交流互鉴的可能空间。作为人的创造物，文明体现着人之为人的基本精神和向往、普遍愿景和希冀，人的尺度是其根本规定性。进而言之，人之共同性也在一定程度上决定了文明的共同性，差异化的文明并不是在完全割裂、彼此分离的时空域、文化域中创造的，在表现形式维度上的差别并不意味着其发生精神共振、理念共鸣的可能性缺失。换言之，不同民族所创造的文明成果是人类文明这一母体的构成元素。而文明间的差异乃至冲突是在单数形式下得以成立的，这一发生于单数形式文明间的碰撞构成了人类文明发展的重要注脚，并持续催生着文明新形态孕育发展的可能性。

以开放包容破解"古今中西之争"，走出文化繁荣、文明发展的新路。"古今中西之争"实质上不仅是道路之争，更是文化主体性之争。在不同国

[①] 习近平：《深化文明交流互鉴　共建亚洲命运共同体——在亚洲文明对话大会开幕式上的主旨演讲》，人民出版社，2019年，第6页。

家追求现代化的历史进程当中,"古今中西之争"的表现形式有所差异,但毫无疑问,破解道路选择、文明发展中的传统与现代、本国与他国冲突是一个世界性的普遍难题。近代以来,面对国家蒙辱、人民蒙难、文明蒙尘的现实,"中国向何处去"是摆在人们面前的必解之题。而事实也不断证明,基于二元化对立视角的文化保守主义、文化激进主义无法给出答案。与之相对的是,"中体西用"的朴素认识将文明间的冲突与碰撞置放于交流互鉴的语境之下,开辟出了理解"古今中外之争"的另一思维路向。"经过长期努力,我们比以往任何一个时代都更有条件破解'古今中西之争',也比以往任何一个时代都更迫切需要一批熔铸古今、汇通中西的文化成果。"① 人类的普遍交往,使得文明的碰撞更加尖锐,同时也延展了文明交往交流的新空间。文明交流互鉴是历史发展大势,更是文明发展方向。"当文明的冲突变成文明的壁垒和隔膜,甚至是互相伤害时,则意味着文明的自我反噬和解构。"② 万物并育而不相害,道并行而不相悖。文明由人所创造,也需要在全人类视角的观照下发展。文明发展的生长点在于文明间的相互比较、相互成就,开放包容是对"古今中西之争"的明确回答,更是文化发展、文明建设的动力所在,不仅开辟了文化创新创造的道路,同时也拓展了文明整体进步的空间。

二、传承弘扬中华优秀传统文化,贯通古与今

传承弘扬中华优秀传统文化是确立文化主体性的重要要求。文化的发展无法脱离于先在的历史传统、思想传承、文化积淀,其历史性演进总是发生在对传统延续的基础之上。进而言之,人类文明发展的螺旋式上升正是基于文明延续的确定性、文化传承的稳定性,是在复刻传统、反思传统、重塑传统、超越传统的递进转换当中达成的。中华民族是世界上伟大的民族,创造

---

① 习近平:《在文化传承发展座谈会上的讲话》,人民出版社,2023年,第11页。
② 何中华:《文明的历史含义及其当代启示》,《中国社会科学》,2023年第6期。

过璀璨的文明成果，取得过巨大的文化成就，凝聚起了独特的民族性格与文化禀赋，形成了包括天下为公、天下大同等社会理想在内的诸多优秀传统文化元素。但从发展性视角而言，文化的意义不仅在于相对静止式的延续，更在于体现动态性的开新。换言之，将文化基因、文明血脉加以传承是一代代人的文化使命，而把文化辉煌、文明成就推向更高阶段则是民族存续的必然要求。"一种文化的生命力不是抛弃传统，而是如何以及在何种程度上继承传统、再造传统。"①文明的生命力同样如此，需要在传承中彰显自身独特性、找寻生长规律性，立足传统之基发现超越传统的可能，探索现代转换的方向。进而言之，中华民族现代文明与中华民族传统文明共同组成中华文明的内涵，推动传承传统文明和发展新文化的有机统一。缺乏对传统文明的传承意识，缺乏对传统文化的创新精神，文化的发展只能止步于无根基的模仿、无意义的重复，民族的文化主体性就无从确立，民族的文明创造力就无法彰显。

传承弘扬中华优秀传统文化，连接传统文明和现代文明。"优秀传统文化是一个国家、一个民族传承和发展的根本，如果丢掉了，就割断了精神命脉。"②中华优秀传统文化是中华民族生生不息、延续发展的文化写照，是中华文明经挫折而不断、遇冲击而不散，得以持续存在、不断进步的重要根基。就其影响而言，中华优秀传统文化的持续滋养不仅塑造了中华民族的精神气质、民族气象，更深刻影响着当代中国人的精神世界。其生成跨越千年，其魅力贯穿古今。文化具有传递文明的作用。在当代中国，建设现代文明就是要在中华民族传统文明的基础上创造时代新文化、探索文明新形态，而中华

---

① 杨耕：《深刻理解造就新的文化生命体与建设中华民族现代文明》，《光明日报》，2023年8月28日，第15版。
② 中共中央党史和文献研究院、中央学习贯彻习近平新时代中国特色社会主义思想主题教育领导小组办公室：《习近平新时代中国特色社会主义思想专题摘编》，党建读物出版社、中央文献出版社，2023年，第326页。

优秀传统文化则是连接传统文明与现代文明的纽带。中华民族现代文明并非生长于文明断裂的废墟之上,而是在文明更新的稳定轨道上得以孕育。在中华文明这一宏大母题之下,传承弘扬中华优秀传统文化指向于更好地在持续激荡的文化交往上站稳脚跟、在不断变动的实践条件下坚守价值,赋予中华民族最基本的文化基因以当代形态,从而实现传统文明的意涵拓展和现代转换,并最终达成创造文明新形态的目标。换言之,中华民族现代文明基于传统文明而生,传统文明所起到的支撑性作用依托于中华优秀传统文化而体现,传承弘扬中华优秀传统文化,即是在赋予文明传承以更加可感易知的实践形态上,串联起文明演替发展的文化线索,彰显出文明现代转型的文化力量。

三、促进外来文化本土化,融通中与外

交流互鉴是实现文化新发展、创造文明新形态的必然路径。人类文明的魅力在于其是一个多维多面多元的立体,差异化的文明体在不同角度上、多元尺度上展示着人类智慧创造的文化精华。而在确证义明的特殊性的同时,应当明确"没有一种取消和否定多样文明的单一文明,那种宣称'普世主义'的单一文明,是人造的抽象物,是一种幻觉的未来,并非文化生命体具体而现实的创造"[①]。任何文明的发展都寄托着本民族的积极想象、文化理想,都是一个民族发展的独创性成就。文明没有高低优劣之分,更无法用普世的文明代替各民族的差异化文明创造。人对于自我及周遭环境的探索和追求构成了文化发展的重要基础,自我中心化倾向的出现构成了标识文明发展程度的核心要素之一。但与此同时,绝对的自我中心化的倾向并不能导向文明进步,过度的自我聚焦必然导致自我封闭的强化,从而使得文明肌体"摄入单一""营养失调",阻碍文明发展的可持续性和生长性。"人类文明多样性赋予这个世界姹紫嫣红的色彩,多样带来交流,交流孕育融合,融合产生进

---

① 张志强:《深刻理解"第二个结合"的首创性意义》,《哲学研究》,2023年第8期。

步。"① 只有把对于文明的认识置放于全人类的视野之中,实现对自我中心倾向的扬弃,以对人类文明的宏阔观照代替狭隘的自我中心,才能为文明确定坐标点,让文明的发展有其参照系,在持续的对话中实现文明的相互创造、共同进步。

促进外来文化本土化,沟通中华文明与域外文明。世界上的200多个国家和地区、2500多个民族、多种宗教,结合不同的历史传统和民族特质,孕育产生了多姿多彩的文化景观。"文明因交流而多彩,文明因互鉴而丰富。文明交流互鉴,是推动人类文明进步和世界和平发展的重要动力。"② 开放包容理念下的文明交流互鉴,就是要克服文化自我封闭化的趋向,遏制文明自我中心化的取向,自觉将异域文化创造中的积极色彩、人类文明成果中的优秀元素纳入自身文明肌体的成长过程,在吸收借鉴多元文化养分、多样文明元素的基础上发展新文化、创造新文明。"中华文明是在同其他文明不断交流互鉴中形成的开放体系。"③ 从"伊儒会通"到"西学东渐",中华文明不断展现出突出的包容性。在开放包容中建设中华民族现代文明,应当摒弃傲慢与偏见,打破文化交往的壁垒,扫除文明互动的障碍,以尊重的态度、平等的姿态同异域文明交流对话,发展同不同文明之间的多元多向交流,兼收并蓄,吸取异域文明中的优秀成果,在"人类知识的综合中"发掘中华文明发展的新资源、发现中华文明创新的新切口。当前,全球文明倡议的提出为人类文明交往交流提供了新的指引,在人类文明的整体性进步上发挥着积极作用。进而言之,同异域文明的交往交流并不意味着不加区分地、简单地

---

① 习近平:《携手构建合作共赢新伙伴 同心打造人类命运共同体——在第七十届联合国大会一般性辩论时的讲话》,《人民日报》,2015年9月29日,第2版。
② 习近平:《习近平著作选读》第一卷,人民出版社,2023年,第228页。
③ 习近平:《深化文明交流互鉴 共建亚洲命运共同体——在亚洲文明对话大会开幕式上的主旨演讲》,人民出版社,2019年,第9页。

文化复制，而应当是"以我为主"地汲取文明养分，围绕文化创新发展的现实需求，推动外来文化的本土化改造、本地化呈现，在开放中开阔文明视野，在包容中汇聚文明智慧，实现高质量的文明交流互鉴，真正为建设中华民族现代文明提供动力。

第三节　在坚持守正创新中赓续历史文脉、谱写当代华章

始终唯一，时乃日新。文明进程的推进内蕴"变"与"不变"的统一，体现着守正和创新的结合。"无论时代如何发展，我们都要激发守正创新、奋勇向前的民族智慧。"① 守正定方向、创新增活力，中华文明从守正不移、标新创意中走来。面向未来，建设中华民族现代文明，更加需要在守正中坚定创造新文化的方向，在创新中实现传统与现代的有机衔接，挖掘文化发展的创新潜能，拓展文明创造的可能空间。

一、守正创新是文化繁荣、文明发展的必然要求

文化的繁荣、文明的发展有着持续进行新陈代谢的要求。新陈代谢是生命体得以存在的基本条件之一，生命体需要在持续不断的元素更新和新质生产力中获得存续的可能。将视野进一步拓展，文化同样有着生命体的特征，其孕育发展是一个动态化的过程，具有自我成长的需要，也表现出新陈代谢的需求。"世界文明历史揭示了一个规律：任何一种文明都要与时偕行，不断吸纳时代精华。"② 停滞的文化无法点亮文明的星火，封闭的文明不能创

---

① 习近平：《在纪念中国人民志愿军抗美援朝出国作战70周年大会上的讲话》，人民出版社，2020年，第9页。

② 习近平：《深化文明交流互鉴　共建亚洲命运共同体——在亚洲文明对话大会开幕式上的主旨演讲》，人民出版社，2019年，第8页。

造文化的辉煌。中华民族在绵延几千年的发展过程中始终高擎文明火炬,不断创造文明成就,就是因为中华文明具有突出的创新性,始终在革故鼎新中发现文明的生长点、在吐故纳新中开辟文明的新境界。"连续不是停滞、更不是僵化,而是以创新为支撑的历史进步过程。"[1]不日新者必日退。文明的发展有其惯性,在不同程度上呈现出对旧有轨迹的路径依赖,但文明进步的超越性意蕴也表现为对新路径的探索、新元素的发掘和新形态的创造。中华民族现代文明与中华民族传统文明相对比而存在,建设中华民族现代文明是在中华民族传统文明的基底之上不断生长和发展的过程,需要不断从中华文明的璀璨薪火中汲取养分,并在新的时代语境中实现对传统文明的接续性创新。换言之,文化的繁荣离不开对文化基因的传承重现与时代转换,文明的发展更是以对文明血脉的赓续与发扬为基础性前提。

在守正创新中创造文化新辉煌、文明新形态。守正创新是深嵌于中华儿女精神世界的民族智慧,中华民族正是在艰难境遇中以守正坚定方向,在时代更替中以创新缔造辉煌,凭借执着的守正创新精神创造出了延续千年且不断重焕荣光的文明奇迹。"对文化建设来说,守正才能不迷失自我、不迷失方向,创新才能把握时代、引领时代。"[2]守正与创新的统一是文化建设实现新突破的必然要求。创新不是脱离于生长土壤、游离于既定轨道的随波逐流,守正也不是与时代律动相隔绝、与创新潮流相隔离的故步自封,两者处于"变"与"不变"辩证统一的框架之下。"文明成长的动力来源于挑战激起成功的应战,应战又反过来引发新的挑战。"[3]纵观人类文明发展史,文明的生存和发展受到多元因素的影响,而能否适应新的实践条件、应对新的

---

[1] 习近平:《在文化传承发展座谈会上的讲话》,《求是》,2023年第17期。
[2] 习近平:《在文化传承发展座谈会上的讲话》,《求是》,2023年第17期。
[3] 阿诺德·汤因比:《历史研究》下卷,郭小凌、王皖强、杜庭广等译,上海人民出版社,2016年,第861页。

实践挑战无疑是其中决定成功与否的决定性因素之一。守正创新是对这一文明发展问题的有效回应。"守正"是应对条件变化而不乱向的支撑所在,"创新"是直面现实挑战而不退却的关键依托。守正和创新的统一不仅确证着文化建设的稳定轨道而使其行得稳,同时也不断拓展着文明发展的可能空间以使其走得远。总而言之,中华文明在守正中强健根脉,更为中华儿女的创新精神所灌溉滋养。面对文化激荡、文明冲击,中华民族现代文明建设更加需要以守正创新精神开辟出赓续传统文脉、超越传统文明的新路。

二、以守正提正气,坚定创造新文化的方向

守正,守的是马克思主义在意识形态领域指导地位的根本制度。"意识形态工作是为国家立心、为民族立魂的工作。"[①] 就其与文化的关系而言,意识形态是文化的核心和灵魂,决定着一种文化的性质和方向。实现文化繁荣、推动文化发展,意识形态工作只能加强而不能削弱。党的十八大以来,党中央持续加强对意识形态工作的领导,提出一系列新思路,出台一系列新举措,推动党的创新理论深入人心、社会主义核心价值观广泛传播,实现文化事业繁荣发展、网络生态持续向好,意识形态领域一度出现的被动局面从根本上得到扭转,意识形态领域形势发生全局性、根本性转变。马克思主义是我们立党立国、兴党兴国的根本指导思想,坚持马克思主义的指导地位既是党百年奋斗历史的经验总结,更是在新时代全面建设社会主义现代化国家、全面推进中华民族伟大复兴的根本保障。面对新的中心任务的要求和前进道路上的各种挑战,必须把马克思主义的指导地位坚持好、维护好。在文化建设这一落点上,铸就文化新辉煌、创造文明新形态,必须在守正上着力,进一步完善坚持马克思主义在意识形态领域指导地位的根本制度,推进马克思

---

① 习近平:《高举中国特色社会主义伟大旗帜 为全面建设社会主义现代化国家而团结奋斗——在中国共产党第二十次全国代表大会上的报告》,人民出版社,2022年,第45页。

主义中国化时代化,建设具有强大凝聚力和引领力的社会主义意识形态。

守正,守的是"两个结合"的根本要求。文化因要素的激活而更具生机活力,文明因真理的注入而更富持久魅力。把马克思主义基本原理同中国具体实际相结合、同中华优秀传统文化相结合,既是我们不断取得成功的最大法宝,更是实现中华文明现代转型的核心路径所在。"两个结合",尤其是"第二个结合"展示出了文明发展的新路,既不抛却文化传统的根脉,又把魂脉的真理养分注入文明肌体,使得文明的成长有其"营养土"、具备"精气神",开辟了传统文明向现代文明转型的新思路。"第二个结合"所实现的结果是相互成就,是在文化精华、思想精华的充分结合后产生新质、孕育新的文化生命体的过程,展示出互相成就的积极成效。"经由'第二个结合',既在中华民族现代文明中根植了马克思主义的魂脉,又在中华民族现代文明中厚植了中华优秀传统文化的根脉。"[①]一方面,马克思主义的真理力量点亮了中华优秀传统文化中的精华元素,赋予传统智慧以现代形态、赋予传统价值以时代新貌、赋予传统观念以当代阐释,推动中华优秀传统文化在当代中国焕发出更加绚烂的华彩,成为中华民族现代文明最鲜亮的底色。另一方面,"坚守马克思主义的魂脉,保证了中华民族现代文明是代表先进生产力、走在时代前列、属于人民的现代文明,是社会主义现代文明"[②]。中华优秀传统文化以中国方式诠释马克思主义,让真理性与民族性交相辉映、科学性与时代性相通互融,使马克思主义成为中国的,进而成为中华民族现代文明的坚实思想支柱。

守正,守的是中国共产党的文化领导权和中华民族的文化主体性。建设中华民族现代文明,既是中华儿女的文明夙愿,也是中国共产党人的执着追求。长期以来,中国共产党既是中华传统文明的优秀传承者,也是新文化发展、

[①②] 颜晓峰:《以"第二个结合"推动建设中华民族现代文明》,《红旗文稿》,2023年第17期。

新文明创造的积极践行者、有力领导者。面向未来,文明建设是一项长期性、艰巨性事业,需要继续以坚强领导核心保证方向不乱、性质不变、步伐不停、力行不辍。在文明建设的新起点上,应当坚持和加强党对宣传思想文化工作的全面领导,牢牢守住、不断强化中国共产党的文化领导权,保证中华民族现代文明建设行稳致远。与此同时,守正还在于坚守中华文化立场,坚持和强化中华民族的文化主体性。丧失文化主体性,就是割断文明发展的民族脐带、阻断文明创造的养分供给,更是对文明发展根本目的的背弃。中华民族现代文明不是数典忘宗的"移植文明",更不应当是无根无魂的"浮萍文明"。"建设中华民族现代文明,最为根本的是构建中华民族共有的精神家园"①,需要始终把强化文化主体性置放于文明发展的重要位置,在中华民族的文化基因、文明血脉基础上创造文明新形态,将中华民族的民族性格、精神智慧、思想结晶深嵌于文明新肌体中。

三、以创新强锐气,推动传统与现代有机衔接

在创新中强化文明张力,拓展中华民族现代文明的成长空间。文明的发展不是基于无起点的随意创造,而是表现为"射线"式前进,呈现出巨大的张力空间。纵观不同民族的文明发展历程,文明的发展程度同文明张力空间的拓展程度呈显著正相关关系:文明的历史积淀愈深厚、创新精神愈彰显,文明的发展愈成熟、动力愈强劲。中华文明延续几千年,就在于中华民族守护精神血脉不断,吸收文化精华、探索文化创新不止,在长期的发展进程中始终开放包容、锐意进取。进而言之,中华文明形成大格局大气象大成就的过程,也即是文明张力不断增强的过程。新文化的发展、新文明形态的创造需要在传承文脉的同时,进一步以创新精神拓展文明张力,使文明发展的历

---

① 孙正聿:《中华民族现代文明与中国自主哲学知识体系》,《中国社会科学》,2023年第8期。

史文化根基更加牢固、创新动力更加强劲,延展中华文明的成长空间。具体而言,"创新,创的是新思路、新话语、新机制、新形式,要在马克思主义指导下真正做到古为今用、洋为中用、辩证取舍、推陈出新,实现传统与现代的有机衔接"①。推动中华民族现代文明建设,就要把创新体现在文化发展的各个环节,让中华民族现代文明具备更多新养分供给、新资源支撑,使其在中华传统文明的土壤中更加茁壮地生长。

推动中华优秀传统文化创造性转化、创新性发展,是建设中华民族现代文明的题中应有之义。中华民族现代文明立基于中华优秀传统文化的丰厚土壤,建设现代文明是在充分吸收传统文明精华的基础上进行的。"每一种文明都延续着一个国家和民族的精神血脉,既需要薪火相传、代代守护,更需要与时俱进、勇于创新。"②推动文化创新发展、文明形态创造,必须把创新的焦点定位于中华文明本身,从中华文明的丰富蕴含本身出发。在实践环节,就是要守正不守旧、尊古不复古的基本态度,推动中华优秀传统文化实现创造性转化、创新性发展。传统文化的孕育生成有其特殊的历史背景,不可避免地受到时代条件、认识水平乃至社会制度等多方面的限制,同时也必然存在着同时代要求不相适应的糟粕。推动中华优秀传统文化"双创",就是要以新的文明建设、新的时代条件为基础,认真汲取其中的思想精华和道德精髓,赋予其新的时代内涵、新的呈现方式、新的话语表达、新的含义补充,使中华民族最基本的文化基因同当代中国相适应、同现代社会相协调、同现实文化相融通,不断激活其生命力、强化其适应力,使其展现出永久魅力和时代风采,从而成为中华民族现代文明建设的坚实支撑。

---

① 习近平:《在文化传承发展座谈会上的讲话》,《求是》,2023年第17期。
② 中共中央党史和文献研究院、中央学习贯彻习近平新时代中国特色社会主义思想主题教育领导小组办公室:《习近平新时代中国特色社会主义思想专题摘编》,党建读物出版社、中央文献出版社,2023年,第325页。

第十四章
在统筹推进"五位一体"总体布局中建设中华民族现代文明

中华民族现代文明是包括物质文明、政治文明、精神文明、社会文明、生态文明等在内的全面的、系统的、协调的现代文明。按照党的十九大所规划的蓝图,当我们实现第二个百年奋斗目标,把我国建成社会主义现代化强国之时,"我国物质文明、政治文明、精神文明、社会文明、生态文明将全面提升"[1]。习近平总书记在庆祝中国共产党成立100周年大会上的讲话中指出:"我们坚持和发展中国特色社会主义,推动物质文明、政治文明、精神文明、社会文明、生态文明协调发展,创造了中国式现代化新道路,创造了人类文明新形态。"[2]建设中华民族现代文明,就要在统筹推进"五位一体"总体布局中,建设好物质文明、政治文明、精神文明、社会文明和生态文明。

---

[1] 习近平:《决胜全面建成小康社会 夺取新时代中国特色社会主义伟大胜利——在中国共产党第十九次全国代表大会上的报告》,人民出版社,2017年,第29页。
[2] 习近平:《在庆祝中国共产党成立100周年大会上的讲话》,人民出版社,2021年,第13-14页。

第一节　在经济建设中提升物质文明

建设中华民族现代文明，物质文明是基础，物质文明为其他领域文明的发展奠定基本前提。中国共产党坚持以人民为中心的发展思想，对经济建设提出高质量发展要求，为物质文明建设指明了发展方向。

一、物质文明在中华民族现代文明中的基础地位

"物质生活的生产方式制约着整个社会生活、政治生活和精神生活的过程。"[①]文明的发展受物质生产方式的制约。没有发达的物质文明，其他领域的文明就是空中楼阁；没有发达的物质文明，就不会有先进的中华民族现代文明。物质文明是建设中华民族现代文明、全面推进中国式现代化的坚实基础。

物质富足是社会主义现代化的根本要求。中国式现代化的本质是中国共产党领导的社会主义现代化，要朝着全体人民共同富裕的方向稳步迈进，因此，要实现社会主义现代化，使"蛋糕"能大到实现全体人民共同富裕，就要不断追求物质资料的富足。新中国成立后，我国仅用几十年时间便走完西方发达国家几百年走过的工业化历程，用"并联式现代化"把"失去的二百年"找回来，中华民族"创造了人类社会发展史上惊天动地的发展奇迹"[②]，这种物质文明的奇迹是中华文明能够在近代百年屈辱后重新焕发生机的重要基石。不断解放和发展生产力，使物质资料的生产得到满足，不断厚植现代化的物质基础，推动中华民族现代文明发展。

[①] 中共中央马克思恩格斯列宁斯大林著作编译局编译：《马克思恩格斯选集》第二卷，人民出版社，2012年，第2页。
[②] 习近平：《在庆祝中国共产党成立95周年大会上的讲话》，《人民日报》，2016年7月2日，第2版。

第十四章
在统筹推进"五位一体"总体布局中建设中华民族现代文明

物质文明在文明体系中处于基础地位。恩格斯指出:"文明时代是社会发展的这样一个阶段,在这个阶段上,分工、由分工而产生的个人之间的交换,以及把这两者结合起来的商品生产,得到了充分的发展,完全改变了先前的整个社会。"① 物质文明的发展会给整个文明带来翻天覆地的改变。从中国传统文化到经过"两个结合"的中华民族现代文明,从"仓廪实而知礼节"到"两手抓、两手都要硬",再到"物质文明和精神文明相协调的现代化",中国共产党在领导经济建设过程中,对物质文明的重要性认识不断加深。党从社会经济制度、经济发展质量等多方面寻找发展道路,在经济建设中始终坚持以人民为中心的价值取向,把人民群众作为解放和发展生产力的主体,把夯实人民幸福生活的物质条件作为建设事业的目的,体现了"人民是历史的创造者"这一马克思主义唯物史观,为物质文明的发展提供了意志保障。新中国70多年的经济发展积累了丰富的正反两方面经验教训,经济建设过程中始终遵循经济发展规律,不断创新经济发展理论,为物质文明的发展提供了历史支撑。只有找到符合国情、符合人类社会发展规律的发展道路,才能在坚实的物质基础上生长出独特的人类文明新形态,为世界提供现代化的中国方案。

物质文明在文明的演变中始终处于基础地位,不可或缺。在中华民族现代文明建设过程中,只有充分重视物质文明的基石作用,才能保持文明的不断创新发展。

二、以推动经济高质量发展提升物质文明

当前,我国经济建设努力向着行稳致远的方向迈进。高质量发展是全面建设社会主义现代化国家的首要任务,推动经济高质量发展是提升物质文明

---
① 中共中央马克思恩格斯列宁斯大林著作编译局编译:《马克思恩格斯选集》第四卷,人民出版社,2012年,第190-191页。

的必然要求。

构建高水平社会主义市场经济体制,提升物质文明。1992年,邓小平同志视察南方,破除思想迷障,改革步伐加快。党的十四大明确提出"我国经济体制改革的目标是建立社会主义市场经济体制,以利于进一步解放和发展生产力"①,从此,社会主义市场经济体制建设成为一个充满历史主动性的进程。党的十九届四中全会把社会主义市场经济体制确立为我国的基本经济制度之一,体现了对社会主义市场经济体制重要性的再提升。构建高水平的社会主义市场经济体制,处理好市场和政府的关系,"充分发挥市场在资源配置中的决定性作用,更好发挥政府作用"②。在利用市场经济长处的同时,注重社会主义制度的优越性,这是党和人民关于经济建设和物质文明创建的伟大创造,为物质文明高质量发展提供了制度机制保障。

把握新发展阶段、贯彻新发展理念、构建新发展格局,提升物质文明。"发展是党执政兴国的第一要务"③,是解决我国一切问题的基础和关键。如今我们站在全面建设社会主义现代化国家、向第二个百年奋斗目标进军的阶段,坚定不移贯彻创新、协调、绿色、开放、共享的新发展理念,加快构建以国内大循环为主体、国内国际双循环相互促进的新发展格局,这些都是党在新时代对物质文明发展条件的新认识。"三新"的提出正是我们党对中国特色社会主义经济发展规律的深刻认识,是对国际经济发展态势的深刻洞察,是对物质文明建设的进一步把握,为提升物质文明提供了高质量发展的理论支撑。

---

① 《中国共产党第十九届中央委员会第四次全体会议文件汇编》,人民出版社,2019年,第10页。
② 习近平:《高举中国特色社会主义伟大旗帜 为全面建设社会主义现代化国家而团结奋斗——在中国共产党第二十次全国代表大会上的报告》,人民出版社,2022年,第29页。
③ 习近平:《高举中国特色社会主义伟大旗帜 为全面建设社会主义现代化国家而团结奋斗——在中国共产党第二十次全国代表大会上的报告》,人民出版社,2022年,第28页。

第十四章
在统筹推进"五位一体"总体布局中建设中华民族现代文明

建设现代化产业体系,提升物质文明。历史地看,从党的十六大报告提出要走"新型工业化道路"开始,中国共产党探索了一套动态、科学的产业发展战略。为适应中国和时代的发展进步要求,党的二十大报告明确提出建设现代化产业体系。"实体经济是一国经济的立身之本。"①2008年的那场因为虚拟经济过度发展引发的国际金融危机、部分发展中国家因为忽视实体经济特别是制造业的发展陷入"中等收入陷阱",这些经验教训都在提示我们,要将发展经济的着力点放在实体经济上。同时,要抓住数字经济这一未来发展制高点。第四次工业革命正在发生,数字经济将成为新一轮科技革命和产业变革的新机遇。此外,构建完备的现代化基础设施体系必将为现代化产业体系发展打下坚实基础。建设现代化产业体系为提升物质文明提供了高质量发展的产业技术基础。

全面推进乡村振兴,提升物质文明。2020年,中国实现了9899万农村贫困人口全部脱贫,脱贫攻坚战取得胜利,全面建成小康社会,但这不是终点,而是新生活、新奋斗的起点,我们要做好巩固拓展脱贫攻坚成果同乡村振兴的有效衔接工作。习近平总书记指出:"全面建设社会主义现代化国家,最艰巨最繁重的任务仍然在农村。"② 在乡村振兴的征途上,农业农村现代化是总目标,我们并没有简单摧毁村庄原有的社会结构,而是将现代化与农村原有的生活和生产方式对接,体现的是对人的关怀和对调整城乡关系的深远考虑。全面推进乡村振兴关乎社会主义的本质,为提升物质文明提供了文明发展所必需的广阔空间。

---

① 《深刻认识建设现代化经济体系重要性 推动我国经济发展焕发新活力迈上新台阶》,《人民日报》,2018年2月1日,第1版。
② 习近平:《高举中国特色社会主义伟大旗帜 为全面建设社会主义现代化国家而团结奋斗——在中国共产党第二十次全国代表大会上的报告》,人民出版社,2022年,第30—31页。

促进区域协调发展，提升物质文明。习近平总书记指出："只有实现了城乡、区域协调发展，国内大循环的空间才能更广阔、成色才能更足。"①我国幅员辽阔、人口众多，各地区自然资源禀赋大，统筹区域发展从来都是一个重大问题。要协调下好全国"一盘棋"，就不能只简单笼统地对全国都提出同一发展要求。推动西部大开发形成新格局，推动东北全面振兴取得新突破，促进中部地区加快崛起，鼓励东部地区加快推进现代化，党中央坚持以四大区域板块为空间单元，各有侧重，统筹发展，为提升物质文明提供了高质量发展的区域协调布局。

第二节　在政治建设中发展政治文明

建设中华民族现代文明，需要在政治建设中发展与时代同步伐、与国情相适应的政治文明作为其重要保障，保证中华民族现代文明始终坚持正确的前进方向。

一、政治文明在中华民族现代文明中的保障作用

政治文明是人类文明体系的集中体现和重要组成部分，对文明发展起到重要的保障作用。中国共产党历来高度重视政治建设，党的十八大以来，我国政治建设成就显著，国家政治制度日益健全，社会主义民主政治建设不断推进，为中华民族现代文明的发展奠定了坚实的政治基础，发挥了强大的政治保障作用。

政治文明为中华民族现代文明提供方向保障。政治文明建设往往反映的是一定群体或阶级的统治意志和治理目标，是国家和社会发展方向的集中体现。物质文明、精神文明、社会文明和生态文明所表露的阶级倾向都带有政

---

① 习近平：《加快构建新发展格局　把握未来发展主动权》，《求是》，2023年第8期。

治文明底色，其发展方向也是由国家政治立场和意识形态所规定的。我国是人民当家作主的社会主义国家，我们党始终坚持马克思主义在意识形态领域的指导地位不动摇。正是这样体现党和人民意志的政治文明，才能为中华民族现代文明的发展保驾护航，提供正确的方向指引，保证物质文明、精神文明、社会文明和生态文明建设始终沿着正确的道路前进。

政治文明为中华民族现代文明的发展提供制度保障。中华民族现代文明是一个内涵丰富、体系健全的系统，物质文明、政治文明、精神文明、社会文明和生态文明是构成这一系统的几个核心要素。各要素之间相互联结，彼此支撑，政治文明作为要素之一对其他部分的发展具有重要的制度保障作用。制度按其内涵分析一般是指一个社会组织或团体要求其成员共同遵守的办事程序或章程。有了制度，国家各方面事务才有所遵循，社会整体才能呈现组织化、程序化，社会成员活动才能体现规则性、公平性。我国国家制度建设成就显著，比如：人民代表大会制度这一根本政治制度与中国共产党领导的多党合作和政治协商制度、民族区域自治制度、基层群众自治制度等基本政治制度不断发展；建立并完善了以公有制为主体、多种所有制共同发展的基本经济制度；与文化建设、社会建设、生态文明建设相关的制度不断建立健全，我国制度体系不断充实，覆盖国家社会发展各领域。因此，发展政治文明的重大意义，不仅在于不断健全完善适应实践要求的各项制度，更重要的是以制度这一强有力的规定和手段为物质文明、精神文明、社会文明、生态文明提供切实保障，推动中华民族现代文明健康发展。

政治文明为中华民族现代文明的发展提供动力保障。国以民为本，重民思想是中华文化的悠久传统，体现的是中华文化的人本主义精神。自古以来，我国就把人民作为治国兴邦的重要根基，在治国理政中始终强调民为邦本。在中国共产党领导下，现代中国政治文明建设更是强调始终把人民群众放在首位，在党和国家的一切工作中坚定不移地贯彻群众路线。人是历史的主体，是国家社会的主人，中华民族现代文明由中国人民和中华民族创造，其发展也必定要服务于中国人民和中华民族。政治文明所确定和强调的人民群众的重要地位，也决定了人民群众生存发展的需求是推动各种文明不断向前发展的不竭动力。因此，政治文明为中华民族现代文明的发展提供了动力保障。

二、以社会主义民主法治建设发展政治文明

在推进"两个一百年"奋斗目标的实现过程中，我们要以社会主义民主法治建设推动中华现代政治文明的蓬勃发展。

坚定不移走中国特色社会主义政治发展道路，发展政治文明。在党和国家的长期实践探索过程中，我们开辟出一条中国特色社会主义政治发展道路，这是有着深厚中华文化根基、符合我国现实国情和未来发展需求的特色之路。党的二十大报告指出："必须坚定不移走中国特色社会主义政治发展道路，坚持党的领导、人民当家作主、依法治国有机统一，坚持人民主体地位，充分体现人民意志、保障人民权益、激发人民创造活力。"[①] 正确的前进方向对于政治文明的发展至关重要，历史和现实都充分表明，中国特色社会主义政治发展道路是我们顺应历史大势、迎接现实挑战、把握未来主动的必由之路，是我们立足中国基本国情、保障人民当家作主的正确道路。

以全过程人民民主发展政治文明。全过程人民民主是新时代我国政治文明发展所提出的重大理念，是从我国民主政治实践中提炼出的最新的理论结晶。它既是对以往社会主义民主理论和实践的总结，又实现了对传统民主概念的超越，是以习近平同志为主要代表的中国共产党人作出的新的伟大政治创造。我们要发展中国式现代化，以中国式现代化全面推进中华民族伟大复兴。全过程人民民主正是在这一目标要求下，面向我国政治文明建设所实行

---

① 习近平：《高举中国特色社会主义伟大旗帜　为全面建设社会主义现代化国家而团结奋斗——在中国共产党第二十次全国代表大会上的报告》，人民出版社，2022年，第37页。

的全链条、全方位、全覆盖的民主，是最广泛、最真实、最管用的民主。全过程人民民主是社会主义民主政治的本质属性，真正体现了人民当家作主的政治地位和国家复兴、民族振兴、人民幸福的民族期盼，是不断发展社会主义政治文明的实践要求。

巩固和发展最广泛的爱国统一战线，发展政治文明。习近平总书记指出："人心向背、力量对比是决定党和人民事业成败的关键，是最大的政治。统战工作的本质要求是大团结大联合，解决的就是人心和力量问题。这是我们党治国理政必须花大心思、下大气力解决好的重大战略问题。"[①]因此，我们必须始终坚持巩固和发展最广泛的爱国统一战线，铸牢中华民族共同体意识，坚决贯彻落实新时代党的民族宗教工作方针政策，加强和促进海内外中华儿女大团结。只有牢牢把握、巩固和发展最广泛的爱国统一战线，团结一切可以团结的力量，准确把握民心民意，才能最大限度凝聚起推动国家发展的人民力量、汇聚起中华智慧、创造中华民族现代政治文明新的辉煌。

坚持全面依法治国，发展政治文明。"法者，治之端也。"法治兴则国兴，法治强则国强，法治与国家治理同气连枝、相伴而生。中华几千年历史积淀了丰富的法律思想及实现政法结合、以法律治理国家的宝贵经验。我们党坚持依法治国，继承优秀法治文化，建立健全了严密完整的法律法规体系，以法的形式确立发展了国家政治制度体系，为国家安定、人民生活长治久安提供了一套持久稳定的法律和制度保障。回顾党的十八大以来全面依法治国的历史进程，我们党依据社会主义现代化事业发展需求，不断深入推进依法治国的伟大实践；同时，在总结理论和实践发展成果中创造性地提出了一系列原创性治国理政思想，形成了习近平法治思想这一伟大理论结晶。新时代要深化全面依法治国，完善社会主义法治体系，建设社会主义法治国家，实

[①] 中共中央文献研究室：《十八大以来重要文献选编》中，中央文献出版社，2016年，第556页。

现全面依法治国目标，促进治国理政程序化、法治化，为现代政治文明发展增添法治色彩，开创政法工作新局面。

第三节　在文化建设中丰富精神文明

早在20世纪70年代末，邓小平同志就提出了在建设高度物质文明的同时还要建设高度的社会主义精神文明。自此之后，从"两手抓、两手都要硬"到"五位一体"，我们党始终将精神文明建设或文化建设作为我国社会主义现代化建设总体布局的重要领域之一，精神文明建设或文化建设被确立为中国社会主义现代化建设的主要战略方向。在中国特色社会主义新时代，要"发展面向现代化、面向世界、面向未来的，民族的科学的大众的社会主义文化"[①]，在文化建设中丰富具有强大生命力、感召力和创造力的社会主义精神文明。

一、精神文明在中华民族现代文明中的指引作用

2023年6月2日，习近平总书记在文化传承发展座谈会上提出"中华民族现代文明"这一重大命题，指出"在新的起点上继续推动文化繁荣、建设文化强国、建设中华民族现代文明，是我们在新时代新的文化使命"[②]，并提出要坚定文化自信，"担当使命、奋发有为，共同努力创造属于我们这个时代的新文化，建设中华民族现代文明"[③]这一重大任务。我们要牢记文化使命、坚持守正创新，在中国特色社会主义伟大实践中进行文化创造。

---

① 习近平：《高举中国特色社会主义伟大旗帜　为全面建设社会主义现代化国家而团结奋斗——在中国共产党第二十次全国代表大会上的报告》，人民出版社，2022年，第43页。
②③《担负起新的文化使命　努力建设中华民族现代文明》，《人民日报》，2023年6月3日，第1版。

第十四章
在统筹推进"五位一体"总体布局中建设中华民族现代文明

精神文明是建设中华民族现代文明的重要内容。精神文明在中华民族的发展和社会的进步中发挥了重要作用，扮演着重要角色。党的十八大以来，以习近平同志为核心的党中央推动精神文明建设发生全面、深刻、根本性变化，全党全国各族人民文化自信明显增强，全社会凝聚力和向心力极大提升，党、国家、人民、军队和中华民族的面貌焕然一新。精神文明建设不仅是建设中华民族现代文明的基础性工程，也是中华民族实现全面发展的重要途径。我们要扎实推进精神文明建设，谱写中华民族现代文明新华章，为社会主义文化强国建设、中华民族伟大复兴注入强大精神力量。

精神文明是推进中国式现代化的必然要求。精神文明建设不仅强调人的精神追求和内在修养，注重意识形态、价值取向、文化传承和伦理道德等方面的建设，而且强调在追求经济效益和科技进步的同时，注重人的全面发展和社会的和谐稳定。精神文明为建设中华民族现代文明指明前进方向，为推进实现中华民族伟大复兴提供源源不断的精神力量。精神文明包括意识形态在内，对推动中国特色社会主义事业发展具有指引作用。中国特色社会主义事业"五位一体"总体布局相辅相成、相互促进，是一个统一的有机整体，我们要在统筹推进总体布局中建设中华民族现代文明。

二、以铸就社会主义文化新辉煌丰富精神文明

党的二十大报告提出要"推进文化自信自强，铸就社会主义文化新辉煌"[①]，这为在新的历史方位上建设精神文明、建设文化强国指明了前进方向。

建设具有强大凝聚力和引领力的社会主义意识形态，丰富精神文明。意识形态工作是党的一项极端重要的工作，是为国家立心、为民族立魂的工作，关乎党和国家前途命运、关乎民族未来、关乎旗帜道路方向、关乎人心凝聚

---

① 习近平：《高举中国特色社会主义伟大旗帜　为全面建设社会主义现代化国家而团结奋斗——在中国共产党第二十次全国代表大会上的报告》，人民出版社，2022年，第42页。

和民力汇聚。建设具有强大凝聚力和引领力的社会主义意识形态对于社会主义精神文明建设起着至关重要的作用。要坚持马克思主义在意识形态领域指导地位不动摇，坚定"主心骨"，把稳"定盘星"，筑牢思想防线；发挥党和国家指导思想在我国社会主义意识形态中的统摄作用，加强理论武装，学懂弄通马克思列宁主义和马克思主义中国化时代化的理论成果，学深悟透习近平新时代中国特色社会主义思想，用党的创新理论武装头脑；牢牢掌握党对意识形态工作领导权，坚持和加强党对宣传思想文化工作的全面领导，旗帜鲜明坚持党管宣传、党管意识形态、党管媒体，坚决守好意识形态主阵地；高度重视新闻舆论工作处在意识形态斗争最前沿这一客观事实，营造良好舆论环境，加快构建全媒体格局，坚持正确舆论导向、加强舆论宣传引导，高度重视新闻舆论工作人才培养和队伍建设，加大舆论监督力度，着力提升新闻舆论传播力、引导力、影响力、公信力；坚定"四个自信"，宣传好习近平新时代中国特色社会主义思想，把党的创新理论讲清楚、讲透彻、讲深刻、讲鲜活，推进科学理论大众化、通俗化，让群众听得懂、记得住、用得上，在积极投身社会主义建设中学以致用。

以社会主义核心价值观引领文化建设，丰富精神文明。习近平总书记强调："要把文化建设放在全局工作的突出位置，坚持以社会主义核心价值观引领文化建设，加强社会主义精神文明建设，繁荣发展文化事业和文化产业，提高社会文明程度，发挥文化引领风尚、教育人民、服务社会、推动发展的作用。"[①] 党的十八大报告用24个字从国家、社会、公民个人三个层面阐述概括了社会主义核心价值观的主要内容，凝结了全国各族人民共同的价值追求，是凝聚人心、汇聚民力的强大精神力量。"富强、民主、文明、和谐"蕴含着人民对"国富民强、人民民主、文明进步、社会安定有序、人与自然

---

① 《全面推进教育文化卫生体育事业发展　不断增强人民群众获得感幸福感安全感》，《人民日报》，2020年9月23日，第1版。

和谐共生"美好生活的向往,也是中国特色社会主义经济建设、政治建设、文化建设、社会建设和生态文明建设全方位多领域的建设目标;"自由、平等、公正、法治"是对美好社会的描述,凝聚着中国特色社会主义的核心价值追求和社会价值共识,追求实现人的自由而全面的发展、法律面前一律平等、社会公平正义等;"爱国、敬业、诚信、友善"是从公民个人行为层面对社会主义核心价值观基本理念的高度凝练,是践行民族精神核心和公民职业操守、道德素养、社交原则的价值遵循与实践要求,是公民必须恪守的基本道德规范和准则,也是评价公民道德行为选择的基本价值标准。培育和践行社会主义核心价值观,努力在落细、落小、落实上下功夫,全方位贯穿,深层次融入,努力使社会主义核心价值观像空气一样无处不在、无时不有,时时刻刻影响人民大众、引领文化建设。

推动中华优秀传统文化创造性转化、创新性发展,丰富精神文明。中华优秀传统文化源远流长、博大精深,是中华文明的智慧结晶和精华所在,是中华民族的根脉和精神命脉。习近平总书记在文化传承发展座谈会上指出:"只有全面深入了解中华文明的历史,才能更有效地推动中华优秀传统文化创造性转化、创新性发展,更有力地推进中国特色社会主义文化建设,建设中华民族现代文明。"[①]中华民族五千多年的灿烂文明,是我们宝贵的精神财富,要认真汲取中华优秀传统文化的思想精髓,比如天下为公的社会理想、民为邦本的治国理念、革故鼎新的创新思维、天人合一的哲学思想、厚德载物的价值追求、亲仁善邻的交往之道等,深刻体悟中华文明连续性、创新性、统一性、包容性、和平性五大突出特性,深入挖掘和阐发中华优秀传统文化的时代价值。"在五千多年中华文明深厚基础上开辟和发展中国特色社会主义,把马克思主义基本原理同中国具体实际、同中华优秀传统文化相结合是

---

① 《担负起新的文化使命 努力建设中华民族现代文明》,《人民日报》,2023年6月3日,第1版。

必由之路。"①深刻把握"两个结合",就要有力推动"双创"和"两个结合"互融共进,激发全民族文化创新创造活力,建设中华民族现代文明。

不断提升国家文化软实力和中华文化影响力,丰富精神文明。文化软实力是一个国家综合国力和国际竞争力的重要组成部分,中华文化影响力是中国通过向世界阐释传播具有中国特色、体现中国精神、蕴藏中国智慧的优秀文化而对国际社会和世界各国产生的影响力。"增强中华文明传播力影响力。坚守中华文化立场,提炼展示中华文明的精神标识和文化精髓,加快构建中国话语和中国叙事体系,讲好中国故事、传播好中国声音,展现可信、可爱、可敬的中国形象。"②在国际舞台上,我们要推进文化自信自强,自信大方地向世界各国民众讲好中国共产党的故事、讲好新时代的故事,帮助他们了解中国共产党为什么能、马克思主义为什么行、中国特色社会主义为什么好。同时,着力加强国际传播能力建设,促进文明交流互鉴。全力打破我国在国际上存在着的信息流进流出"逆差",尽力改变中国真实形象和西方主观印象的"反差",努力克服软实力和硬实力的"落差"。提升国际舆论场的影响力,提高掌握国际话语权的能力和水平,推动构建人类命运共同体,创造人类文明新形态。

第四节 在社会建设中推动社会文明

建设中华民族现代文明,要把握社会文明在现代文明建设中的统合作用,

---

① 《担负起新的文化使命 努力建设中华民族现代文明》,《人民日报》,2023年6月3日,第1版。
② 习近平:《高举中国特色社会主义伟大旗帜 为全面建设社会主义现代化国家而团结奋斗——在中国共产党第二十次全国代表大会上的报告》,人民出版社,2022年,第45—46页。

理解其出发点和落脚点都是现实的人。党和国家秉持全心全意为人民服务的宗旨，关注民生，推动社会资源向基层倾斜，在实现高质量发展中保障和改善民生，推动社会文明建设。

一、社会文明在中华民族现代文明中的统合作用

统合是统领与综合的统一。积极探索社会文明在中华民族现代文明中所起到的统合作用，就是要不断认识到社会文明本身所具有的鲜明统摄性与综合性，以及它与其他文明的交叉融合。社会文明是与人民群众紧密相连的文明，新时代在全社会范围内建设积极向上的社会主义新文明，同满足人民群众更高层次的精神追求具有内在的一致性。

社会文明与其他各领域文明既有交叉又有自身鲜明特征。一方面，社会文明在发展的过程中依赖于其他文明的进步。这首先体现在物质文明与精神文明的辩证统一上。物质文明的建设为精神文明的建设夯筑了坚实的基础，社会文明也在无形中推动着物质文明的进步。新中国成立以来，随着经济建设脚步的加快，精神文明方面的短板也日益突出。特别是改革开放以来，随着西方思潮进入中国的拜金主义、享乐主义，极大地腐蚀着人们的心灵。针对改革开放的新形势和新要求，党的十二大鲜明提出"我们在建设高度物质文明的同时，一定要努力建设高度的社会主义精神文明"[1]，就是强调物质文明与精神文明建设要并驾齐驱，二者的辩证统一有力推动了社会文明的进步。其次，反映在物质文明、政治文明和精神文明的融合中。物质文明构筑坚固堡垒，精神文明凝聚前进力量，政治文明提供制度保障。三者的融会贯通是中国特色社会主义进入新时代，中国共产党推动建设社会主义文明新形态的必然要求。最后，统一于"五位一体"的建设潮流中。中国共产党以前

---

[1] 中共中央文献研究室：《十一届三中全会以来重要文献选读》上册，人民出版社，1987年，第488页。

所未有的敏锐性总结经济建设、政治建设、文化建设、社会建设和生态文明建设的统一规律，形成了"五位一体"总体布局，社会文明在新的时代契机中不断汲取其他文明建设的精华，丰富自身内涵，推动社会进步。另一方面，社会文明是人类社会各个领域文明的集中体现，具有鲜明的统摄性与综合性。提高社会文明程度是全面建设社会主义现代化国家的题中应有之义。生态文明建设为社会文明建设提供前提，经济建设为社会文明建设奠定坚实基础，政治建设为社会文明建设提供制度保障，文化建设为社会文明建设凝聚精神力量。提高全社会的文明程度，既有利于"五位一体"总体布局的建设发展，又凝聚起实现中华民族伟大复兴的磅礴力量，推动社会主义社会文明在新的历史条件下不断发展进步，为中华民族现代文明建设提供指引。

社会文明是与人民群众切身利益联系最紧密的文明。社会文明的发展是随着人类文明的进步而进步的，中国特色社会主义新时代主要矛盾的变化同样蕴含着人类对于更高社会文明程度的追求。我们党的宗旨是全心全意为人民服务，满足更多人民对美好生活的需要是我们党在新时代构建社会主义和谐社会，建设社会主义文明的题中应有之义。在全面建设社会主义现代化国家新征程上，坚持和贯彻以人民为中心的发展思想，丰富人民群众的精神生活，是社会文明建设的基本遵循。一方面，高质量的物质发展和交往为人们的生活提供了更高层次的精神追求，推动着人们从被动性地接受到主动性地追求。另一方面，更高层次的社会文化产物中所蕴含的持久性精神力量，又赋予人民群众更加美好的新生活，提供了社会文明建设的全新动力。

二、以坚持在发展中保障和改善民生推动社会文明

习近平总书记强调："民生是最大的政治。"[1] 坚持在发展中保障和改

---

[1]《坚持新发展理念打好"三大攻坚战" 奋力谱写新时代湖北发展新篇章》，《人民日报》，2018年4月29日，第1版。

善民生，就是不断提高人民群众的获得感、幸福感、安全感，不断增进民生福祉，不断提高人民生活品质，在共建共治共享中推进社会治理现代化，进而实现社会文明的稳步发展。

在使人民获得感、幸福感、安全感更加充实、更有保障、更可持续中推动社会文明。习近平总书记指出："让老百姓过上好日子是我们一切工作的出发点和落脚点。"[①] 新中国成立后的 70 多年，是人民获得感、幸福感、安全感不断攀升的 70 多年。群众生活水平的提高夯筑起了社会文明建设的根基，精神生活的富足构筑起了社会文明建设的脊梁，安全感的提升筑造了社会文明建设的屏障。在进一步推进全面建设社会主义现代化国家新征程中，我们要始终将人民群众的切身利益摆在至高无上的地位，加快推进民生领域内的各项机制改革，完善公共服务体系，促进社会公平正义，持续不断增强人民获得感、幸福感、安全感，推进社会文明建设。

以在发展中增进民生福祉推动社会文明。发展是我们党执政兴国的第一要务，增进民生福祉是我们党立党为公、执政为民的本质要求。党将发展的问题看作解决我国一切问题的基础和关键，坚持发展中的问题要靠发展来解决。一方面，要通过发展积累的基础强化和保障民生，明确人民群众盼望解决的"养老""医疗""政务通"问题，从根源入手，涨养老金，实现在家门口看病和"一网通"……随着一个接一个问题的解决，使人民群众切实感受到财政取之于民、用之于民的现实。另一方面，通过不断改善民生来创造新的发展需求。人民群众物质生活水平的提高推动着对其他更高精神层次的追求，"吃穿住用行教娱"，不但要"有"，更要"优"和"好"，高品质和个性化逐渐代替简单的批量生产。这些生活需求的新要求，不断推动着供给侧结构性改革，推动社会文明不断充实自身。

[①] 中共中央宣传部：《习近平总书记系列重要讲话读本》，学习出版社、人民出版社，2014 年，第 109 页。

以不断提高人民生活品质推动社会文明。"人民对美好生活的向往，就是我们的奋斗目标。"①党的十九大报告指出，我国社会主要矛盾已经转化为人民日益增长的美好生活需要和不平衡不充分的发展之间的矛盾。②这就要求我们在面对民生这个艰巨问题时，要多做雪中送炭的事情，少做锦上添花的虚功；而做好雪中送炭的事情，就是要在最关乎人民群众切身利益的事情上做真文章，不断提高人民的生活品质。教育是民生之基，要努力办好令人民满意的教育。随着"有学上"问题的逐步解决，"上好学"的问题更加切实地摆在我们面前。面对这样的问题，党和国家坚持人民至上，落实教育立德树人的根本任务，不断提高教师待遇，推动高等教育高质量发展，着力解决高等教育发展不平衡、不充分的问题。就业是民生之本，要实现更充分和更高质量的就业。随着高校毕业生人数的与日俱增，就业的压力也扑面而来。面对毕业生就业难的问题，党和国家坚持从源头入手，稳住就业形势：一方面是引导企业减少裁员甚至是不裁员，另一方面则是对毕业生进行科学的就业指导，鼓励毕业生树立正确的择业观，努力实现自我价值。收入和分配是民生之源，要促进收入分配制度更加合理有效，增进社会公平。分配制度是促进共同富裕的基础性制度，党的二十大报告对完善分配制度作了重要部署，全社会应当聚焦收入分配领域的一些热点和难点问题，在将"蛋糕做大"的同时更要将"蛋糕分好"，遏制收入差距过大的趋势，努力达到分配公平的目标。社会保障是民生的托底工程，要建立更加公平更可持续发展的社会保障制度。党的十八大以来，党中央将建设完整的社保体系放在更加突出的位置，着力从医疗、养老、助残等各个方面完善福利事业，坚持发挥中

---

① 中共中央文献研究室：《习近平关于社会主义社会建设论述摘编》，中央文献出版社，2017年，第1页。
② 习近平：《决胜全面建成小康社会 夺取新时代中国特色社会主义伟大胜利——在中国共产党第十九次全国代表大会上的报告》，人民出版社，2017年，第11页。

国共产党领导的政治优势，集中力量办大事，建设更有效更可持续的社会保障体系，在人民生活品质不断提升中开辟社会文明建设的康庄大道。

以在共建共治共享中推进社会治理现代化推动社会文明。共建即共同参与社会建设，共治即共同参与社会治理，共享即发展成果由人民共享。打造共建共治共享的社会治理格局，核心在于人，首先在于夯实基层基础。一是要看到实现共建共治共享的主体是人，明确不同社会治理主体的角色定位和职能职责，探索组织群众、发动群众的机制，坚持为民谋利、为民解忧的办事原则，专注解决人民群众切实关心的直接利益问题，让发展成果更多更公平惠及全体人民。二是要看到基层治理在打造共建共治共享格局中的重要作用。首先是要筑牢共建的基础，推动社会治理重心向基层下移，基层能解决的事情尽量在基层得到充分解决。其次是要提升共治的水平，调动社区群众参与社区治理的积极性，将"小家"的事铺陈到"大家"的生活中，让社区居民都能够为社区治理建言献策。打牢共建基础，提升共治水平，推动社会治理成果由全体人民共享，有力推进社会治理现代化的步伐，拓宽社会文明发展的道路。

第五节 在生态文明建设中促进生态文明

自然环境是人类赖以生存和发展的基础，生态环境良好与否关系到国家和社会能否实现可持续发展、人民能否获得长久的幸福感和发展潜力。因此，我们要坚持倡导人与自然和谐共生，高度重视建设现代生态文明。

一、生态文明在中华民族现代文明中的根本地位

生态文明在中华民族现代文明中具有根本地位，我们要在21世纪中叶建成富强民主文明和谐美丽的社会主义现代化强国，就必须充分认识到这一事实，把尊重自然、顺应自然、保护自然，坚持人与自然和谐共生作为我们

党在实现这一奋斗目标过程中所秉持并一以贯之的发展理念。

习近平生态文明思想的形成是中国共产党环境意识和生态文明理念发展的必然结果。"大自然是人类赖以生存发展的基本条件"①,自然环境提供了人类生存发展所必需的基本物质条件,中国共产党继承中华民族先进的生态文明理念,逐渐形成系统的生态文明观:以毛泽东同志为主要代表的党的第一代中央领导集体,在领导人民进行社会主义革命与建设中,开始在全国范围内开展环境建设。毛泽东同志深刻指出,"如果对自然界没有认识,或者认识不清楚,就会碰钉子,自然界就会处罚我们"②。这一时期,毛泽东同志发出"绿化祖国"的号召,提出坚持农林牧结合、重视综合利用、优化生态平衡等,这为我们党后来提出生态文明建设奠定了历史基础。改革开放和现代化建设时期,邓小平同志高度重视生态环境问题,提出经济建设的辩证法思想,即坚持经济建设与环境保护相统一。江泽民同志提出要实施可持续发展战略,强调保护环境是关系我国长久发展的战略问题,环境意识和环境质量是衡量一个国家和民族文明程度的重要标志之一,将生态意识正式上升到文明高度。胡锦涛同志指明我们的发展是绿色发展,是以可持续发展为目标的发展。党的十八大以来,以习近平同志为核心的党中央形成了有关生态文明的"五个一"系统思想:在"五位一体"总体布局中,生态文明建设是其中一位;在新时代坚持和发展中国特色社会主义基本方略中,坚持人与自然和谐共生是其中一条;在新发展理念中,绿色是其中一项;在三大攻坚战中,污染防治是其中一战;在到本世纪中叶建成社会主义现代化强国目标中,美丽中国是其中一个。在理论与实践的结合中,党对生态环境高度重视,生态理念日益发展,生态文明建设理论不断成熟。

---

① 习近平:《高举中国特色社会主义伟大旗帜 为全面建设社会主义现代化国家而团结奋斗——在中国共产党第二十次全国代表大会上的报告》,人民出版社,2022年,第49页。
② 中共中央文献研究室:《毛泽东文集》第八卷,人民出版社,1999年,第72页。

生态文明是中华民族永续发展的必要根基。人类本身就是大自然的重要组成部分，人与自然共处于一个生态系统，相互依赖、相互影响。生态系统的要素统一直接决定了生态环境的优劣不仅影响人类当前的生活质量和发展高度，还极大限制着人类后代的发展深度与广度。生态文明的根本性地位主要表现在其对物质文明、政治文明、精神文明和社会文明几个方面的重要意义：在物质文明方面，大自然为人类物质文明发展提供了必要的物质材料，这是一切文明诞生的根基。人类有了实际生活可应用的材料，才能进一步发展，推动人类社会物质文明不断进步。在政治文明方面，生态问题是事关民生发展大计的一个根本性问题。生态环境质量直接影响人们的日常生活质量，保护生态环境就是保护人们赖以生活的家园。只有把自然生态建设好、维护好，才能从根本上保障人民的切身利益，实现国家长治久安，维护政治生态安稳。在精神文明方面，中华民族自古以来就高度重视自然生态的重要地位，强调"天人合一，万物并育"，因而生态文明观具有深厚的文化根脉与历史积淀，并在时代发展中更迭演化，成为今天中华民族精神文明的一个重要内容。在社会文明方面，我们强调人与人的和谐、人与社会的和谐，人与自然的和谐也包含其中。美好生态建设不仅是国家和社会发展的自然基础，也是一个国家和民族社会文明进步的标志，更是在未来国际竞争中获得永续发展和持久动力、塑造文明大国形象的重要支撑。生态环境在建设社会主义现代化国家、实现中华民族伟大复兴中国梦的过程中地位日益凸显，生态文明建设也是发展中华民族现代文明的重要一环。

二、在坚持人与自然和谐共生中促进生态文明

"人与自然是生命共同体"[①]。中国共产党在谋求发展的长期实践中深

---

① 习近平：《决胜全面建成小康社会 夺取新时代中国特色社会主义伟大胜利——在中国共产党第十九次全国代表大会上的报告》，人民出版社，2017年，第50页。

刻认识到生态文明的重要地位,提出坚持树立科学的生态文明观,把实现人与自然和谐共生作为实现"两个一百年"奋斗目标的重要基点,贯穿于促进中华民族现代文明发展的全过程。

坚持绿水青山就是金山银山理念,促进生态文明。绿水青山就是金山银山的科学论断是习近平同志任浙江省委书记时于2005年8月15日在浙江湖州安吉考察时提出的。"两山"理念包含两层含义:一是我们既要金山银山,又要绿水青山;二是我们要让绿水青山变成金山银山。十几年来,浙江省在实践探索中践行着这一科学理念,高度重视环境治理与生态修复,大力推进"五水共治"、"三改一拆"、"四边三化"、"811"环境污染整治行动、建设特色小镇群、打造美丽宜居乡村新样板等一系列工作,重塑了绿水青山的美丽景象。同时,浙江省实现了将美丽风光变身美丽经济的目标,生态改善给人民群众带来的红利进一步催生了人们保护生态的自觉行动。现在,绿水青山就是金山银山理念已经成为全党全国人民的共识,各地在学习成功经验的基础上因地制宜广泛践行,取得了很好的成效。

坚持生态惠民、生态利民、生态为民,促进生态文明。建设生态文明就是造福人民。习近平总书记在全国生态环境保护大会上的重要讲话中强调:"良好生态环境是最普惠的民生福祉","要坚持生态惠民、生态利民、生态为民,重点解决损害群众健康的突出环境问题,加快改善生态环境质量,提供更多优质生态产品,努力实现社会公平正义,不断满足人民日益增长的优美生态环境需要"。[①]要深刻理解以人民为中心的发展思想在生态文明建设中的体现,重点解决人民群众反映强烈的大气、水、土壤污染等和我们日常生活息息相关的、损害人民群众健康的突出环境问题,加快改善生态环境质量。大力推进生态惠民工程,积极发展生态农业、休闲旅游,让更多的人挑上绿色发展的"金扁担",助推幸福民生高质量发展,切实提高人民群众

---

① 习近平:《习近平谈治国理政》第三卷,外文出版社,2020年,第362页。

生态获得感、幸福感、安全感。

加快形成绿色生产方式和生活方式，促进生态文明。习近平总书记指出："推动形成绿色发展方式和生活方式，是发展观的一场深刻革命。"[1]坚持绿色、低碳、循环、可持续发展，倡导绿色消费、绿色出行、低碳生活。我国力争2030年前实现碳达峰、2060年前实现碳中和，这需要全民努力。加快推动产业结构、能源结构、交通运输结构、用地结构等的调整优化，推进各类资源节约集约循环利用，实现资源合理配置、有效利用，推动全面协调可持续发展。此外，增强全民节约意识、环保意识、生态意识，加强生态道德教育，培养生态行为习惯和生活习惯。

坚持山水林田湖草沙一体化保护和系统治理，促进生态文明。山水林田湖草沙是一个生命共同体，是相互依存、紧密联系、不可分割的自然生态系统。"人的命脉在田，田的命脉在水，水的命脉在山，山的命脉在土，土的命脉在林和草，这个生命共同体是人类生存发展的物质基础。"[2]要坚持系统观念，统筹山水林田湖草沙一体化保护和系统治理，全方位、全地域、全过程加强生态环境保护，更加注重综合治理、系统治理、源头治理，把握好生态系统的多样性、稳定性和持续性。

用最严格的制度最严密的法治保护生态环境，促进生态文明。习近平总书记指出："只有实行最严格的制度、最严密的法治，才能为生态文明建设提供可靠保障。"[3]生态环境保护是国家的一项重要工作，涉及许多方面，因此，我国制定了一系列生态环境保护法律法规，以规范人们的行为和保护生态环

---

[1]《推动形成绿色发展方式和生活方式　为人民群众创造良好生产生活环境》，《人民日报》，2017年5月28日，第1版。

[2] 中共中央宣传部：《习近平新时代中国特色社会主义思想学习纲要》，学习出版社、人民出版社，2019年，第173页。

[3]《坚持节约资源和保护环境基本国策　努力走向社会主义生态文明新时代》，《人民日报》，2013年5月25日，第1版。

境。例如《中华人民共和国环境保护法》《中华人民共和国水污染防治法》《中华人民共和国固体废物污染环境防治法》《中华人民共和国环境影响评价法》《中华人民共和国自然保护区条例》《中华人民共和国森林法》《中华人民共和国草原法》《中华人民共和国海洋环境保护法》等。在习近平生态文明思想引领下，我国生态环境领域立法工作取得显著成效，初步形成了生态环境保护法律体系，为推进美丽中国建设提供了重要制度保障。同时，要加强法律普及教育，依法保护和改善环境质量，促进社会可持续发展。

共谋全球生态文明建设之路，促进生态文明。中国坚持走多边主义道路，深度参与全球环境治理，深化生态环境领域国际合作。作为负责任的大国，作为全球生态文明建设的重要参与者、贡献者、引领者，中国与国际社会共谋全球生态文明建设之路，与世界各国共同开启绿色发展之路，推动解决全球重大环境问题，共建地球生命共同体，为全球环境治理和生态文明建设贡献中国智慧、中国思路、中国方案和中国力量。

第十五章
在协调推进"四个全面"战略布局中建设中华民族现代文明

党的十九届五中全会强调,要"协调推进全面建设社会主义现代化国家、全面深化改革、全面依法治国、全面从严治党的战略布局"①。"四个全面"战略布局是党在新时代把握我国发展新特征确定的治国理政新方略,集中体现了党和国家事业长远发展的战略目标和举措,确立了续写中国特色社会主义新篇章的行动纲领。"在新的起点上继续推动文化繁荣、建设文化强国、建设中华民族现代文明,是我们在新时代新的文化使命。"②担负使命,共同努力创造属于我们这个时代的新文化,必须置于"四个全面"的宏阔战略布局中,在协调推进"四个全面"战略布局中实现中华文明的生命更新和现代转型。

第一节 在全面建设社会主义现代化国家中建设中华民族现代文明

党的二十大报告指出:"从现在起,中国共产党的中心任务就是团结带

---

① 《中国共产党第十九届中央委员会第五次全体会议公报》,人民出版社,2020年,第9页。
② 习近平:《在文化传承发展座谈会上的讲话》,《求是》,2023年第17期。

领全国各族人民全面建成社会主义现代化强国、实现第二个百年奋斗目标，以中国式现代化全面推进中华民族伟大复兴。"① 全面建设社会主义现代化国家是中国共产党带领中华民族从"文明蒙尘"到"文明再造"再到"文明复兴"的现代化探索。全面建设社会主义现代化国家是建设中华民族现代文明的实践场域，明确了中华民族现代文明建设的强国使命，为建设中华民族现代文明锚定了前进方向。

一、全面建设社会主义现代化国家明确了中华民族现代文明建设的强国使命

作为"四个全面"中的目标引领，全面建设社会主义现代化国家是中国特色社会主义发展的内在逻辑，是中华民族的历史使命和历史宏愿。中国共产党通过对现代化发展趋势和建设规律的自觉把握及深刻理解，成功开辟了一条植根中华文明的具有中国特色的现代化道路。

现代化几乎与西方工业文明相伴而生。18世纪的第一次工业革命，开启了人类社会现代化进程，使现代化成为每一个民族国家的命运；但在西方国家主导的现代化体系中，后发国家往往是被动卷入这一历史进程。中国的现代化也不是自然发生的，而是起于对西方资本主义坚船利炮挑战的回应，在国家蒙辱、人民蒙难、文明蒙尘的历史境遇中起步。实现现代化、实现中华民族伟大复兴凝聚着几代中国人的奋斗与思考、光荣与梦想。进入新时代，在习近平新时代中国特色社会主义思想的指引下，我们党高举中国特色社会主义伟大旗帜，成功推进和拓展了中国式现代化，迈上了全面建设社会主义现代化国家新征程。

全面建设社会主义现代化国家以建设中华民族现代文明为必要条件。"中

---

① 习近平：《高举中国特色社会主义伟大旗帜　为全面建设社会主义现代化国家而团结奋斗——在中国共产党第二十次全国代表大会上的报告》，人民出版社，2022年，第21页。

国式现代化是赓续古老文明的现代化,而不是消灭古老文明的现代化;是从中华大地长出来的现代化,不是照搬照抄其他国家的现代化;是文明更新的结果,不是文明断裂的产物。"①现代化的历史规律是"外生的",不能违背,但现代化的道路却是"内生的",可以选择。一个国家适用什么样的现代化道路,根本上取决于这个国家的基本国情、历史传承和文化传统。正是因为扎根于具有突出连续性、创新性、统一性、包容性和和平性的中华文明土壤,赓续了中华民族的文明记忆和精神力量,中国式现代化才能有强有力的文化根基,才能凝聚起绵延不绝的前进动力,才能塑造出不断发展的独特优势,展现出既有各国现代化的共同特征、又有基于自己国情的鲜明特色的现代化新图景。

全面建设社会主义现代化国家以建设中华民族现代文明为内在规定。"中国式现代化赋予中华文明以现代力量,中华文明赋予中国式现代化以深厚底蕴。"②中国式现代化是在五千多年中华文明深厚基础上开辟和发展的,它在汲取中华优秀传统文化智慧和营养的同时,努力推动中华优秀传统文化创造性转化、创新性发展。中华民族现代文明的"现代性",就体现在中国式现代化以马克思主义为指导,按照时代特点和要求,对那些至今仍有借鉴价值的内涵和陈旧的表现形式加以改造,赋予其新的时代内涵和现代表达形式,按照时代的新进步新进展,对中华优秀传统文化的内涵加以补充、拓展和完善。换言之,建设中华民族现代文明是在推进中国式现代化的进程中实现的,以高度的物质文明、政治文明、精神文明、社会文明、生态文明为基本构成的中华民族现代文明,是中国式现代化的文明成果,全面建设社会主义现代化国家离不开赓续中华文明文化基因基础上的时代创新,也必将推动中华文明重焕荣光。

---

①② 习近平:《在文化传承发展座谈会上的讲话》,《求是》,2023年第17期。

二、坚持以全面建设社会主义现代化国家为目标锚定前进方向，推动建设中华民族现代文明

习近平总书记指出："新中国成立特别是改革开放以来，我们用几十年时间走完西方发达国家几百年走过的工业化历程，创造了经济快速发展和社会长期稳定的奇迹，为中华民族伟大复兴开辟了广阔前景。实践证明，中国式现代化走得通、行得稳，是强国建设、民族复兴的唯一正确道路。"① 以全面建设社会主义现代化国家为目标锚定前进方向，建设中华民族现代文明，必须坚守中华民族伟大复兴的历史任务、坚持"两个结合"的根本途径和落实人民至上的价值遵循。

第一，坚守中华民族伟大复兴的历史任务，承担文明使命。中华民族现代文明是伟大复兴的文明表达，"复兴"意味着对历史上文明荣光的创造性再现，"伟大"表明这种"复兴"所承载的历史价值。中华民族走向复兴的特殊历史性质，决定了建设中华民族现代文明不能照搬照抄西方现代化模式，必须走自己的路，开启一种崭新的文明叙事、复兴叙事，实现对人类文明的丰富和发展。也只有确立中华民族伟大复兴的历史自觉和目标自觉，才能真正回答中华民族现代文明"是谁的文明""为谁的文明"等根本问题，巩固中华民族现代文明的主体性，以及从民族性与时代性的双重维度获得中华民族现代文明在人类文明形态演进过程中的时空坐标。

第二，坚持"两个结合"的根本途径，激活文明力量。"在五千多年中华文明深厚基础上开辟和发展中国特色社会主义，把马克思主义基本原理同中国具体实际、同中华优秀传统文化相结合是必由之路。"② 建设中华民族现代文明，要以马克思主义的真理力量激活中华文明，传承中华文化精华，

---

① 习近平：《中国式现代化是强国建设、民族复兴的康庄大道》，《求是》，2023年第16期。
② 习近平：《在文化传承发展座谈会上的讲话》，《求是》，2023年第17期。

赋予中华文明先进因素，打开中华民族现代文明的创新空间，筑牢文明发展前行的道路根基，巩固文化自信的根本依托，使创造新的文明形态成为可能、成为现实。简言之，"两个结合"提供了建设中华民族伟大复兴的根本路径。只有牢牢坚持"两个结合"，使得马克思主义和中华优秀传统文化在彼此契合中相互成就，产生深刻的"化学反应"，才能造就一个有机统一的新的文化生命体，使马克思主义成为中国的、中华优秀传统文化成为现代的，发展出中华文明的现代形态。

第三，落实人民至上的价值遵循，彰显文明特质。党的十九届六中全会审议通过的《中共中央关于党的百年奋斗重大成就和历史经验的决议》把"坚持人民至上"作为我们党百年奋斗的一条重要经验。人民是历史的创造者，是社会变革的决定性力量。以马克思主义为根本指导思想、以中国共产党为核心领导力量的中国式现代化，必然以人民性为鲜明品格和显著标识。这也决定了在建设中华民族现代文明的历史进程中，人民是"剧中人"，也是"剧作者"，必须植根人民、造福人民。只有坚持人民至上，充分激发人民的历史主动和发挥人民的主体力量，建设中华民族现代文明才能筑牢团结奋斗的共同思想基础，汇聚起勇毅笃行的磅礴创造伟力。

第二节　在全面深化改革中建设中华民族现代文明

习近平总书记指出："改革开放是当代中国发展进步的活力之源，是我们党和人民大踏步赶上时代前进步伐的重要法宝，是坚持和发展中国特色社会主义的必由之路。"[①] 全面深化改革是改革开放30多年后的"再出发"，标志着改革开放进入全面、系统、整体推进的新阶段。建设中华民族现代文

---

① 《增强改革的系统性整体性协同性　做到改革不停顿开放不止步》，《人民日报》，2012年12月12日，第1版。

明,必须坚定全面深化改革的信心,坚持全面深化改革的正确方向,以全面深化改革牵引凝聚创新动力。

一、全面深化改革是激发中华民族现代文明建设的动力源泉

在"四个全面"中,全面深化改革是根本动力。党的十九大将全面深化改革总目标作为重要内容纳入习近平新时代中国特色社会主义思想范畴,彰显了新时代中国共产党人将改革进行到底的坚定信念。历史和现实充分证明,全面深化改革为建设中华民族现代文明创造了深厚的物质基础,提供了可靠的制度保障,营造了良好的社会环境。

全面深化改革为中华民族现代文明建设创造了深厚的物质基础。从开启和持续推进改革开放到全面深化改革开放,40多年来,改革开放以其对中国的革命性塑造为中国特色社会主义事业发展注入强大生机活力,实现了我国从生产力相对落后到经济总量跃居世界第二、人民生活从温饱不足到总体小康再到全面建成小康社会的历史性跨越,实现了"五位一体"更加全面、平衡、协调、可持续推进,创造了人类减贫史上的奇迹,创造了经济快速发展和社会长期稳定两大奇迹。中国人民在富起来、强起来的征程上迈出了决定性步伐,建设中华民族现代文明的物质基础更加坚实。

全面深化改革为中华民族现代文明建设提供了可靠的制度保障。党的十一届三中全会后,党领导人民用改革的办法解决了事业发展中的一系列问题,但还有许多深层次矛盾尚未得到根本解决,一些新的问题也在不断产生。我国发展仍然面临不平衡、不协调、不可持续等一系列突出矛盾和问题,改革进入攻坚期和深水区。党的十八届三中全会对经济体制、政治体制、文化体制、社会体制、生态文明体制、国防和军队改革及党的建设制度改革作出部署,确定全面深化改革的总目标、战略重点、优先顺序、主攻方向、工作机制、推进方式和时间表、路线图。我们党以巨大的政治勇气全面深化改革,

坚决破除各方面体制机制弊端,各领域基础性制度框架基本建立,许多领域实现历史性变革、系统性重塑、整体性重构,国家治理体系和治理能力现代化水平明显提高,建设中华民族现代文明的制度保障更加完善。

全面深化改革为中华民族现代文明建设营造了良好的社会环境。改革开放以后,党坚持推动社会主义文化繁荣发展,坚持在传承中华优秀传统文化中推进文化创新,民族精神极大振奋,民族力量不断增强。但同时,拜金主义、享乐主义、极端个人主义和历史虚无主义等错误思潮仍不时出现,网络舆论乱象丛生,严重影响建设中华民族现代文明的社会环境。党的十八大以来,党确立和坚持马克思主义在意识形态领域指导地位的根本制度,坚持以社会主义核心价值观引领文化建设,注重用社会主义先进文化、革命文化、中华优秀传统文化培根铸魂,强调结合新的时代条件传承和弘扬好中华优秀传统文化这一中华民族的突出优势,我国意识形态领域形势发生全局性、根本性转变,全党全国各族人民文化自信明显增强、精神面貌更加奋发昂扬,建设中华民族现代文明的社会环境更具活力。

二、坚持以全面深化改革为牵引凝聚创新动力,推动建设中华民族现代文明

习近平总书记指出:"全面深化改革,全面者,就是要统筹推进各领域改革,就需要有管总的目标,也要回答推进各领域改革最终是为了什么、要取得什么样的整体结果这个问题。"[①]以全面深化改革为牵引凝聚创新动力,推动建设中华民族现代文明,必须坚持社会主义方向、坚持守正创新和坚持系统观念。

第一,坚持全面深化改革的社会主义方向,创造社会主义文明的"中

[①] 中共中央文献研究室:《习近平关于全面深化改革论述摘编》,中央文献出版社,2014年,第26页。

国版本"。习近平总书记强调:"我们的改革开放是有方向、有立场、有原则的。"①中华民族现代文明是以社会主义道路为基石的文明,是科学处理人与自然、人与社会、人与人关系的社会主义文明。在以全面深化改革推动建设中华民族现代文明的道路上,党的集中统一领导是根本保证,走中国特色社会主义道路是根本方向,以人民为中心是根本立场。也只有坚持党的集中统一领导,充分发挥党总揽全局、协调各方的领导核心作用,才能成功应对建设中华民族现代文明道路上可以预见和难以预见的一系列风险挑战;只有坚持社会主义方向,才能守住建设中华民族现代文明的生命线,始终沿着正确道路不断前进;只有坚持人民立场,依靠人民、为了人民、让人民共享,才能夯实建设中华民族现代文明的群众基础,彰显建设中华民族现代文明的价值所在。

第二,坚持守正创新,赓续谱写中华民族现代文明的时代华章。习近平总书记指出:"我们党领导的改革历来是全面改革。问题的实质是改什么、不改什么,有些不能改的,再过多长时间也是不改,不能把这说成是不改革。"②以全面深化改革推动建设中华民族现代文明是守正与创新的有机结合,体现着变与不变、继承与发展、原则性与创造性的辩证统一。"守正"就是做马克思主义的坚定信仰者和实践者,做中华优秀传统文化的忠实传承者和弘扬者;"创新"就是守正不守旧、尊古不复古,在与时俱进、革故鼎新中不断拓展文明认识的广度和深度,不断推进自身文明的创造发展和繁荣兴盛。建设中华民族现代文明是一项伟大的事业,守正才能不迷失方向、不犯颠覆性错误,创新才能把握时代、引领时代。只有既不改旗易帜,也不封闭僵化,

---

① 中共中央文献研究室:《习近平关于全面深化改革论述摘编》,中央文献出版社,2014年,第14页。
② 中共中央文献研究室:《习近平关于全面深化改革论述摘编》,中央文献出版社,2014年,第20页。

以守正为创新凝心铸魂,以创新为守正注入活力,才能在遵循发展规律的同时顺应实践发展,推动建设中华民族现代文明行稳致远。

第三,坚持系统观念,形成建设中华民族现代文明的强大合力。习近平总书记指出:"注重系统性、整体性、协同性是全面深化改革的内在要求,也是推进改革的重要方法。"① 建设中华民族现代文明是一个有着长期性、全局性、系统性的复杂战略工程,既涉及各阶层、各民族、各地区人民,也涵盖经济、政治、文化、社会、生态等各方面各领域,是多样化、多层次、全方位的联动和集成,往往牵一发而动全身。以全面深化改革推动建设中华民族现代文明,零敲碎打调整不行,碎片化修补也不行,必须不断提高战略思维、历史思维、辩证思维、系统思维、创新思维、法治思维和底线思维能力,在把握好全局和局部、当前和长远、宏观和微观、主要矛盾和次要矛盾、特殊和一般的关系基础上进行前瞻性思考、全局性谋划、整体性推进。也只有坚持普遍联系的、全面系统的、发展变化的观点,充分认识和把握建设中华民族现代文明的发展规律,才能实现中华民族现代文明各要素间的相互配合、相互促进和相得益彰。

第三节　在全面依法治国中建设中华民族现代文明

党的二十大报告明确指出:"全面依法治国是国家治理的一场深刻革命,关系党执政兴国,关系人民幸福安康,关系党和国家长治久安。"② 作为中国共产党治国理政的一种重要理念,全面依法治国筑牢了中华民族现代文明建设的法治根基,为实现新时代的文化使命提供了重要法治保障。

---

① 习近平:《习近平谈治国理政》第二卷,外文出版社,2017年,第109页。
② 习近平:《高举中国特色社会主义伟大旗帜　为全面建设社会主义现代化国家而团结奋斗——在中国共产党第二十次全国代表大会上的报告》,人民出版社,2022年,第40页。

一、全面依法治国夯实了中华民族现代文明建设的法治保障

党的十八大以来,以习近平同志为核心的党中央创造性提出关于全面依法治国的一系列新理念新思想新战略,形成了习近平法治思想,推动法治中国建设开创新局面,为建设中华民族现代文明提供了坚实的法治保障。

作为治国理政的基本方式,法治强调法律的权威性和普适性。作为整个社会的最高准则,法治也是规则之治。回本溯源,法治创生于古希腊哲人关于"人治"的反思中,后经西欧各国继承、丰富和发展,最终形成了以法律为核心的现代国家和社会治理模式。作为人类政治实践的一种重要理念,法治逐渐成为现代文明的核心要素,构成了国家现代化的重要标志。将法律至上与依法治国有机结合,现代国家立足民主、自由、平等、正义等社会价值理念,构建起制度化、有序化的社会管理体制机制,能够推动国家治理体系和治理能力的现代化,有力保障和实现社会成员的权利与自由。也就是说,法治推动了人类文明的发展进步。

历史和现实告诉我们,法治兴则国兴,法治强则国强。什么时候重视法治,法治昌明,什么时候就国泰民安;什么时候忽视法治,法治松弛,什么时候就国乱民怨。在现实社会历史发展过程中,法治并非一成不变的,而是随着人类社会的演变而不断发展,从而解决新的时代条件下的社会治理难题。显然,在人类文明发展历程中,法治作为当代人类生存与发展的重要内容,代表着人类文明及其成就,是人类文明迈向高级阶段不可或缺的基本要素。

法治与文明相伴而行、密切关联,法治是人类社会进入文明时代的重要标识,彰显着一个国家和民族的文明程度与发展状态。一方面,法治是人类文明发展进步的重要标志,其通过确立规则约束社会成员的行为,保障社会公平正义,从而减少并消解社会矛盾与冲突,形成一种稳定安全的社会环境,为人类实现其个人价值和经济社会发展奠定良好的现实基础。另一方面,文

明的发展进步也为法治提供了更加良好的社会环境和条件,人类社会物质生产的飞速发展和文化思想的高度繁荣促进了法治的形成与发展,没有人类社会物质文明和精神文明的有力支撑就没有法治的现实实施。因此,要想推动人类文明发展进步,就必须高度重视法治建设。也就是说,文明的发展进步需要法治保驾护航,中华民族现代文明的形成和发展需要建立在社会主义法治保障基础之上,全面依法治国是夯实中华民族现代文明建设法治根基的根本性举措。

在"四个全面"中,全面依法治国具有基础性、保障性作用。新时代新征程,党中央把全面依法治国摆到更加突出的位置,从坚持和发展中国特色社会主义全局的战略高度,部署了建设法治中国的战略目标与任务,为中华民族现代文明建设提供了有力法治保障。作为中国特色社会主义的本质要求和重要保障,全面依法治国必须始终坚持正确方向,坚定不移走中国特色社会主义法治道路,建设中国特色社会主义法治体系,建设社会主义法治国家。围绕保障和促进社会公平正义,坚持依法治国、依法执政、依法行政共同推进,坚持法治国家、法治政府、法治社会一体建设,全面推进科学立法、严格执法、公正司法、全民守法,全面推进国家各方面工作法治化,为中华民族现代文明建设奠定坚实的法治基础。

二、坚持以全面依法治国为支撑筑牢法治根基,推动建设中华民族现代文明

法治是中华民族现代文明得以生成与发展的重要内核。党的二十大报告明确指出:"必须更好发挥法治固根本、稳预期、利长远的保障作用,在法治轨道上全面建设社会主义现代化国家。"[①] 坚持以全面依法治国为支撑,

---

[①] 习近平:《高举中国特色社会主义伟大旗帜 为全面建设社会主义现代化国家而团结奋斗——在中国共产党第二十次全国代表大会上的报告》,人民出版社,2022年,第40页。

筑牢法治根基，推动建设中华民族现代文明就必须全面推进科学立法、严格执法、公正司法、全民守法，实现法治建设的法治化、文明化。

第一，以全面依法治国建设中华民族现代文明，需要推进立法的法治化、文明化。习近平总书记指出："良法是善治的前提。"①立法是法治得以实现的重要前提和基础，是全面依法治国的根本所在，必须不断加强和改进立法工作，推进科学立法、民主立法、依法立法，统筹立改废释纂，增强立法系统性、整体性、协同性、时效性。因此，要想为中华民族现代文明建设提供坚实的法治保障，就必须不断推进立法的法治化、文明化。也就是说，要在立法的过程中实现合法性与合理性的统一，即一方面按照法律所规定的方式、步骤和程序去创制法律，另一方面在创制法律的过程中融入并体现真正的人的价值和尊严，从而充分发挥立法在建设中华民族现代文明中的引领作用。

第二，以全面依法治国建设中华民族现代文明，需要推进执法的法治化、文明化。党的十八届四中全会通过的决定明确指出："法律的生命力在于实施，法律的权威也在于实施。"②法律能否得到有效实施和严格执行，是全面推进依法治国的关键，必须深化行政执法体制改革，全面推进严格规范公正文明执法，加大关系群众切身利益的重点领域执法力度，完善行政执法程序，健全行政裁量基准。因此，要想为中华民族现代文明建设提供坚实的法治保障，就必须不断推进执法的法治化、文明化。也就是说，要不断完善行政执法体制，增强行政执法行为的实质效力，建立符合中国国情和时代要求的行政执法监督机制，从而充分发挥行政执法在中华民族现代文明建设过程中的规范作用。

第三，以全面依法治国建设中华民族现代文明，需要推进司法的法治化、

---

① 习近平：《习近平著作选读》第二卷，人民出版社，2023年，第525页。
②《中共中央关于全面推进依法治国若干重大问题的决定》，人民出版社，2014年，第15页。

文明化。党的二十大报告明确指出："公正司法是维护社会公平正义的最后一道防线。"①严格公正司法事关人民切身利益，事关社会公平正义，事关全面依法治国，必须深化司法体制综合配套改革，全面准确落实司法责任制，加快建设公正高效权威的社会主义司法制度，努力让人民群众在每一个司法案件中感受到公平正义。因此，要想为中华民族现代文明建设提供坚实的法治保障，就必须不断推进司法的法治化、文明化。也就是说，要在司法的过程中彰显公平正义和人文关怀，实现司法制度及其运行机制的合理化、有序化，从而充分发挥司法在中华民族现代文明建设过程中的保障作用。

第四，以全面依法治国建设中华民族现代文明，需要推进守法的法治化、文明化。习近平总书记明确指出："法治建设需要全社会共同参与，只有全体人民信仰法治、厉行法治，国家和社会生活才能真正实现在法治轨道上运行。"②守法关乎法律的权威性，决定着法治的现实实现，必须弘扬社会主义法治精神，建设社会主义法治文化，增强全社会厉行法治的积极性和主动性，形成守法光荣、违法可耻的社会氛围，使全体人民都成为社会主义法治的忠实崇尚者、自觉遵守者、坚定捍卫者。因此，要想为中华民族现代文明建设提供坚实的法治保障，就必须不断推进守法的法治化、文明化。也就是说，要在守法的过程中实现全民守法的能动性和自觉性，形成文明守法的良好氛围，从而充分发挥守法在中华民族现代文明建设过程中的制约作用。

第四节　在全面从严治党中建设中华民族现代文明

党的二十大报告明确指出："全面建设社会主义现代化国家、全面推进

---

① 习近平：《高举中国特色社会主义伟大旗帜　为全面建设社会主义现代化国家而团结奋斗——在中国共产党第二十次全国代表大会上的报告》，人民出版社，2022年，第42页。
② 习近平：《论坚持全面依法治国》，中央文献出版社，2020年，第275页。

中华民族伟大复兴,关键在党。"① 作为党对中国特色社会主义建设规律认识深化和理论创新的重大成果之一,全面从严治党明确了党对中华民族现代文明建设的坚强领导,为实现新时代新的文化使命锻造了领导力量。

一、全面从严治党锻造了中华民族现代文明建设的领导力量

党的十八大以来,以习近平同志为核心的党中央将全面从严治党纳入"四个全面"战略布局,把严的标准、严的措施贯穿管党治党全过程和各方面,保持和发展了党的先进性和纯洁性,为建设中华民族现代文明锻造了坚强领导力量。

方向决定道路,道路决定命运。作为强国建设、民族复兴的重要组成部分,中华民族现代文明建设必须坚持正确的发展方向,既不走封闭僵化的老路,也不走改旗易帜的邪路,而是要坚定不移走中国特色社会主义道路,发展具有民族特色的社会主义文化。只有这样才能在百年未有之大变局中不为任何风险所惧、不为任何干扰所惑,不在根本性问题上出现颠覆性错误。也就是说,建设中华民族现代文明需要确立一个坚强的领导力量,并在这一领导力量的正确引领下推动自身的发展进步。

党政军民学,东西南北中,党是领导一切的,是最高的政治领导力量。历史和现实都证明,没有中国共产党,就没有新中国,就没有中华民族的伟大复兴,中国共产党是领导我们事业的核心力量。作为中国特色社会主义事业的领导核心,中国共产党处在总揽全局、协调各方的地位。中国共产党领导是中国特色社会主义最本质的特征,是中国特色社会主义制度的最大优势。建设中华民族现代文明,是新时代新征程强国建设、民族复兴的重要内容,必须加强党的领导。也就是说,建设中华民族现代文明从根本上需要靠党来

---

① 习近平:《高举中国特色社会主义伟大旗帜 为全面建设社会主义现代化国家而团结奋斗——在中国共产党第二十次全国代表大会上的报告》,人民出版社,2022年,第63页。

把好方向盘。

事实上，自中国共产党登上历史舞台以来，就栉风沐雨、砥砺前行，矢志推动中华优秀传统文化的传承和发展，不断探索和深化关于文化建设的规律性认识。新时代新征程，中国共产党在新的起点上继续推动文化繁荣、建设文化强国、建设中华民族现代文明，践行我们在新时代的文化使命，走出了一条独具中华民族特色的符合时代发展需要的文化发展之路。显然，党的领导关系着中华民族现代文明建设的根本方向和最终成败，只有加强党的领导，才能确保中华民族现代文明建设的正确方向，才能激活中华民族现代文明建设的创造活力，才能凝聚起建设中华民族现代文明的磅礴力量，才能为中华民族现代文明建设提供坚强政治保证和正确政治方向。

建设中华民族现代文明，关键在党，关键在全面从严治党。所谓全面从严治党，就是要克服党组织软弱涣散，特别是腐败问题，始终保持党的先进性、纯洁性，不断提高党的领导水平和执政能力。习近平总书记强调："全面从严治党，核心是加强党的领导，基础在全面，关键在严，要害在治。"①新时代新征程，面对中华民族现代文明建设的复杂形势和重大挑战，我们必须以更大的决心和勇气抓好党的自身建设，通过不断推进全面从严治党锻造中华民族现代文明建设的领导力量，形成关于中华民族现代文明建设的科学导引，共同努力创造属于我们这个时代的先进文化，建设中华民族现代文明。

二、坚持以全面从严治党为抓手确保党的坚强领导，推动建设中华民族现代文明

党的二十大报告明确指出："我们要落实新时代党的建设总要求，健全全面从严治党体系，全面推进党的自我净化、自我完善、自我革新、自我提

---

① 中共中央党史和文献研究院：《习近平关于全面从严治党论述摘编》，中央文献出版社，2021年，第11页。

高，使我们党坚守初心使命，始终成为中国特色社会主义事业的坚强领导核心。"① 建设中华民族现代文明，必须不断增强党的政治领导力、思想引领力、群众组织力和社会号召力。

第一，以全面从严治党增强党的政治领导力，推动建设中华民族现代文明。所谓政治领导力，亦即党在纷繁复杂的时局中把方向、定大局的能力，其彰显的是一个政党在关涉原则、根本、方向等关键政治问题时所表现出来的政治定力和引领力。党的十八大以来，在全面从严治党实践中，党深刻认识到，党内存在的很多问题都同政治问题相关联。作为以讲政治为突出特点和优势的马克思主义政党，中国共产党要坚决维护党中央权威和集中统一领导，敢于直面问题，以壮士断腕的精神坚定不移地推进自我革命，不断实现自我净化、自我完善、自我革新、自我提高，以"赶考"的清醒和坚定永葆党的先进性和纯洁性，坚持不懈把全面从严治党向纵深推进，不断增强党在中华民族现代文明建设中的政治领导力。

第二，以全面从严治党增强党的思想引领力，推动建设中华民族现代文明。所谓思想引领力，亦即一个政党不断推进自身的理论创新，并将其思想理论应用于现实实践，凝聚共识、引领方向的一种能力。党的二十大报告明确指出："拥有马克思主义科学理论指导是我们党坚定信仰信念、把握历史主动的根本所在。"② 在全面从严治党实践中，党中央高度重视党的理论创新，不断开辟马克思主义中国化时代化新境界，坚持不懈以习近平新时代中国特色社会主义思想武装全党、指导实践、推动工作，为建设中华民族现代文明提供了根本遵循。新时代新征程，必须充分发挥党员领导干部的主观能动性

---

① 习近平：《高举中国特色社会主义伟大旗帜　为全面建设社会主义现代化国家而团结奋斗——在中国共产党第二十次全国代表大会上的报告》，人民出版社，2022年，第64页。
② 习近平：《高举中国特色社会主义伟大旗帜　为全面建设社会主义现代化国家而团结奋斗——在中国共产党第二十次全国代表大会上的报告》，人民出版社，2022年，第16页。

和模范带头作用，不断推动理论创新、思想宣传和舆论引导，用党的科学理论凝心聚力，推动中华民族现代文明建设。

第三，以全面从严治党增强党的群众组织力，推动建设中华民族现代文明。所谓群众组织力，亦即一个政党依靠群众、发动群众、组织群众进行物质生产活动、精神文化活动以及社会变革活动的能力。党的二十大报告明确指出："严密的组织体系是党的优势所在、力量所在。"[①] 在全面从严治党实践中，党中央充分认识到，强大的群众组织力是我们党历经百年风雨而永葆青春活力和战斗力的独特优势。新时代新征程，广大党员领导干部和各级党组织必须充分履行党章赋予的各项职责，贯彻落实党的路线方针政策和党中央决策，坚持一切为了群众，一切依靠群众，从群众中来，到群众中去，时刻关注群众的安危冷暖，把党的正确主张变为群众的自觉行动，将群众路线贯穿到建设中华民族现代文明的全部活动之中。

第四，以全面从严治党增强党的社会号召力，推动建设中华民族现代文明。所谓社会号召力，亦即一个政党团结广大人民、凝聚社会共识、动员社会成员的能力，这与其自身的作风建设密切相关。党的二十大报告明确指出："党风问题关系执政党的生死存亡。"[②] 在全面从严治党实践中，党中央充分认识到作风建设关乎党的人心向背和生死存亡。新时代新征程，必须紧紧围绕保持党同人民群众的血肉联系，增强群众观念和群众感情，不断厚植党执政的群众基础，以作风建设为抓手保持党的先进性和纯洁性，树立和提升党的形象和公信力，不断增强党在建设中华民族现代文明中的社会号召力。

---

① 习近平：《高举中国特色社会主义伟大旗帜　为全面建设社会主义现代化国家而团结奋斗——在中国共产党第二十次全国代表大会上的报告》，人民出版社，2022年，第67页。
② 习近平：《高举中国特色社会主义伟大旗帜　为全面建设社会主义现代化国家而团结奋斗——在中国共产党第二十次全国代表大会上的报告》，人民出版社，2022年，第68页。

第十六章
在建设中华民族现代文明中推动人的全面发展

习近平总书记在文化传承发展座谈会上提出，在新的历史起点上建设中华民族现代文明的新的文化使命和社会发展目标，对推动新时代文化繁荣、建设文化强国、更好满足人民群众多样性的精神文化需求、实现人民对美好生活的向往，以及促进社会全面进步和人的全面发展，具有重要指导意义。

第一节 中华民族现代文明是实现人的全面发展的文明新形态

中华民族现代文明是人类文明的新形态，是中国特色社会主义的根本内容，是促进人的全面发展的文明新形态。

一、建设中华现代文明是中国发展社会主义的根本内容

建设中华民族现代文明是中国共产党领导中国人民进行革命、建设和改革伟大实践的一贯主张和追求，是发展社会主义的根本内容，是中国特色社会主义现代化建设的重要目标。

第十六章
在建设中华民族现代文明中推动人的全面发展

新民主主义革命时期，我们党便提出了建设一个文明的现代中国的主张。在《新民主主义论》一文中，毛泽东同志提出了未来中国的建设构想："我们不但要把一个政治上受压迫、经济上受剥削的中国，变为一个政治上自由和经济上繁荣的中国，而且要把一个被旧文化统治因而愚昧落后的中国，变为一个被新文化统治因而文明先进的中国。"[①] 在《论联合政府》中，毛泽东同志指出："在新民主主义的政治条件获得之后，中国人民及其政府必须采取切实的步骤，在若干年内逐步地建立重工业和轻工业，使中国由农业国变为工业国。"[②] 如果一个国家和民族"没有独立、自由、民主和统一，不可能建设真正大规模的工业。没有工业，便没有巩固的国防，便没有人民的福利，便没有国家的富强"[③]。因此，新中国和社会主义建设的任务"不但是为着建立新民主主义的国家而斗争，而且是为着中国的工业化和农业近代化而斗争"，建立一个"独立、自由、民主、统一、富强"的现代化的强大中国。[④]

社会主义革命和建设时期，我们党开启了建设现代化的新征程。1954年召开的第一届全国人民代表大会，我们党向全社会和全国各族人民发布建设现代化新中国的号召。在探索中国建设社会主义的道路上，我们党提出了建设和实现"四个现代化"的历史任务。

改革开放以来，我们党从十二大到二十大都明确把建设现代文明作为社会主义现代化的目标任务。党的十二大把逐步实现"四个现代化"、建设"高度文明""高度民主"的社会主义国家确定为新时期的总任务。党的十三大提出了"一个中心、两个基本点"的党在社会主义初级阶段的基本路线，把"建设成为富强、民主、文明的社会主义现代化国家"确立为初级阶段的奋

---

① 毛泽东：《毛泽东选集》第二卷，人民出版社，1991年，第663页。
②④ 毛泽东：《毛泽东选集》第三卷，人民出版社，1991年，第1081页。
③ 毛泽东：《毛泽东选集》第三卷，人民出版社，1991年，第1080页。

斗目标。党的十四大、十五大，面对世界社会主义运动遭受大挫折的不利形势，依然毫不动摇地坚持党的十三大确立的党的基本路线，依然把建设"富强、民主、文明的社会主义现代化国家"作为党和国家的奋斗目标，成功把中国特色社会主义事业推向新的世纪。新世纪新阶段，国内国际形势更为复杂多变，改革发展的各类矛盾更为纷繁突出，我国社会主义初级阶段出现新的特点，党的十六大、十七大仍然坚持把建设"富强、民主、文明、和谐的社会主义现代化国家"作为发展目标，中国特色社会主义建设取得新的成就，我国成为世界第二大经济体，综合国力日益增强。党的十八大以来，中国特色社会主义进入新时代。我们党在以习近平同志为核心的党中央坚强领导下，根据国际国内新的形势变化，把现代化建设和民族复兴作为中国特色社会主义建设的总任务和总目标，以经济建设、政治建设、文化建设、社会建设、生态文明建设"五位一体"总体布局为总要求，确立了到本世纪中叶把我国建设成为"富强民主文明和谐美丽的社会主义现代化强国"的发展目标，不断在理论和实践上开拓创新，全面推进中国特色社会主义和现代化建设事业，成功推进和拓展了中国式现代化，中国特色社会主义和现代化事业取得历史性成就，中国社会发生历史性变革，推动我国迈上全面建设社会主义现代化国家新征程。

可见，在改革开放和中国特色社会主义现代化建设进程中，不管国内国际形势如何变化，无论经济建设、政治建设、文化建设、社会建设、生态文明建设进入怎样的发展新层次新高度，无论国家发展出现什么新情况和新特征，我们党始终把建设中华民族现代文明作为国家发展的重要目标和任务，且不断赋予新的特点，使之既具有现代文明社会的普遍性，又具有鲜明的中国特色和中国风格，创建了人类文明新形态。

二、中华民族现代文明是社会主义现代文明

我们要建设的中华民族现代文明首先应当是社会主义现代文明,而不是传统的什么文明。就是说,中华民族现代文明是"向前看"的文明,是"面向现代化、面向世界、面向未来"的文明。既然中华民族现代文明属于现代,那么其必然要具有现代文明的普遍特性。然而,虽然中华民族现代文明具有现代性,但也与西方社会的现代文明即资本主义社会的现代文明,有着本质的不同。这种本质的不同是由中国特色社会主义的根本性质决定的,或者说是由我国的社会主义性质决定。社会主义的根本制度和中国特色社会主义现代化的本质决定了中华民族现代文明必定是社会主义现代文明。

社会主义现代文明是对资本主义现代文明的扬弃。资本主义现代文明是人类文明的伟大进步,它推动人类社会从贫困落后、愚昧无知、专制压迫的状态中解放出来,走向财富增长、科技发展、人们生活水平不断提高的文明形态。正如马克思、恩格斯在《共产党宣言》中所说:"资产阶级在它的不到一百年的阶级统治中所创造的生产力,比过去一切世代创造的全部生产力还要多,还要大。……过去哪一个世纪料想到在社会劳动里蕴藏有这样的生产力呢?"[①]资本主义"按照自己的面貌为自己创造出一个世界",一个新的"人类文明"——资本主义现代文明。不仅如此,"由于一切生产工具的迅速改进,由于交通的极其便利",资本主义文明"把一切民族甚至最野蛮的民族"都卷到了"资本主义文明"中来,使其都主动或被迫采用资本主义的生产方式。[②]资本主义现代文明,特别是那些发达资本主义国家,又经过100多年的改革发展,经济、科技等取得了更大进步,文明程度更高。然而,资本主义现代

---

① 中共中央马克思恩格斯列宁斯大林著作编译局编译:《马克思恩格斯选集》第一卷,人民出版社,2012年,第405页。
② 中共中央马克思恩格斯列宁斯大林著作编译局编译:《马克思恩格斯选集》第一卷,人民出版社,2012年,第404页。

文明总有其固有的缺陷和弊端，那就是它是以生产资料私人占有和"资本逻辑"为基础、为主导的文明，是以"物的依赖关系""劳动异化""人的异化"为普遍特征的文明，是以资产阶级等少数人为中心的文明，两极分化、社会不公、虚伪、压榨、侵略等贯穿资本主义文明发展的整个进程。正如空想社会主义者傅立叶所说："这种文明制度使野蛮时代每一个以简单方式犯下的罪恶，都采取了复杂的、暧昧的、两面的、虚伪的存在形式。"[①]

由于资本主义文明有着严重且不能通过自身消除的固有缺陷，所以必然要被更好更高级的文明代替。这种文明就是社会主义文明。社会主义文明的理论形态经历了从空想社会主义到科学社会主义的飞跃，实践形态经历了从空想社会主义的"实验"到科学社会主义的探索、改革和创新发展。以圣西门、傅立叶和欧文等为代表的空想社会主义者对资本主义文明进行了尖锐的批评，对未来社会文明提出了许多"天才的思想"，孕育出许多"天才的思想萌芽"。比如他们认为：未来社会，人人必须劳动，人人必须平等；妇女的解放、妇女权利的扩大是一切社会进步的基本原则，每个人都应当有尊严而不受侮辱，等等。马克思、恩格斯在创立科学社会主义理论中批评地吸收了空想社会主义者的"天才的思想"，科学揭示了人类社会文明发展的客观规律，对未来的文明社会提出了许多预见和设想。按照科学社会主义创始人的设想，社会主义现代文明是高于资本主义现代文明的文明形态，因为它不仅继承了资本主义现代文明的一切优秀成果，具有高度发达的生产力水平、丰富的社会财富、和谐的社会关系等等，而且克服了资本主义现代文明的固有弊端，扫除了资本主义现代文明制约生产力提高和人的全面发展的制度性、文化性等障碍，是以人民为中心的文明，是以促进每个人的自由而全面的发展为根本目的的文明。正如马克思、恩格斯所说："在那里，每个人的自由发展是

[①] 中共中央马克思恩格斯列宁斯大林著作编译局编译：《马克思恩格斯文集》第九卷，人民出版社，2009年，第276页。

一切人的自由发展的条件。"①在那样的高级文明社会,"人在一定意义上才最终地脱离了动物界,从动物的生存条件进入真正人的生存条件。……人们第一次成为自然界的自觉的和真正的主人,因为他们已经成为自身的社会结合的主人了。……只是从这时起,人们才完全自觉地自己创造自己的历史;只是从这时起,由人们使之起作用的社会原因才大部分并且越来越多地达到他们所预期的结果。这是人类从必然王国进入自由王国的飞跃"②。在"自由王国","人终于成为自己的社会结合的主人,从而也就成为自然界的主人,成为自身的主人——自由的人"③。可见,未来社会的文明是"以每个人的自由而全面发展为原则"的文明,即是实现人的自由全面发展的文明。

科学社会主义理论创立后,社会主义文明建设的实践从一国到多国,从传统社会主义模式到各国不同特色社会主义的探索、改革和创新。以苏联模式为代表的传统社会主义固然有其严重弊端,最终导致苏联及东欧诸多国家在20世纪末取消社会主义制度,使世界社会主义运动陷入低谷;然而,传统社会主义模式对建设新的社会义文明进行了大量探索,试图构建能够真正克服资本主义文明固有弊病的文明形态,公有制的建立、计划经济的实施、工业化现代化建设的飞速发展、社会生活的改造、收入差距的缩小、人民生活持续改善等等,在一定的历史时期,社会主义文明建设取得了突出成绩,社会主义文明在世界上的感召力和吸引力大大增强。世纪之交,世界社会主义运动遭受严重挫折。在这一关键历史时刻,中国共产党以极大的政治勇气和战略定力,毫不动摇高举马克思主义和社会主义旗帜,坚持走中国特色社会

---

① 中共中央马克思恩格斯列宁斯大林著作编译局编译:《马克思恩格斯选集》第一卷,人民出版社,2012年,第297页。
② 中共中央马克思恩格斯列宁斯大林著作编译局编译:《马克思恩格斯选集》第三卷,人民出版社,2012年,第671页。
③ 中共中央马克思恩格斯列宁斯大林著作编译局编译:《马克思恩格斯文集》第九卷,人民出版社,2009年,第398页。

主义道路，大胆改革创新，探索出了中国式现代化新道路，创造了人类文明新形态。中国特色社会主义现代文明建设的成功实践，堪称社会发展史上的奇迹，不仅对中国社会主义文明发展史和中华文明发展史具有重大意义，而且在世界社会主义文明发展史和人类社会文明发展史上同样具有重要价值。正如习近平总书记所说：中国式现代化的创新和人类文明新形态的创建"拓展了发展中国家走向现代化的途径，给世界上那些既希望加快发展又希望保持自身独立性的国家和民族提供了全新选择"[①]。

综上所述，社会主义现代文明是实现以人的全面发展为目标的文明。虽然现实的社会主义还远没有达到马克思、恩格斯所设想的发达程度和历史高度，且有很大的历史差距，但是，科学社会主义的基本原则始终是其必须坚持的根本指针，人的自由而全面的发展目标始终是其矢志不渝的价值追求和本质特征。

三、中华民族现代文明是以实现人的全面发展为根本的文明

中华民族现代文明既是社会主义的现代文明，又是具有人类现代文明共同特性的现代文明。

人类现代文明，在本质意义上，是一场不断解放人、发展人的历史运动和过程。现代文明脱胎于古代文明。从现代文明的发端看，它首先起源于欧洲的文艺复兴运动。欧洲的中世纪被称为"黑暗的年代"，封建专制兴盛，神权压制人权，社会发展迟缓。文艺复兴开启了反神权、兴人权的人的解放运动。经过一系列宗教改革运动、限制王权运动和启蒙运动，人的理性、人的权利、人的现实利益等不断张扬，并通过政治制度、法律法规、契约道德等予以确认和保障。随着资本主义制度的确立、巩固和发展，特别是由于经

[①]《中国共产党第十九届中央委员会第六次全体会议文件汇编》，人民出版社，2021年，第93页。

济的快速增长、科技的迅速进步、物质财富的日益丰富、教育文化事业的日渐发达，人的权利、人的自由不断扩大，人的素质、人的整体生活水平不断提高，资本主义现代文明也发展到新的高度。当然，由于资本主义的本性，决定了资本主义现代文明依然难以消除压迫人、使人异化的固有弊病。这是资本主义现代文明必然要为更高级的文明，即社会主义现代文明所取代的重要依据。但是，我们必须承认和肯定资本主义现代文明对人的解放、人的发展的巨大历史作用和贡献，必须看到坚持资本主义现代文明所具有的解放人、发展人的本质特性。因而在一定意义上我们可以认为，现代文明的本质就是解放人、发展人，即促进人的自由而全面的发展。正如习近平总书记所说："现代化的本质是人的现代化。"[1] 人的现代化的核心即实现人的自由而全面发展。

中华民族现代文明是社会主义的现代文明。社会主义的本质决定了它必定是以实现人的自由全面发展为根本目标的，一定是一场促进人的全面发展的现实社会运动。

中国特色社会主义把科学社会主义的基本原理同中国具体实际相结合、同中华优秀传统文化相结合，坚持把促进社会全面进步和人的全面发展作为社会发展的根本目标，创造了人类新的文明形态。中国特色社会主义在努力追求现代化和建设现代文明的进程中，从物质文明和精神文明相统一，到物质文明、政治文明和精神文明相结合，到物质文明、政治文明、社会文明和精神文明相协调，再到物质文明、政治文明、精神文明、社会文明和生态文明"五位一体"，我们始终把提高人的整体素质和促进人的全面发展作为根本内容。党的十八大以来，我们党坚持以人民为中心的发展思想，把实现现代化、促进社会全面改革发展和人的全面发展作为总目标和总要求。党的十九大报告指出："我们要在继续推动发展的基础上，着力解决好发展不平衡不充分问题，大力提升发展质量和效益，更好满足人民在经济、政治、

---

[1] 习近平：《论坚持全面深化改革》，中央文献出版社，2018年，第68页。

文化、社会、生态等方面日益增长的需要，更好推动人的全面发展、社会全面进步。"①党的十九届六中全会通过的《中共中央关于党的百年奋斗重大成就和历史经验的决议》指出："新时代我国社会主要矛盾是人民日益增长的美好生活需要和不平衡不充分的发展之间的矛盾，必须坚持以人民为中心的发展思想，发展全过程人民民主，推动人的全面发展、全体人民共同富裕取得更为明显的实质性进展。"②党的二十大报告指出，到2035年"人民生活更加幸福美好，居民人均可支配收入再上新台阶，中等收入群体比重明显提高，基本公共服务实现均等化，农村基本具备现代生活条件，社会保持长期稳定，人的全面发展、全体人民共同富裕取得更为明显的实质性进展"③。这是我国发展"第一步"的总体目标之一。可见，坚持以人民为中心、促进人的全面发展贯穿于建设中国特色社会主义全过程。在改革开放和现代化建设中促进人的全面发展是中国特色社会主义的本质要求和价值目标，也是现代化建设事业不断发展、中华民族现代文明不断向前推进的一条基本经验。

中国式现代化是促进人的全面发展的现代化。党的二十大报告指出："中国式现代化是物质文明和精神文明相协调的现代化。物质富足、精神富有是社会主义现代化的根本要求。……我们不断厚植现代化的物质基础，不断夯实人民幸福生活的物质条件，同时大力发展社会主义先进文化，加强理想信念教育，传承中华文明，促进物的全面丰富和人的全面发展。"④由此可见，

---

① 《中国共产党第十九次全国代表大会文件汇编》，人民出版社，2017年，第9-10页。
② 《中国共产党第十九届中央委员会第六次全体会议文件汇编》，人民出版社，2021年，第46页。
③ 习近平：《高举中国特色社会主义伟大旗帜 为全面建设社会主义现代化国家而团结奋斗——在中国共产党第二十次全国代表大会上的报告》，人民出版社，2022年，第24页。
④ 习近平：《高举中国特色社会主义伟大旗帜 为全面建设社会主义现代化国家而团结奋斗——在中国共产党第二十次全国代表大会上的报告》，人民出版社，2022年，第22-23页。

促进人的全面发展是中国式现代化的根本要求和实质内容。中国式现代化不仅要实现社会财富的丰裕、人民生活的富裕,而且要实现人的精神世界的富有和人的全面发展。中国式现代化是实现中华民族现代文明的必由之路,是创造中华民族文明新形态的必然选择。

第二节　建设中华民族现代文明和促进人的全面发展是同一历史进程

中国人民是全面建成社会主义现代化国家的主体,也是建设中华民族现代文明的主体。中国人民在全面建设社会主义现代化国家的伟大实践中不仅创造了人类文明新形态、推动中华民族现代文明向前迈进,而且不断发展自身、提高自身,促进自身的全面发展。

一、文明的创造进步与人的变化发展是统一的

马克思在评说近代唯物主义关于环境和人的观点时指出:"有一种唯物主义学说,认为人是环境和教育的产物,因而认为改变了的人是另一种环境和改变了的教育的产物,——这种学说忘记了,环境正是由人来改变的,而教育者本人一定是受教育的。""环境的改变和人的活动的一致,只能被看做是并合理地理解为变革的实践。"[1] 在人与世界、人与环境、人与历史的关系中,"人是全部人类活动和全部人类关系的本质、基础……历史不过是追求着自己目的的人的活动而已"[2]。因此,人始终是世界的主体,世界是

---

[1] 中共中央马克思恩格斯列宁斯大林著作编译局编:《马克思恩格斯选集》第一卷,人民出版社,1995年,第59页。
[2] 中共中央马克思恩格斯列宁斯大林著作编译局编译:《马克思恩格斯全集》第二卷,人民出版社,1957年,第118-119页。

属人的世界，世界文明或文明世界始终是人的世界或人的文明。人和文明、人的发展和文明的进化是统一的。人是社会的主体，是人类历史的创造者，社会、文明不过是人的本质力量的显现。

人是一种实践性的存在，实践是人的存在方式，也是人类全部社会生活的本质。在实践中，人不仅改造了"无机的自然界"，而且创造了一个依赖于人的意志的对象世界；同时，人还创造着自身。对象世界、社会文明是人的实践活动的直观显现。马克思指出，人"通过实践创造对象世界，改造无机界"，"正是在改造对象世界中，人才真正地证明自己是类存在物"，是"有意识的类存在物"。①古代社会、古代文明是古代人的本质力量的显现，现代社会、现代文明则是现代人或人的现代性的显现。马克思认为，现代社会是工业社会，现代文明是工业文明，都是人使用机器创造的"对象世界"。同时，"我们看到，工业的历史和工业的已经生成的对象性的存在，是一本打开了的关于人的本质力量的书，是感性地摆在我们面前的人的心理学"②。正如马克思、恩格斯所言："个人怎么表现自己的生活，他们自己就是怎样。因此，他们是什么样的，这同他们的生产是一致的——既和他们生产什么一致，又和他们怎样生产一致。"③正因如此，社会发展、文明进步始终是与人及其活动相一致的。也就是说，社会存在、文明演进始终与人的生存发展状态相统一，始终与人的素质、能力相一致。从表面上看，文明是社会的存在状态；从实质上看，文明是人的存在发展状态，是人的实践能力、综合素质的集中体现。文明作为人的创造成果，是人的实践能力、主体性和生存状

---

① 中共中央马克思恩格斯列宁斯大林著作编译局编译：《马克思恩格斯文集》第一卷，人民出版社，2009年，第162-163页。
② 中共中央马克思恩格斯列宁斯大林著作编译局编译：《马克思恩格斯文集》第一卷，人民出版社，2009年，第192页。
③ 中共中央马克思恩格斯列宁斯大林著作编译局编：《马克思恩格斯选集》第一卷，人民出版社，1995年，第67-68页。

态的表征。因此，文明归根到底是人的本质力量的显现。文化转换、文明进化在本质上是人的变化和人的发展。文明的进化与人的发展是同一历史过程，二者统一于人的社会实践。人的实践范围、实践水平决定社会文明的存在形态和发展程度，人的实践能力有多高，社会文明的水平就有多高。

有什么样的人，或人有什么样的能力素质，便创造出怎样的文明及形态。世界文明的多样性是由不同的人创造出来的，即生活在不同地域的、具有不同实践水平的人创造着不同类型、不同高度的文明及其形态。中华民族现代文明是当代中国人共同创造的成果，也是中国人生存、生活和发展的状态。与此同时，有什么样的文明，则会养育出什么样的人。现代西方文明孕育出现代的西方人，东方现代文明则培育现代的东方人。社会的改造、文明的进步与人的进化、人的素质能力的整体提升是同一历史进程。

二、中国人民是建设中华民族现代文明的历史主体

文明由人创建，人是文明的创造主体。文明是属人的，只有人的世界才是文明的世界。在我们这个星球上，其他动物的世界是没有文明可言的。人类文明不是天然的，而是由人创造出来的。人作为一种实践性的存在，既创造人自身，又创造人类文明。恩格斯指出："文明是实践的事情。"① 文明是人全部实践活动的结晶。人的实践能力、水平决定社会文明的性质和高度。人类文明是人的实践创造及其成果，其本质是人的主体性和创造性的显现。随着人的实践能力的提高、人的活动范围的扩大，人类文明成果便会日益丰富多样，人类文明则不断进化为新的形态。

历史唯物主义认为，人民是历史的创造者，是人类文明的创造者，是物质文明、政治文明、精神文明、社会文明和生态文明及其他一切文明成果的

---

① 中共中央马克思恩格斯列宁斯大林著作编译局编译：《马克思恩格斯文集》第一卷，人民出版社，2009年，第97页。

创造者。文明的创造主体是"现实的个人","现实的个人"是有生命的个人,这是人类历史和人类文明的首要前提。马克思、恩格斯指出:"全部人类历史的第一个前提无疑是有生命的个人的存在。"因此,"我们首先应当确定一切人类生存的第一个前提,也就是一切历史的第一个前提,这个前提就是:人们为了能够'创造历史',必须能够生活"①。人为了生活,首先必须解决吃喝住穿等必需的生活资料问题,因而人的"第一个历史活动就是生产满足这些需要的资料,即生产物质生活本身"②。为此,人必须要同他的对象世界——自然界发生联系,不得不通过认识和改造自然对象的实践获取满足自身生存和发展需要的物质生活资料。在改造自然的生产实践中,人创造了物质文明。同样,通过改造社会和自身的实践活动,人创造了政治文明、精神文明、生态文明等不同类型、不同形态的文明。

在人类文明发展史上,勤劳、豁达的中华民族团结奋进,共同创造了历史悠久、绵延不绝、特性鲜明的中华文明。习近平总书记在文化传承发展座谈会上对中华文明的鲜明特性作了精辟概括,指出中华文明具有突出的连续性、突出的创新性、突出的统一性、突出的包容性和突出的和平性。中华文明是中华民族的血脉和根本,对中华民族的生生不息、繁衍壮大起着关键作用。不仅如此,中华文明对周边各国和地区,乃至整个世界的文明发展都产生了积极影响,是东亚文明的主体构成部分,是人类文明的重要组成部分,对人类文明的丰富和发展作出了重大贡献。习近平总书记2022年5月27日在中央政治局第三十九次集体学习时强调指出:"在五千多年漫长文明发展史中,中国人民创造了璀璨夺目的中华文明,为人类文明进步事业作出了重

---

①② 中共中央马克思恩格斯列宁斯大林著作编译局编译:《马克思恩格斯文集》第一卷,人民出版社,2009年,第531页。

大贡献。"①

中国人民不仅能够创造出源远流长、博大精深、辉煌灿烂的中华文明，而且能够建设出更加灿烂辉煌、繁荣富强、兴旺发达的中华民族现代文明。

19世纪初，由于封建统治阶级的腐朽堕落和西方资本主义文明的步步入侵，中华民族和中华文明陷入重重危机。"救亡图存"成为中国人民和中华民族的历史课题。近代以来，千千万万的志士仁人为保家卫国、为中华民族和中华文明的延续发展，不懈追求、奋不顾身、前赴后继。中国人民和中华民族经过100余年艰苦卓绝的浴血奋战，特别是在中国共产党领导下，推翻了"三座大山"，建立了新中国，实现了民族独立和自主，结束了半殖民地半封建的社会状态，结束了100多年来中华民族和中国人民的屈辱史，中华民族和中国人民从此站了起来。中华文明实现了历史性转换，迎来了新的发展机遇。

新中国的成立和社会主义制度的建立，实现了中国社会和中华文明的历史性变革，为建设社会主义文明、中华民族现代文明奠定了制度基础和政治保证。社会主义制度的建立，不仅开启了社会主义文明建设的新篇章，开辟了中华民族现代文明的新征程，而且从根本上确立了中国人民在国家生活中的主体地位，中国人民成为社会的主人，成为创造历史的主体和社会主义文明建设的主体。

在探索如何在经济文化落后的中国建设社会主义的历史进程中，我们党确定了把中国建设成为一个社会主义现代化国家的发展目标，明确提出实现工业、农业、国防和科学技术现代化的历史任务。为了实现这一任务和目标，我们党不断探索提高人民群众主体性和创造性的政策措施，调动一切可以调动的因素，团结一切可以团结的力量，尽力加速社会主义现代化文明的建设

---

① 《把中国文明历史研究引向深入　推动增强历史自觉坚定文化自信》，《人民日报》，2022年5月29日，第1版。

步伐。

党的十一届三中全会实现了党和国家工作重心的根本转移,确立了改革开放和建设现代化文明国家的历史任务。40多年来,中国人民在中国共产党的领导下,团结奋斗、改革创新,探索出了一条发展中国特色社会主义和建设中华民族现代文明的新道路。经过40多年改革开放和现代化建设的创造性实践,我国"五个文明"及全面建设一步一个台阶,不断取得进步,"经济实力、科技实力、国防实力、综合国力进入世界前列","国际地位实现前所未有的提升"。[1] 党的十八大以来,社会主义现代化和中华民族现代文明建设事业取得举世瞩目的重大成就、实现了历史性的跨越,成功走出中国式现代化道路,创造了人类文明新形态。党的二十大报告指出:"党和国家事业取得历史性成就、发生历史性变革,推动我国迈上全面建设社会主义现代化国家新征程。"[2]

物质文明建设取得巨大成就。我们着力推进高质量发展,我国经济实力实现历史性跃升。国内生产总值2022年增长到121万亿元,我国经济总量占世界经济的比重上升到18.5%,稳居世界第二位;人均国内生产总值增加到81000元。城镇化率达到64.7%。制造业规模、外汇储备稳居世界第一。基础研究和原始创新不断加强,一些关键核心技术实现突破,战略性新兴产业发展壮大,进入创新型国家行列。

社会主义政治文明建设扎实推进。坚持走中国特色社会主义政治发展道路,大力发展全过程人民民主,人民当家作主更为扎实,人权得到更好保障。深入推进社会主义法治国家建设,基本形成全面依法治国总体格局,法治中

---

[1] 习近平:《决胜全面建成小康社会 夺取新时代中国特色社会主义伟大胜利——在中国共产党第十九次全国代表大会上的报告》,人民出版社,2017年,第10页。
[2] 习近平:《高举中国特色社会主义伟大旗帜 为全面建设社会主义现代化国家而团结奋斗——在中国共产党第二十次全国代表大会上的报告》,人民出版社,2022年,第6页。

国建设开创新的局面。

社会主义精神文明建设取得重大进展。确立和坚持马克思主义在意识形态领域指导地位的根本制度，新时代党的创新理论不断深入人心，社会主义核心价值观得到广泛传播和被广大人民群众接受践行，积极对中华优秀传统文化进行创造性转化和创新性发展，文化事业日益繁荣，广大人民的精神文化生活日益丰富多彩。青年一代更加积极向上，全党全国各族人民文化自信明显增强、精神面貌更加奋发昂扬。

社会文明建设取得全面进步。深入贯彻以人民为中心的发展思想，辩证处理效率和公平的关系，更加注重社会公平，人民生活全方位改善。居民人均可支配收入增加到 35100 元，人均预期寿命增长到 78.2 岁。建成世界上规模最大的教育体系、社会保障体系、医疗卫生体系，教育普及水平实现历史性跨越。"人民群众获得感、幸福感、安全感更加充实、更有保障、更可持续，共同富裕取得新成效。"①

生态文明建设成效显著。坚持人与自然和谐共生的绿色发展理念，坚持走生产发展、生活富裕、生态良好的文明发展道路，"全方位、全地域、全过程加强生态环境保护，生态文明制度体系更加健全，污染防治攻坚向纵深推进，绿色、循环、低碳发展迈出坚实步伐，生态环境保护发生历史性、转折性、全局性变化"②。

改革开放和现代化建设的巨大成就，中国社会和中华现代文明的显著进步，是全体中国人民共同奋斗的结果，是中国人民主体精神的充分展现，是中华民族伟大创造力的集中体现。正如习近平总书记所说，中国特色社会主义现代化的伟大成就和中华民族现代文明建设事业的历史性跨越，"是中国

---

①② 习近平：《高举中国特色社会主义伟大旗帜　为全面建设社会主义现代化国家而团结奋斗——在中国共产党第二十次全国代表大会上的报告》，人民出版社，2022 年，第 11 页。

共产党和中国人民团结奋斗赢得的历史性胜利,是彪炳中华民族发展史册的历史性胜利,也是对世界具有深远影响的历史性胜利"[①]。

中国式现代化是人口规模巨大的现代化,是14亿多中国人的现代化。中华民族现代文明同样是14亿多中国人的文明。14亿多中华儿女既是中华民族现代文明的建设主体,是现代化建设事业的根本力量,又是现代文明成果的享用主体。在建设中华民族现代文明和现代化事业历史进程中,我们要始终坚持群众史观,坚持以人民为中心的发展思想,尊奉人民至上,相信人民、依靠人民,既要充分发挥每一个中华儿女的主观能动性,提高其建设社会主义现代化和中华民族现代文明的积极性和创造性,又要创造条件提高他们的素质能力,促进其全面发展,共同谱写中华文明新篇章,为人类文明的发展进步作出新的更大贡献。

三、建设中华民族现代文明关键在于塑造现代中国人

建设中华民族现代文明的主体是每一位中华儿女。建设现代化和中华民族现代文明是全体中国人民的神圣职责,是每一位中华儿女不可推卸的历史责任。中国人既是中华民族现代文明的创造者,又是中华民族现代文明的体现者或展示者。他们的思想道德素质、科学文化素质、文明素养如何,以及由此反映出来的社会的精神文化如何,直接影响生产力的发展水平和精神文明的建设质量。邓小平同志说,中国的事情,关键在人。习近平总书记认为,中国特色社会主义是亿万中国人民的共同事业。同样,建设中华民族现代文明关键也在人,也是亿万中国人的共同事业。人与社会、人与文明及其发展进步具有一致性或同步性,什么样的人创造什么样的社会生活和文明形态,什么样的社会和文明也创造什么样的人。可见,建设中华民族现代文明

[①] 习近平:《高举中国特色社会主义伟大旗帜 为全面建设社会主义现代化国家而团结奋斗——在中国共产党第二十次全国代表大会上的报告》,人民出版社,2022年,第4页。

的主体必然是素质高、能力强的全面发展的现代中国人。因此，成功建设中华民族现代文明的根本或关键在于造就出千千万万能够建设现代文明的中国人。只有具有建设现代文明才能和素养的中国人才能成功建设中华民族现代文明。否则，美好的构想只能是蜃景。

习近平总书记指出："中国式现代化是人口规模巨大的现代化。我国十四亿多人口整体迈进现代化社会，规模超过现有发达国家人口的总和"[①]。中国式现代化这一显著特征决定了现代化的主体是14亿多中国人，现代化的根本目的是使14亿多中国人过上美好幸福的生活。同样，我们正建设的中华民族现代文明也是人口规模巨大的现代文明，是14亿多中国人共同建设、共同享有的现代文明。因此，建设中华民族现代文明必然要建设一种更加适合和有益于中华儿女生存、生活和发展的社会状态，这是中国人民新的生存方式、生活方式、活动方式以及精神境界的构建，是14亿多中国人的现代性的塑造。可以说，中华民族现代文明是14亿多中国人能够更好生存和发展的文明，是实现全国各族人民美好生活向往的文明，是培育和展现每一位中国人能力素质和精神风貌的文明，是促使全体中国人民全面发展的文明。

建设中华民族现代文明是一场涉及整个社会的生产方式、生活方式、思维方式和价值观念的全方位、全领域、全过程的深刻变革，社会的思想观念、法律制度、体制机制、道德习俗、工作作风、生活态度等等，都会发生全面而深远的变化。随着改革开放和现代化建设实践的不断推进，中国特色社会主义进入新时代，"党的面貌、国家的面貌、人民的面貌、军队的面貌、中

---

① 习近平：《高举中国特色社会主义伟大旗帜　为全面建设社会主义现代化国家而团结奋斗——在中国共产党第二十次全国代表大会上的报告》，人民出版社，2022年，第22页。

华民族的面貌发生了前所未有的变化"①。这里所说的"面貌",既包括物质文明、生态文明、社会文明的建设成就,比如经济规模、城市大小、交通分布、人们的生活水准、人居环境、人的行为举止等外在的直观的显性状态,又包括精神文明、制度文明建设成果,诸如人的理想信念、价值观、道德观、情感、意志、安全感、幸福感等隐性的文化精神状态。同时,更为根本的是整个社会、组织和个人的实践方式、行为方式、生活方式和思维方式深刻而全面的变化。改革开放和现代化建设显著地改变了中国的社会状况及其在世界上的地位,也深刻改变了中国人生产、生存和生活的状况。中国社会的变化发展,最深刻最根本的变化是中国人民的变化。改革开放以来,中国人的生存状态、发展境况和精神风貌有了质的改观,民族自信、个体自信不断增强。中国人的生存状态大为改善,生活质量不断提高,发展机遇日益增多,人的综合素质和能力逐步提升。中国人民在现代化建设的伟大实践中改变了自己的生产方式、生存方式、生活方式和思维方式,世界观、价值观、道德观和人生观也发生了根本性变化。改革开放是中国的一次伟大革命,中国式现代化是构造新的中华民族现代文明。改革开放解放和发展了生产力,在本质上是解放人、发展人,是人的能动性、创造性的释放和发挥,人的主体性、创新力和实现自由的能力明显增强。可见,整个国家、社会、民族和个人的面貌所发生的"前所未有的变化",其实就是中华文明的转化与创设,也可以说是一种新的文明形态的诞生。正是在这个意义上,习近平总书记在庆祝中国共产党成立100周年大会上郑重指出,中国特色社会主义创造了现代化的新道路,创造了人类文明新形态。《中共中央关于党的百年奋斗重大成就和历史经验的决议》明确指出:"党领导人民成功走出中国式现代化道路,

---

① 习近平:《决胜全面建成小康社会 夺取新时代中国特色社会主义伟大胜利——在中国共产党第十九次全国代表大会上的报告》,人民出版社,2017年,第10页。

创造了人类文明新形态。"①

　　文明是人为的，更是为人的。文明由人创造，更由人体现和享有。人虽然在文明中生存，靠文明养育，但人并不是文明的附属品，人始终是文明的主体和目的。文明终归是人的文明，文明是为人服务的。中国特色社会主义的本质和特性决定了中华民族现代文明的性质，中国式现代化的发展道路规定着中华民族现代文明的前进方向。因此，建设中华民族现代文明的根本目的是培育具有现代文明素养的中国人，亦即造就现代性丰富的、全面发展的中国人。这里的中国人，不是少数的中国人，而是最广大的作为人民群众的中国人，亦指每一位中国人。

第三节　大力推进中华民族现代文明建设，不断促进人的全面发展

　　文明不只是社会的进步，更是人的发展。建设中华民族现代文明，不仅要建设现代物质文明、政治文明、精神文明、社会文明、生态文明，使整个中国成为现代化强国，进入发达的文明国家，而且更要促进人的发展，即造就具有丰富现代性的中国人，使全体华夏儿女成为现代文明人，使每一个中国人过上现代文明的生活。

一、推动高质量发展，建设富足物质文明，为人的全面发展奠定坚实物质基础

　　发达的生产力、丰厚的物质财富、高度的物质文明，不仅是未来理想社会文明的基本特征，而且是中华民族现代文明的重要特征。习近平总书记指

---

① 《中国共产党第十九届中央委员会第六次全体会议文件汇编》，人民出版社，2021年，第93页。

出:"物质富足、精神富有是社会主义现代化的根本要求。"我们要"不断厚植现代化的物质基础,不断夯实人民幸福生活的物质条件……促进物的全面丰富和人的全面发展"。①

物质资料的生产方式是社会发展的决定性力量,是人类文明发展的根基。中华民族现代文明必须是物质财富丰富、物质文明成果丰硕的文明形态。建设中华民族现代文明必须建设发达的物质文明,创造丰富的物质财富,不断满足人民日益增长的物质生活需要,使中华儿女过上共同富裕的生活。正如习近平总书记所说:"没有坚实的物质技术基础,就不可能全面建成社会主义现代化强国。"②同样,没有坚实的物质技术基础,没有发达的物质文明,也不可能建成中华民族现代文明,更不可能实现人的自由发展的社会理想。经济是社会存在的基础,是人类生存发展的根本前提。促进人的全面发展,离不开雄厚的物质基础支撑。事实表明,经济的发达程度与人的发展的状态是同向关系。经济越发达、越健康,社会财富积累越多,人的物质资料越丰裕,人的自我发展、自我实现的需求就会越旺盛,人的素质就越能得到提高,人的发展就会更丰盈、更协调。

习近平总书记指出:"高质量发展是全面建设社会主义现代化国家的首要任务。"③我们要坚持以推动高质量发展为目标,"坚定不移把发展作为党执政兴国的第一要务,坚持解放和发展社会生产力,坚持社会主义市场经济改革方向"④,"构建高水平社会主义市场经济体制",推动经济持续健康发展,促使"经济实现质的有效提升和量的合理增长"。

---

① 习近平:《高举中国特色社会主义伟大旗帜 为全面建设社会主义现代化国家而团结奋斗——在中国共产党第二十次全国代表大会上的报告》,人民出版社,2022年,第22-23页。
②③ 习近平:《高举中国特色社会主义伟大旗帜 为全面建设社会主义现代化国家而团结奋斗——在中国共产党第二十次全国代表大会上的报告》,人民出版社,2022年,第28-29页。
④ 习近平:《决胜全面建成小康社会 夺取新时代中国特色社会主义伟大胜利——在中国共产党第十九次全国代表大会上的报告》人民出版社,2017年,第29-30页。

构建高水平社会主义市场经济体制，是着力推动经济社会高质量发展的根本途径，是实现发展第一要务最有效的方式。"理论和实践都证明，市场配置资源是最有效率的形式。市场决定资源配置是市场经济的一般规律，市场经济本质上就是市场决定资源配置的经济。"[1] 因此，解放和发展生产力，提高生产效率，创造更多更好的物质财富，必须着力构建高水平的市场经济体制，真正发挥市场在资源配置中的决定性作用。由于我国的"市场体系还不健全，市场发育还不充分，特别是政府和市场关系还没有理顺，市场在资源配置中的作用有效发挥受到诸多制约"[2]，所以必须坚持和完善社会主义基本经济制度，全面深化经济体制改革，充分发挥市场在资源配置中的决定性作用，更好发挥政府作用。为此，要加快构建高水平的市场经济体制，建立、发展与现代生产力相适应的自由而公正的市场经济体制，真正发挥市场合理高效配置资源的本质功能，实现各类资源特别是人力资源的效用最大化，让一切资本、知识、创新潜能充分涌动，保持社会财富持续增长，使人民群众的生活环境不断改善、生活水平逐步提高，人的劳动权和经济自由权利得到切实保障，为建设中华民族现代文明、建成现代化强国和促进人的全面发展夯实物质根基。

二、发展全过程人民民主，建设清朗政治文明，为人的全面发展提供优良政治环境

促进人的全面发展不仅依赖于丰厚的物质财富和发达的物质文明，而且需要健全的民主法治环境、高度的政治文明作保障。从一定意义上看，自由民主的政治环境和优良的政治文明，对促进人的全面发展起着更为重要的作用。

---

[1] 习近平：《习近平谈治国理政》第一卷，外文出版社，2018 年，第 77 页。
[2] 习近平：《习近平谈治国理政》第一卷，外文出版社，2018 年，第 95 页。

马克思认为，现实的个人构成社会，社会是现实个人的集合。现实个人的本质不是"单个人所固有的抽象物"，而是"一切社会关系的总和"。①人的生存、发展、自由、幸福等一切需要，都只能在社会中实现。离开社会，人不复存在，人的一切便是虚无。因此，人是名副其实的社会性动物。人作为社会存在物，首先应该是自由的存在物，即作为"现实的个人"存在，亦即是独立的个体。人要在社会中真正作为"现实的人"生存和发展，首先必须取得生存、发展的基本权利。如果人在社会中不能作为一个"独立的人"享有生存和发展的权利，那么，人只是社会的工具和奴仆。人的自由、自主权利是人的发展的根本前提。一个社会只有尊重和切实保障人的自由意志和自由权利，人才能真正发展自己、实现自我。人只有真正成为社会的主人、成为国家政治生活中的主体，人的发展才具有客观现实性。

人的社会性发展到一定阶段——国家出现之后，最突出的表现就是人的政治性。因此，在国家共同体中，人是名副其实的政治性动物。国家的政治制度、政治环境对人的生存发展起着至关重要的作用。人的一切权利由政治法律制度所规定，人的需要的满足由政治环境所制约。国家制度，尤其是政治制度，对社会和人的存在与发展具有根本性。人的权利及其实现的程度在不同政治制度下是完全不一样的。优良的政治制度和治理体系能够切实保障人的基本权利、促进人的发展；恶劣的政治制度则剥夺人的基本权利、危害人的生存、阻碍人的进步。例如，在封建专制制度下，人的经济自由、政治自由、文化自由权利被严重剥夺，人与人之间是一种依附关系，人只能在落后、封闭、狭隘的环境和社会关系中艰难生存。资本主义的民主政治制度打破了封建专制制度的藩篱，扩大了人的经济、政治等权利，对人的解放和发展发挥了积极作用，具有较大的历史进步性。但资产阶级的阶级本质决定了资本

---

① 中共中央马克思恩格斯列宁斯大林著作编译局编译：《马克思恩格斯文集》第一卷，人民出版社，2009年，第501页。

主义的政治制度和政治文明并不能保障广大劳动人民经济、政治等基本权利的真正实现，具有表象性和虚伪性。社会主义民主制度、政治文明既充分吸收人类政治文明，特别是资本主义民主政治和政治文明的积极成果，又克服其制度局限和弊端。更为重要的是，它还创造性地建立了切实保障人民当家作主的新的政治制度及在新的政治制度下人民行使民主权利的途径、方式。中国共产党在领导人民建设中国特色社会主义民主政治和政治文明探索实践中创新的全过程人民民主，便是人民民主和政治文明的一种新形式。正如习近平总书记指出："全过程人民民主是社会主义民主政治的本质属性。""全过程人民民主实现了过程民主和成果民主、程序民主和实质民主、直接民主和间接民主、人民民主和国家意志相统一，是全链条、全方位、全覆盖的民主"，"是最广泛、最真实、最管用的民主"①。

中国特色社会主义是人民当家作主的自由民主社会。中华民族现代文明是切实尊重和保障人的主体地位、人的主体性能够充分发挥的文明。建设中华民族现代政治文明，促进人的全面发展，根本在于发展全过程人民民主政治，确立和保障人的主体地位、确保人民当家作主，使人真正成为社会的主人和自己的主人。习近平总书记指出："人民民主是社会主义的生命，是全面建设社会主义现代化国家的应有之义。"②没有民主就没有社会主义，就没有社会主义现代化，就没有中华民族现代文明。因此，促进人的全面发展，发展中国特色社会主义民主政治、建设中华民族现代政治文明，"必须坚定不移走中国特色社会主义政治发展道路，坚持党的领导、人民当家作主、依法治国有机统一，坚持人民主体地位，充分体现人民意志、保障人民权益、激发人民创造活力。""要健全人民当家作主制度体系，扩大人民有序政治

---

①② 习近平：《高举中国特色社会主义伟大旗帜　为全面建设社会主义现代化国家而团结奋斗——在中国共产党第二十次全国代表大会上的报告》，人民出版社，2022年，第37页。

参与,保证人民依法实行民主选举、民主协商、民主决策、民主管理、民主监督,发挥人民群众积极性、主动性、创造性,巩固和发展生动活泼、安定团结的政治局面。"①

三、建设文化强国,培育优良精神文明,为人的全面发展增强精神力量

党的二十大报告指出:"中国式现代化是物质文明和精神文明相协调的现代化。物质富足、精神富有是社会主义现代化的根本要求。"② 中国式现代化是建设中华民族现代文明的根本途径。同理,中华民族现代文明必然也是物质文明和精神文明相协调、相统一的文明。在出席文化传承发展座谈会时习近平总书记进一步强调指出:在新的起点上继续推动文化繁荣、建设文化强国、建设中华民族现代文明,是我们在新时代新的文化使命。要坚定文化自信、担当使命、奋发有为,共同努力创造属于我们这个时代的新文化,建设中华民族现代文明。

人是一种有意识的存在物,是一种理性存在物,亦即一种文化的存在。有意识、有理性、有精神、有文化是人区别于其他动物的显著标志。人因为有意识、有理性,便能制造工具、改造自然、创造文化。人一开始创造文化,社会便有了精神文明,人类即从愚昧、野蛮进入文明社会。由于人的实践是具体的、历史的,是变化发展的,所以文化和精神文明都是具体的、历史的,也是不断发展和变化的。每一时代的文化和精神文明都有其独特的内容与特点,同时也与以往的文化和精神文明有着千丝万缕的联系,具有历史继承性

---

① 习近平:《高举中国特色社会主义伟大旗帜 为全面建设社会主义现代化国家而团结奋斗——在中国共产党第二十次全国代表大会上的报告》,人民出版社,2022年,第37页。
② 习近平:《高举中国特色社会主义伟大旗帜 为全面建设社会主义现代化国家而团结奋斗——在中国共产党第二十次全国代表大会上的报告》,人民出版社,2022年,第22页。

和进步性。文化和精神文明一旦形成，便具有相对独立性，对社会存在和人自身的生存发展有着巨大的能动作用。文化作为一种存在、一种力量，深深植根于一个国家、民族和个体的生命之中，是一个国家、民族和个人存在发展的沃土与支柱。

习近平总书记指出："文化是一个国家、一个民族的灵魂。"[①]"物质贫困不是社会主义，精神贫乏也不是社会主义。"[②]一个国家、民族没有文化，没有文化的传承与创新，社会精神贫乏，人们精神空虚，这样的国家和民族便不会有文明，迟早会消失，或被别的文化族群取代。中国是一个文明古国，又是一个文明新邦。中华民族在漫长的历史中创造出了辉煌且独特的文化和文明，为人类文明的丰富和发展作出了积极贡献。新时代的中国，阔步走在全面建设社会主义现代化国家和建设中华民族现代文明的征程上。建设文化强国，创造属于这个时代的新文化，既是中国式现代化建设和当代中国社会发展的必然要求，也是每一个中华儿女的责任使命。

文化不仅是国家的根和魂，而且是人的根和魂。人没有文化、没有理性、没有文明，在一定意义上则不成其为人，只是一种人身的"动物"。国家和民族的主体是人，文化的主体也是人，因而，一个国家、民族的文化最终体现在千千万万的人身上。人的文化水平、文明程度如何，这个国家、民族的文化和文明便是怎样的。同理，一个国家、民族的文化和文明水平是怎样的，这个国家、民族的人的文明程度也是怎样的。因此，建设文化强国、繁荣社会主义文化、继承传统优秀文化、建设中华民族现代文明，必须落实到每个

---

① 习近平：《决胜全面建成小康社会 夺取新时代中国特色社会主义伟大胜利——在中国共产党第十九次全国代表大会上的报告》，人民出版社，2017年，第40页。
② 习近平：《高举中国特色社会主义伟大旗帜 为全面建设社会主义现代化国家而团结奋斗——在中国共产党第二十次全国代表大会上的报告》，人民出版社，2022年，第22-23页。

中国人身上，必须努力提高人的综合素质，提升人的文明素养，促进人的全面发展。只有全面发展的人，才能创造属于这个时代的新文化，才能建设好中华民族现代文明。

人既是文化的继承者、创造者，又是文化的养育者、享有者。人作为一种理性和文化的存在，有多方面的文化和精神需求。人的多元精神文化需求和全面发展需要的满足，必须要有自由宽松的文化环境和丰富多样的文化资源。习近平总书记指出，我们"必须坚持中国特色社会主义文化发展道路，增强文化自信，围绕举旗帜、聚民心、育新人、兴文化、展形象建设社会主义文化强国，发展面向现代化、面向世界、面向未来的，民族的科学的大众的社会主义文化，激发全民族文化创新创造活力"，"不断提升国家文化软实力和中华文化影响力"。"坚持马克思主义在意识形态领域指导地位的根本制度，坚持为人民服务、为社会主义服务，坚持百花齐放、百家争鸣，坚持创造性转化、创新性发展，以社会主义核心价值观为引领，发展社会主义先进文化，弘扬革命文化，传承中华优秀传统文化，满足人民日益增长的精神文化需求，巩固全党全国各族人民团结奋斗的共同思想基础"，[①]为实现中华民族伟大复兴、建成现代化强国和中华民族现代文明增强精神力量，为促进人的全面发展提供强大精神动力。

四、增进民生福祉，推进共同富裕，建设和谐社会，为人的全面发展提供系统保障

社会和谐是现代文明的重要特征，是促进人的自由而全面发展的重要条件和保障。人是社会存在物，社会性是人的本质属性，社会性是人之为人、

---

① 习近平：《高举中国特色社会主义伟大旗帜　为全面建设社会主义现代化国家而团结奋斗——在中国共产党第二十次全国代表大会上的报告》，人民出版社，2022年，第42—43页。

人之成人的根本。只有在社会中，人才能生存、发展。社会的性质、状态及其文明状况在很大程度上决定着人的生存质量和素养，即社会文明决定着人的文明。社会是怎样的，人便是怎样的。一个规则优良健全的社会、一个秩序良好的社会、一个人与人之间关系和谐的社会，有利于人的生存和发展；反之，则会阻碍甚至危害人的生存和发展。

我们所要建设的中华民族现代文明，不仅是物质富裕、精神富有、文化繁荣的社会，而且是民生福祉不断增进、人人安居乐业、各种保障体系健全的社会。加强社会文明建设是建设中华民族现代文明的应有之义和基本内容，因此，我们必须同建设物质文明、精神文明一样，进一步重视和谐社会建设，建设和谐文明的现代化中国，为促进人的全面发展创造优良社会环境、提供系统保障。

建设和谐的现代社会文明，促进人的全面发展，最根本的是在发展物质文明的基础上不断增进人民福祉，推进共同富裕。习近平总书记指出，我们"必须坚持在发展中保障和改善民生，鼓励共同奋斗创造美好生活，不断实现人民对美好生活的向往"，"我们要实现好、维护好、发展好最广大人民根本利益……健全基本公共服务体系，提高公共服务水平，增强均衡性和可及性，扎实推进共同富裕"。[1] 实现共同富裕是社会主义的本质要求，是中华民族现代文明的根本要义。中华民族现代文明不是少数人的文明，而是全体中华儿女的文明，是全体中国人民共同富裕的文明。文明成果由所有中国人民共同创造，也必然由全体中国人民公正享有。因此，建设中华民族现代文明必须坚持以人民为中心的发展思想，把实现人民对美好生活的向往和人自身的全面发展作为现代化和现代文明建设的出发点、落脚点，着力维护和促进社会公平正义，促进全体人民共同富裕，促进人的全面发展。

---

[1] 习近平：《高举中国特色社会主义伟大旗帜　为全面建设社会主义现代化国家而团结奋斗——在中国共产党第二十次全国代表大会上的报告》，人民出版社，2022年，第46页。

建设和谐的现代社会文明，促进人的全面发展，需要构建保障每个人基本社会权利的制度体系和社会保障体系。"社会保障体系是人民生活的安全网和社会运行的稳定器。健全覆盖全民、统筹城乡、公平统一、安全规范、可持续的多层次社会保障体系。"①人的基本社会权利是人生存发展的基础条件。公平公正、安定有序、平等法治，是社会文明的主要内容，是促进人全面发展的根本保障。人人享有发展的平等权利、均等机会和共同条件，是人的全面发展的要义。人的全面发展，不仅要求人人都应有均等的发展机会，而且要求人人都应有全面发展的现实条件和客观基础。②建设和谐文明社会必须坚持共享发展理念和共同富裕方针，在发展的基础上促进社会公平正义，保障全体人民共享发展成果。为此，第一，要全面深化改革社会治理体系，破除利益藩篱，废除部门和阶层特权，消除各种不利于促进人的全面发展的不公正、不平等的规章制度和体制机制。第二，要建立和健全人人平等、机会均等的制度体系和社会保障体系，为人的全面发展构建自由公正、良序和谐的社会环境。

五、推动绿色发展，建设优美生态文明，为人的全面发展提供清洁自然环境

如何看待人与自然的关系、如何处理人与自然之间的矛盾，关乎人类命运、社会性质和文明赓续。习近平总书记指出："大自然是人类赖以生存发展的基本条件。尊重自然、顺应自然、保护自然，是全面建设社会主义现代化国家的内在要求。""生态文明建设是关乎中华民族永续发展的根本大

---

① 习近平：《高举中国特色社会主义伟大旗帜　为全面建设社会主义现代化国家而团结奋斗——在中国共产党第二十次全国代表大会上的报告》，人民出版社，2022年，第48页。
② 颜晓峰等：《创造人类文明新形态》，社会科学文献出版社，2022年，第183页。

计。""中国式现代化是人与自然和谐共生的现代化。"① 建设和谐生态文明是中国特色社会主义总体布局和现代化强国建设的基本内容，是中华民族现代文明的基本构成要素。"天人与共""天人合一"是中华文明的固有因子和文化传统。

马克思主义认为，取代和超越资本主义文明的新社会新文明，真正解决"人和自然界之间、人和人之间的矛盾"②。人们"第一次成为自然界的自觉的和真正的主人"③。社会主义文明作为未来理想文明的一个阶段，必定是人与自然和谐共生的文明。中国式现代化是人与自然和谐共生的现代化，中华民族现代文明是人与自然协同进化的文明。坚持绿色发展，加强生态文明建设，保护自然环境、维护生态平衡，促进人与自然协调发展，是社会主义文明的基本特征，是中国式现代化和中华民族现代文明的根本内涵，也是实现人的全面发展的根本要求和基本条件。为此，习近平总书记指出："我们要建设的现代化是人与自然和谐共生的现代化。"④ 我们要坚持可持续发展、绿色发展，保护自然和生态环境，形成绿色低碳环保的生产和生活方式，创造与自然规律相契合的优美生产生活环境，建设美丽中国，满足人民群众对美好家园的需要，推动中国人的全面发展。

"人与自然是生命共同体。"⑤ 人是自然存在物，大自然是人生存与发

---

① 习近平：《高举中国特色社会主义伟大旗帜　为全面建设社会主义现代化国家而团结奋斗——在中国共产党第二十次全国代表大会上的报告》，人民出版社，2022年，第23页。
② 中共中央马克思恩格斯列宁斯大林著作编译局编译：《马克思恩格斯文集》第一卷，人民出版社，2009年，第185页。
③ 中共中央马克思恩格斯列宁斯大林著作编译局编：《马克思恩格斯选集》第三卷，人民出版社，1995年，第758页。
④《中国共产党第十九次全国代表大会文件汇编》，人民出版社，2017年，第40页。
⑤ 习近平：《高举中国特色社会主义伟大旗帜　为全面建设社会主义现代化国家而团结奋斗——在中国共产党第二十次全国代表大会上的报告》，人民出版社，2022年，第23页。

展的基础和前提。自然环境是人类社会生存和发展永恒的、必要的条件,是人们生活和生产的自然基础。自然界是人生产、生活的主要来源,离开一定的自然条件,没有大自然的馈赠,人便无法生存、生活和发展。因此,中国式现代化建设"既要创造更多物质财富和精神财富以满足人民日益增长的美好生活需要,也要提供更多优质生态产品以满足人民日益增长的优美生态环境需要"①。绿色化是现代化发展的新要求和新特征,绿色发展是解决前期现代化建设实践造成的人与自然之间矛盾冲突及生态环境问题的新理念和新方法。为此,必须确立"人与自然是生命共同体"的理念,坚持可持续发展,坚定不移走生产发展、生活富裕、生态良好的文明发展道路,更加自觉地推进绿色发展,建设美丽中国,让中国人民在丰富多样、清洁纯净的自然环境中过上美好生活,实现自身的自由全面发展。

六、进一步扩大开放,推动构建人类命运共同体,为人的全面发展提供有利国际环境

人的社会本质决定了全面发展的人不是孤立、狭隘的地域性存在,而是开放的世界性存在,是不断超越民族化、地域化而成为国际化的人,也是民族性、地域性与世界性协调统一的人。各个国家和民族都主动或被动地融入世界性的现代化运动,逐步步入现代文明轨道,人类越来越成为一个走向现代文明的"命运共同体"。人类社会由民族的地域历史逐渐发展为"世界历史",个体的人不断从地域性的存在转变为世界性的存在,由"传统人"日渐变为"现代人"。自由全面发展的人是一种世界性的存在,人只有成为世界性的存在,才能成为一个自由全面发展的人。从孤立、狭隘地域中发育出来的文明不可能成为现代文明;同样,在孤立、狭隘地域中生成的人也不可

---

① 习近平:《决胜全面建成小康社会 夺取新时代中国特色社会主义伟大胜利——在中国共产党第十九次全国代表大会上的报告》,人民出版社,2017年,第50页。

能成为全面发展的现代人。

不同形态的文明既具有共性也具有个性，是个性和共性的统一。因为共性，各种文明才有相互交流交融的可能性；因为个性，各类文明才有相互交流、相互借鉴的必要性。毫无疑问，不同形态、不同类型的文明在相互交流中很可能会发生碰撞和冲突，然而，正是各种文明之间的碰撞和冲突才会在很大程度上刺激和引起文明的转化与进步发展。当一种文明发育成熟之后，势必会具有惰性、封闭性或保守性，甚至出现停滞或退化。文明最深层的内核、结构一旦形成便很难改变，如果没有外来文明的碰撞、冲击，文明的保守性、封闭性很难通过自身的逻辑发生重大变化，很难自然而然地发生质的飞跃。世界文明因多样而相互交流，因交流而互相借鉴，因互鉴而共同发展。因此，一种文明要不断演化、创新和进步，绝不能故步自封，必须加强与世界各类型文明的交往交流，尤其要虚心向先进文明学习。不同的文明只有相互交流交融，才能不断转化进步，才能繁荣发展。文明的进步和发展，从根本上说是人的进步和发展。人在不同文明的相互交流中，不断实现从地域性的存在向世界性的存在转化，从而成为具有现代文明特质的、具有丰富现代性的人，成为具有时代精神和世界情怀的全面发展的文明人。

现代文明源于西方的现代化国家。现代化是一场全球性的社会大变动，是各民族以全人类的优秀文明成果变革自身的社会实践活动，是人由地域性存在向世界性存在转变的发展过程。现代化深刻改变了整个人类的走向，也改变了各个国家、民族以及个体的命运。世界各国以不同的方式逐步从传统社会转向现代社会，由传统文明转化为现代文明。

古老的中华文明在本质上是农耕文明。它在与西方工业文明的竞争和冲突中，显现出明显的滞后性。从19世纪初到20世纪初一百多年时间里，中国社会、中华民族遭遇了亡国灭族的威胁，不得不救亡图存，不得不走"师夷长技以制夷"的现代化道路。中国人民和中华民族经过长期的浴血奋战，在中国共产党领导下，建立了新中国，实现了民族独立，建立了社会主义制度。中华民族、中国人民从此站了起来。新中国的成立和社会主义制度的建立为中国的社会主义现代化和现代文明建设奠定了坚实的政治保证。党的十一届三中全会以来，我国坚持改革开放，积极融入现代文明体系，不断吸纳人类文明，尤其是现代西方文明成果，现代化建设步入快车道，取得了举世瞩目的巨大成就，整个社会发生了翻天覆地的变化，创造了人类文明新形态，书写了中华民族现代文明新篇章。实践充分证明，改革开放是改变中国社会和中国人民命运的关键一招，中国式现代化道路是中国社会由贫弱走向富强、由传统文明走进现代文明的必由之路，也是实现中国人民的美好生活和全面发展的必由之路。

中华文明具有突出的包容性。中华文明以海纳百川、开放包容的广阔胸襟，不断吸收借鉴域外优秀文明成果，既能美人之美，又能择善而从、见贤思齐，更能开拓创新，创造出独具特色的文明体系。习近平总书记指出："对待不同文明，我们需要比天空更宽阔的胸怀。""回顾历史，只有中华民族这样的具有开放包容胸怀的民族，才会容纳世界不同文明在此交融交汇。今天，我们要铸就中华文化新辉煌，就要以更加博大的胸怀，更加广泛地开展同各国的文化交流，更加积极主动地学习借鉴世界一切优秀文明成果。"[①]因此，全面推进中国式现代化、建设中华民族现代文明，必须顺应世界现代文明发展大势，遵循现代文明发展的客观规律，进一步扩大开放和提高开放质量，积极推动构建人类命运共同体，全面融入现代文明体系，大胆吸收借鉴一切民族的现代优秀文明成果，结合中华文明的特质和当代中国的实际，对外来文明成果进行创造性转化，创造出进步、包容、发达的中华民族现代文明，培育和造就面向现代化、面向世界、面向未来的具有丰富现代性的中国人。

---

① 习近平：《在敦煌研究院座谈时的讲话》，《求是》，2020年第3期。

第十七章
建设中华民族现代文明
是对人类社会现代化的重大贡献

习近平总书记指出:"中国式现代化,深深植根于中华优秀传统文化,体现科学社会主义的先进本质,借鉴吸收一切人类优秀文明成果,代表人类文明进步的发展方向,展现了不同于西方现代化模式的新图景,是一种全新的人类文明形态。"① 这一重要论述科学阐释了建设中华民族现代文明同推进中国式现代化的内在一致性和本质关联。中国式现代化是一种以中华民族现代文明为典型标识和集中体现的全新的人类文明形态,是文明与道路的有机统一。建设中华民族现代文明是以中国式现代化为内在规定和基础支撑的,两者共享同一历史进程,具有内在一致性。建设中华民族现代文明就是建设中国式现代化的文明新形态、新的文化生命体,它赋予了人类社会现代化以深厚底蕴,批判地超越了西方现代化模式,为发展中国家提供了现代化的新选择,代表了人类社会现代化的发展趋向。"中国式现代化蕴含的独特世界观、价值观、历史观、文明观、民主观、生态观等及其伟大实践,是对世界现代化理论和实践的重大创新。"②

---

①②《正确理解和大力推进中国式现代化》,《人民日报》,2023年2月8日,第1版。

第一节　赋予人类社会现代化以深厚底蕴

"中国式现代化赋予中华文明以现代力量，中华文明赋予中国式现代化以深厚底蕴。"① 与中国式现代化具有双向融通、互为支撑、彼此成就辩证逻辑关系的中华文明，同时也为建设作为中国式现代化文明形态的中华民族现代文明提供了深厚文明底蕴。五千多年积淀演进生成的具有突出连续性、创新性、统一性、包容性与和平性的中华文明，为建设中华民族现代文明皴染了文化底色、涵养了文化基因、厚植了文化根脉。

建设作为中国式现代化文明形态的中华民族现代文明，是以五千多年中华文明为深厚底蕴的，不可避免地赋予人类社会现代化以深厚文化底蕴。"人们自己创造自己的历史，但是他们并不是随心所欲地创造……而是在直接碰到的、既定的、从过去承继下来的条件下创造。"② 建设中华民族现代文明，本质上是在推进中国式现代化进程中创造中国的也是世界的人类社会新文明形态的历史，必定需要遵循马克思所指明的"在直接碰到的、既定的、从过去承继下来的条件下创造"的客观规律，即以五千多年承继、积淀的中华文明为条件和基础。以中华文明为深厚基础的中华优秀传统文化，是以中国式现代化推动建设中华民族现代文明的深厚底蕴、文化根脉、文化基因，或是本体性条件。当然，建设中华民族现代文明也需要积极汲取人类其他一切优秀文明成果作为互鉴性补充条件，同时也需要继承与弘扬革命文化和社会主义先进文化，从而以最为宏阔、最为系统的精神文化资源涵养、建设中华民族现代文明。

---

① 习近平：《在文化传承发展座谈会上的讲话》，《求是》，2023 年第 17 期。
② 中共中央马克思恩格斯列宁斯大林著作编译局编译：《马克思恩格斯选集》第一卷，人民出版社，2012 年，第 669 页。

第十七章
建设中华民族现代文明是对人类社会现代化的重大贡献

从大历史观维度审察，以五千多年中华文明为支撑的中华优秀传统文化，是中国人民在很长历史时段生产生活、奋斗创造过程中世代积淀、承继的宇宙观、天下观、社会观、道德观等的重要体现。其深深涵养了中国式现代化蕴含的独特"六观"及其实践，赋予了中华民族现代文明这一具有世界意义的全新人类文明形态以深厚底蕴、文明底色、文化基因和精神追求、行为范式、治理智慧。"中华传统文化源远流长、博大精深……记载了中华民族在长期奋斗中开展的精神活动、进行的理性思维、创造的文化成果……最核心的内容已经成为中华民族最基本的文化基因。"[①]其所蕴含的天下为公、民为邦本、选贤任能、天人合一等价值理念，已潜移默化植根于中国人民的内心深处，深深影响和形塑了中国人的民族性格与精神风貌，规范着中国人的思维方式与处世方式，厚植了建设中华民族现代文明源源不断的文化底蕴、文化基因、精神动力和治理智慧。作为人类历史上唯一历经风雨磨难而不曾断裂并延续至今的伟大文明，中华文明在五千多年的文明历史长河中积淀形成了具有一脉相承品格的精神追求、精神特质、精神脉络，涵养和形塑了建设中华民族现代文明生生不息、厚德载物的精神动力资源。中华文明博大精深，蕴含十分丰富的优秀传统哲学思想智慧、文化精神资源、人文教化伦理道德观念等，为以中国式现代化推进中华民族现代文明建设提供了不竭的治国理政经验智慧，诸如民为邦本的民本思想、天人合一的生态治理理念、革故鼎新的变革创新思维等等。

当今世界，人类社会正处于百年未有之大变局。一方面，西方资本逻辑狂暴肆虐，"文明冲突论""历史终结论""文明优越论""西方中心论""普世价值论"等甚嚣尘上、沉渣泛起，给人类文明交流合作、互鉴共赢带来极大危害，造成了粮食能源危机、气候难民问题、局部地区冲突等一系列全球治理性难题与危机，不仅危害世界和平发展、合作共赢，而且危害经济全球

[①] 习近平：《论党的宣传思想工作》，中央文献出版社，2020年，第90页。

化市场化、政治多极化民主化、文化多样化平等化、社会多元化共享化和生态平衡可持续化,严重束缚和危害了人类社会现代化历史进程。另一方面,倡导天下为公、大同世界、包容互鉴、和而不同的中华文明,在涵养和建设中华民族现代文明过程中,秉持全人类共同价值和全球治理观,倡议推动构建人类命运共同体,为解决当今全球治理问题与危机开出了中国良方,指明了正确路向,不仅为人类文明,而且为人类社会现代化增添和贡献了经过创造性转化、创新性发展的中华文明智慧。

"两个结合"尤其是"第二个结合",为创造性转化和创新性发展中华优秀传统文化、建设中华民族现代文明提供了根本路径。习近平总书记在文化传承发展座谈会上指出:"在五千多年中华文明深厚基础上开辟和发展中国特色社会主义,把马克思主义基本原理同中国具体实际、同中华优秀传统文化相结合是必由之路。""'两个结合'是我们取得成功的最大法宝。"①建设中华民族现代文明,同"开辟和发展中国特色社会主义"是同一伟大历史进程,具有内在的一致性。二者都以"两个结合"为必由之路、为取得事业发展成功的最大法宝、为必须始终如一遵循的规律。1840年鸦片战争,闭关锁国的古老中国被西方列强的坚船利炮轰开大门,从此无数中华儿女开始了救亡图存和实现现代化的道路探索,历经器物、制度、文化等层面的变革求索。有"师夷长技以制夷"的洋务运动,有康梁"戊戌变法"的制度改良主张,有辛亥革命的资产阶级共和国方案,还有各种思潮、主义,尤以新文化运动为典型等,但都最终没能成功解决中华民族独立和人民解放的根本社会问题,也就是最终都没能成功为实现现代化奠定根本社会条件。这一为实现现代化奠定根本社会条件的历史任务,最终是在中国共产党团结带领中国人民,在将马克思主义科学真理同中国革命具体实际相结合中,通过新民主主义革命来完成的。随后的社会主义革命、建设和改革,也都进一步证明了

---

① 习近平:《在文化传承发展座谈会上的讲话》,《求是》,2023年第17期。

第十七章
建设中华民族现代文明是对人类社会现代化的重大贡献

"两个结合"是我们取得革命、建设和改革事业成功的最大法宝。党的十八大以来，习近平总书记在总结党的百年奋斗历史经验的基础上，创新性地论述了"两个结合"特别是"第二个结合"的科学思想与价值原则，为我们在新时代坚持和发展中国特色社会主义、以中国式现代化建设中华民族现代文明提供了根本遵循，也为推进人类社会现代化提供了中国智慧、中国方案。

历史实践业已证明，绵延五千多年的中华文明，蕴含和实生物、道法自然、求同存异、兼收并蓄、协和万邦等影响深远的中华优秀传统文化价值观念，注重人与人、人与社会、人与自然和合共生，彰显着重民本、崇正义、求大同等的文化精神气质，日用而不觉地规范着中国人民和中华民族的思维、行为和处世方式。但只有同马克思主义科学真理相结合，同马克思主义思想精髓相贯通融通，中华优秀传统文化的精华，尤其是其蕴含的治国理政、格物究理、修身处世的思想智慧、方法、理念，才能真正实现"旧邦新命"，即实现符合时代潮流趋向的创新性发展和创造性转化，从而为建设中华民族现代文明、人类文明新形态和人类社会现代化厚植源源不竭的文化根脉与文明底蕴。

第二节 批判地超越了西方现代化模式

建设中华民族现代文明，既是历史纵向地解答1840年以来中华民族历史命运和以传承中华优秀传统文化为起点、任务的彰显历史主体性文化自觉的文明形态，又是现实横向地在批判超越具有内在对抗性矛盾的西方现代化模式过程中，"坚持和发展中国特色社会主义，推动物质文明、政治文明、精神文明、社会文明、生态文明协调发展，创造了中国式现代化新道路，创造了人类文明新形态"①的文明发展路径。建设中华民族现代文明，其本质规定就是在中国共产党领导的建设社会主义现代化道路上，协同推进"五个文明"发展，全面推进中华民族伟大复兴。其最突出特征就是贯彻新发展理念，在统筹推进"五位一体"总体布局中，推动实现"五个文明"协同发展。

中华民族现代文明以满足人民美好生活需要为导向，批判地超越了以资本逻辑为导向的"西方范式"现代化。我们党以中国式现代化推动建设中华民族现代文明，坚持人民至上和以人民为中心，体现马克思主义的人民性属性，坚持中国共产党领导的社会主义现代化文明建设的新历史观，彰显了社会主义——共产主义本质定向的中国特色社会主义制度的优越性。在自觉坚持文化主体性的同时，坚持以满足人民美好生活需要为导向，充分考虑我国人口规模巨大的国情实际，稳中求进推动建设中华民族现代文明，始终如一地坚持为了人民、依靠人民。建设中华民族现代文明，其本质是实现人的现代化，是由社会主义——共产主义定向原则规定的趋向人的自由而全面的发展、人类解放的新文明，是人类历史上真正以人为中心和主体地位的现代化文明，批判地超越了西方现代化以资本为主导的物化逻辑及资本对人的宰制压迫剥削，调准、锚定了人类社会现代化的价值目的和正确航向。

中华民族现代文明创新性发挥市场决定作用的同时，又有效驾驭资本，批判地超越了市场失灵引发周期性危机的"西方范式"现代化。以中国式现代化推动建设中华民族现代文明，既遵循商品经济价值规律，充分发挥市场在资源配置中的决定性作用，以最大限度激活市场有效调配各种资源的能力与效率，实现资源有效配置，实现最佳效益；同时，又有效估计市场可能的各种失灵状况，依法更好发挥政府治理作用，驾驭资本和市场健康、规范、有序发展。一言以蔽之，建设中华民族现代文明，构建了良好的社会主义市

---

① 习近平：《在庆祝中国共产党成立100周年大会上的讲话》，人民出版社，2021年，第13-14页。

场经济秩序，不断推进解放和发展生产力，促进经济建设取得举世瞩目的丰硕成果，为建设人类文明新形态奠定了物质基础，对于推进人类社会现代化的探索具有奠定经济基础的意义。这与西方现代化模式自由放任市场经济导致的市场失灵、周期性经济危机，形成鲜明对照。

中华民族现代文明创新性发展全过程人民民主，批判地超越了金钱政治民主的"西方范式"现代化。以中国式现代化推动建设中华民族现代文明，秉持马克思主义民主思想和社会主义国家治理观，坚持和发展以根本制度、基本制度、重要制度为基本架构的中国特色社会主义制度，推进国家治理体系和治理能力现代化。在这一发展社会主义民主政治、建设社会主义政治文明的过程中，我们党创造性发展了最真实、最管用、最广泛的全过程人民民主，真正以实现人民当家作主为使命，创新发展了马克思主义民主思想。当今之中国，在摒弃西方民主模式内在缺憾及虚假性中，不仅在理论层面创新性提出全过程人民民主理念，而且已在历代中国共产党人为民主奋斗的伟大实践中，将具有社会主义——共产主义原则定向的民主理念化作扎根于中华大地的制度形态、治理机制，守护和实现着14亿多中国人民的权利与荣光。中国的全过程人民民主，是马克思主义民主思想精髓同中华文明民本观念精华相融通的创造性转化发展，彰显了中国特色社会主义民主政治的特质与优越性，表征了全人类共同价值和现代政治文明的应有之义，代表着人类政治文明的道义航向。这与西方现代化模式蕴藏的金钱民主政治游戏、利益集团党派党争倾轧、政客在投票时开空头支票以唤醒选民的虚假民主政治形成了鲜明对照。

中华民族现代文明创新性推动物质文明与精神文明协调发展以促进人的全面发展，批判地超越了物质主义膨胀导致单向度发展的"西方范式"现代化。以中国式现代化推动建设中华民族现代文明，秉持马克思主义人的自由而全面的发展的崇高价值旨趣，贯彻协调发展理念，坚持走物质文明和精神文明相协调的现代化道路，不仅以解放和发展生产力作为根本任务来集中精力发展经济，推进物质文明建设，不断夯实以中国式现代化推动建设中华民族现代文明的物质基础，而且始终如一地强调要"两手抓、两手都要硬"地推进精神文明建设和文化强国建设，推动文化大发展大繁荣，更好满足人民日益增长的精神文化需求，不断凝聚以中国式现代化推动建设中华民族现代文明的精神力量。从而，始终如一地在马克思主义人的自由而全面的发展的崇高价值旨趣引领下，以人的全面发展为指向，不断建设物质文明和精神文明相协调的中华民族现代文明。这就内在地批判超越了资本逻辑主导的西方现代化模式的物质主义膨胀、精神腐朽荒芜、享乐主义弥漫、人的单向度发展。

中华民族现代文明创新性推进共同富裕向度的社会治理，批判地超越了资本积累与贫困积累两极分化的"西方范式"现代化。以中国式现代化推动建设中华民族现代文明，坚持社会主义共同富裕本质要求，贯彻共享发展理念，促进社会公平正义，构建共商共建共享的社会治理体系，不断增强人民的获得感、幸福感、安全感。在中国共产党领导下，实施了人类历史上最大规模、最有组织、最有效果的脱贫攻坚战，使数亿贫困人口和贫困地区摆脱贫困，全面建成小康社会，让中华民族小康社会的千年夙愿具有直接现实性；以国家为单位，建成世界最大规模、覆盖人口最多的社会保障体系、教育体系、医疗卫生体系等，不断夯实共同富裕向度的社会治理保障基底。从而，在中国共产党领导下，在创新性推进共同富裕向度的社会治理的中国式现代化道路上，不断建设中华民族现代文明。这与西方现代化模式，一方面是资本逻辑主导的资本无限最大增殖的资本积累，另一方面是被资本逻辑规制、压榨的广大无产者的贫困积累，这样社会两极分化的样态，形成了鲜明的对照。

中华民族现代文明创新性贯彻绿色发展理念，批判地超越了资本驱动生态危机的"西方范式"现代化。坚持马克思主义生态文明观的中华民族现代文明，从马克思强调人与自然是生命有机体、恩格斯告诫人类若陶醉于征服自然就会遭受自然的报复与惩罚,到习近平总书记强调人与自然和谐共生、绿水青山就是金山银山、要像保护眼睛一样保护自然等绿色发展理念,一脉相承地尊重自然和保护自然,走出了一条生产发展、生活富裕、生态良好的绿色文明发展道路。这就批判地超越了西方现代化的生态环境为资本增殖服务、先污染后治理、资本掠夺生态环境的发展模式。西方现代化模式造成的严重生态环境污染事件,以英国伦敦烟雾事件、美国洛杉矶光化学烟雾事件、美国多诺拉大气污染事件、日本水俣病事件、日本四日市石油化工事件等为典型,其中1952年伦敦烟雾事件当月就造成因烟雾污染而死亡的人达4000多人。

中华民族现代文明创新性构建人类命运共同体,批判地超越了殖民掠夺扩张、霸权对抗性的"西方范式"现代化。以中国式现代化推动建设中华民族现代文明,坚持马克思主义人类解放思想、真正的共同体思想和世界历史思想,传承世界大同、天下一家、亲仁善邻、协和万邦、以和为贵、和而不同等中华优秀传统文化思想价值观念,秉持全人类共同价值,尊重世界文明的多样性与平等性,倡议文明平等交流互鉴,反对"文明冲突论",推动构建人类命运共同体,走出了一条有别于西方殖民掠夺扩张模式的、以和平发展为内在规定的现代化道路。推动构建人类命运共同体是中国为解决全球治理难题向世界提供的中国智慧、中国理念、中国方案。当今全球治理的多重危机,根源在于资本逻辑及其理念价值,即西方中心主义、西方所谓"普世价值"、霸权主义、强权政治、零和博弈等。中国共产党人提出的以共商共建共享的全球治理观和全人类共同价值为核心价值的人类命运共同体理念,尊重文明的多样性和全球治理主体的多元性,强调共商共建共享,推崇和平、发展、公平、正义、民主、自由的全人类共同价值,提出全球发展、安全和文明三大倡议,推进"一带一路"等合作,是马克思主义从人类社会出发的理念价值在现时代的弘扬与践行,是人类文明的新曙光。

以中国式现代化推动建设中华民族现代文明，既是高举中国特色社会主义伟大旗帜，统筹推进"五个文明"协同发展，在革命、建设、改革过程中实现中华文明的自我更新，也是在人类历史大世界和伟大进程中，通过批判地超越西方现代化模式、现代性危机和文明限度，秉持和平、发展、公平、正义、民主、自由的全人类共同价值，创造性地统筹推进"五个文明"协同发展的人类社会现代化和人类文明新形态。

第三节　为发展中国家提供了现代化新选择

"中国式现代化，打破了'现代化＝西方化'的迷思，展现了现代化的另一幅图景，拓展了发展中国家走向现代化的路径选择，为人类对更好社会制度的探索提供了中国方案。"① 建设中华民族现代文明，既坚守人类社会现代化的一般规律，更秉持从中国实际和特色出发，独立自主而非照抄照搬地走出来一条根本不同于西方模式的现代化道路，为广大发展中国家的现代化提供了新选择。

西方资本逻辑和生产、交往方式开启了世界历史和人类社会现代化，却也一度遮蔽了人类社会现代化的多样性，造成了诸多现代性危机与失败。18世纪工业革命以来，西方资本逻辑及其生产、交往方式逐步扩张，开始支配人类社会历史，打破了各民族国家原始的地域封闭分割状态，推进了世界历史和人类社会现代化的形成发展。正如马克思、恩格斯在经典著作《德意志意识形态》中所科学揭示的这一历史进程所言："各民族的原始封闭状态由于日益完善的生产方式、交往以及因交往而自然形成的不同民族之间的分工

---

① 《正确理解和大力推进中国式现代化》，《人民日报》，2023年2月8日，第1版。

消灭得越是彻底，历史也就越是成为世界历史。"① 随着西方资本逻辑及其生产、交往方式在全球范围的扩张，在西方资本逻辑现代化及其意识形态话语逻辑范式影响下，"现代化＝西方化"逐渐被演化为世人对人类社会现代化习以为常的普遍性认知，几乎完全遮蔽了对人类社会现代化的多样性认知与探索。海德格尔将这一从民族区域史向世界历史的演进过程，即西方资本逻辑现代化及其现代性文明主导世界历史与人类文明的转变历程，诉说为"人类和地球的欧洲化"。② 作为世界地理的大发现者和资本逻辑世界历史的开拓者，西方国家膨胀地依据自身利益与意志，通过奴役、剥削和殖民、掠夺的方式，在推进资本逻辑全球化扩张的道路上，同时输出为之服务的西方意识形态价值观念，并冠以"自由""平等""博爱""人权""民主"等名号虚假地欺骗世界人民。在这一西方资本逻辑主导的地域历史向世界历史转变过程中，西方国家通过霸权式设置世界经济、政治、安全和文明议题及其议程，操控世界性议题的话语解释权。其实质，不过是用西方资本逻辑现代化及其意识形态，主导与控制其他非西方民族国家及其现代化，从而想永久性地实现西方国家资本增殖和"东方从属于西方"。

从人类社会的文明演进来看，现代化确实是全人类的共同事业，但通往现代化的路径却被"现代化＝西方化"的迷思或教条禁锢。比如"经典现代化理论"就宣称，现代化等于西方化，西方现代化模式是衡量发展中国家制度、文化、价值观的唯一准绳，就是东方向西方看齐、发展中国家向发达国家过渡的进程，发展中国家要"全盘西化"，要照搬西方国家的发展模式、现代科技，还要复刻西方社会制度、价值观。从历史维度观之，"依附"还是"脱钩"，几乎是近代以来摆在广大发展中国家现代化进程中的两难选择。

---

① 中共中央马克思恩格斯列宁斯大林著作编译局编译：《马克思恩格斯文集》第一卷，人民出版社，2009年，第540-541页。

② 海德格尔：《海德格尔选集》下，上海三联书店，1996年，第1019-1020页。

在西方资本逻辑及其意识形态话语强大逻辑支配影响下，许多后发国家，特别是拉丁美洲地区国家，不约而同地选择"依附"，照抄照搬西方现代化标准模式，而不顾本国实际与国情推进本国现代化建设，最后的结局是水土不服、陷入中等收入陷阱和社会动荡等，不能成功实现现代化。这也充分证明了各民族国家，各有各的历史文化传统和本国实际，各有各的现代化之路。不顾本民族特色和本国实际，靠拿来主义、照搬照抄和"依附"发展而进行现代化的道路是行不通的且是有害的。

建设以中国式现代化为基础支撑、内在规定和发展动力的中华民族现代文明，既坚持人类社会现代化具有普遍性的一般规律，更从历史文化、国情实际和民族特色出发，独立自主地成功开辟了人类社会现代化新道路，为发展中国家迈向现代化提供了新选择和新经验。正如习近平总书记所指明的那样："一个国家走向现代化，既要遵循现代化一般规律，更要符合本国实际，具有本国特色。"[①] 建设作为中国式现代化文明新形态的中华民族现代文明，既要遵循人类社会现代化的一般规律，发展市场经济，走工业化、城镇化、法治化、信息化等经济社会发展路径，更要立足于我国仍然处于并将长期处于社会主义初级阶段这个最大实际和五千多年中华文明深厚底蕴这个本国特色。

具体来说，建设中华民族现代文明"很中国""很实际"，政治上坚持党的领导、科学社会主义基本原则、具有根本指导地位的马克思主义和真正的人民至上、以人民为中心，经济上坚守公有制为主体和多种所有制经济共同发展、按劳分配为主体和多种分配方式并存、中国市场经济的社会主义原则向度，文化上坚持社会主义核心价值观、民族的科学的大众的社会主义文化繁荣发展路线和物质文明与精神文明协同发展，社会上坚持共同富裕奋斗目标和最终实现人的自由而全面发展的共产主义社会理想，生态上坚持人与

---

① 习近平：《正确理解和大力推进中国式现代化》，《人民日报》，2023年2月8日，第1版。

自然是生命共同体和绿水青山就是金山银山的绿色发展理念。同时，以中国式现代化为基础支撑、内在规定和发展动力的中华民族现代文明，在坚持本国特色和具体实际即保持中国主体性和独立自主性基础上，既没有选择"依附"也没有选择"脱钩"，而是始终遵循人类社会文明和现代化发展的规律，积极主动扩大和提升对外开放水平，积极吸收借鉴人类文明包括资本主义文明的一切积极成果为我所用，以取得举世瞩目的伟大发展成就和文明成果，昭示了一条有别于西方现代化的符合自身实际的现代化路径和全新的人类文明形态，为既想现代化又想保持独立自主性的广大发展中国家，构建了另一幅更具有适合性的通向现代化的全新图景。

以中国式现代化推进建设中华民族现代文明，在中国共产党领导下，从中国具体实际出发，始终将发展的基点放在自身力量基础上，经过几十年的艰苦奋斗，缔造了经济快速发展、社会长期稳定这两大人类文明史上的发展奇迹，成功完成了西方资本主义国家需要用几百年时间才走完的工业化路程。中国有组织、有目标、有规划、有战略的现代化，在"时空压缩"中以工业化、信息化、城镇化、农业现代化"并联式"叠加发展，实现后发现代化国家对西方先发现代化"串联式"发展逻辑的整体性、结构性和系统性超越，创造了人类社会现代化新道路和现代文明转型的新范式。同时，宣告了"历史终结论"的终结，宣告了所谓以西方资本主义制度模式为终局的单线历史观的覆灭，宣告了西方"普世价值"话语陷阱的破灭，让世人觉醒性地知晓了人类社会现代化和现代文明构建并不存在一成不变的现代化模式与文明标准，所谓"现代化＝西方化"乃是西方资本逻辑及其意识形态话语构建的遮蔽现代化多样性的路径和现代文明多样性的迷思。以中国式现代化建设中华民族现代文明，从基本国情、最大实际、民族历史和文化传统出发，在"两个结合"中坚持和发展中国特色社会主义，积极吸收人类社会一切优秀文明成果包括西方现代化有益经验成果的同时，自觉克服西方现代化模式的内在弊端，以其举世瞩目的伟大成就，为强国建设、民族复兴开拓了宏阔图景，深刻表明治理国家实现现代化和建设现代文明还有另一个图景，冲破了西方资本逻辑对人类社会现代化理论与实践的霸权性操控，科学界定了人类社会现代化的本质内涵、文明多样性特征及人类社会现代化普遍性同特殊性的有机统一，为后发现代化、追赶型发展中国家自立自强通向现代化展示了更具适合性的可资借鉴的典范性图景。

第四节 代表人类社会现代化的发展趋向

建设以中国式现代化为发展动力、内在规定和基础支撑的中华民族现代文明，不仅立足于中国具体实际和民族特色，积极吸收人类社会现代化文明成果尤其是批判性汲取西方现代化文明成果，而且"体现科学社会主义的先进本质"，顺应人类社会发展规律和人类文明形态演进趋势，遵循人类社会现代化建设规律，代表人类社会现代化的发展趋向。

根据马克思主义唯物史观，人类社会现代化规律应是根本遵循人类社会发展规律和人类文明形态演进趋势的具有历史必然性的社会发展规律。马克思不仅在《德意志意识形态》《资本论》为代表的经典著作中，阐发了基于生产力与交往方式矛盾的人类文明的演进规律，即人类社会将演进性历经原始社会及其文明、奴隶制社会及其文明、封建制社会及其文明、资本主义社会及其文明、共产主义社会（含社会主义社会）及其文明；而且在《政治经济学批判（1857—1858年手稿）》为代表的经典著作中，阐述了基于人的发展状态的人类社会形态及其文明的演进规律，即以"人的依赖关系"为表征的原始社会、奴隶制社会和封建制社会及其文明，以建立在物的依赖性之上的"人的独立性"为表征的资本主义社会及其文明，以建立在共同社会生产能力之上的"自由个性"为表征的共产主义社会(含社会主义社会)及其文明。[①]马克思上述关于人类文明演进趋向的思想理论,揭示了人类文明形态演进的根本动力、发展阶段、内在规定和更替趋向等科学内涵,彰显了人类社会历史发展同人类文明演进的逻辑与历史的一致性,尤其是突出昭示了资本逻辑主导的现代化阶段后的人类文明演进的特征、冲突和趋向。文明是人类在认识、改造世界的历史活动和社会过程中,创造、积淀的物质成果、精神成果和制度成果的总和,基于人类生产方式和生活方式并随之演进更替。现代化标志着一种从传统文明向现代文明演进的社会发展方式,根本遵循着生产方式最终规定的人类社会发展规律与趋向。正如马克思科学揭示的那样,人类社会现代化虽然在历史中由资本逻辑开启并一度主导,创造了具有历史进步性的巨大生产力、物质财富、文明样态,甚至产生了"东方从属于西方""现代化=西方化"的迷思,但由于资本主义内在固有的且自身无法克服的矛盾,终将导致现代化的资本主义路径、方案不过是人类社会历史发展的一种暂时性、过渡性路径、方案。人类社会现代化,以"人类社会"为出发点和落脚点,必将是根本遵循马克思主义唯物史观所科学揭示的人类社会发展规律即人类文明形态演进规律的社会发展方式和进程。这是一种以人为中心代替以资本为中心的人的现代化,是一种科学认识并运用生产方式矛盾规律不断变革生产关系以解放、发展生产力的现代化。

西方现代化模式具有历史进步性,但也具有自身不可克服的现代性悖论。前资本主义社会的渔牧文明、农耕文明等人类文明形态,与资本大工业开启的工商文明、巨大生产力创造的丰富社会财富文明样态相比较,整体呈现出"未开化"之样态。前资本主义社会文明,这一时期以"人的依赖关系"为奠基的文明样态,呈现着狭小范围、孤立地域、生产力水平极低情况下的人

[①] 中共中央马克思恩格斯列宁斯大林著作编译局编译:《马克思恩格斯文集》第八卷,人民出版社,2009年,第52页。

对自然的屈服与崇拜、对氏族血缘和宗法等级共同体的依赖，人并因此被这些自然和社会共同体束缚、捆绑和支配而缺少独立性、主体性和自主性。这一时期，基于地域分割的自然经济和农耕生产的传统社会生产发展方式，整个来说，其文明形态及内容的发展是相对比较平缓的。这一时期相应地经历了如下几个社会形态的演进更替：以主要使用粗糙石器为劳动工具的原始社会及群居生产生活的原始共同体样态，以主要使用具有一定工艺的青铜器为劳动工具的奴隶社会的奴隶制文明样态，以主要使用更高工艺的铁器为劳动工具的封建社会及其地主压迫农民的封建制文明样态。

随着人类社会生产力和社会分工、工商业商品经济的不断发展，地域性分割状态的封建制生产关系越来越不适应日益发达的工商业商品经济发展要求，逐渐没落下去，被资本主义生产关系取代。"人的依赖关系（起初完全是自然发生的）……在这种形式下，人的生产能力只是在狭小的范围内和孤立的地点上发展着。……家长制的，古代的（以及封建的）状态随着商业、奢侈、货币、交换价值的发展而没落下去，现代社会则随着这些东西同步发展起来。"[①] 随着工商业商品经济的逐渐发达和新科技的广泛采用，作为"现代社会"的资本主义社会，开辟了世界历史的现代化阶段。这一以资本主义生产关系开启的人类社会生产发展新方式——现代化，是以机器大工业、现代科技等为内容的自动化生产对土地田园牧歌式手工作坊生产的替代，是以人身自由平等的法权关系对人身依附等级关系的替代，促进了人的主体性觉醒或为人的主体性觉醒进行了奠基。但是，资本主义现代性，一方面相对以往的社会制度形态确实一定程度上更适应现代机器大工业生产力的发展要求，也确实历史地创造了巨大生产力和丰富的社会财富；另一方面，由于其固有的内在矛盾，在现代化的历史进程中，也越来越显示出其根本上不能适

[①] 中共中央马克思恩格斯列宁斯大林著作编译局编译：《马克思恩格斯文集》第八卷，人民出版社，2009年，第52页。

应现代化社会化生产力发展要求的状况,这主要是以周期性爆发资本主义生产相对过剩的经济危机来警示人类社会。这就内在地规定了人类社会的美好未来,必定是以科学解答资本主义现代性内在危机为之奠基。

建设以中国式现代化为发展动力、内在规定和基础支撑的中华民族现代文明,是在自觉克服西方现代性悖论的发展过程中,走出的一条根本符合人类社会发展规律和人类文明演进趋势的,具有历史必然性和历史进步性的现代化文明,代表着人类社会现代化的发展趋向。它是以社会主义——共产主义为内在定向的现代化文明,是以扬弃西方现代性为基础原则的超越性现代化文明,是真正以"人类社会或社会的人类"[①]为立足点和出发点的现代化文明。作为建设中华民族现代文明根本指导思想的马克思主义,就是在深入考察资本主义现实社会的过程中,真切遇见了这一虚假共同体的颠倒现象,通过对西方现代性的批判与反思,科学论证了社会主义——共产主义定向的现代化道路的历史必然性,这就是在不断推进生产力发展、生产关系解放和人的素质提高的现代化道路上实现共产主义社会文明形态。从而在真理与道义的制高点上,克服了资本主义虚假共同体的以资本逻辑压制人的自由发展的现代性弊病,为人类社会解放真切地构建了以人的自由而全面的发展为原则方向的文明发展之路。正如《共产党宣言》中所阐明的那样,"代替那存在着阶级和阶级对立的资产阶级旧社会的,将是这样一个联合体,在那里,每个人的自由发展是一切人的自由发展的条件"[②]。

总之,建设中华民族现代文明,是中国共产党领导的社会主义现代化即中国式现代化的文明形态,创造了人类文明新形态,对人类社会现代化理论

---

① 中共中央马克思恩格斯列宁斯大林著作编译局编译:《马克思恩格斯文集》第一卷,人民出版社,2009年,第502页。
② 中共中央马克思恩格斯列宁斯大林著作编译局编译:《马克思恩格斯文集》第二卷,人民出版社,2009年,第53页。

与实践都具有重大贡献;是中华文明与其蕴含的中华优秀传统文化经同马克思主义的结合,实现时代性创造性创新性转化发展的过程与结果,赋予了人类社会现代化以深厚底蕴;是坚持和发展中国特色社会主义,通过批判地超越西方现代化模式、现代性危机和文明限度,创造了统筹推进"五个文明"协同发展的人类社会现代化和人类文明新形态;是从中国具体实际出发,始终将发展的基点放在自身力量基础上,在"时空压缩"中"并联式"叠加发展,实现后发现代化国家对西方先发现代化"串联式"发展逻辑的整体性、结构性和系统性超越,创造了人类社会现代化新道路,为后发现代化、追赶型发展中国家自立自强实现现代化提供了可资借鉴的典范性选择;是在自觉克服西方现代性悖论的发展过程中,走出的一条根本符合人类社会发展规律和人类文明演进趋势的,具有历史必然性和历史进步性的现代化,代表着人类社会现代化的发展趋向。

结　语
新征程上推进建设中华民族现代文明

文运同国运相牵，文脉同国脉相连。习近平总书记在文化传承发展座谈会上聚焦推进建设中华民族现代文明这一重大问题进行了全方位、深层次的阐述，并从党和国家事业发展全局的战略高度，发出了"担当使命、奋发有为，共同努力创造属于我们这个时代的新文化，建设中华民族现代文明"[①]的历史宣告，这既是一篇建设中华民族现代文明的宣言书，也是一份开辟中华文明现代形态的动员令，充分体现了习近平总书记对中华文明发展规律的深刻把握和对新时代文化使命的战略考量。新征程上推进建设中华民族现代文明要以习近平文化思想为指导，深刻把握其既有文化理论观点上的创新和突破，又有文化工作布局上的部署要求，坚定文化自信、秉持开放包容、坚持守正创新，切实担负起新的文化使命。

坚定文化自信

建设中华民族现代文明，要坚定文化自信，走自己的路。"有文化自信的民族，才能立得住、站得稳、行得远"[②]，文化自信不是盲目自大，而是一个民族对自身文化价值的充分肯定和积极践行，是对其文化生命力的决心

---

①② 习近平：《在文化传承发展座谈会上的讲话》，《求是》，2023年第17期。

和信心，是文化建设的前提。新时代要站在中华民族伟大复兴的高度定位文化自信，立足中华民族伟大历史实践和当代实践、坚守中华文化的根本立场、用中国道理总结好中国经验，把中国经验提升为中国理论，以高度的文化自信实现精神上的独立自主。

第一，立足中华民族伟大历史实践和当代实践。唯物史观认为，社会存在决定社会意识，文化自信离不开对伟大实践的充分认识和把握，这就要求我们首先搞清中华民族现代文明来源于什么这一重要问题。中国共产党自成立之日起就以高度的文化自觉推进文化建设，在站起来、富起来、强起来的伟大历史进程中传承弘扬中华优秀传统文化、创造革命文化和社会主义先进文化，为民族复兴提供了强大的精神支撑。立足中华民族伟大历史实践就是要明确中国特色社会主义文化源自中华民族五千多年文明历史所孕育的中华优秀传统文化，熔铸于党领导人民在革命、建设、改革中创造的革命文化和社会主义先进文化，植根于中国特色社会主义伟大实践，具有深厚的历史根基和力量源泉。同时，正确认识党的十八大以来党和国家事业取得历史性成就、发生历史性变革以及文化建设取得的显著成效，形成对文化成就、文化创新能力和文化发展前景的自信，特别是要以当代实践为基点，充分认识担负起新的文化使命是我国社会主要矛盾转化为人民日益增长的美好生活需要和不平衡不充分的发展之间的矛盾的必然要求，从"以中国式现代化全面推进中华民族伟大复兴"这个中心任务出发，抓好新时代文化建设的重点任务，深入理解和全面推进社会主义文化强国建设，展现中华民族现代文明的强大底气与价值追求。

第二，坚守中华文化的根本立场。"立场，是人们观察、认识和处理问题的立足点"①，当前各国在文化的深度交流互鉴中日益成为不可分离的共

---

① 习近平：《深入学习中国特色社会主义理论体系　努力掌握马克思主义立场观点方法》，《求是》，2010年第7期。

同体，这就需要坚守中华文化根本立场，表明中华民族发展中华文化的态度和方向，在同世界各民族文化交流中彰显出具有中国特点的文化标识，提升文化自信。首先，要坚守以马克思主义为指导的立场。既要坚定对马克思主义的信仰，坚持马克思主义在意识形态领域的指导地位，敢于和善于同形形色色的反马克思主义的错误观点与思潮做最坚决的斗争，也要认识到马克思主义与中华优秀传统文化虽诞生在不同时空条件下，但存在高度的契合性，深刻理解和不断推进"第二个结合"，探索面向未来的理论和制度创新。其次，坚持以人民为中心的根本立场。习近平总书记强调，人民是历史的创造者，群众是真正的英雄。人民群众是我们力量的源泉，新时代推进文化建设必须尊重人民主体地位和首创精神，人民既是文明成果的创造者，也是文明成果的享有者，强调要把实现好、维护好、发展好最广大人民根本利益作为文化建设的出发点和落脚点。最后，坚守以社会主义为方向的立场。文化建设既不能走封闭僵化的老路，也不能走改旗易帜的邪路，而要高举中国特色社会主义伟大旗帜，始终沿着正确方向前进，以此恪守中华文化的独立性，保持中华文化的民族性，巩固文化主体性。

第三，用中国道理总结好中国经验，把中国经验提升为中国理论。"讲好中国故事，传播好中国声音，展示真实、立体、全面的中国"[①]是在全球一体化，特别是"西方中心主义"文化霸权现实下我国文化建设的重要任务，更是坚定文化自信的必然要求。着眼于文明建设的具体实践，大力推动中国哲学社会科学的繁荣发展，用融通中外的新概念新范畴新表述总结中华民族文明发展中积累的宝贵经验，并对经验作出理论阐释和论证，也就是以高度的理论自觉对丰富鲜活的实践经验进行抽象凝练，形成具有原创性、标识性、影响力的中国理论，能够真正解读中国实践、明确中国道路、阐释中国优势，

---

① 习近平：《加强和改进国际传播工作　展示真实立体全面的中国》，《人民日报》，2021年6月2日，第1版。

形成用中国理论阐释中国实践、用中国实践升华中国理论的良性互动，实现以理论上的清醒促进政治上的坚定和行动上的自觉。同时，还要构建具有中国特色、中国风格、中国气派的话语体系表达中国理论。

作为文化软实力重要载体的中国话语体系构建是一个系统工程，在话语理念上要以文化强国为核心；在话语体系上要围绕中华民族现代文明建立起结构完整、逻辑严密的主体内容；在话语表述上，坚持事实、形象、情感与道理的有机统一，既精准恰切又生动鲜活；在话语传播上，适应国际舆论生态和媒体传播格局的新特点，提升传播效能，避免"跟人脚迹，学人言语"问题，提升中国话语权。

秉持开放包容

建设中华民族现代文明，要秉持开放包容，积极主动学习借鉴一切优秀文明成果。"中华文化既是历史的、也是当代的，既是民族的、也是世界的"①，文化建设绝不能故步自封，必须以博大的胸怀处理好理论与实践、传统与现代、中国与世界的关系，坚持马克思主义中国化时代化，传承弘扬中华优秀传统文化，促进外来文化本土化，使三者有机互动，真正做到融通中外、贯通古今，不断培育和创造新时代中国特色社会主义文化。

第一，坚持马克思主义中国化时代化。党的二十大报告指出："实践告诉我们，中国共产党为什么能，中国特色社会主义为什么好，归根到底是马克思主义行，是中国化时代化的马克思主义行。"② 马克思主义中国化时代化是贯穿中国共产党百年文化建设始终的主线，新征程上推进中华民族现代

---

① 中共中央文献研究室：《习近平关于社会主义文化建设论述摘编》，中央文献出版社，2017年，第175页。
② 习近平：《高举中国特色社会主义伟大旗帜　为全面建设社会主义现代化国家而团结奋斗——在中国共产党第二十次全国代表大会上的报告》，人民出版社，2022年，第16页。

文明建设必须续写好马克思主义中国化时代化新篇章,其中最重要的是把握"两个结合"这一根本途径。首先,坚持把马克思主义基本原理同中国具体实际相结合,明确马克思主义基本原理及其立场、观点和方法,掌握马克思主义的精髓和本质,同时必须扎根中国文化建设实际,洞察大势、聚焦现实问题,使马克思主义的科学性和真理性得到充分检验、人民性和实践性得到充分贯彻、开放性和时代性得到充分彰显,确保中华文明始终沿着为人民服务、为无产阶级服务的方向发展。其次,坚持把马克思主义基本原理同中华优秀传统文化相结合,准确认识马克思主义和中华优秀传统文化的契合之处,要把马克思主义思想精髓同中华优秀传统文化精华贯通起来、同人民群众日用而不觉的共同价值观念融通起来,真正"让马克思主义成为中国的,中华优秀传统文化成为现代的"[1],既赋予马克思主义理论鲜明的中国特色,又巩固中华民族的文化主体性,打开中华民族现代文明发展的新空间。

第二,传承弘扬中华优秀传统文化。中华优秀传统文化源远流长、博大精深,是中华民族现代文明的重要根基。"弘扬中华优秀传统文化,要处理好继承和创造性发展的关系,重点做好创造性转化和创新性发展"[2]。要深入学习贯彻习近平总书记关于传承和弘扬中华优秀传统文化的重要论述,将推动中华优秀传统文化创造性转化和创新性发展作为一项系统工程加以推进。一方面,加强对传统文化遗产的保护运用,深度推动中华文明与中国城市起源、中国农业起源以及中华民族起源等系统性探源工程,提高对中华优秀传统文化中文化基因和精神价值的挖掘与研究,准确把握中华优秀传统文化与中国式现代化之间的契合点,借鉴新兴技术手段改造传统文化中至今仍

---

[1]《担负起新的文化使命 努力建设中华民族现代文明》,《人民日报》,2023年6月3日,第1版。
[2] 中共中央宣传部:《习近平总书记系列重要讲话读本》,学习出版社、人民出版社,2014年,第101页。

有借鉴价值的内涵和陈旧的表现形式。同时，紧扣时代要求和人民需求，创新发展传统文化，在服务现代化强国建设中充分激发中华优秀传统文化生命力，增强其影响力和感召力。另一方面，强化政策支撑，将传承弘扬中华优秀传统文化贯穿国民教育始终，以学校为重点场域，推动中华优秀传统文化的精神标识和文化精髓进教材、进课堂、进头脑，增强人民文化素养。同时，运用前沿科技，打造中华优秀传统文化创造性转化和创新性发展的平台载体，创建传统文化产业基地，举办传统文化艺术活动，拓展文化建设场域，营造坚定文化自信、增强文化自觉的良好氛围。

第三，促进外来文化本土化。中华文明不是孤立于世界的，而是在同其他文明不断交流互鉴中形成的开放体系。马克思、恩格斯指出："各个相互影响的活动范围在这个发展进程中越是扩大，各民族的原始封闭状态由于日益完善的生产方式、交往以及因交往而自然形成的不同民族之间的分工消灭得越是彻底，历史也就越是成为世界历史。"[1] 在世界历史这一大背景下，要以博大宽广的世界眼光吸收和借鉴各国先进文明成果，以开放包容的态度对待外来文化，并将本土化作为外来文化得以生存的前提，把学习的目的落在运用上，以创新思维转化外来文化，从本国本民族实际出发，取长补短、择善而从，在对外来文化批判、借鉴、改造、吸收的过程中不断拓展中华文化内涵、丰富中华文化内容，以自信开放的姿态不断推动中华文化"走出去"。习近平总书记强调："我们积极学习借鉴人类文明的一切有益成果，欢迎一切有益的建议和善意的批评，但我们绝不接受'教师爷'般颐指气使的说教！"[2] 吸收外来文化绝不是不讲原则和不辨是非的鹦鹉学舌，不加改造、

---

[1] 中共中央马克思恩格斯列宁斯大林著作编译局编译：《马克思恩格斯选集》第一卷，人民出版社，2012年，第168页。
[2] 习近平：《在庆祝中国共产党成立100周年大会上的讲话》，《人民日报》，2021年7月2日，第2版。

不顾实际的囫囵吞枣、照搬套用,而是要以以我为主、洋为中用的自觉,创造性运用外来文化资源,以人民为中心,把人的发展要求作为检验外来文化本土化的重要标准,从而以文明交流超越文明隔阂,以文明互鉴超越文明冲突,以文明共存超越文明优越。

坚持守正创新

建设中华民族现代文明,必须坚持守正创新,赓续历史文脉、谱写当代华章。

"对文化建设来说,守正才能不迷失自我、不迷失方向,创新才能把握时代、引领时代。"[①]守正与创新二者是辩证统一的。守正就是实事求是,坚持真理性认识和正确的政治方向。创新就是坚持解放思想,破除与客观事物发展进程不相符合的旧观念、旧模式、旧做法,更有效地认识世界和改造世界。以此进一步激活中华优秀传统文化的生命力,激发全民族文化创新创造的活力,不断创造中国式现代化的文化形态。

一方面,建设中华民族现代文明"要坚守正道、追求真理,立足我国国情,放眼观察世界,不妄自菲薄,不人云亦云"[②]。首先,要坚持以习近平新时代中国特色社会主义思想为指导,前提是深刻把握这一思想扎根于中华优秀传统文化,深刻反映了实现中华民族伟大复兴这一近代以来最伟大的梦想,彰显了以爱国主义为核心的民族精神和以改革创新为核心的时代精神,是中华文化和中国精神的时代精华。在明确其重大意义功能的基础上将习近平文化思想贯彻落实到中华民族现代文明建设的全过程,从而在提升学习理论、认同理论、践行理论的思想自觉和行动自觉中汇聚起建设文化强国的精神力

[①] 习近平:《在文化传承发展座谈会上的讲话》,《求是》,2023 年第 17 期。
[②] 习近平:《在知识分子、劳动模范、青年代表座谈会上的讲话》,人民出版社,2016 年,第 6 页。

量。其次,加强党对文化建设的全面领导。新征程上,要充分发挥党总揽全局、协调各方的领导核心作用,把党的根本宗旨和性质、初心使命、信仰信念、政策主张贯彻落实到文化建设中。在思想领导上,坚定信仰、保持定力,坚持马克思主义在意识形态领域的指导地位这一根本政治制度和根本政治立场。在政治领导上,以坚定的政治立场、清醒的政治头脑、强大的政治定力认识中华民族现代文明建设的重要性和紧迫性,全面贯彻落实党中央关于文化建设的决策部署,强化主流意识形态阵地建设,坚决抵制"新自由主义"、历史虚无主义等错误思潮的干扰。在组织领导上,培育高素质专业化干部队伍,充分发挥各级党组织的战斗堡垒和广大党员的先锋模范作用,激发全民族建设中华民族现代文明的强劲动力。此外,还要深刻理解中华文明的突出特性。习近平总书记指出:"只有全面深入了解中华文明的历史,才能更有效地推动中华优秀传统文化创造性转化、创新性发展,更有力地推进中国特色社会主义文化建设,建设中华民族现代文明。"① 可以说,如何理解中华文明的突出特性,事关我们以何种眼光看待中华民族的昨天、今天与明天。因此,必须明确这"五个突出特性"也是面向未来文化建设的新要求,决定了中华民族必然走自己的路,决定了中华民族守正不守旧、尊古不复古的进取精神,决定了国家统一永远是中国核心利益,决定了中华文化对世界文明兼收并蓄的开放胸怀,决定了中国始终是世界和平的建设者、全球发展的贡献者、国际秩序的维护者。

另一方面,"中华文化延续着我们国家和民族的精神血脉,既需要薪火相传、代代守护,也需要与时俱进、推陈出新。"② 新时代文化创新要从思路、话语、机制和形式等方面推进。在思路创新上,锚定文化强国建设目标,在

---

① 习近平:《在文化传承发展座谈会上的讲话》,《求是》,2023年第17期。
② 习近平:《在中国文联十大、中国作协九大开幕式上的讲话》,《人民日报》,2016年12月1日,第1版。

结　语
新征程上推进建设中华民族现代文明

马克思主义指导下坚持古为今用、洋为中用、辩证取舍、推陈出新，将"两个结合"作为基本路径，推动中华优秀传统文化与当代社会相适应、与现代化进程相协调、与现代文化相融通，实现传统与现代的有机衔接。在话语创新上，重点围绕中华民族现代文明的基本问题形成一系列具有标识性的原创话语，构建内涵丰富的中国式文化话语体系，有效回应中国式现代化的理论诉求和话语关切，同时注重"把我们想讲的和国外受众想听的结合起来,把'陈情'和'说理'结合起来，把'自己讲'和'别人讲'结合起来"[①]，形成丰富多元的表达方式，提高中国文化话语权。在机制创新上，立足现代化建设的新要求与人民对文化的新期待，把文化制度建设摆到重要位置，强化顶层设计和实践探索，完善文化制度体系，树立制度权威，提高制度执行能力，在推动制度成熟定型中释放优势，为新时代文化建设提供保障。在形式创新上，促进传统文化元素与新一代信息技术相融合，通过云计算、虚拟现实技术、区块链技术等应用，搭建传统文化基因库、数据库、资源库，提高承载与延续中华优秀传统文化的能力，综合运用人工智能、虚拟现实、裸眼3D等前沿科技成果更新文化传播手段和形式，以大众乐于、易于接受的形式呈现中华民族现代文明。

　　文明是一个国家、一个民族进步的标志。五千多年来，中华文明犹如一条波澜壮阔的长河，一路奔涌、浩荡向前，历经风雨绵延不绝，饱经沧桑历久弥新，在人类文明史册上写下了浓墨重彩的篇章。在新的历史起点上，要继续深入推进中华民族现代文明建设，为以中国式现代化全面推进中华民族伟大复兴提供更为积极、更为主动的精神力量，为人类文明的发展进步贡献更大的中国智慧！

[①] 本书编写组：《习近平新闻思想讲义（2018年版）》，人民出版社、学习出版社，2018年，第167页。

后 记

2022年10月，习近平总书记考察河南省安阳市时首次提出"中华民族现代文明"这一概念。2023年6月，习近平总书记在文化传承发展座谈会上进一步明确提出建设中华民族现代文明的重大任务，强调在新的历史起点上继续推动文化繁荣、建设文化强国、建设中华民族现代文明。

建设中华民族现代文明，是在坚持把马克思主义基本原理同中国具体实际相结合、同中华优秀传统文化相结合的过程中实现的，是人类社会现代文明的重要组成，既有人类社会现代文明的共同特征，更有基于中华文明的中国特色，为促进人类社会现代文明发展作出了中国贡献。必须弄懂学通中华民族现代文明的理论逻辑、历史逻辑和实践逻辑，把坚持"两个结合"作为建设中华民族现代文明的必由之路，在新征程上努力建设中华民族现代文明。本书深入阐述了中华民族现代文明的理论基础、生成机制、内在意蕴、重大意义、实现路径等，是阐释中华民族现代文明的一部具有历史厚度、思想深度、视野广度的理论读物。

本书由教育部习近平新时代中国特色社会主义思想研究中心天津大学马克思主义学院基地组织编写，是来自各单位的作者集体创作的成果。各章作者为：导论　颜晓峰（天津大学）；第一章　朱康有（国防大学）；第二章　屈婷（天津大学）；第三章　柏路（东北师范大学）；第四章　刘春洁（天津大学）；第五章　韩淑慧（天津大学）；第六章　张海燕（内蒙古大学）；第七章　李云峰（天津大学）；第八章　任倚步（天津大学）；第九章　王芳（上海中医药大学）；第十章　赵坤（95795部队）；第十一章　赵坤（95795部队）；第十二章　张艳红（天津大学）；第十三章　刘博（天津大学）；第十四章　朱大鹏（兰州大学）；第十五章　秦龙（天津师范大学）；第十六章　李青（陆军防化兵学院）；第十七章　郑小伟（天津科技大学）；结语　任鹏（东北大学）。

颜晓峰负责全书总体设计，颜晓峰、李云峰负责全书统稿，李云峰负责撰写工作协调。

本书的出版，得到了各位作者所在单位的大力支持，得到了宁夏人民出版社的大力支持，在此一并表示衷心感谢！

本书的不足之处，恳请各位读者批评指正。

颜晓峰

2024年3月